高等职业教育"十四五"规划教材

工程项目管理实务

孟小丽　吴玉秀　安　昶　主编

中国农业大学出版社
·北京·

内 容 简 介

本书将“建筑工程项目管理”和专业岗位核心能力、技能应用有机整合，以培养学生的管理应用能力为目的，共设计了7个项目，内容包括：建设工程项目管理概论、建设工程项目施工成本管理、建设工程项目进度管理、建设工程项目质量管理、建设工程职业健康安全与环境管理、建设工程施工合同管理、建设工程项目信息管理。每个项目又分解为若干个任务，以案例拓展为知识应用的载体，突出提高学生解决实际工程管理类问题的应用能力。

本书适用于高等职业院校土木工程、建筑工程相关专业教学，也适用于短期工程、管理类相关职业项目管理技能的培训。

图书在版编目(CIP)数据

工程项目管理实务 / 孟小丽，吴玉秀，安昶主编. -- 北京：中国农业大学出版社，2022.4
ISBN 978-7-5655-2759-3

Ⅰ.①工… Ⅱ.①孟… ②吴… ③安… Ⅲ.①工程项目管理－高等职业教育－教材 Ⅳ.①F284

中国版本图书馆 CIP 数据核字(2022)第053924号

书　名 工程项目管理实务
作　者 孟小丽　吴玉秀　安　昶　主编

策划编辑 张　玉　　**责任编辑** 陈颖颖
封面设计 郑　川
出版发行 中国农业大学出版社
社　址 北京市海淀区圆明园西路2号　　**邮政编码** 100193
电　话 发行部 010-62733489，1190　　读者服务部 010-62732336
编辑部 010-62732617，2618　　出　版　部 010-62733440
网　址 http://www.caupress.cn　　**E-mail** cbsszs@cau.edu.cn
经　销 新华书店
印　刷 北京溢漾印刷有限公司
版　次 2022年6月第1版　2022年6月第1次印刷
规　格 185 mm×260 mm　16开本　17.5印张　435千字
定　价 52.00元

编委会

主　编　孟小丽　新疆农业职业技术学院
吴玉秀　新疆农业职业技术学院
安　昶　新疆农业职业技术学院

副主编　李晓艳　新疆农业职业技术学院
史倩倩　新疆农业职业技术学院
王大锋　新疆农业职业技术学院

前　言

随着项目管理学科的发展，目前国内外已经出现了很多研究工程项目管理的文献。虽然我国现行的工程项目管理发展方向与国际一致，而且介绍国外项目管理理论和经验的书籍也不在少数，但这些知识及经验都不能完全照搬到我国。

本书在目前已出版的同类书的基础之上，结合学生实习阶段实习岗位的工作要求、后续就业单位的就业岗位和工作环境管理岗位需求，融教、学、做为一体，理实一体化。本书以土木工程专业人才培养方案为基础，结合行业岗位资格证书、职业资格证书的考核点，通过对新疆建筑行业企业进行深入调研，与企业实践专家充分交流沟通，以及对毕业生就业情况进行仔细调查编写而成。本书以岗位职业能力和工作过程能力培养为目标，遵循学生的认知规律，由浅入深地安排了教学内容，同时也考虑到专业知识和技能训练自身内在的逻辑关系，通过教学实践验证，丰富了教学内容。

本书由新疆农业职业技术学院孟小丽、吴玉秀、安昶担任主编，新疆农业职业技术学院李晓艳、史倩倩、王大锋担任副主编，孟小丽统稿。具体分工如下：吴玉秀编写了项目一、项目二，孟小丽编写了项目三、项目四中的任务一、任务四、任务五，安昶编写了项目四中的任务二、任务三，史倩倩编写了项目五，李晓艳编写了项目六，王大锋编写了项目七。

本书在编写过程中参阅了大量同行专家的相关书籍以及网上资源，在此向原作者表示衷心的感谢！

由于编者水平有限，本书还有很多不足之处，有待在教学实践中不断完善，恳请广大读者批评指正。

编　者

2021 年 6 月

目　录

项目一　建设工程项目管理概论

项目目标

1. 熟悉施工组织与管理的任务，施工项目管理的主要内容；
2. 会正确判别出工程项目各个建设步骤；
3. 能结合案例对工程建设项目进行正确划分；
4. 能依据工程资料，简述工程建设特点；
5. 熟悉施工组织总设计的内容及编制方法；
6. 掌握单位工程施工组织设计的内容及编制方法；
7. 能够根据工程项目风险特点正确判定风险类型；
8. 依据工程项目风险特点，能采取合理的风险对策。

案例导入

鲁布革水电站

鲁布革水电站工程是改革开放后我国水电建设方面第一个利用世行贷款、对外公开招标的国家重点工程，1982 年国际招标，1984 年 11 月正式开工，1988 年 7 月竣工。在 4 年多的建设时间里，该工程创造了著名的“鲁布革工程项目管理经验”。

这项工程按世界银行要求，对引水隧洞工程的施工及主要机电设备实行了国际招标。引水隧洞工程标底为 14 958 万元，日本大成公司以 8 463 万元(比标底低 43%)的标价中标。在施工组织上，承包方只用了 30 人组成的项目管理班子进行管理，施工人员是中国水利水电第十四工程局有限公司(简称中国水电十四局)的 500 名职工。在建设过程中，该工程实行了国际通行的工程监理制(工程师制)和项目法人责任制等管理办法。工程取得了投资小、工期短、质量好的效果。

如何根据所学知识对工程项目进行合理组织与管理，达到质量好、工期短、投资小(成本节约)的目标，将是我们学习这门课的主要任务。下面，我们首先学习工程项目和建设工程项目管理的基本知识。

任务一　建设工程项目管理概述

一、工程项目管理概述

(一)工程项目的含义

从管理角度看,工程项目是以工程建设为载体的项目,是作为被管理对象的一次性工程建设任务。它以建筑物或构建物为目标产出物,需要支付一定的费用、按照一定的程序、在一定的时间内完成,并应符合质量要求。

(二)工程项目管理的概念及特点

(1)工程项目管理的概念　工程项目管理,就是为了使工程项目在一定的约束条件下取得成功,对项目的所有活动实施决策与计划、组织与指挥、控制与协调等一系列工作的总称。

(2)工程项目管理的特点

①工程项目管理是一次性管理。项目的单件性特征,决定了项目管理的一次性特点:在项目管理过程中一旦出现失误,就很难纠正,损失严重。所以,对项目建设中的每个环节都应进行严密管理,认真选择项目经理,配备项目人员和设置项目机构。

②工程项目管理是一种全过程的综合性管理。工程项目的生命周期是一个有机的成长过程,包括对项目可行性研究、勘察设计、招标投标、施工等各阶段全过程的管理。每个阶段又包含进度、质量、成本、安全的管理。因此,项目管理是全过程的综合性管理。

③工程项目管理是一种约束性强的控制管理。工程项目管理的一次性特征,其明确的目标(成本低、进度快、质量好)、限定的时间和资源消耗、既定的功能要求和质量标准,决定了约束条件的约束强度比其他管理更高。因此,工程项目管理是强约束管理。

二、工程项目的组成和分类

(一)工程项目的组成

通常工程项目按其本身的内部组成,可划分为建设项目、单项工程、单位工程、分部工程和分项工程。

(1)建设项目　建设项目是指按照一个总体设计进行施工,由一个或若干个单项工程组成,经济上实行统一核算,行政上实行统一管理的基本建设工程实体,如一座独立的工业厂房、一所学校或一个水利枢纽工程等。

(2)单项工程　单项工程是一个建设项目中,具有独立的设计文件,竣工后能够独立发挥生产能力和使用效益的工程,如工厂内能够独立生产的车间、办公楼,一所学校的教学楼、学生宿舍,一个水利枢纽工程的发电站、拦河大坝等。单项工程是具有独立存在意义的完整工程,也是一个极为复杂的综合体，它由许多单位工程组成，如一个新建车间，不仅有厂房，还有设备及安装等工程。

(3)单位工程　单位工程是单项工程的组成部分，是指具有独立的设计文件、可以独立组织施工，并能形成独立使用功能的建筑物或构筑物。一般单位工程按照建筑物建筑及安装来划分，如生产车间是一个单项工程，它又可以划分为建筑工程、设备及安装工程两大类单位工程。其中建筑工程包括一般土建工程、电气照明工程、暖气通风工程、水卫工程、工业管道工程、特殊构筑物工程等单位工程；设备及安装工程包括机械设备及安装工程、电气设备及安装工程等。又如，灌区工程中的进水闸、分水闸、渡槽，水电站引水工程中的进水口、引水隧洞、调压井等都是单位工程。

(4)分部工程　分部工程是单位工程的组成部分。例如，一般土建工程可按其主要部位划分为基础工程、主体工程、装饰装修工程和屋面工程等；设备安装工程可按其设备种类和专业不同划分为建筑采暖工程、建筑电气安装工程、通风与空调工程、电梯安装工程等。

(5)分项工程　分项工程是分部工程的组成部分，一般按主要工种、材料、施工工艺、设备类别等进行划分。例如，钢筋工程、模板工程、混凝土工程、砌砖工程、门窗工程等都是分项工程。分项工程是建筑施工生产活动的基础，也是计量工程用工、用料和机械台班消耗的基本单元，同时又是工程质量形成的直接过程。分项工程是由单专业工种完成的中间产品。

综上所述，建设项目分解如图 1-1 所示。

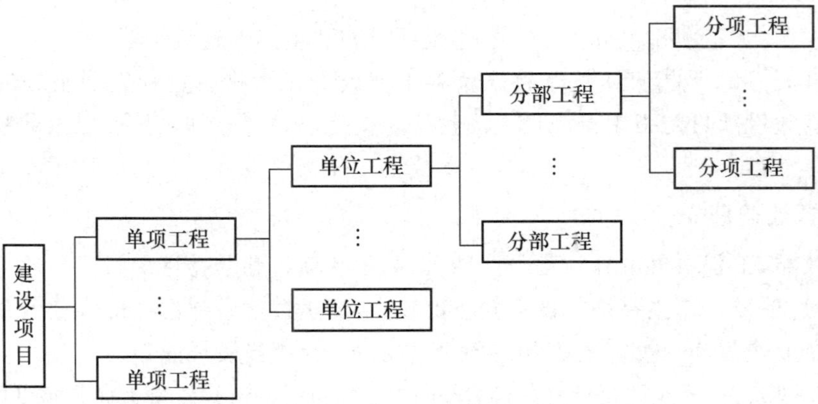

图 1-1　建设项目分解

(二)工程项目的分类

1. 按建设性质划分

按建设性质，工程项目可分为新建项目、扩建项目、迁建项目、恢复项目、改建项目等类别。

(1)新建项目　它是指根据国民经济和社会发展的近、远期规划，按照规定的程序立项，从无到有、“平地起家”的建设项目。

(2)扩建项目　它是指现有企业、事业单位在原有场地内或其他地点，为扩大产品的生产能力或增加经济效益而增建的生产车间、独立的生产线或分厂的项目；事业和行政单位在原有业务系统的基础上扩充规模而进行的新增固定资产投资项目。

(3)迁建项目　它是指原有企业、事业单位，根据自身生产经营和事业发展的要求，按照国家调整生产力布局的经济发展战略的需要或出于环境保护等其他特殊要求，搬迁到异地建设的项目。

(4)恢复项目　它是指原有企业、事业和行政单位的固定资产，因在自然灾害或战争中遭受全部或部分报废，需要进行投资重建来恢复生产能力和业务工作条件、生活福利设施等的建设项目。这类项目，不论是按原有规模恢复建设，还是在恢复过程中同时进行扩建，都属于恢复项目。但对尚未建成投产或交付使用的项目，受到破坏后，若仍按原设计重建的，原建设性质不变；如果按新设计重建，则根据新设计内容来确定其性质。

(5)改建项目　它是指为了提高生产效益，改进产品质量或产品方向，对原有设备、工艺流程进行技术改造的项目，或为提高综合生产能力增加一些附属和辅助车间或非生产性工程。改建项目包括挖潜工程、节能工程、安全工程、环境保护工程等。

基本建设项目按其性质分为上述5类，一个基本建设项目只能有一种性质，在项目按总体设计全部建成以前，其建设性质是始终不变的。

2. 按建设规模划分

为适应对工程项目分级管理的需要，国家规定基本建设项目分为大型、中型、小型3类；更新改造项目分为限额以上和限额以下2类。对不同等级标准的工程项目，国家规定的审批机关和报建程序也不尽相同。

3. 按投资作用划分

按投资作用，工程项目可分为生产性建设项目和非生产性建设项目。

生产性建设项目是指直接用于物质资料生产或直接为物质资料生产服务的工程建设项目。非生产性建设项目是指用于满足人民物质和文化、福利需要的建设，以及非物质资料生产部门的建设。

4. 按投资效益划分

按投资效益，工程项目可分为竞争性项目、基础性项目和公益性项目。

(1)竞争性项目　它主要是指投资效益比较高、竞争性比较强的一般性建设项目。这类建设项目应以企业作为基本投资主体，由企业自主决策、自担投资风险。

(2)基础性项目　它主要是指具有自然垄断性、建设周期长、投资额大而收益低的基础设施和需要政府重点扶持的一部分基础工业项目，以及直接增强国力的符合经济规模的支柱产业项目。

(3)公益性项目　它主要包括科技、文教、卫生、体育和环保等设施，公、检、法等政权机关，以及政府机关、社会团体办公设施和国防建设等。公益性项目的投资主要由政府用财政资金来安排。

5. 按投资来源划分

按投资来源，工程项目可分为政府投资项目和非政府投资项目。

三、工程项目建设程序

按照相关规定，我国工程项目的建设程序如图1-2所示。

1. 项目建议书阶段

项目建议书是需要建设某一具体项目的建议文件，是工程项目建设程序中最初阶段的工

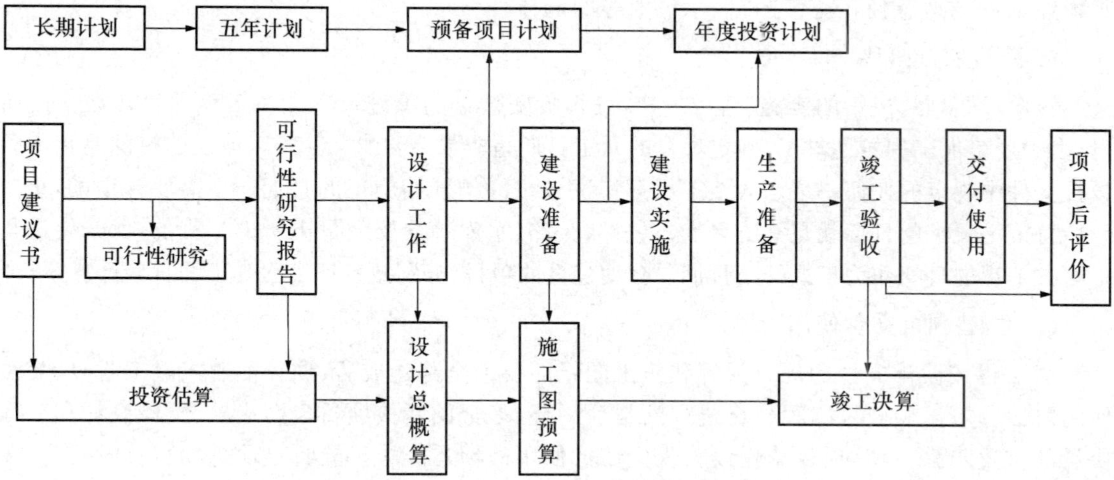

图 1-2　我国工程项目的建设程序

作投资决策前对拟建工程项目的轮廓设想。

2. 可行性研究阶段

可行性研究是对投资建议、工程项目建设、科研课题等方案的确定所进行的系统的、科学的、综合性的研究、分析和论证的一种工作方法。对工程项目而言，它是对工程项目在技术上是否可行和经济上是否合理所进行的科学的分析和论证。

3. 设计工作阶段

设计工作是对拟建工程的实施在技术上和经济上所进行的全面而详尽的安排，是项目实施的具体化，是组织施工的依据。

根据工程项目的不同情况，设计可以分为初步设计和施工图设计，有时也包括技术设计。

(1)初步设计　初步设计是设计的第一阶段，它是根据可行性研究报告的要求所做的具体实施方案，其目的是阐明在指定地点、时间和投资控制数内，拟建项目在技术上的可能性和经济上的合理性，并通过对工程项目所做出的基本技术规定，编制项目总概算。如果总概算超过可行性研究报告总投资的 10%以上，应说明原因并报可行性研究报告的原审批单位同意。

(2)技术设计　技术设计是根据初步设计和更详细的调查研究资料编制的，进一步解决初步设计中的重大技术问题，以使工程项目的设计更具体、更完善，技术经济指标更好。技术设计是初步设计的深化，一般情况下，在设计阶段不需要进行技术设计，但在那些技术复杂而又缺乏设计经验的工程项目中需在设计阶段进行技术设计。

(3)施工图设计　施工图设计是工程设计的最后一个阶段。该阶段是对初步设计(或技术设计)的进一步具体化和形象化，是把初步设计中所有的设计内容和设计方案绘制成蓝图，并编制施工图预算。施工图设计完整地表现建筑物外形、内部空间分割、结构体系、构造状况以及建筑群的组成和周围环境的配合，具有详细的构造尺寸。它还包括各种运输、通信、管道系统、建筑设备的设计。在工艺设计方面，还应确定各种设备的型号、规格及各种非标准设备的制造加工图。

4. 建设准备阶段

当设计完成后，工程项目就进入建设准备阶段。在建设工程项目中，该阶段主要是指在施工作业前的场地、材料、施工图纸、承包商等的选择。

5. 建设实施阶段

该阶段是项目决策的实施、建成投产，发挥投资效益的关键环节。在工程项目建设实施阶段，由于要确保工程按期竣工，确定项目的开工日期是非常重要的。新开工建设的时间是指项目设计文件中规定的任何一项永久性工程第一次破土开槽开始施工的日期。不需要开槽的，正式开始打第一根桩的日期就是开工日期。铁路、公路、水库等需要大量土石方工程的，以开始进行土石方工程的日期作为正式开工日期。分期建设的项目，分别按各期工程开工的日期计算。

6. 竣工验收、交付使用阶段

当工程按设计文件的规定内容和施工图纸的要求全部建成后，项目便进入竣工验收、交付使用阶段。竣工验收是工程建设过程的最后一环，是全面考核项目建设成果、检验设计和工程质量的重要步骤，也是项目从建设转入生产或使用的标志。竣工验收对促进项目及时投产、发挥投资效益及总结项目建设的经验，都有着十分重要的作用。

7. 项目后评价阶段

项目后评价是建设投资管理程序的重要环节，是在项目竣工验收且交付使用后，或未进行竣工验收但主体工程已建成投产多年后，对照项目立项及建设相关文件资料，将项目建成后所达到的实际效果与先期确定的目标进行对比分析，总结经验教训，提出对策建议。也可针对项目的某一问题进行专题评价。

四、建设工程项目管理及其任务

1. 建设工程项目管理的定义

建设工程项目管理的具体内涵：自项目开始至项目完成，通过项目策划和项目控制，以使项目的费用目标、进度目标和质量目标得以实现。

“自项目开始至项目完成”指的是项目的实施期。“项目策划”指的是项目实施的策划（它区别于项目决策期的策划），即项目目标控制前的一系列筹划和准备工作。“费用目标”对业主而言是投资目标，对施工方而言是成本目标。

2. 建设工程项目管理的内容

建设工程项目管理主要包括在项目管理规划的指导下，建立项目管理责任制度和进行项目管理策划，从而进行采购与投标管理、合同管理、设计与技术管理、进度管理、质量管理、成本管理、安全生产管理、绿色建造与环境管理、资源管理、信息管理、沟通管理与协调、风险管理、收尾管理，以及管理绩效评价。

3. 建设工程项目管理的分类

一个建设工程项目往往由许多参与单位承担不同的建设任务和管理任务（如勘察、设计、工程施工、设备安装、工程监理、建设物资供应、业主方管理、政府主管部门的管理和监督等），各参与单位的工作性质、工作任务和利益不尽相同，因此就形成了代表不同利益方的项目管理。业主方是建设工程项目实施过程（生产过程）的总集成者（即人力资源、物质资源和知识的集成），同时也是建设工程项目生产过程的总组织者，因此对于一个建设工程项目而言，业主方的项目管理往往是该项目的管理核心。

按建设工程项目不同参与方的工作性质和组织特征划分，项目管理有如下几种类型：

(1)业主方的项目管理，如投资方和开发方的项目管理，或由工程管理咨询公司提供的代表业主方利益的项目管理服务；

(2)设计方的项目管理；

(3)施工方的项目管理，包括施工总承包方的项目管理和分包方的项目管理；

(4)供货方的项目管理；

(5)建设项目总承包方的项目管理，如设计和施工任务综合承包的项目管理，设计、采购和施工任务综合承包(简称 EPC 承包)的项目管理等。

4. 建设工程项目管理的目标和任务

一提到工程项目管理或建设工程管理，人们首先就想到其任务是项目的目标控制，包括费用控制、进度控制和质量控制。这里提到的工程项目管理是建设工程管理中的组成部分，工程项目管理的工作仅限于在项目实施期。而如前所述，建设工程管理则涉及项目全寿命周期。

建设工程项目的全寿命周期包括决策阶段、实施阶段和使用阶段。项目的决策阶段包括编制项目建议书、可行性研究报告。项目的实施阶段包括设计前的准备阶段、设计阶段、施工阶段、动用前准备阶段和保修期。招标投标工作分散在设计前的准备阶段、设计阶段和施工阶段中进行，因此可以不单独列为招标投标阶段。

(1)业主方的项目管理　业主方的项目管理服务于业主的利益，其项目管理的目标包括项目的投资目标、进度目标和质量目标。其中，投资目标指的是项目的总投资目标；进度目标指的是项目动用的时间目标，即项目交付使用的时间目标，如加工厂建成可以投入生产、道路建成可以通车、教学楼可以启用、酒店可以开业等；质量目标不仅涉及施工质量，还包括设计质量、材料质量、设备质量和影响项目运行或运营的环境质量等，质量目标应满足相应的技术规范和技术标准的规定，以及满足业主方相应的质量要求。

业主方的项目管理工作涉及项目实施阶段的全过程，即设计前的准备阶段、设计阶段、施工阶段、动用前准备阶段和保修期。

(2)设计方的项目管理　设计方作为项目建设的一个参与方，其项目管理主要服务于项目的整体利益和设计方本身的利益。其项目管理的目标包括设计的成本目标、设计的进度目标和设计的质量目标，以及项目的投资目标。项目的投资目标能否实现与设计工作密切相关。

设计方的项目管理工作主要在设计阶段进行，但它也涉及设计前的准备阶段、施工阶段、动用前准备阶段和保修期。

(3)施工方的项目管理　施工方的项目管理是以工程项目为对象，以项目经理负责制为基础，以实现项目目标为目的、以构成工程项目要素的市场为条件，对项目按照其内在逻辑规律进行有效的计划、组织、协调和控制，对工程项目施工全过程进行管理和控制的系统管理的方法体系。

施工方的项目管理工作主要在施工阶段进行，但由于设计阶段和施工阶段在时间上往往是交叉的，施工方的项目管理工作也会涉及设计阶段。在动用前准备阶段和保修期施工合同尚未终止的这一期间，还有可能出现涉及工程安全、费用、质量、合同和信息等方面的问题，因此，施工方的项目管理也涉及动用前准备阶段和保修期。

施工方是承担施工任务的单位的总称，它可能是施工总承包方、施工总承包管理方、分包施工方、建设项目总承包的施工任务执行方，或仅提供施工劳务的参与方。当施工方担任的角色不同，其项目管理的任务和工作重点也会有差异。

建设工程项目管理和施工项目管理的区别：

建设工程项目管理与施工项目管理在管理任务、管理内容、管理范围及管理的主体等方面均不相同，两者的区别见表 1-1。

表 1-1　建设工程项目管理和施工项目管理的区别

区别特征	建设工程项目管理	施工项目管理
管理任务	取得符合要求的、能发挥应有效益的固定资产	生产建筑产品，取得利润
管理内容	涉及项目的全寿命周期（决策期、实施期、使用期）的建设管理	涉及从投标开始到交工为止的全部生产组织与管理及维修
管理范围	由可行性研究报告确定的所有工程内容，是一个建设项目	由承包合同规定的承包范围，即建设项目中单项工程或单位工程的施工
管理的主体	建设单位或其委托的咨询（监理）单位	建筑施工企业

(4)供货方的项目管理　供货方作为项目建设的一个参与方，其项目管理主要服务于项目的整体利益和供货方本身的利益。其项目管理的目标包括供货的成本目标、供货的进度目标和供货的质量目标。

供货方的项目管理工作主要在施工阶段进行，但它也涉及设计准备阶段、设计阶段、动用前准备阶段和保修期。

(5)建设项目总承包方的项目管理　建设项目总承包方作为项目建设的一个参与方，其项目管理主要服务于项目的整体利益和建设项目总承包方本身的利益。其项目管理的目标包括项目的总投资目标和总承包的成本目标、项目的进度目标和项目的质量目标。

建设项目工程总承包方项目管理工作涉及项目实施阶段的全过程，即设计前的准备阶段、设计阶段、施工阶段、动用前准备阶段和保修期。

建设项目工程总承包方项目管理的主要任务包括：①安全管理；②投资控制和总承包方的成本控制；③进度控制；④质量控制；⑤合同管理；⑥信息管理；⑦与建设项目总承包方有关的组织和协调。

任务二　建设工程项目管理组织

一、建设工程项目管理组织概述

1. 项目管理组织的含义

组织一词具有两种含义：一是作为名词，二是作为动词。

项目管理组织作为名词是指项目的组织机构，即按一定的领导体制、部门设置、层次划分、职责分工、规章制度和信息系统等目标而建立的项目的管理机构。这种组织机构是社会人的结合形式，它要完成一定的任务，并为此而处理人和人、人和事、人和物之间的相互关系。

项目管理组织作为动词是指项目管理组织行为活动，即为达到一定目标，运用项目管理组织所赋予的权力，通过项目管理组织的影响力，对所需资源进行合理配置，处理人和人、人和事、人和物之间关系的行为。

无论哪一种含义，其目的都是处理好项目管理组织内部成员之间，成员与职责、任务之间，成员与资源之间的关系。

2. 项目管理组织的作用

从组织与项目目标关系的角度看，项目管理组织的根本作用是通过组织活动，汇聚和放大项目管理组织成员的力量，保证目标的实现。项目管理组织的作用主要体现在以下几方面：

(1)合理的管理组织可以提高项目团队的工作效率。

(2)管理组织的合理确定，有利于项目目标的分解与完成。

(3)合理的项目管理组织可以优化资源配置，避免资源浪费，保证承担单位总体效益和委托方利益之间的平衡。

(4)有利于平衡项目管理组织的稳定和调整。组织结构形式确定后，团队成员在项目管理组织结构图中找到自身的位置与工作责任，对项目管理组织产生归属感，从而带来稳定性。

(5)有利于项目内外关系的协调。

二、建设工程项目管理组织模式

建筑市场的市场体系主要由3个方面构成，即以发包人为主体的发包体系，以设计、施工、供货方为主体的承建体系，以及以工程咨询、评估、监理方为主体的咨询体系。市场主体三方的不同关系会形成不同的工程项目组织系统，构成不同的项目实施组织形式，对工程管理的方式和内容产生不同的影响。

1. 传统的项目管理模式

传统的项目管理模式，即“设计—招投标—建造”(DBB)模式。它是指项目业主将工程项目的设计、施工和设备材料采购的任务分解后，分别发包给若干个设计、施工单位和材料设备供应商，并分别和各个承包商签订合同。各个承包商之间的关系是平行的，他们在工程实施过程中接受业主或业主委托的监理公司的协调和监督。

采用这种发包模式，首先应合理地分解工程项目任务。进行工程项目分解应符合我国建筑法关于禁止将建筑工程肢解发包的规定，即不得将应当由一个承包单位完成的建筑工程，肢解成若干部分发包给几个承包单位。

2. 交钥匙总承包模式

交钥匙总承包模式，即“设计—采购—施工”(EPC)模式。它是指工程总承包企业按照合同约定，承担工程项目的设计、采购、施工、试运行服务等工作，并对承包工程的质量、安全、工期、造价全面负责。

在这种模式中，业主和承包商之间只有一份合同，合同关系单一，业主与承包商之间的关系简单，相当一部分的项目协调与管理工作由总包商统一承担，从而减少业主的协调和管理工作量。

3. 建筑工程管理模式

建筑工程管理(construction management,CM)模式是指在采用快速路径法施工时,从工程建设详设阶段开始,业主方就选择具有施工经验的 CM 单位(或 CM 经理),如咨询单位建设开发公司、工程总承包公司等,大多选择施工总承包公司,参与到工程实施中来,为设计方提供施工方面的建议,并且随后负责施工管理。

这种模式采用的是阶段性发包方式,与设计图纸全部完成之后才进行招标的传统的连续建设模式不同。

CM 模式可以缩短工程从规划、设计到竣工的周期,整个工程可以提前投产,节约投资,减少投资风险,较早地获得收益;CM 单位或 CM 经理早期即介入设计管理,因而设计者可听取 CM 经理的建议,预先考虑施工因素,以改进设计的可施工性,还可运用价值工程改进设计,以节省投资。但分项招标可能导致承包费用较高,因而要做好分析比较,研究项目分项的多少,充分发挥专业分包商的专长。

4."代建制"模式

"代建制"是指投资方经过规定的程序,委托具备相应资质的工程管理公司或具备相应工程管理能力的其他企业,代理投资人或建设单位组织和管理项目建设的模式。"代建制"是一种特殊的项目管理方式,除项目管理的内容外,还包括项目策划,报批,办理规划、土地、环评、消防、市政、人防、绿化、开工等手续,采购施工承包商和监理服务单位等内容。

三、建设工程项目管理组织形式

建设工程施工企业承接工程项目之后,要根据项目的特点和施工企业的具体情况,任命项目经理,组建项目管理机构。

1. 直线式组织形式

直线式组织形式来自十分严谨的军事组织系统。在直线式组织结构中,每一个工作部门只能对其直接的下属部门下达工作指令,每一个工作部门也只有一个直接的上级部门,因此,每一个工作部门只有唯一一个指令源,避免了由于矛盾的指令而影响组织系统的运行。

2. 职能式组织形式

职能式组织形式是一种传统的组织机构形式。在职能式组织形式中,每一个职能部门可根据它的管理职能对其直接和非直接的下属工作部门下达工作指令。每一个工作都能得到其直接和非直接的上级工作部门下达的工作指令,因此,它就会有多个矛盾的指令源。一个工作部门的多个矛盾的指令源会影响企业管理机制的运行。

一般的工业企业设有人、财、物和产、供、销管理的职能部门,另有生产车间和后勤保障机构等。虽然生产车间和后勤保障机构并不一定是职能部门的直接下属部门,但是职能管理部门可以在其管理的职能范围内对生产车间和后勤保障机构下达工作指令,这是典型的职能组织结构。如高等院校设有人事、财务、教学、科研和基本建设等管理的职能部门(处室),另有学院、系和研究中心等教学和科研机构,其组织结构模式也是职能组织结构,人事处和教务处等都可对学院和系下达其分管范围内的工作指令。我国多数企业、事业单位目前还沿用这种传统的组织结构模式。许多建设项目也还用这种传统的组织结构模式,但在工作中常出现交叉和矛盾的工作指令关系，严重影响了项目管理机制的运行和项目目标的实现。

3. 矩阵式组织形式

矩阵式组织形式是一种较新型的组织结构模式。矩阵组织结构最高指挥者(部门)下设纵向和横向两种不同类型的工作部门。纵向工作部门如人、财、物、产、供、销的职能管理部门，横向工作部门如生产车间等。一个施工企业，如采用矩阵式组织形式，则纵向工作部门可以是计划管理、技术管理、合同管理、财务管理和人事管理部门等，而横向工作部门可以是项目部。

在矩阵组织结构中，每一项纵向和横向交汇的工作，指令来自纵向和横向两个工作部门，因此其指令源为两个。当纵向和横向工作部门的指令发生矛盾时，由该组织系统的最高指挥者(部门)进行协调或决策。

在矩阵组织结构中，为避免纵向和横向工作部门指令矛盾对工作的影响，可以采用以纵向工作部门指令为主或以横向工作部门指令为主的矩阵组织结构模式，这样也可减轻该组织系统的最高指挥者(部门)的协调工作量。

四、项目经理与建造师

1. 项目经理

项目经理部是项目组织的核心，而项目经理领导着项目经理部工作，所以项目经理居于整个项目的核心地位，是保证项目质量、安全、工期的重要岗位。

按照项目和项目管理的特点，现代工程项目对项目经理有如下几个基本要求：

(1)素质　项目经理必须具有良好的职业道德，必须具备工作的积极性、热情和敬业精神，具备很高的社会责任感和道德观念，高瞻远瞩，具有全局观念。

(2)能力　项目经理必须具有长期的工程管理工作经历和经验，特别是有同类项目成功的经历，对项目工作有成熟的判断能力、思维能力、随机应变能力、处理人事关系的能力，有较强的组织管理能力、语言表达能力、谈判技巧和说服能力，必须具有应变能力，工作灵活。个人领导风格可变，能够适应不同的项目和不同的项目组织，能对整个项目系统做出全面观察并能预见潜在的综合问题。

(3)知识　项目经理需要广博的知识面，能够对所从事的项目迅速设计出解决问题的方法、程序，能抓住问题的关键、主要矛盾，识别技术和实施过程逻辑上的联系，具有系统知识的概念。

目前发达国家有一整套项目经理的教育培训方法，有比较好的、成熟的经验。我们在借鉴经验的同时，必须结合中国的具体国情。

2. 建造师

2002 年 12 月 5 日，中华人民共和国人事部、建设部联合发文，明确规定了我国对从事建设工程项目总承包及施工管理的技术人员实行注册建造师执业资格制度。

项目经理是建筑业企业为实施工程项目管理所设置的一个岗位职务，项目经理根据企业法定代表人的授权，对工程项目自开工准备至竣工验收实施全面全过程的组织管理。项目经理的资质由行政审批获得。

建造师是从事建设工程管理包括工程项目管理的专业技术人员的执业资格，按照规定，具备一定条件，并参加考试合格的人员，才能获得这个资格。获得建造师执业资格的人员，经注册后可以担任工程项目的项目经理及其他有关岗位职务。项目经理责任制与建造师执业资格制度是两个不同的制度，但在工程项目管理中这两个制度具有联系。

建造师与项目经理定位不同，但所从事的都是建设工程的管理。建造师执业的覆盖面较大，可涉及工程建设项目管理的许多方面，担任项目经理只是建造师执业中的一项；项目经理则仅限于企业内某一特定工程的项目管理。建造师选择工作的权利相对自主，可在社会市场上有序流动，有较大的活动空间；项目经理岗位则是企业设定的，项目经理是由企业法人代表授权或聘用的、一次性的工程项目施工管理者。

任务三　建设工程施工组织设计

一、建设工程施工组织概述

1. 建设工程施工组织的内容与任务

施工组织是根据批准的建设计划、设计文件(施工图)和工程承包合同，对建筑安装工程任务从开工到竣工交付使用所进行的计划、组织、控制等活动的统称。

施工组织的任务是按照客观规律科学地组织施工，积极为施工创造必要条件，保证施工正常与顺利，选择最优的施工方案，取得最佳的经济效益；在施工中确保工程质量，缩短施工周期，安全生产，降低物耗，文明施工，为企业创造出社会信誉。

2. 建设工程施工组织设计的内容

施工组织设计是对施工活动实行科学管理的重要手段，具有战略部署和战术安排的双重作用。它体现了实现基本建设计划和设计的要求，提供了各阶段的施工准备工作内容，协调施工过程中各施工单位、各施工工种、各项资源之间的相互关系。

(1)施工组织设计的基本内容　施工组织设计要结合工程对象的实际特点、施工条件和技术水平进行综合考虑，一般包括以下基本内容：①工程概况；②施工部署及施工方案；③施工进度计划；④施工平面图；⑤主要技术经济指标。

(2)施工组织设计的分类及编制　施工组织设计根据编制的广度、深度和作用的不同，可分为：施工组织总设计、单位工程施工组织设计、分部(分项)工程施工组织设计[或称分部(分项)工程作业设计]。

施工组织总设计是由总包单位或项目部的技术负责人负责编制，并由总工程师审核批准实施。

单位工程施工组织设计是由项目经理负责编制，并由公司总工程师审核批准。

分部(分项)工程施工组织设计是由项目部总工程师负责编制，并由项目经理审核批准。

二、建设工程施工组织总设计

1. 施工组织总设计的概念

施工组织总设计是以整个建设项目或群体工程(一个住宅建筑小区、配套的公共设施工程、一个配套的工业生产系统等)为对象编制的,是整个建设项目或建筑群施工的全局性战略部署,是施工企业规划和部署整个施工活动的技术、经济文件。

2. 施工组织总设计的主要作用

(1)确定设计方案的施工可能性和经济合理性;

(2)为建设单位主管机关编制基本建设计划提供依据;

(3)为施工单位主管机关编制建筑安装工程计划提供依据;

(4)为组织物资技术供应提供依据;

(5)为及时进行施工准备工作提供条件;

(6)解决有关生产和生活基地的组织问题。

3. 施工组织总设计的编制依据

(1)设计地区的工程勘察和技术经济资料,如地质、地形、气象、河流水位、地区条件等;

(2)国家现行规范和规程、上级指示、合同协议等;

(3)计划文件,如国家批准的基本建设计划、单项工程一览表、分期分批投资的期限、投资指标、工程材料和设备的订货指标、地区主管部门的批件、施工单位上级主管下达的施工任务书等;

(4)设计文件,如批准的初步设计、设计证明书、总概算、计划任务书等。

4. 施工组织总设计的内容和深度

施工组织总设计的内容和深度,视工程的性质、规模、建筑结构和施工复杂程度、工期要求及建设地区的自然经济条件而有所不同,但都应突出“规划”和“控制”的特点,一般包括以下主要内容:①建设项目的工程概况;②施工部署及其核心工程的施工方案;③全场性施工准备工作计划;④施工总进度计划;⑤各项资源需求量计划;⑥全场性施工总平面图设计;⑦主要技术经济指标(项目施工工期、劳动生产率、项目施工质量、项目施工成本、项目施工安全、机械化程度、预制化程度、暂设工程等)。

5. 施工组织总设计的编制程序及方法

首先,要从全局出发,对建设地区的自然条件、技术经济情况以及工程特点、工期要求等进行全面系统的研究,找出主要矛盾和薄弱环节,以便重点加以解决,避免造成损失。其次,根据施工任务情况和施工现状,合理进行组织分工,并在经过技术经济比较之后合理确定重点单位工程和主要工种工程的施工方案。最后,根据生产工艺流程和工程特点,合理编制施工总进度计划,以确保工程能按照工期要求均衡连续地进行施工,能分期分批地投入生产或交付使用,充分发挥投资效益。

(1)施工部署和施工方案　施工部署和施工方案是施工组织总设计的中心环节,是在充分了解工程情况、施工条件和建设要求的基础上,对整个建设工程进行全面安排和解决工程施工中的重大问题，是编制施工总进度计划的前提。其主要内容包括施工任务的组织分工及程序安排、主要项目的施工方案、主要工种工程的施工方法、“三通一平”规划等。

（2）施工总进度计划　施工总进度计划是根据施工部署的要求，合理确定各工程项目施工的先后顺序、开工和竣工日期、施工期限和它们之间的搭接关系。

三、单位工程施工组织设计

单位工程施工组织设计以单位工程（如一栋楼房、一个烟囱、一段道路、一座桥等）为对象，在施工组织总设计的指导下，由直接组织施工的单位根据施工图设计进行编制，用以直接指导单位工程的施工活动，是施工单位编制分部（分项）工程施工组织设计和季、月、旬施工计划的依据。单位工程施工组织设计根据工程规模和技术复杂程度不同，其编制内容的深度和广度也有所不同。对于简单的工程，一般只编制施工方案，并附以施工进度计划和施工平面图。

1. 单位工程施工组织设计的编制依据

（1）主管部门的批示文件及有关要求，如上级机关对工程的有关指示和要求，建设单位对施工的要求，施工合同中的有关规定等。

（2）经过会审的施工图，包括单位工程的全套施工图纸、图纸会审纪要及有关标准图集。

（3）施工企业年度施工计划，如本工程开竣工日期的规定，以及与其他项目穿插施工的要求等。

（4）施工组织总设计，如本工程是整个建设项目中的一个项目，应把施工组织总设计作为编制依据。

（5）工程预算文件及有关定额，应有详细的分部分项工程量，必要时应有分层、分段、分部位的工程量，使用的预算定额和施工定额。

（6）建设单位对工程施工可能提供的条件，如供水、供电、供热的情况及可借用作为临时办公、仓库、宿舍的施工用房等。

（7）施工条件，如施工单位的人力、物力、财力等情况。

（8）施工现场的勘察资料，如高程、地形、地质、水文、气象、交通运输、现场障碍物等情况，以及工程地质勘察报告、地形图、测量控制网。

（9）有关的规范、规程和标准，如《建设工程项目管理规范》《建筑工程施工质量验收统一标准》《建筑工程施工质量评价标准》等。

（10）有关的参考资料，如施工手册、相关施工组织设计等。

2. 单位工程施工组织设计的编制程序

单位工程施工组织设计的编制程序，是指单位工程施工组织设计各个组成部分形成的先后次序以及相互之间的制约关系。

3. 单位工程施工组织设计的内容

根据工程的性质、规模、结构特点、技术复杂难易程度和施工条件等，单位工程施工组织设计编制的深度和广度也不尽相同，但一般来说应包括下述主要内容：

（1）工程概况及施工特点分析，主要包括工程建设概况、设计概况、施工特点分析和施工条件等内容。

(2)施工方案，主要包括确定各分部分项工程的施工顺序、施工方法和选择适用的施工机械、制定主要技术组织措施。

(3)单位工程施工进度计划表，主要包括确定各分部分项工程名称，计算工程量、劳动量和机械台班量，计算工作延续时间，确定施工班组人数及安排施工进度，编制施工准备工作计划及劳动力、主要材料、预制构件、施工机具需要量计划等内容。

(4)单位工程施工平面图，主要包括确定起重机械、垂直运输机械、搅拌站、临时设施、材料及预制构件堆场布置，运输道路布置，临时供水、供电管线的布置等内容。

(5)主要技术经济指标，主要包括工期指标、工程质量指标、安全指标、降低成本指标等内容。对于建筑结构比较简单、工程规模比较小、技术要求比较低，且采用传统施工方法组织施工的一般工业与民用建筑，其施工组织设计可以编制得简单一些。其内容一般只包括施工方案、施工进度表、施工平面图，辅以扼要的文字说明，简称“一案一表一图”。

任务四　建设工程项目风险管理

一、工程项目风险概述

(一)与风险相关的概念

(1)风险因素　风险因素是指能产生或增加损失发生的概率和损失程度的条件或因素，是风险发生的潜在因素，是造成损失的内在或间接原因。风险因素主要有三种。第一种是客观风险因素，它是指有形的，并能直接导致某种风险的因素，如工人疲劳作业、施工设备该维修而没有维修继续使用等。第二种是道德风险因素，如人的品质缺陷或欺诈行为，它是无形的，与人的品德修养有关。第三种是心理风险因素，它与人的心理状态有关，如操作者的无知轻率、麻痹侥幸等。

(2)风险量　风险量指的是不确定的损失程度和损失发生的概率。某个可能发生的事件，若其可能的损失程度和发生的概率都很大，则其风险量就很大，如图 1-3 所示的风险区 A。

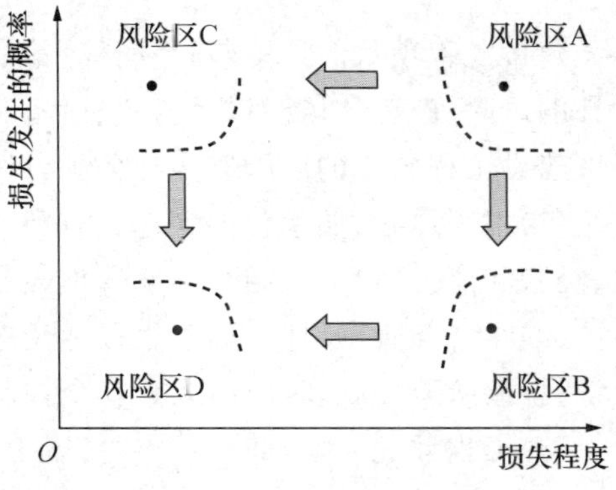

图 1-3　时间风险量的区域

某事件经过风险评估，若处于风险区 A，则应采取措施，降低其概率，以使它移位至风险区 B；或采取措施降低其损失量，以使它移位至风险区 C。风险区 B 和风验区 C 的事件则应采取措施，使其移位至风险区 D。

(3)风险事件　风险事件是指造成损失的偶发事件，是造成损失的外在原因或直接原因，如风、火灾等。

(4)损失与损失等级　损失是指非故意的、非计划的和非预期的经济价值的减少，通常用货币量来衡量。

损失等级包括直接经济损失等级、周边环境影响损失等级以及人员伤亡等级，当三者同时存在时，以较高的等级作为该风险事件的损失等级。

风险事件的风险等级由风险发生概率等级和风险损失等级间的关系矩阵确定。

《建设工程项目管理规范》(GB/T 50326—2017)将工程建设风险事件按照不同风险程度分为4个等级：

Ⅰ级风险：风险等级最高，风险后果是灾难性的，并造成恶劣的社会影响和政治影响。

Ⅱ级风险：风险等级较高，风险后果严重，可能在较大范围内造成破坏或人员伤亡。

Ⅲ级风险：风险等级一般，风险后果一般，对工程建设可能造成破坏的范围较小。

Ⅳ级风险：风险等级较低，风险后果在一定条件下可以忽略，对工程本身以及人员等不会造成较大损失。

通过风险概率和风险损失得到风险等级，应符合表1-2的规定。

表1-2　风险等级矩阵表

概率等级	损失等级			
	1	2	3	4
1	Ⅰ级	Ⅰ级	Ⅱ级	Ⅱ级
2	Ⅰ级	Ⅱ级	Ⅱ级	Ⅱ级
3	Ⅱ级	Ⅱ级	Ⅲ级	Ⅲ级
4	Ⅱ级	Ⅲ级	Ⅲ级	Ⅳ级

(二)施工风险的类型

建设工程项目的风险包括项目决策的风险和项目实施的风险，项目实施的风险主要包括设计的风险、施工的风险以及材料、设备和其他建设物资的风险等。

建设工程施工的风险有多种分类方法，以下就构成风险的因素进行分类。

(1)组织风险，如承包商管理人员和一般技工的知识、经验和能力；施工机械操作人员的知识、经验和能力；损失控制和安全管理人员的知识、经验和能力等。

(2)经济与管理风险，如工程资金供应条件；合同风险；现场与公用防火设施的可用性及其数量；事故防范措施和计划；人身安全控制计划；信息安全控制计划等。

(3)工程环境风险，如自然灾害；岩土地质条件和水文地质条件；气象条件；引起火灾和爆炸的因素等。

(4)技术风险，如工程设计文件；工程施工方案；工程物资；工程机械等。

二、工程项目风险识别

(一)工程项目风险识别概述

工程项目风险识别是确认在工程项目实施中哪些风险因素有可能会影响项目的进展，并记录每个风险因素的特点。风险识别是风险管理的第一步，是风险管理的基础。风险识别是一个连续的过程，不是一次就可以完成的，在项目的实施过程中应自始至终定期进行。

(二)工程项目风险识别的步骤

工程项目风险识别过程包括以下几个阶段的工作：收集资料、分析不确定性、确定风险事件、编制风险识别报告。

1. 收集数据

只有得到广泛的资料和数据才能有效辨识风险。资料和数据能否得到、是否完整都会影响对工程项目损失大小的估计。应注重以下几方面数据的收集：

(1)工程项目环境方面的数据资料。工程项目的实施和建成后的运行离不开与其相关的自然和社会环境。自然环境方面，如气象、水文、地质条件等对工程项目的实施有较大影响；社会环境方面，如政治、经济、文化等对工程建设也有重要影响。

(2)工程项目的有关数据资料。这类资料是指以前经历的各类工程项目的数据资料，或者类似的工程项目(可以是类似的建设环境，也可以是类似的工程结构，或两方面均类似更好)的数据资料。它们的建设经验和教训对当前的工程项目的风险分析是很有帮助的。

(3)工程项目的设计、施工文件。工程项目设计文件规定了工程的结构布局、形式尺寸，以及采用的建筑材料、规程规范、质量标准等，对这些内容的改变均可能带来风险。施工文件明确规定了工程施工的方案、质量控制要求和工程验收的标准等，工程施工中经常会碰到施工方案的优化或选择问题，需要对工程项目的进度、成本、质量和安全目标的实现进行风险分析，进而确定合理的方案。

2. 分析不确定性

在基本数据收集的基础上，应从以下几个方面对工程项目的不确定性进行分析：

(1)不同建设阶段的不确定性分析。工程项目建设有明显的阶段性，在不同建设阶段，不确定性事件的种类和不确定程度均有很大差别，应从不同建设阶段分析工程项目实施的不确定性。

(2)不同目标的不确定性分析。工程建设有进度、质量和费用等多个目标，影响这些目标的因素有相同之处也有不同之处，要从实际出发，对不同目标的不确定性做出客观的分析。

(3)工程结构的不确定性分析。不同的工程结构，其特点不同，影响因素不同，影响因素的影响程度可能也有差别。

(4)工程建设环境的不确定性分析。工程建设环境是引起各种风险的重要因素。应对所处环境进行较为详尽的不确定性分析，进而分析由其引发的工程项目风险。

3. 确定风险事件

在工程项目不确定分析的基础上，应进一步分析这些不确定因素引发工程项目风险的大小，然后对这些风险进行归纳、分类。可按照工程项目内、外部进行分类，也可按照技术和非技术进行分类，还可按照构成风险的因素进行分类。

4. 编制风险识别报告

在工程项目风险分类的基础上，应编制风险识别报告。该报告是风险识别的成果，其核心内容是工程风险清单。风险清单是记录和控制风险管理过程的一种方法，在做出决策时具有不可替代的作用。

(三)工程项目风险识别的方法

工程项目风险识别过程中一般要借助一些方法和工具,从而使得风险识别的效率高、操作规范,并且不易产生遗漏。主要的方法和工具有以下几种:

1. 核查表

核查表是将项目可能发生的许多潜在风险列于一个表上供识别人员进行检查核对,判断某项目是否存在表中所列的或类似的风险。核查表中所列的风险都是已实施的而且曾发生过的风险,对于项目管理人员具有开阔思路、启发联想的作用。利用核查表进行风险识别的优点是快速而简单,缺点是受项目可比性的限制。某水利工程项目总体风险核查表如表 1-3 所示。

表 1-3 某水利工程项目总体风险核查表

风险因素	识别标准	风险评估		
		低	中	高
1. 项目的环境				
(1)项目的组织结构	稳定/胜任			
(2)组织变更的可能	较小			
(3)项目对环境的影响	较低			
(4)政府的干涉程度	较少			
(5)政策的透明程度	透明			
……				
2. 项目管理				
(1)业主对同类项目的经验	有经验			
(2)项目经理的能力	经验丰富			
(3)项目管理技术	可靠			
(4)切实进行了可行性研究	详细			
(5)承包商富有经验、诚实可靠	有经验			
……				
3. 项目性质				
(1)工程的范围	通常情况			
(2)复杂程度	相对简单			
(3)使用的技术	成熟可靠			
(4)计划工期	可合理顺延			
(5)潜在的变更	较确定			
……				
4. 项目人员				
(1)基本素质	达到要求			
(2)参与程度	积极参与			
(3)项目监督人员	达到要求			
(4)管理人员的经验	经验丰富			
……				
5. 费用估算				
(1)合同计价标准	固定价格			
(2)项目估算	有详细估算			
(3)合同条件	标准条件			
……				

2. 德尔菲法

德尔菲法实质是一种反馈匿名函询法。其做法是，在征得专家的意见之后，对问题进行整理、归纳、统计，再匿名反馈给各专家，再次征求意见，再集中，再反馈，直到得到稳定的意见。

该方法主要依靠专家的直观能力对风险进行识别，即通过调查意见逐步集中，直至在某种程度上达到一致，故又称专家意见集中法。

3. 头脑风暴法

在选择问题的方案之前，一定要得出尽可能多的方案和意见。头脑风暴法就是团队的全体成员自发地提出主张和想法，鼓励成员有新奇和突破常规的主意。它可能产生热情、富有创造性的更好的方案。

头脑风暴法的规则是不进行讨论，没有判断性评论。每人每次只需要说出一个主意，不要讨论、评判，更不要试图宣扬。其他参加人员不允许做出任何支持或判断的评论（也不允许有皱眉、咳嗽、冷笑等身体语言的表现），也不要向提出主意的人进行提问。头脑风暴法对帮助团队获得解决问题的最佳方案非常有效。

4. 情景分析法

情景分析法是通过有关数字、图表等对项目未来的某个状态或某种情况进行详细的描绘和分析，从而识别出引起项目风险的关键因素及其影响程度的一种风险识别方法。情景分析法注重说明某些事件出现风险的条件和因素，并且要说明当某些因素发生变化时，又会出现什么样的风险，产生何种后果等。

5. SWOT 分析法

SWOT 分析法是一种环境分析方法，SWOT 即 strength（优势）、weakness（劣势）、opportunity（机遇）、threat（挑战）。SWOT 分析法基于对企业内部环境的优劣势的分析，在了解自身特点的基础之上，判明企业外部的机会和威胁，从多角度对项目进行风险识别，然后做出准确的判断，继而制定企业发展的战略和策略。

除了上述 5 种方法，风险识别还有许多其他方法，如 WBS 分析法、敏感性分析法、事故树分析法等。

三、工程项目风险处理

（一）应对工程项目风险的主要措施

应对工程项目风险的主要措施有风险减轻、风险分散、风险转移、风险回避、风险自留与利用等。

（1）风险减轻　风险减轻是从降低风险发生的概率或控制风险的损失两个方面应对风险，它是一种主动、积极的风险策略。

①预防风险。预防风险是指采取各种预防措施以降低或消除损失发生的可能。例如，生产管理人员通过安全教育和强化安全措施，减少事故发生的机会；承包商通过提高质量控制标准和加强质量控制，防止工序质量不合格以及质量事故引起的返工或罚款等。在承发包过程中，业主要求承包商出具各种保函就是为了防止承包商不履约或履约不力；而承包商要求在合

同条款中给予其索赔权利，也是为了防止业主违约或发生种种不测事件。

②控制风险。控制风险是指在风险损失已经不可避免的情况下，通过种种措施遏制损失恶化或遏制其扩展范围，使其不再蔓延或扩展，也就是使损失局部化。例如，承包商在业主支付误期超过合同规定期限的情况下，放慢施工、停工或撤出队伍并提出索赔要求；安全事故发生后的紧急救护措施等。控制风险的损失应争取主动，以预防为主，防控结合。

(2)风险分散　风险分散是通过增加风险承担者，将风险各部分分配给不同的参与方，以达到降低总体风险的目的。风险分配时一定要注意将风险分配给最有能力控制风险动机的一方，否则分散风险只能增大风险。在大项目中，投标人采用联合体投标方式中标，在项目实施中风险由多方承担，就是利用了风险分散的策略。

(3)风险转移　风险转移不是降低风险发生的概率和不利后果的大小，而是借助合同或协议，在风险一旦发生时将损失的一部分转移到项目以外的第三方身上。

①工程保险转移。工程保险是对建筑工程、安装工程和各种机器设备因自然灾害与意外事故所造成的物质财产损失及第三者责任进行赔偿的保险。投保工程保险时，投保人需要向保险公司缴纳一定的费用来转移风险。通过保险来实现的风险转移是一种补偿性的，当风险事件发生造成损失后，由保险人对被保险人提供一种经济上的补偿。如果风险事件没有发生或发生后所造成的损失很小，则投保人所缴纳的保险费就成为保险人的收益。值得注意的是，不是工程项目中的所有风险都可通过保险来进行转移，只有可保风险才能投保，一般情况下，可保风险是偶然的、意外的，其损失往往是巨大但可较为准确计量的。

②非保险转移。非保险转移可分为 3 种方式：保证担保、合同条件和工程分包。

a. 保证担保。保证担保实质是将风险转移给了担保公司或银行，在风险转移过程中风险的风险量并没有发生变化，只是风险承担的主体发生了变化。在施工合同中，一般都是由信誉较好的第三方以出具保函的方式担保施工合同当事人履行合同。

b. 合同条件。合理的合同条件和合理的合同计价方式可以达到转移风险的目的。不同类型的合同，业主和承包商承担的风险是不同的，签订合同时双方应注意考虑风险的合理分担，使任何一方承担不合理范围的风险对于项目的实施都是不利的。

c. 工程分包。工程分包是工程实施过程中普遍采用的一种方式，承包商往往将专业性很强，或自己没有经验，或不具备优势的部分工程(如桩基工程、钢网架工程等)分包出去，从而达到转移风险的目的。对于分包商而言，其在该领域很有优势，所以接受风险的同时也取得了获得利益的机会。

(4)风险回避　风险回避是指当项目风险潜在威胁发生的可能性太大，不利后果也太严重，或又无其他策略可用时，主动放弃项目或改变项目目标与行动方案，从而规避风险的一种策略。它是一种最彻底消除风险影响的方法。

(5)风险自留与利用

①风险自留。风险自留是指项目参与者自己承担风险带来的损失，并做好相应的准备工作。风险自留是基于两个方面考虑的：一是工程实践中存在风险但风险发生的概率很小，而且最后造成的损失也很小，采取风险回避、降低、分散或转移的手段效果不明显，不得不自己承担风险；二是从项目参与者的角度出发，他们有时必须承担一定的风险才能获得较好的收益。

②风险利用。风险利用是风险管理的较高层次，对风险管理人员的管理水平要求较高，须谨慎对待。风险利用是在识别风险的基础上，对风险的可利用性和利用价值进行分析，根据自

身的能力决策是否可以利用风险。

(二)风险监控

无论采取何种措施控制风险,都很难将工程风险完全消除,即使原有风险消除,还可能产生新的风险。因此,在项目实施过程中要定期对风险进行监控。

风险监控的主要内容包括:评价风险控制行为产生的效果;及时发现和度量新的风险因素;跟踪、评价残余风险的变化和程度;监控潜在风险的发展,监测项目风险发生的征兆;提供启动风险应变计划的时机和依据。

任务五　案例拓展

【案例 1】

1. 背景

某承包商承接一教学楼的施工任务,拟建立施工项目经理部。该项目经理部拟由项目经理、技术负责人、质量安全负责人、造价负责人、施工员、质量安全员和造价员各一名组成。

2. 问题

根据所学知识,判断该项目经理部采用哪种组织机构形式比较合适。请绘制该项目经理部组织机构图,并说明直线式组织机构的特点有哪些。

分析:

根据该施工项目的特点,该项目经理部采用直线式组织机构的形式比较合适。其直线式组织机构图如图 1-4 所示。

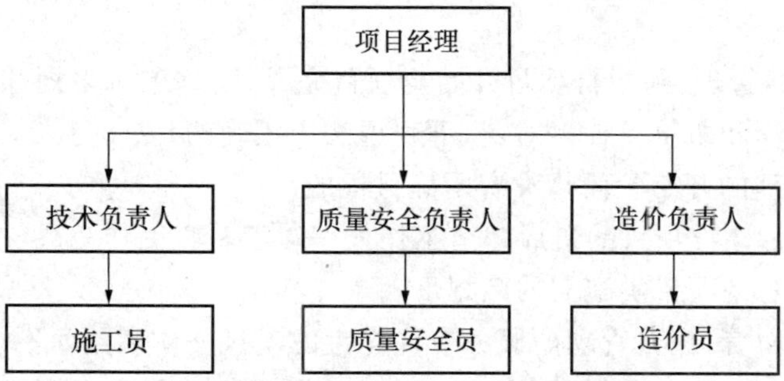

图 1-4　直线式组织结构图

直线式组织机构的优点是组织机构简单,权力集中,命令统一,职责分明,决策迅速,隶属关系明确。缺点是没有职能部门,实行"个人管理",这就要求项目经理通晓各种业务和多种知识技能,成为"全能"式人物。

【案例 2】

1. 背景

隆达建筑安装工程公司以施工总承包的方式承接了平安大厦工程的施工,并将其中部分工程内容分包给了启泰建筑公司。就双方的相关责任划分,有如下约定:启泰公司对其施工范围内的工程施工总平面布置自行确定是否需要修改，负责编制平安大厦工程施工组织设计并对施工现场的安全生产负总责；隆达公司负责施工现场的统一管理，启泰公司在其分包范围内建立施工现场管理责任制，并组织实施。

2. 问题

(1)上述关于总分包的责任约定中，哪些做法是错误的？为什么？

(2)隆达公司为施工现场从事危险作业的人员办理了意外伤害保险，根据规定，此部分意外伤害保险费应由哪个单位来支付？

(3)隆达公司编制了施工组织设计，包括安全技术措施和施工现场临时用电方案。请问哪些工程在达到一定规模、危险性较大时应在施工组织设计中编制专项施工方案？

(4)在编制的施工组织设计中，哪些专项施工方案必须由专家进行论证、审核？

分析：

(1)关于施工总平面图修改的约定是错误的，因为建设工程是实行总承包和分包的，分包单位确需进行改变施工总平面布置活动的，应当先向总承包单位提出申请，经总承包单位同意后方可实施。关于安全生产负责制度约定错误，因为应由总承包单位对施工现场的安全生产负总责。关于工程施工组织设计的编制单位约定错误，因为应由总承包单位负责编制建设工程施工组织设计，分包单位在总承包单位的总体部署下，负责编制分包工程的施工组织设计。

(2)应由总承包单位，即隆达公司支付。

(3)拆除、爆破工程，土方开挖工程，起重吊装工程。

(4)涉及深基坑工程、地下暗挖工程、高大模板工程施工方案时必须由专家进行论证、审核。

项目一练习题

一、单项选择题

1. 施工方的项目管理，是指自项目开始至项目完成，通过项目策划和项目控制，实现项目的费用目标、进度目标和质量目标。对此，下列说法中正确的是(　　)。

A. 建设项目管理的开始阶段是没有明确目标的

B. 项目完成即指建设项目的最后一道工作——竣工验收工作完成

C. 项目策划指的是项目实施期的策划

D. 对于施工方而言，项目管理的服务应优先考虑项目整体利益而不是自身利益

2. 某项目管理机构采用了矩阵式组织结构。在其运行过程中发现，当职能部门与子项目部的指令出现矛盾时，对工作产生了不良影响。为了避免这种影响，宜采用的做法是(　　)。

A. 将这种矛盾全部交给项目经理裁决

B. 由相关部门自己解决这类问题

C. 由接受指令的员工处理这类问题

D. 明确以职能部门或子项目部为主的管理模式

3. 施工组织总设计由(　　)负责编制。

A. 建设总承包单位　　　　B 施工单位

C. 监理单位　　　　D. 上级领导机关

4. 对工程项目施工承担全面管理责任的是(　　)。

A. 建设单位项目部　　B. 施工企业法定代表人

C. 项目总监理工程师　　D. 施工项目经理

5. 下列选项中,属于风险评估工作的是(　　)。

A. 分析存在哪些风险因素　　B. 确定识别出的风险的等级

C. 向保险公司投保　　D. 对识别出的风险进行监控

二、多项选择题

1. 下列关于施工项目经理的说法,正确的有(　　)。

A. 项目经理对施工承担全面管理的责任

B. 项目经理应承担施工安全和质量的责任

C. 由于项目经理的违法行为导致企业损失,企业只可追究其经济责任

D. 项目经理由于工作失误,只承担经济责任而不承担法律责任

E. 项目经理的责任完全由国家法律法规来统一确定

2. 以下关于施工组织总设计编制程序的说法,正确的有(　　)。

A. 应当在所有单位工程施工组织设计的基础上编制施工组织总设计

B. 施工组织总设计有严格的编制程序

C. 拟订施工方案后才可编制施工总进度计划

D. 编制施工总进度计划后方可编制资源需求量计划

E. 拟订施工方案必须在施工总体部署完成后进行

3. 常用的风险对策包括(　　)及其组合等策略。

A. 减轻　　B. 规避　　C. 消除　　D. 转移　　E. 自留

三、简答题

1. 简述工程项目的组成及其特点。

2. 简述我国工程项目建设的基本程序。

3. 简述施工项目经理的责、权、利有哪些。

4. 简述施工组织总设计的作用。

5. 简述工程项目的风险对策及分别适用于哪种情况。

项目二　建设工程项目施工成本管理

项目目标

1. 掌握工程项目施工成本相关概念和意义；
2. 能对成本管理的一系列流程进行简要阐述；
3. 能区分竞争性成本计划、指导性成本计划、实施性成本计划；
4. 能对管理控制程序的内容进行简要阐述；
5. 会运用表格核算法、会计核算法进行工程成本的核算；
6. 能运用比较法进行简单的工程成本分析；
7. 会熟练应用因素分析法、差额计算法进行简单的工程成本分析；
8. 能运用合理的经济、合同措施控制施工成本。

案例导入

施工单位承接了一项装修工程施工任务，装修施工合同价为 1 230 万元。合同工期为 6 个月。施工单位实际 1～6 月份分别完成 190 万元、200 万元、250 万元、240 万元、200 万元、150 万元的产值。

施工合同中规定：

(1)开工前业主向施工单位支付合同价 10%的预付备料款。

(2)扣回工程预付备料款的比例、时间：当工程款(含预付款)付至合同价款 40%的下个月开始扣回；从开始扣回的月份至 5 月份，按等额扣回工程预付款。

(3)当工程款支付至合同总价的 80%时暂停支付，余款竣工时进行结算。

(4)工程保修金为装饰装修工程总造价的 3%，竣工结算月一次扣留。

(5)本年度上半年材料价格上调幅度为 5%，材料费按占合同价的 60%计算，竣工月结算时一次调整。

问题：

(1)该工程的工程预付款是多少万元？工程预付款的起扣点是多少万元？

(2)工程结算总造价是多少？工程质量保修金是多少？

通过本项目内容的学习，我们再来进行解答。

任务一　施工成本管理概述

施工成本管理应从工程投标报价开始，直至项目竣工结算、保修金返还为止，贯穿于项目实施的全过程。施工成本管理要在保证工期和质量要求的情况下，采取相应管理措施，包括组织措施、经济措施、技术措施和合同措施，把成本控制在计划范围内，并进一步寻求最大限度的成本节约。

一、施工成本管理的相关概念

（一）施工项目成本的概念

施工项目成本是指建筑业企业以施工项目作为成本核算对象的施工过程中，所耗费的生产资料转移价值和劳动者的必要劳动所创造的价值的货币形式，包括所消耗的主、辅材料，构配件，周转材料的摊销费或租赁费，施工机械台班费或租赁费，支付给生产工人的工资、奖金，以及项目经理部为组织、管理工程施工所发生的全部费用支出。

（二）建筑安装工程费的划分

1. 按费用构成要素划分

建筑安装工程费按费用构成要素划分，由人工费、材料（包含工程设备，下同）费、施工机具使用费、企业管理费、利润、规费和税金组成。其中人工费、材料费、施工机具使用费、企业管理费和利润包含在分部分项工程费、措施项目费、其他项目费中（图 2-1）。

（1）人工费　人工费是指按工资总额构成规定，支付给从事建筑安装工程施工的生产工人和附属生产单位工人的各项费用。内容包括：

①计时工资或计件工资。计时工资或计件工资是指按计时工资标准和工作时间或对已做工作按计件单价支付给个人的劳动报酬。

②奖金。奖金是指对超额劳动和增收节支支付给个人的劳动报酬，如节约奖、劳动竞赛奖等。

③津贴、补贴。津贴、补贴是指为了补偿职工特殊或额外的劳动消耗和因其他特殊原因支付给个人的津贴，以及为了保证职工工资水平不受物价影响支付给个人的物价补贴，如流动施工津贴、特殊地区施工津贴、高温（寒）作业临时津贴、高空津贴等。

④加班加点工资。加班加点工资是指按规定支付的在法定节假日工作的加班工资和在法定工作日工作时间外延时工作的加点工资。

⑤特殊情况下支付的工资。特殊情况下支付的工资是指根据国家法律、法规和政策规定，因病、工伤、产假、计划生育假、婚丧假、事假、探亲假、定期休假、停工学习、执行国家或社会义务等原因按计时工资标准或计时工资标准的一定比例支付的工资。

（2）材料费　材料费是指施工过程中耗费的原材料、辅助材料、构配件、零件、半成品或成品、工程设备的费用。内容包括：

①材料原价：是指材料、工程设备的出厂价格或商家供应价格。

②运杂费：是指材料、工程设备自来源地运至工地仓库或指定堆放地点所发生的全部费用。

③运输损耗费：是指材料在运输装卸过程中不可避免的损耗。

④采购及保管费：是指为组织采购、供应和保管材料及工程设备的过程中所需要的各项费用，包括采购费、仓储费、工地保管费、仓储损耗。

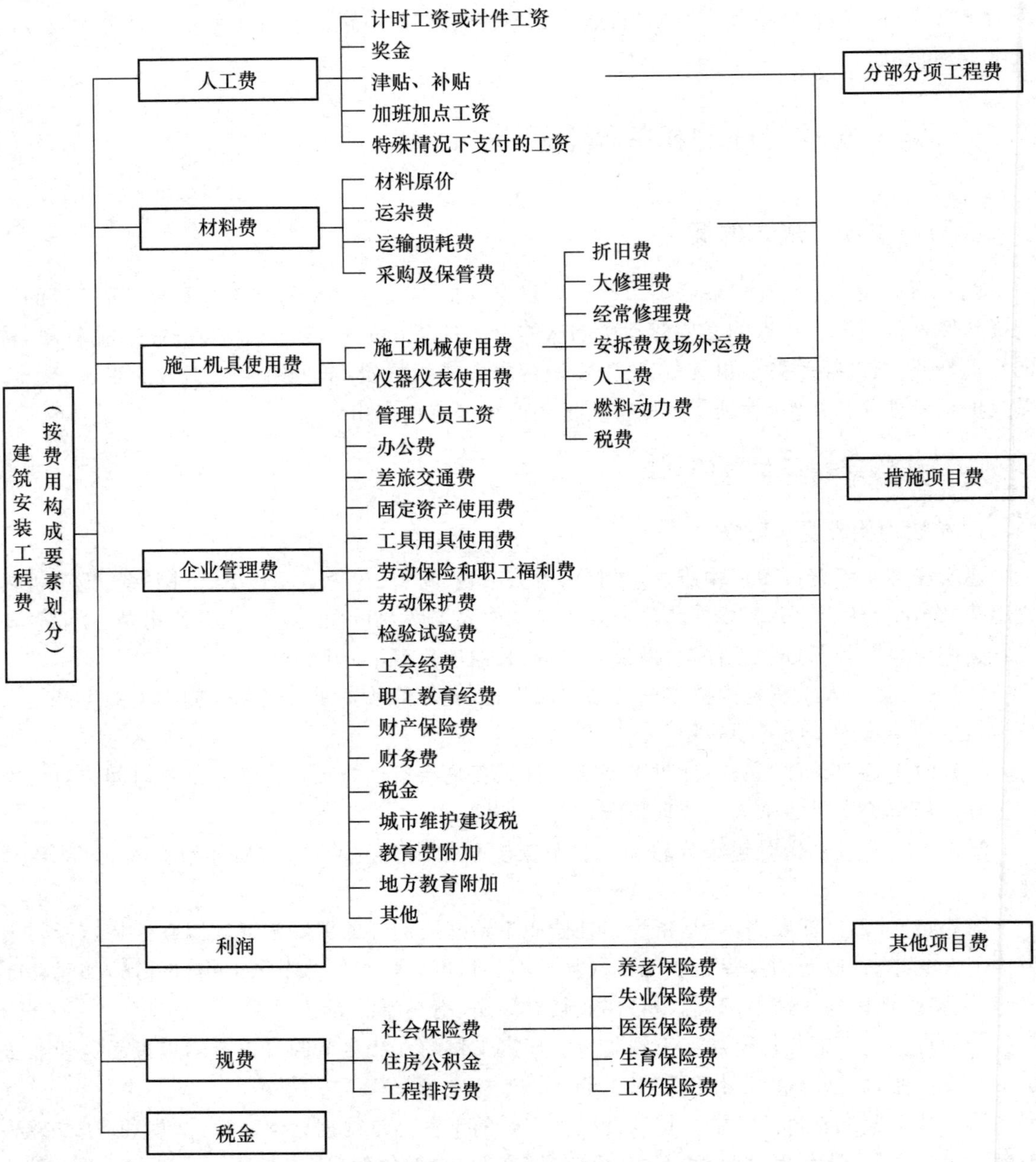

图 2-1　按费用构成要素划分的建筑安装工程费的组成

工程设备是指构成或计划构成永久工程一部分的机电设备、金属结构设备、仪器装置及其他类似的设备和装置。

(3)施工机具使用费　施工机具使用费是指施工作业所发生的施工机械、仪器仪表使用费或其租赁费。

①施工机械使用费。施工机械使用费以施工机械台班耗用量乘以施工机械台班单价表示，施工机械台班单价应由下列 7 项费用组成：

a. 折旧费：是指施工机械在规定的使用限内，陆续收回其原值的费用。

b. 大修理费：是指施工机械按规定的大修理间隔台班进行必要的大修理，以恢复其正常功能所需的费用。

c. 经常修理费:是指施工机械除大修理以外的各级保养和临时故障排除所需的费用,包括为保障机械正常运转所需替换设备与随机配备工具附具的摊销和维护费用,机械运转中日常保养所需润滑与擦拭的材料费用及机械停滞期间的维护和保养费用等。

d. 安拆费及场外运费:安拆费指施工机械(大型机械除外)在现场进行安装与拆卸所需的人工、材料、机械和试运转费用以及机械辅助设施的折旧、搭设、拆除等费用;场外运费指施工机械整体或分体自停放地点运至施工现场或由一施工地点运至另一施工地点的运输、装卸、辅助材料及架线等费用。

e. 人工费:是指机上司机(司炉)和其他操作人员的人工费。

f. 燃料动力费:是指施工机械在运转作业中所消耗的各种燃料及水、电等。

g. 税费:是指施工机械按照国家规定应缴纳的车船使用税、保险费及年检费等。

②仪器仪表使用费:是指工程施工所需使用的仪器仪表的摊销及维修费用。

(4)企业管理费　企业管理费是指建筑安装企业组织施工生产和经营管理所需的费用。内容包括:

①管理人员工资:是指按规定支付给管理人员的计时工资、奖金、津贴、补贴、加班加点工资及特殊情况下支付的工资等。

②办公费:是指企业管理办公用的文具、纸张、账表、印刷、邮电、书报、办公软件、现场监控、会议、水电、烧水和集体取暖降温(包括现场临时宿舍取暖降温)等费用。

③差旅交通费:是指职工因公出差、调动工作的差旅费、住勤补助费,市内交通费和误餐补助费,职工探亲路费,劳动力招募费,职工退休、退职一次性路费,工伤人员就医路费,工地转移费以及管理部门使用的交通工具的油料、燃料等费用。

④固定资产使用费:是指管理和试验部门及附属生产单位使用的属于固定资产的房屋、设备、仪器等的折旧、大修、维修或租赁费。

⑤工具用具使用费:是指企业施工生产和管理使用的不属于固定资产的工具、器具、家具、交通工具和检验、试验、测绘、消防用具等的购置、维修和摊销费。

⑥劳动保险和职工福利费:是指企业支付的职工退职金,按规定支付给离休干部的经费,集体福利费,夏季防暑降温、冬季取暖补贴,上下班交通补贴等。

⑦劳动保护费:是指企业按规定发放的劳动保护用品的支出,如工作服、手套、防暑降温饮料以及在有碍身体健康的环境中施工的保健费用等。

⑧检验试验费:是指施工企业按照有关标准规定,对建筑以及材料、构件和建筑安装物进行一般鉴定、检查所发生的费用,包括自设试验室进行试验所耗用的材料等费用。检验试验费不包括新结构、新材料的试验费,对构件做破坏性试验及其他特殊要求检验试验的费用和建设单位委托检测机构进行检测的费用。此类检测发生的费用,由建设单位在工程建设其他费用中列支。但如果对施工企业提供的具有合格证明的材料进行检测,其结果不合格的,该检测费用由施工企业支付。

⑨工会经费:是指企业按《工会法》规定的全部职工工资总额比例计提的工会经费。

⑩职工教育经费:是指企业按职工工资总额的规定比例计提,为职工进行专业技术和职业技能培训,专业技术人员继续教育、职工职业技能鉴定、职业资格认定以及根据需要对职工进行各类文化教育所发生的费用。

⑪财产保险费：是指施工管理用财产、车辆等的保险费用。

⑫财务费：是指企业为施工生产筹集资金或提供预付款担保、履约担保、职工工资支付担保等所发生的各种费用。

⑬税金：是指企业按规定缴纳的房产税、车船使用税、土地使用税、印花税等。

⑭城市维护建设税：为了加强城市的维护建设，扩大和稳定城市维护建设资金的来源，规定凡缴纳消费税、增值税、营业税的单位和个人，都应当依照规定缴纳城市维护建设税。

⑮教育费附加：是对缴纳增值税、消费税、营业税的单位和个人征收的一种附加费。其作用是发展地方性教育事业，扩大地方教育经费的资金来源。以纳税人实际缴纳的增值税、消费税、营业税的税额为计费依据，教育费附加的征收率为3%。

⑯地方教育附加：按照《财政部关于统一地方教育附加政策有关问题的通知》(财综〔2010〕98号)要求，各地统一征收地方教育附加，地方教育附加征收标准为单位和个人实际缴纳的增值税、营业税和消费税税额的2%。

⑰其他：包括技术转让费、技术开发费、投标费、业务招待费、绿化费、广告费、公证费、法律顾问费、审计费、咨询费、保险费等。

(5)利润　利润是指施工企业完成所承包工程获得的盈利。

(6)规费　规费是指按国家法律、法规规定，由省级政府和省级有关权力部门规定必须缴纳或计取的费用，包括：

①社会保险费。

a. 养老保险费：是指企业按照规定标准为职工缴纳的基本养老保险费。

b. 失业保险费：是指企业按照规定标准为职工缴纳的失业保险费。

c. 医疗保险费：是指企业按照规定标准为职工缴纳的基本医疗保险费。

d. 生育保险费：是指企业按照规定标准为职工缴纳的生育保险费。

e. 工伤保险费：是指企业按照规定标准为职工缴纳的工伤保险费。

②住房公积金。住房公积金是指企业按规定标准为职工缴纳的住房公积金。

③工程排污费。工程排污费是指施工现场按规定缴纳的排污费用。

其他应列而未列入的规费，按实际发生计取。

(7)税金　建筑安装工程费的税金是指国家税法规定应计入建筑安装工程造价内的增值税销项税额。增值税是以商品(含应税劳务)在流转过程中产生的增值额作为计税依据而征收的一种流转税。从计税原理上说，增值税是对商品生产、流通、劳务服务中多个环节的新增价值或商品的附加值征收的一种流转税。

2. 按造价形成划分

建筑安装工程费按造价形成由分部分项工程费、措施项目费、其他项目费、规费、税金组成。分部分项工程费、措施项目费、其他项目费包含人工费、材料费、施工机具使用费、企业管理费和利润(图2-2)。

(1)分部分项工程费　分部分项工程费是指各专业工程的分部分项工程应予列支的各项费用。

专业工程是指按现行国家计量规范划分的房屋建筑与装饰工程、仿古建筑工程、通用安装工程、市政工程、园林绿化工程、矿山工程、构筑物工程、城市轨道交通工程、爆破工程等各类工程。

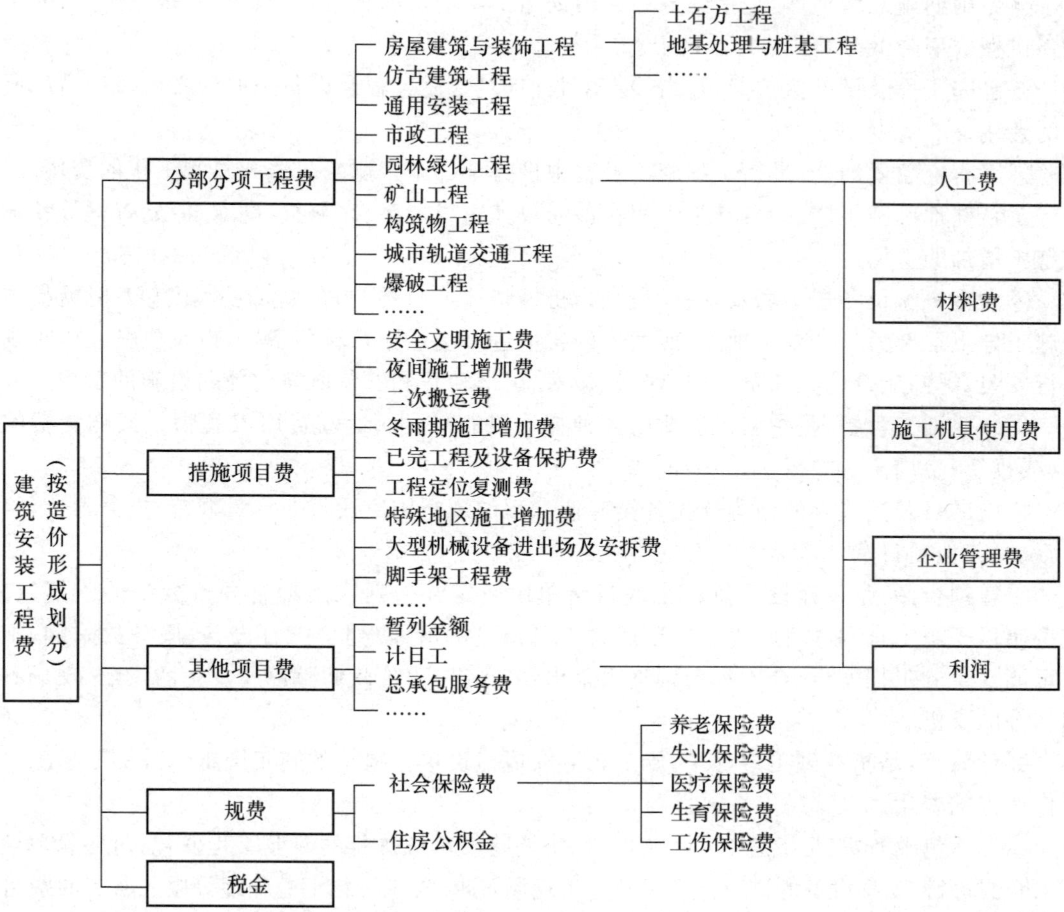

图 2-2　按造价形式划分的建筑安装工程费用项目组成

分部分项工程是指按现行国家计量规范对各专业工程划分的项目，如房屋建筑与装饰工程划分的土石方工程、地基处理与桩基工程、砌筑工程、钢筋及钢筋混凝土工程等。

各类专业工程的分部分项工程划分见现行国家标准或行业计量规范。

(2)措施项目费　措施项目费是指为完成建设工程施工，发生于该工程施工前和施工过程中的技术、生活、安全、环境保护等方面的费用。内容包括：

①安全文明施工费：

a. 环境保护费：是指施工现场为达到环保部门要求所需要的各项费用。

b. 文明施工费：是指施工现场文明施工所需要的各项费用。

c. 安全施工费：是指施工现场安全施工所需要的各项费用。

d. 临时设施费：是指施工企业为进行建设工程施工所必须搭设的生活和生产用的临时建筑物、构筑物和其他临时设施费用，包括临时设施的搭设、维修、拆除、清理费或摊销费等。

②夜间施工增加费：是指因夜间施工所发生的夜班补助费、夜间施工降效费、夜间施工照明设备摊销及照明用电等费用。

③二次搬运费：是指因施工场地条件限制而发生的材料、构配件、半成品等一次运输不能到达堆放地点，必须进行二次或多次搬运所发生的费用。

④冬雨期施工增加费：是指在冬期或雨期施工需增加的临时设施、防滑、排除雨雪、人工及施工机械效率降低等费用。

⑤已完工程及设备保护费：是指竣工验收前，对已完工程及设备采取的必要保护措施所发生的费用。

⑥工程定位复测费：是指工程施工过程中进行全部施工测量放线和复测工作的费用。

⑦特殊地区施工增加费：是指工程在沙漠或其边缘地区、高海拔、高寒、原始森林等特殊地区施工增加的费用。

⑧大型机械设备进出场及安拆费：是指机械整体或分体自停放场地运至施工现场或由一个施工地点运至另一个施工地点，所发生的机械进出场运输及转移费用，以及机械在施工现场进行安装、拆卸所需的人工费、材料费、机械费、试运转费和安装所需的辅助设施的费用。

⑨脚手架工程费：是指施工需要的各种脚手架的搭、拆、运输费用以及脚手架购置费的摊销（或租赁）费用。

措施项目及其包含的内容详见各类专业工程的现行国家或行业计量规范。

(3)其他项目费

①暂列金额：是指建设单位在工程量清单中暂定并包括在工程合同价款中的一笔款项。该费用用于施工合同签订时尚未确定或者不可预见的所需材料、工程设备、服务的采购，施工中可能发生的工程变更、合同约定调整因素出现时的工程价款调整以及发生的索赔、现场签证确认等的支出。

②计日工：是指在施工过程中，施工企业完成建设单位提出的施工图纸以外的零星项目或工作所需的费用。

③总承包服务费：是指总承包人为配合、协调建设单位进行的专业工程发包，对建设单位自行采购的材料、工程设备等进行保管以及施工现场管理、竣工资料汇总整理等服务所需的费用。

(4)规费　定义同前。

(5)税金　定义同前。

二、施工成本管理的内容和程序

(一)施工成本管理的内容

(1)施工成本计划　施工成本计划是以货币形式编制施工项目在计划期内的生产费用、成本水平、成本降低率以及为降低成本所采取的主要措施和规划的书面方案。它是建立施工项目成本管理责任制、开展成本控制和核算的基础。此外，它还是项目降低成本的指导文件，是设立目标成本的依据，即成本计划是目标成本的一种形式。

(2)施工成本控制　施工成本控制是在施工过程中，对影响成本的各种因素加强管理，并采取各种有效措施，将实际发生的各种消耗和支出严格控制在成本计划范围内；通过动态监控并及时反馈，严格审查各项费用是否符合标准，计算实际成本和计划成本之间的差异并进行分析，进而采取多种措施，减少或消除损失浪费。建设工程项目施工成本控制应贯穿于项目从投标阶段开始直至保证金返还的全过程，它是企业全面成本管理的重要环节。施工成本控制可分为事先控制、事中控制（过程控制）和事后控制。

(3)施工成本核算　项目管理机构应根据项目成本管理制度明确项目成本核算的原则、范围、程序、方法、内容、责任及要求，健全项目核算台账。

施工成本核算包括两个基本环节：一是按照规定的成本开支范围对施工成本进行归集和分配，计算出施工成本的实际发生额；二是根据成本核算对象，采用适当方法，计算出该施工项目的总成本和单位成本。

施工成本核算一般以单位工程为对象，但也可以按照承包工程项目的规模、工期、结构类型、施工组织和施工现场等情况，结合成本管理要求，灵活划分成本核算对象。

(4)施工成本分析　施工成本分析是在施工成本核算的基础上，对施工成本的形成过程和影响施工成本升降的因素进行分析，以寻求进一步降低施工成本的途径，包括有利偏差的挖掘和不利偏差的纠正。对成本偏差的控制，分析是关键，纠偏是核心，因此要针对分析得出的偏差发生原因，采取切实措施，加以纠正。

(5)施工成本考核　施工成本考核是指在施工项目完成后，对施工项目成本形成中的各责任者，按项目成本目标责任制的有关规定，将成本的实际指标与计划、定额、预算进行对比和考核，评定施工项目成本计划的完成情况和各责任者的业绩，并以此给予相应的奖励和处罚。通过施工成本考核，做到有奖有惩，赏罚分明，才能有效地调动每一位员工在各自施工岗位上努力完成目标成本的积极性，从而降低施工项目成本，提高企业的效益。

(二)施工成本管理的程序

按照上述成本考核的要求，施工成本管理的程序可用图 2-3 来表示。

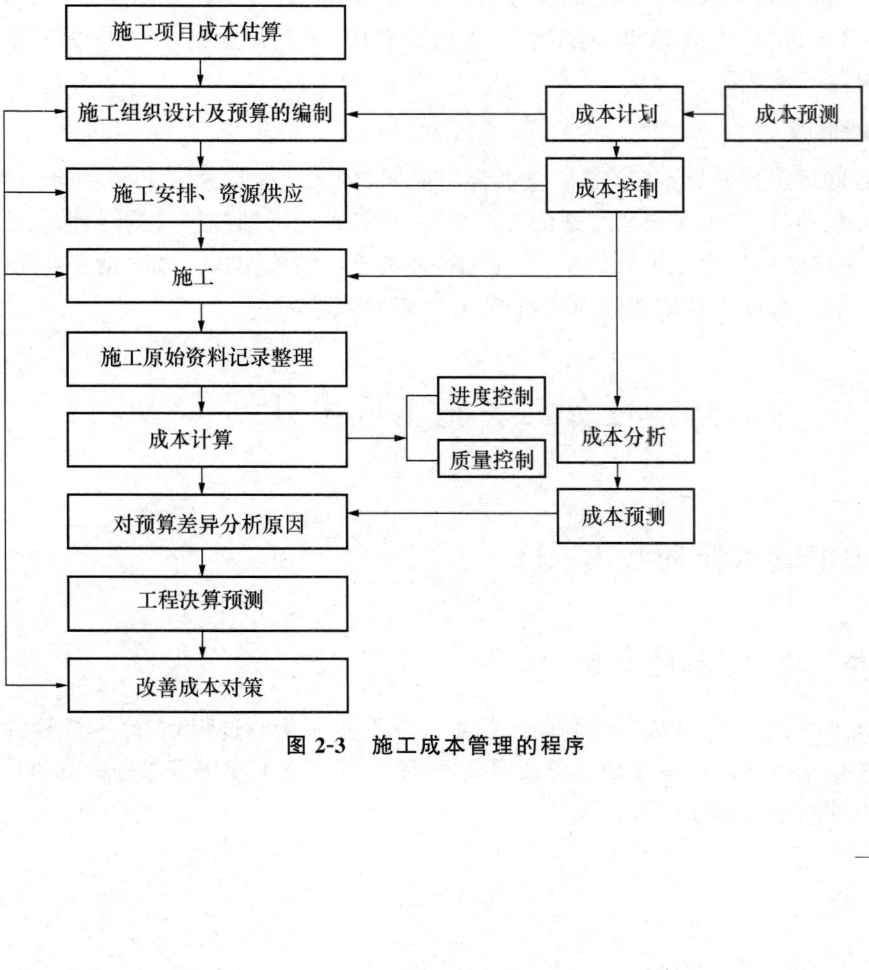

图 2-3　施工成本管理的程序

三、施工成本管理的措施

为了取得成本管理的理想成效，管理人员应当从多方面采取措施实施管理，通常可以将这些措施归纳为组织措施、技术措施、经济措施和合同措施。

1. 组织措施

组织措施是从成本管理的组织方面采取的措施。成本控制是全员的活动，如实行项目经理责任制，落实成本管理的组织机构和人员，明确各级成本管理人员的任务和职能分工、权利和责任。成本管理不仅是专业成本管理人员的工作，各级项目管理人员都负有成本控制责任。组织措施还包括编制成本控制工作计划、确定合理详细的工作流程。

2. 技术措施

施工过程中降低成本的技术措施包括：进行技术经济分析，确定最佳的施工方案；结合施工方法，进行材料使用的比选，在满足功能要求的前提下，通过代用、改变配合比、使用外加剂等方法降低材料消耗的费用；确定最合适的施工机械、设备使用方案；结合项目的施工组织设计及自然地理条件，降低材料的库存成本和运输成本；应用先进的施工技术，运用新材料，使用先进的机械设备等。在实践中，也要避免仅从技术角度选定方案而忽视对其经济效果的分析论证。

3. 经济措施

经济措施是最易被人们所接受和采用的措施。管理人员应编制资金使用计划，确定、分解成本管理目标；对成本管理目标进行风险分析，并制定防范性对策；在施工中严格控制各项开支，及时准确地记录、收集、整理、核算实际支出的费用；对各种变更，应及时做好增减账，落实业主签证并结算工程款。

4. 合同措施

采用合同措施控制成本，应贯穿整个合同周期，包括从合同谈判开始到合同终结的全过程。对于分包项目，首先是选用合适的合同结构，对各种合同结构模式进行分析、比较，在合同谈判时，要争取选用适合于工程规模、性质和特点的合同结构模式。其次是在合同的条款中应仔细考虑一切影响成本和效益的因素，特别是潜在的风险因素。

任务二　施工成本计划

一、施工成本计划概述

（一）施工成本计划的类型

对于施工项目而言，其成本计划的编制是一个不断深化的过程，在这一过程的不同阶段，形成深度和作用不同的成本计划。若按照其发挥的作用，施工成本可以分为竞争性成本计划、指导性成本计划和实施性成本计划。

(1)竞争性成本计划 竞争性成本计划是施工项目投标及签订合同阶段的估算成本计划。这类成本计划以招标文件中的合同条件、投标者须知、技术规范、设计图纸和工程量清单为依据,以有关价格条件说明为基础,综合调研、现场踏勘、答疑等情况,根据施工企业自身的工作消耗标准水平、价格资料和费用指标等,对企业完成投标工作所需要支出的全部费用进行估算。

(2)指导性成本计划 指导性成本计划是选派项目经理阶段的预算成本计划,是项目经理的责任成本目标。它是以合同价为依据,按照企业的预算定额标准制订的设计预算成本计划,且一般情况下以此确定责任总成本目标。

(3)实施性成本计划 实施性成本计划是项目施工准备阶段的施工预算成本计划。它是以项目实施方案为依据,以落实项目经理责任目标为出发点,采用企业的施工定额,通过编制施工预算而形成的实施性成本计划。

以上3类成本计划相互衔接、不断深化,构成了整个工程项目成本的计划过程。其中,竞争性成本计划带有成本战略的性质,是施工项目投标阶段商务标书的基础,而有竞争力的商务标书又是以其先进合理的技术标书为支撑的。因此,它奠定了成本的基本框架和水平。指导性成本计划和实施性成本计划,都是竞争性成本计划的进一步开展和深化,是对战略性成本计划的战术安排。

(二)施工预算

施工预算是编制实施性成本计划的主要依据,是施工企业为了加强企业内部的经济核算,在施工图预算的控制下,依据企业内部的施工定额,以建筑安装单位工程为对象,根据施工图纸、施工定额、施工及验收规范、标准图集、施工组织设计(或施工方案)编制的单位工程(或分部分项工程)施工所需的人工、材料和施工机械台班用量的技术经济文件。它是施工企业的内部文件,同时也是施工企业进行劳动调配、物资技术供应,控制成本开支,进行成本分析和班组经济核算的依据。

(1)施工预算的内容 施工预算的内容是以单位工程为对象,进行人工、材料、机械台班数量及其费用总和的计算。它由编制说明和预算表格两部分组成。

(2)施工预算与施工图预算的对比 施工预算不同于施工图预算,虽然二者有一定联系,但区别较大。

①编制的依据不同:施工预算的编制以施工定额为主要依据,施工图预算的编制以预算定额为主要依据。而施工定额比预算定额划分得更详细、更具体,并对其中所包括的内容,如质量要求、施工方法以及所需劳动工日、材料品种、规格型号等均有较详细的规定或要求。

②适用的范围不同:施工预算是施工企业内部管理用的一种文件,与发包人无直接关系;而施工图预算既适用于发包人,又适用于承包人。

③发挥的作用不同:施工预算是承包人组织生产、编制施工计划、准备现场材料、签发任务书、考核工效、进行经济核算的依据,也是承包人改善经营管理、降低生产成本和推行内部经营承包责任制的重要手段;而施工图预算则是投标报价的主要依据。

在编制实施性成本计划时要进行施工预算和施工图预算的对比分析,通过“两算”对比,分析节约和超支的原因,以便制定解决问题的措施,防止工程亏损,为降低工程成本提供依据。

(三)施工成本计划的作用

施工成本计划是建筑工程成本管理的一个重要环节，正确编制施工成本计划的作用有以下几方面：

(1)是对生产耗费进行控制、分析和考核的重要依据。

(2)是编制核算单位其他有关生产经营计划的基础。

(3)是国家编制国民经济计划的一项重要依据。

(4)可以动员全体职工深入开展增产节约、降低产品成本的活动。

(5)是建立企业成本管理责任制、开展经济核算和控制生产费用的基础。

二、施工成本计划的编制依据和程序

1. 施工成本计划的编制依据

编制成本计划，需要广泛收集相关资料并进行整理，作为成本计划编制的依据。成本计划编制依据应包括合同文件、项目管理实施计划、相关设计文件、价格信息、相关定额、类似项目的成本资料等。其中，合同文件除了包括合同文本外，还包括招标文件、投标文件、设计文件等，合同中的工程内容、数量、规格、质量、工期和支付条款都将对工程的成本计划产生重要的影响，因此，承包方在签订合同前应进行认真的研究与分析，在正确履约的前提下降低工程成本。

2. 施工成本计划的编制程序

编制施工成本计划的程序因项目的规模大小、管理要求不同而不同。大中型项目一般采用分级编制的方式，即先由各部门提出部门成本计划，再由项目经理部汇总编制全项目工程的成本计划；小型项目一般采用集中编制方式，即由项目经理部先编制各部门成本计划，再汇总编制全项目的成本计划。

项目管理机构应通过系统的成本策划，按成本组成、项目结构和工程实施阶段分别编制施工成本计划。

三、施工成本计划的编制方法

1. 按成本组成编制成本计划的方法

施工成本可以按成本组成分解为人工费、材料费、施工机具使用费和企业管理费等。在此基础上，编制按成本组成分解的成本计划。

2. 按项目结构编制成本计划的方法

大中型工程项目通常是由若干单项工程构成的，而每个单项工程包括多个单位工程。每个单位工程又是由若干个分部分项工程所构成。因此，首先要把项目总成本分解到单项工程和单位工程中，再进一步分解到分部分项工程中。

在完成项目成本目标分解之后，接下来就要具体地分配成本，编制分项工程的成本支出计划，从而形成详细的单位工程计划成本汇总表，见表 2-1。

表 2-1　单位工程计划成本汇总表

分项工程编码 (1)	工程内容 (2)	计量单位 (3)	工程数量 (4)	计划成本 (5)	本分项总计 (6)

3. 按工程实施阶段编制成本计划的方法

按工程实施阶段编制成本计划，可以按实施阶段，如基础、主体、安装、装修等，或按实施进度，如月、季、年等进行编制。按实施进度编制成本计划，通常可在控制项目进度的网络图的基础上进一步扩充得到。

通过对成本目标按时间进行分解，在网络计划的基础上，可获得项目进度计划的横道图，并在此基础上编制成本计划。其表示方式有两种：一种是在时标网络图上按月编制的成本计划直方图，如图 2-4 所示；另一种是用时间-成本累积曲线（S 形曲线）表示，如图 2-5 所示。

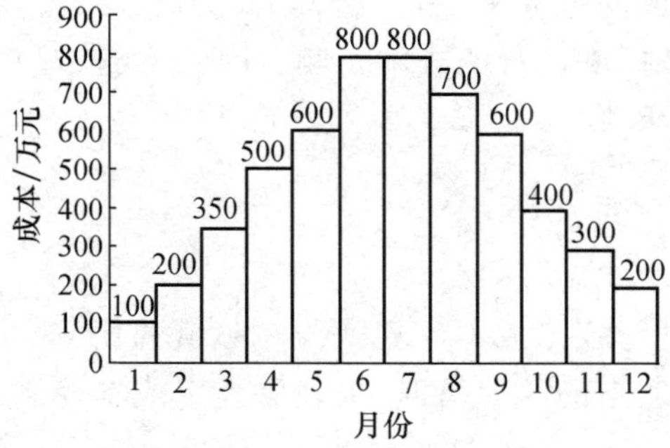

图 2-4　时标网络图上按月编制的成本计划直方图

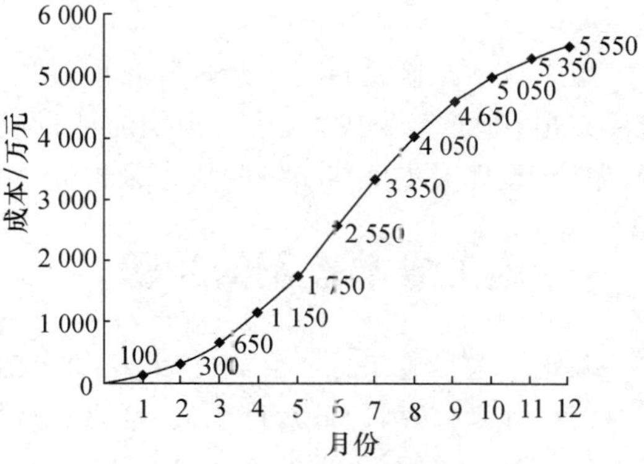

图 2-5　时间-成本累积曲线

时间-成本累积曲线的绘制步骤如下：

(1)确定工程项目进度计划，编制进度计划的横道图。

(2)根据每单位时间内完成的实物工程量或投入的人力、物力和财力，计算单位时间（月或旬）的成本，在时标网络图上按时间编制成本支出计划，如图 2-4 所示。

(3)计算规定时间 t 计划累计支出的成本额。其计算方法是将各单位时间计划的成本额累加求和，可按公式(2-1)计算：

$$Q_t = \sum_{n=1}^{t} q_n \tag{2-1}$$

式中：Q_t 为某时间 t 内计划累计支出的成本额；q_n 为单位时间 n 的计划支出成本额；t 为某规定计划时间。

(4)按各规定时间的 Q_t 值，绘制 S 形曲线，如图 2-5 所示。

每一条 S 形曲线都对应某一特定的工程进度计划。在进度计划的非关键路线中存在许多有时差的工序或工作，因而 S 形曲线必然包络在由全部工作都按最早开始时间开始和全部工作都按最迟必须开始时间开始的曲线所组成的“香蕉图”内。项目经理可根据编制的成本支出计划来合理安排资金，同时项目经理也可以根据筹措的资金来调整 S 形曲线，即通过调整非关键路线上的工序项目的最早或最迟开工时间，力争将实际的成本支出控制在计划的范围内。

一般而言,所有工作都按最迟开始时间开始,对节约资金贷款利息是有利的。但同时也降低了项目按期竣工的保证率,因此项目经理必须合理地确定成本支出计划,达到既节约成本支出又控制项目工期的目的。

以上3种编制成本计划的方式并不是相互独立的。在实践中,往往是将这几种方式结合起来使用,从而可以取得扬长避短的效果。例如:将按项目结构与按成本组成编制成本计划的两种方式相结合,横向按成本组成分解,纵向按项目结构分解,或相反。这种分解方式有助于检查各分部分项工程成本构成是否完整,有无重复计算或漏算,同时还有助于检查各项具体的成本支出的对象是否明确或落实,并且可以从数字上校核分解的结果有无错误。或者还可将按项目结构与按工程实施阶段编制成本计划结合起来,一般纵向按项目结构分解,横向按工程实施阶段分解。

任务三　施工成本控制

施工成本控制是指项目经理部在项目成本形成的过程中,为控制人工、机械、材料消耗和费用支出,降低工程成本,达到预期的项目成本目标所进行的成本预测、计划、实施、核算、分析、考核、整理成本资料与编制成本报告等一系列活动。

一、施工成本控制的步骤

确定了项目施工成本计划之后,必须定期地进行施工成本计划值与实际值的比较。当实际值偏离计划值时,应分析产生偏差的原因,采取适当的纠偏措施,以确保施工成本控制目标的实现。其步骤如下:

(1)比较　按照某种确定的方式将施工成本计划值与实际值逐项进行比较,以发现施工成本是否已超支。

(2)分析　在比较的基础上,对比较的结果进行分析,以确定偏差的严重性及偏差产生的原因。这一步是施工成本控制工作的核心,其主要目的在于找出产生偏差的原因,从而采取有针对性的措施,减少或避免相同原因导致的偏差再次发生或减少由此造成的损失。

(3)预测　根据项目实施情况估算整个项目完成时的施工成本。预测的目的在于为决策提供支持。

(4)纠偏　当工程项目的实际施工成本出现了偏差,应当根据工程的具体情况、偏差分析和预测的结果,采取适当的措施,以期达到使施工成本偏差尽可能小的目的。纠偏是施工成本控制中最具实质性的一步。只有通过纠偏,才能最终达到有效控制施工成本的目的。

(5)检查　它是指对工程的进展进行跟踪和检查,及时了解工程进展状况以及纠偏措施的执行情况和效果,为今后的工作积累经验。

二、施工成本控制的方法

1. 以项目成本目标控制成本支出

在项目的成本控制中,可根据项目经理部制定的成本目标控制成本支出,实行“以收定支”

（或称“量入为出”），这是最有效的方法之一。具体的处理方法如下：

（1）人工费的控制 在企业与业主签订合同后，应根据工程特点和施工范围确定劳务队伍。劳务分包队伍一般应通过招标投标方式确定。一般情况下，应按定额工日单价或平方米包干方式一次包死，尽量不留活口，以便管理。在施工过程中，必须严格按合同核定劳务分包费用，严格控制支出，并每月预结一次，发现超支现象应及时分析原因。同时，在施工过程中，要加强预控管理，防止合同外用工现象的发生。

（2）材料费的控制 对材料费的控制主要是通过控制消耗量和进场价格来进行的。

2. 以施工方案控制资源消耗

资源消耗数量的货币表现大部分是成本费用。因此，资源消耗的减少，就等于成本费用的节约；控制了资源消耗，就等于控制了成本费用。以施工方案控制资源消耗的实施步骤和方法如下：

（1）在工程项目开工以前，根据施工图纸和工程现场的实际情况，制订施工方案，包括人力物资需用量计划、机具配置方案等，以此作为指导和管理施工的依据。在施工过程中，如需改变施工方法，则应及时调整施工方案。

（2）组织实施。施工方案是进行工程施工的指导性文件，但是，对某一个项目而言，施工方案一经确定，必须是强制性的。有步骤、有条理地按施工方案组织施工，可以避免盲目性，可以合理配置人力和机械，可以有计划地组织物资进场，从而可以做到均衡施工，避免资源闲置或积压造成浪费。

（3）采用价值工程，优化施工方案。对同一工程项目的施工，可以有不同的方案，选择最合理的方案是降低工程成本的有效途径。采用价值工程，可以解决施工方案优化的难题。价值工程，又称价值分析，是一门技术与经济相结合的现代化管理科学。应用价值工程，既要研究技术，又要研究经济，即研究在提高功能的同时不增加成本，或在降低成本的同时不影响功能，把提高功能和降低成本统一在最佳方案中。

3. 用工期与成本同步对应

（1）通过适时更新进度计划进行成本控制 项目成本的开支与计划不相符，往往是由两个因素引起的：一是在某道工序上的成本开支超出计划；二是某道工序的施工进度与计划不符。因此，要想找出成本变化的真正原因，实施良好有效的成本控制措施，必须与进度计划的适时更新相结合。

（2）利用偏差分析法进行成本控制

①在项目成本控制中，把施工成本的实际值与计划值的差异叫作施工成本偏差，即

$$\text{施工成本偏差}=\text{已完工程实际施工成本}-\text{已完工程计划施工成本} \qquad (2\text{-}2)$$

$$\text{已完工程实际施工成本}=\text{已完工程量}\times\text{实际单位成本} \qquad (2\text{-}3)$$

$$\text{已完工程计划施工成本}=\text{已完工程量}\times\text{计划单位成本} \qquad (2\text{-}4)$$

若施工成本偏差为正，表示施工成本超支；施工成本偏差为负，表示施工成本节约。必须特别指出，进度偏差对施工成本偏差分析的结果有重要影响，如果不加考虑，就不能正确反映施工成本偏差的实际情况。如某一阶段的施工成本超支，可能是由于进度超前，也可能是由于物价上涨。所以，必须引入进度偏差的概念。

$$\text{进度偏差(I)}=\text{已完工程实际时间}-\text{已完工程计划时间} \qquad (2\text{-}5)$$

为了与施工成本偏差联系起来，进度偏差也可表示为

进度偏差(Ⅱ)＝拟完工程计划施工成本－已完工程计划施工成本　(2-6)

所谓拟完工程计划施工成本，是指根据进度计划安排在某一确定时间内所应完成的工程内容的计划施工成本，即

拟完工程计划施工成本＝拟完工程量(计划工程量)×计划单位成本　(2-7)

若进度偏差为正值，表示工期拖延；进度偏差为负值，表示工期提前。用式(2-6)来表示进度偏差，其思路是可以接受的，但表达并不十分严密。在实际应用时，为了便于工期调整，还需将用施工成本差额表示的进度偏差转换为所需要的时间。

②偏差分析可采用不同的方法，常用的有表格法、横道图法和曲线法。

a. 表格法。表格法是进行偏差分析最常用的一种方法。它将项目编号、名称、各施工成本参数以及施工成本偏差数综合归纳入一张表格中，并且直接在表格中进行比较。由于各偏差参数都在表中列出，施工成本管理者能够综合了解并处理这些数据。表 2-2 是用表格法进行偏差分析的例子。

表 2-2　用表格法进行偏差分析的例子(施工成本偏差分析表)

项目编码	(1)	041	042	043
项目名称	(2)	木门窗安装	钢门窗安装	铝合金门窗安装
单位	(3)			
计划单位成本	(4)			
拟完工程量	(5)			
拟完工程计划施工成本/万元	(6)＝(4)×(5)	30	30	40
已完工程量	(7)			
已完工程计划施工成本/万元	(8)＝(4)×(7)	30	40	40
实际单位成本	(9)			
其他款项	(10)			
已完工程实际施工成本/万元	(11)＝(7)×(9)＋(10)	30	50	50
施工成本局部偏差/万元	(12)＝(11)－(8)	0	10	10
施工成本局部偏差程度	(13)＝(11)÷(8)	1	1.25	1.25
施工成本累计偏差/万元	(14)＝∑(12)			
施工成本累计偏差程度	(15)＝∑(11)÷∑(8)			
进度局部偏差/万元	(16)＝(6)－(8)	0	－10	0
进度局部偏差程度	(17)＝(6)÷(8)	1	0.75	1
进度累计偏差	(18)＝∑(16)			
进度累计偏差程度	(19)＝∑(6)÷∑(8)			

b. 横道图法。用横道图法进行项目成本偏差分析，是用不同的横道标识已完工程计划施工成本、拟完工程计划施工成本和已完工程实际施工成本，横道的长度与其金额成正比，图 2-6 所示是用横道图法分析施工成本偏差的例子(与表 2-2 对应)。

横道图法具有形象、直观的优点，能够准确表达施工成本的绝对偏差，而且能使管理者直观感受到偏差的严重性。但这种方法反映的信息量少，一般在项目的较高管理层应用。

c. 曲线法。曲线法，又称赢值法，是用项目成本累计曲线来进行施工成本偏差分析的一

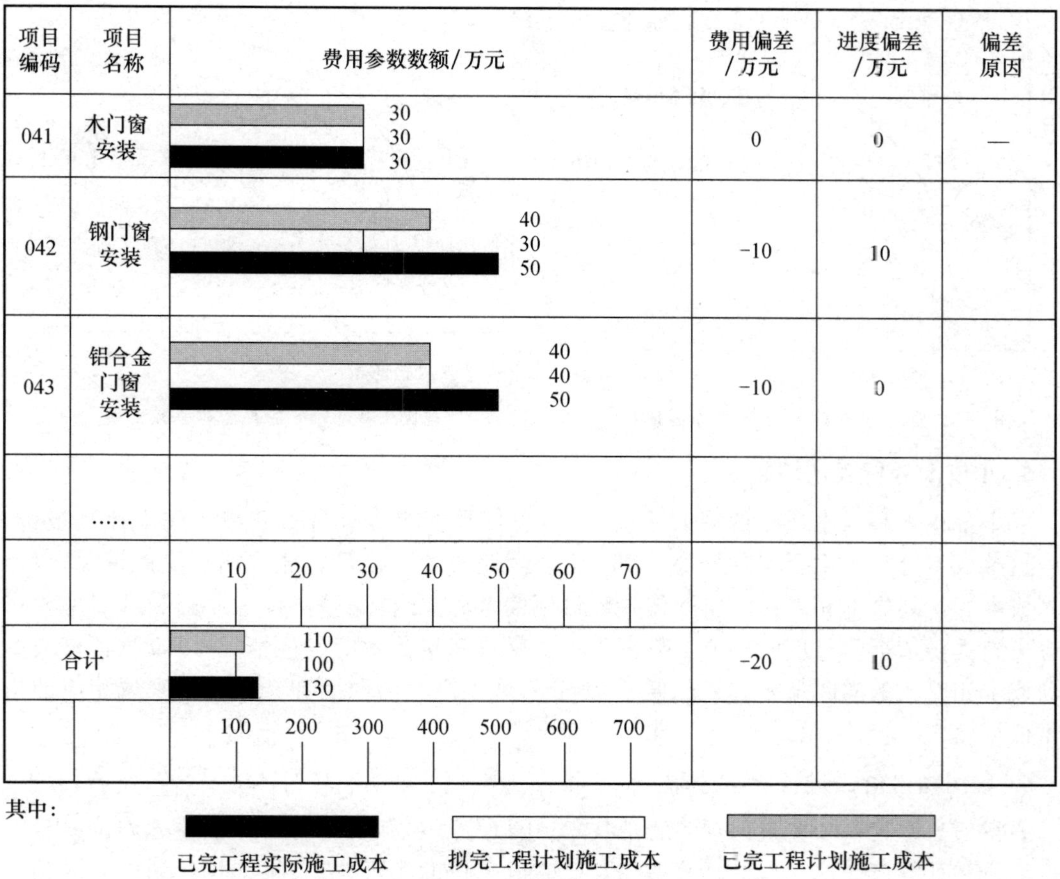

图 2-6　用横道图法分析施工成本偏差的例子

种方法，如图 2-7 所示。图中，a 表示施工成本实际值曲线，p 表示施工成本计划值曲线，两条曲线之间的竖向距离表示施工成本偏差。

在用曲线法进行施工成本偏差分析时，首先要确定施工成本计划值曲线。施工成本计划值曲线是与确定的进度计划联系在一起的。同时，也应考虑实际进度的影响，应当引入 3 条施工成本参数曲线，即已完工程实际施工成本曲线 a，已完工程计划施工成本曲线 b 和拟完工程计划施工成本曲线 p，如图 2-8 所示。图中，曲线 a 与曲线 b 的竖向距离表示施工成本偏差，曲线 b 与曲线 p 的水平距离表示进度偏差。图 2-8 反映的偏差为累计偏差。

用曲线法进行偏差分析同样具有形象、直观的特点，但这种方法很难直接用于定量分析，只能对定量分析起一定的指导作用。

4. 加强质量成本控制

项目质量成本是指工程项目为保证和提高产品质量而支出的一切费用，以及未达到质量指标而发生的一切损失费用之和。

在项目成本管理中，对影响质量成本的关键因素，应采取有效措施，进行质量成本控制。

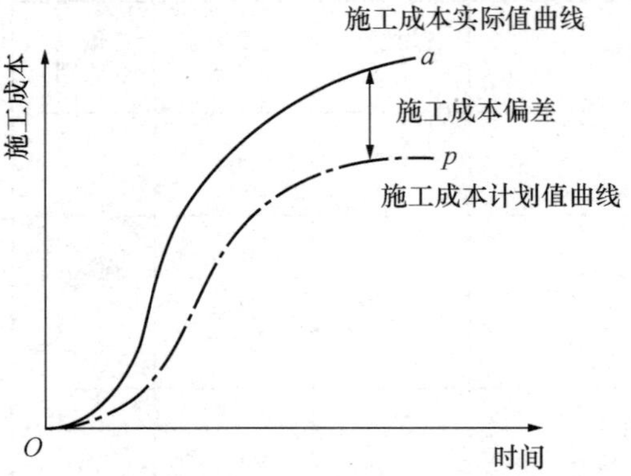

图 2-7　施工成本计划值与实际值曲线

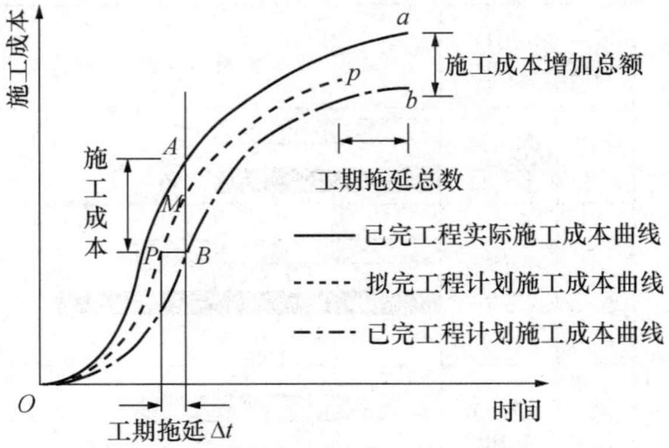

图 2-8　3 条施工成本参数曲线

5. 用成本分析表法控制成本

成本分析表是成本控制的有效手段之一，包括月度成本分析表和最终成本控制报告表。月度直接成本分析表主要反映分部分项工程实际完成的实物量与成本相对应的情况，以及与预算成本和计划成本相对比的实际偏差和目标偏差，为分析偏差产生的原因和针对偏差采取相应措施提供依据。月度间接成本分析表主要反映间接成本的发生情况，以及与预算成本和计划成本相对比的实际偏差和目标偏差，为分析偏差产生的原因和针对偏差采取相应的措施提供依据。

6. 利用赢得值法进行成本控制

赢得值法作为一项先进的项目管理技术，用以分析目标实施与目标期望之间的差异。其通过测量和计算已完成工作的预算费用与已完成工作的实际费用，将其与计划工作的预算费用相比较，得到项目的费用偏差和进度偏差，从而达到判断项目费用和进度计划执行状况的目的。赢得值法主要涉及 3 个基本参数、4 个评价指标，如图 2-9 所示。

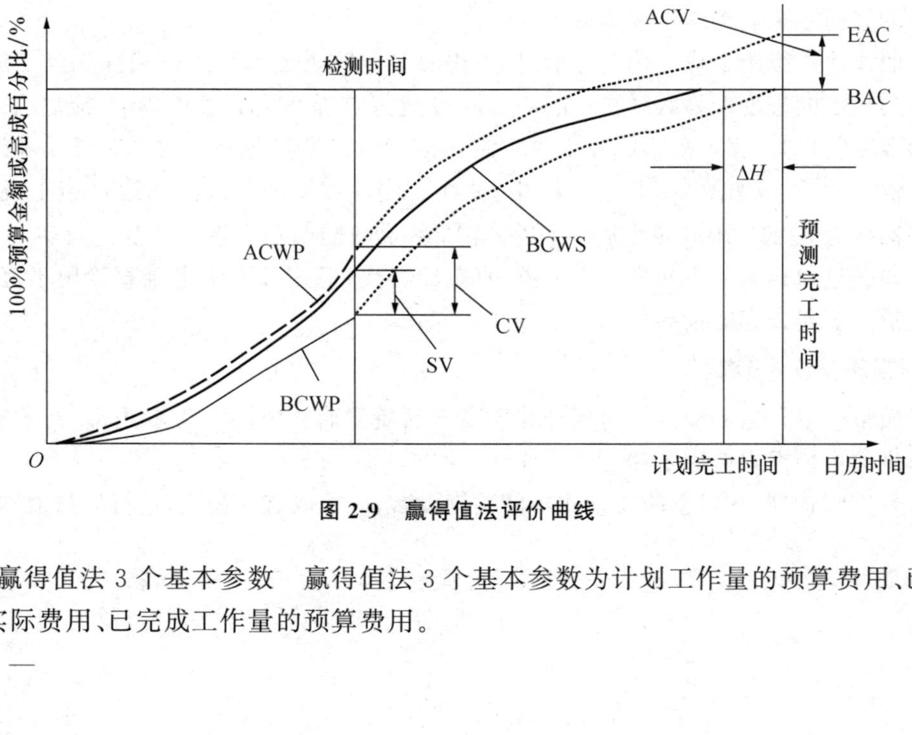

图 2-9　赢得值法评价曲线

(1)赢得值法 3 个基本参数　赢得值法 3 个基本参数为计划工作量的预算费用、已完成工作量的实际费用、已完成工作量的预算费用。

①计划工作量的预算费用，是指项目实施过程中某阶段计划要求完成的工作量所需的预算工时和费用，即在某一时间已经完成的工作(或部分工作)，以批准认可的预算为标准所需要的资金总额，由于业主正是根据这个值为承包人完成的工作量支付相应的费用，也就是承包人获得(挣得)的金额，故称赢得值或挣值。计算公式为

$$计划工作量的预算费用(BCWS)=计划工作量\times预算(计划)单价 \tag{2-8}$$

BCWS主要反映计划应完成的工作量。

②已完成工作量的实际费用，是指项目实施过程中某阶段实际完成的工作量所消耗的工时或费用，主要反映项目执行的实际消耗指标。计算公式为

$$已完成工作量的实际费用(ACWP)=已完成工作量\times实际单价 \tag{2-9}$$

③已完成工作量的预算费用，是指项目实施过程中某阶段实际完成工作量及按预算计算出来的工时或费用，即赢得值。计算公式为

$$已完成工作量的预算费用(BCWP)=已完成工作量\times预算(计划)单价 \tag{2-10}$$

(2)赢得值法4个评价指标　在上述3个基本参数的基础上，可以确定赢得值法的以下4个评价指标。

①费用偏差(CV)。

$$CV=BCWP-ACWP \tag{2-11}$$

当CV为负值时，表示项目运行超出预算费用；

当CV为正值时，表示项目运行节支，实际费用没有超出预算费用。

②进度偏差(SV)。

$$SV=BCWP-BCWS \tag{2-12}$$

当SV为负值时，表示进度延误，即实际进度落后于计划进度；

当SV为正值时，表示进度提前，即实际进度快于计划进度。

③费用绩效指数(CPI)。

$$CPI=BCWP/ACWP \tag{2-13}$$

当CPI<1时，表示超支，即实际费用高于预算费用；

当CPI>1时，表示节支，即实际费用低于预算费用。

④进度绩效指数(SPI)。

$$SPI=BCWP/BCWS \tag{2-14}$$

当SPI<1时，表示进度延误，即实际进度比计划进度拖后；

当SPI>1时，表示进度提前，即实际进度比计划进度快。

(3)赢得值法具体步骤　赢得值法通过3个基本值的对比和2个差异值指标及2个指数指标的计算分析，可以对项目工程的实际进展情况做出明确的测定和衡量，有利于对项目工程进行有效控制，也可以清楚地反映项目工程管理和工程技术水平的高低。其具体步骤如下：

①制定项目成本预算和计划。在对项目进行成本管理时，第一步要对项目制定详细的成本预算，要把成本预算分解到每个分项工程上，要尽量分解到详细的实物工作量层次，为各个分项工程建立起一个总预算成本。第二步是将每一总预算成本分配到各个分项工程的整个工期中去，每期的成本计划依据各个分项工程的各分项工作量进度计划来确定。当每一分项工程所需完成的工程量分配到工期的每个区间(这个区间可定义为工程管理和控制的报表时段)，就能确定出工程在何时需用多少预算。

②收集项目实际成本。项目执行过程中，通常会通过合同委托各分项工程或工作包的工作给相关工程承包商。根据合同工程量及价格清单就会形成承付工程款。承包商在完成相应的分项工程或工作包的实物工程量以后，要按合同进度支付工程款。在项目每期对已发生成本进行汇总，即累计已完工程量与合同单价之积，就形成了累计实际成本。

③计算项目已完成工作量的预算费用(BCWP)。如前所述，仅仅监控以上2个参数并不能准确地监控项目的实际状况，有时甚至会导致得出错误的结论和决策。因此，BCWP值是整个项目期间必须确定的重要参数。对项目每期已完成工作量与预算单价之积进行累计，即可确定BCWP值。

三、偏差原因分析与纠偏措施

1. 偏差原因分析

在实际执行过程中，最理想的状态是已完成工作量的实际费用(ACWP)、计划工作量的预算费用(BCWS)、已完成工作量的预算费用(BCWP)3条曲线靠得很近、平稳上升，表示项目按预定计划目标进行。如果3条曲线离散度不断增加，则可能出现较大的投资偏差。

偏差分析的一个重要目的就是要找出引起偏差的原因，从而采取有针对性的措施，减少或避免相同问题的再次发生。在进行偏差原因分析时，首先应当将已经导致和可能导致偏差的各种原因逐一列举出来。导致不同工程项目产生费用偏差的原因具有一定共性，因而可以通过对已建项目的费用偏差原因进行归纳、总结，为该项目采取预防措施提供依据。

一般来说，产生费用偏差的原因如图2-10所示。

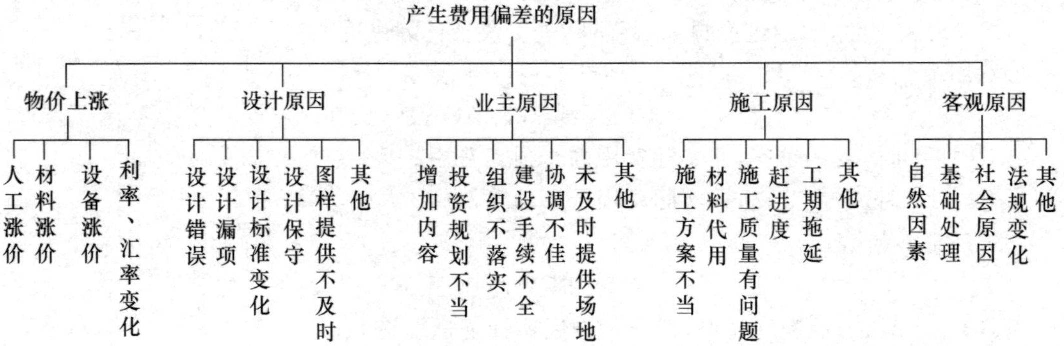

图2-10　产生费用偏差的原因

2. 纠偏措施

通常，要压缩已经超支的费用而不影响其他目标是十分困难的，一般只有当给出的措施比原计划已选定的措施更为有利，或使工程范围减少，或生产效率提高等，成本才能降低。例如：

(1)寻找新的、效率更高的设计方案；

(2)购买部分产品，而不是采用完全由自己生产的产品；

(3)重新选择供应商，但会产生供应风险，选择需要时间；

(4)改变实施过程；

(5)变更工程范围；

(6)索赔，如向业主、承(分)包商、供应商索赔，以弥补费用超支。

任务四 施工成本核算

一、施工成本核算概述

1. 施工成本核算的概念

项目施工成本管理的核心分为两级成本核算，即企业的工程施工项目施工成本核算(即工程成本核算)和项目经理部的工程施工成本核算(即施工成本核算)。

工程成本与施工成本是一种包含与被包含的关系。工程成本是制作成本在施工企业所核算范围的准确概括，施工成本是施工要求根据自身管理水平、管理特点和各单位所确定的项目责任成本范围，以及根据每个项目的项目施工成本责任合同所确定的成本开支范围而确定。

2. 工程成本核算的分类

为了正确计算工程成本，首先要对工程成本进行合理分类。通常情况下，可按以下情况划分。

(1)按经济内容划分　按成本的经济内容，工程成本可分为外购材料费、外购动力费、外购燃气费、工资(包括工资、奖金和各种津贴、补贴等)、职工福利费、折旧费、利息支出、税金及其他支出。

(2)按经济用途划分　按成本的经济用途，工程成本可分为直接人工费、直接材料费、机械使用费、其他直接费、施工间接费用、期间费用。这种分类方法可王确反映工程成本的构成，便于组织成本的考核和分析，有利于加强企业的成本管理。

(3)按计入成本的方式划分　按计入成本的方式，工程成本可分为直接成本和间接成本。直接成本指费用发生后可以直接计入各工程项目成本中的资金耗费，如能明确区分为某一工程项目耗用的材料、工资和施工机械使用费等；间接成本是指不能明确区分为某一个工程项目耗用，而需要先行归集，然后按规定的标准分配计入各项工程成本中的资金耗费，如施工间接费用。

(4)按与工程量的关系划分　按与工程量的关系，工程成本可分为变动成本与固定成本两种。这种分类对于组织成本控制、分析成本升降原因，以及做出某些成本决策都是十分必要的。降低固定成本要从节约开支、减少耗费的绝对数着手。

(5)按成本形成的时间划分　按成本形成的时间，工程成本可分为会计期成本和工程期成本。按会计期计算成本，可以将实际成本与预算进行对比，有利于各个时期的成本分析和考核，可以及时总结工程施工与管理的经验教训。按工程期计算成本，有利于分析某一工程项目在施工全过程中的经验和教训，从而为进一步加强工程施工管理提供依据。

二、施工成本核算的方法

施工成本核算是建筑工程成本管理的一项重要内容，它建立在企业管理方式和管理水平基础上，是建筑企业降低成本开支、提高企业利润水平的重要手段。建筑工程施工成本核算的方法主要有表格核算法、会计核算法及两种核算方法的并行运用。

1. 表格核算法

表格核算法是建立在内部各项成本核算基础之上，各要素部门和核算单位定期采集信息，填制相应的表格，并通过一系列的表格，形成项目成本核算体系，作为支撑项目成本核算平台的方法。

表格核算成本一般可分为施工前成本测算、施工过程中的信息反馈和竣工后清算 3 个部分。

2. 会计核算法

会计核算法是指建立在会计核算基础上，利用会计核算所独有的借贷记账法和收支全面核算的综合特点，按项目成本内容和收支范围，组织项目成本核算的方法。

使用会计核算法核算项目成本时，项目成本直接在项目上进行核算的称为直接核算，不直接在项目上进行核算的称为间接核算，介于直接核算与间接核算之间的称为列账核算。

3. 两种核算方法的并行运用

表格核算法具有便于操作和表格格式自由的特点，它可以根据不同的管理方式和要求设置各种表式。使用表格核算法核算项目岗位成本责任，能较好地解决核算主体和载体的统一、和谐问题，便于项目成本核算工作的开展。并且，随着项目成本核算工作的深入发展，表格的种类、数量、格式、内容、流程都在不断地发展和改进，以适应各个岗位的成本控制和考核。

总而言之，用表格核算法进行项目施工各岗位成本的责任考核和控制，用会计核算法进行项目成本核算，两者相互补充，相得益彰。

任务五　施工成本分析与考核

一、施工成本分析概述

1. 施工成本分析的依据

施工成本分析的依据包括项目成本计划，项目成本核算资料，项目的会计核算、业务核算和统计核算的资料。其中，会计核算、业务核算和统计核算所提供的资料是主要依据。

(1)会计核算　会计核算主要是价值核算。会计是对一定单位的经济业务进行计量、记录、分析和检查，做出预测、参与决策、实行监督，旨在实现最优经济效益的一种管理活动。它通过设置账户、复式记账、填制和审核凭证、登记账簿、成本计算、财产清查和编制会计报表等一系列有组织有系统的方法，来记录企业的一切生产经营活动，然后据以提出一些用货币来反映的有关各种综合性经济指标的数据。会计六要素指标——资产、负债、所有者权益、营业收入、成本、利润，主要是通过会计来核算。

(2)业务核算　业务核算是各业务部门根据业务工作的需要而建立的核算制度，它包括原始记录和计算登记表，如单位工程及分部分项工程进度登记，质量登记，工效、定额计算登记，物资消耗定额记录，测试记录等。业务核算的范围比会计、统计核算要广，会计和统计核算一般是对已经发生的经济活动进行核算，而业务核算不但可以对已经发生的经济活动进行核算，而且还可以对尚未发生或正在发生的经济活动进行核算，看是否可以做，是否有经济效益。

(3)统计核算　统计核算是利用会计核算资料和业务核算资料，把反映企业生产经营活动客观现状的大量数据，按统计方法加以系统整理，表明其规律性。它的计量尺度比会计宽，可以用货币计算，也可以用实物或劳动量计量。它通过全面调查和抽样调查等特有的方法，不仅能提供绝对数指标，还能提供相对数和平均数指标，可以计算当前的实际水平，确定变动速度，还可以预测发展的趋势。

2. 施工成本分析的内容

(1)时间节点成本分析；

(2)工作任务分解单元成本分析；

(3)组织单元成本分析；

(4)单项指标成本分析；

(5)综合项目成本分析。

3. 施工成本分析的步骤

(1)选择成本分析方法；

(2)收集成本信息；

(3)进行成本数据处理；

(4)分析成本形成原因；

(5)确定成本结果。

二、施工成本分析的方法

1. 施工成本分析的基本方法

施工成本分析的基本方法包括：比较法、因素分析法、差额计算法、比率法等。

(1)比较法　比较法，又称“指标对比分析法”，就是通过技术经济指标的对比，检查目标的完成情况，分析产生差异的原因，进而挖掘内部潜力的方法。这种方法具有通俗易懂、简单易行、便于掌握的特点，因而得到了广泛的应用，但在应用时必须注意各技术经济指标的可比性。比较法的应用，通常有下列几种形式：

①将实际指标与目标指标对比。以此检查目标完成情况，分析影响目标完成的积极因素和消极因素，以便及时采取措施，保证成本目标的实现。在进行实际指标与目标指标对比时，还应注意目标本身有无问题，如果目标本身出现问题，则应调整目标，重新正确评价实际工作的成绩。

②将本期实际指标与上期实际指标对比。通过这种对比，可以看出各项技术经济指标的变动情况，反映施工管理水平的提高程度。

③与本行业平均水平、先进水平对比。通过这种对比，可以反映本项目的技术管理和经济管理与行业的平均水平和先进水平的差距，进而采取措施提高本项目管理水平。

以上 3 种对比可以在一张表中同时反映。例如，某项目本年计划节约“三材”100 000 元，实际节约 120 000 元，上年节约 95 000 元，本企业先进水平节约 130 000 元。根据上述资料编制分析表 2-3。

表 2-3　实际指标与上年指标、先进水平对比表　　元

指标	本年计划数	上年实际数	企业先进水平	本年实际数	差异数		
					与计划比	与上年比	与先进比
“三材”节约额	100 000	95 000	130 000	120 000	20 000	25 000	－10 000

(2)因素分析法　因素分析法又称连环置换法。这种方法可用来分析各种因素对成本的影响程度。在进行分析时，首先要假定众多因素中只有一个因素发生变化，而其他因素不变，计算出结果；其次逐个替换可变因素，分别比较其计算结果，以确定各个因素的变化对成本的影响程度。因素分析法的计算步骤如下：

①确定分析对象，并计算出实际数与目标数的差异；

②确定该指标是由哪几个因素组成的，并按其相互关系进行排序；

③以目标数为基础，将各因素的目标数相乘，作为分析替代的基数；

④将各个因素的实际数按照上面的排列顺序进行替换计算，并将替换后的实际数保留下来；

⑤将每次替换计算所得的结果，与前一次的计算结果相比较，两者的差异即该因素对成本的影响程度；

⑥各个因素的影响程度之和，应与分析对象的总差异相等。

【例 2-1】　商品混凝土工程目标成本为 443 040 元，实际成本为 473 697 元，比目标成本增加 30 657 元，资料如表 2-4 所示。分析成本增加的原因。

表 2-4　商品混凝土工程目标成本与实际成本对比表

项目	目标	实际	差额
产量/m^3	600	630	＋30
单价/元	710	730	＋20
损耗率/%	4	3	－1
成本/元	443 040	473 697	＋30 657

解：①分析对象是商品混凝土的成本，实际成本与目标成本的差额为 30 657 元，该指标是由产量、单价、损耗率 3 个因素组成的，其排序见表 2-4。

②以目标数 443 040 元(600×710×1.04)为分析替代的基础。

第一次替代产量因素，以 630 替代 600：

$$630 \times 710 \times 1.04 = 465\ 192(\text{元})$$

第二次替代单价因素，以 730 替代 710，并保留上次替代的值：

$$630 \times 730 \times 1.04 = 478\ 296(\text{元})$$

第三次替代损耗率因素，以 1.03 替代 1.04，并保留上两次替代的值：

$$630 \times 730 \times 1.03 = 473\ 697(\text{元})$$

③计算差额：

第一次替代与目标数的差额=465 192－443 040=22 152(元)；

第二次替代与第一次替代的差额=478 296－465 192=13 104(元)；

第三次替代与第二次替代的差额=473 697－478 296=－4 599(元)。

④产量增加 30 m^3 使成本增加了 22 152 元，单价提高 20 元，成本增加了 13 104 元，而损耗率下降 1%，使成本减少了 4 599 元。

⑤各因素的影响程度之和=22 152＋13 104－4 599=30 657(元)，与实际成本与目标成本的总差额相等。

为了使用方便，企业也可以通过运用成本变动因素分析表来求出各因素变动对实际成本的影响程度，具体见表 2-5。

表 2-5 商品混凝土工程成本变动因素分析表

顺序	连环替代计算	差异/元	因素分析
目标数	600×710×1.04		
第一次替代	630×710×1.04	＋22 152	由于产量增加 30 m^3，成本增加 22 152 元
第二次替代	630×730×1.04	＋13 104	由于单价提高 20 元，成本增加 13 104 元
第三次替代	630×730×1.03	－4 599	由于损耗率下降 1%，成本减少 4 599 元
合计	22 152＋13 104－4 599=30 657	＋30 657	

(3)差额计算法　差额计算法是因素分析法的一种简化形式，它利用各个因素的目标值与实际值的差额来计算其对成本的影响程度。

(4)比率法　比率法是指用两个以上的指标的比率进行分析的方法。它的基本特点是：先把对比分析的数值变成相对数，再观察其相互之间的关系。常用的比率法有以下几种：

①相关比率法：由于项目经济活动的各个方面是相互联系、相互依存，又相互影响的，可以将两个性质不同而又相关的指标加以对比，求出比率，以此来考察经营成果的好坏。例如：产值和工资是两个不同的概念，但它们的关系又是投入与产出的关系。在一般情况下，都希望以最少的工资支出完成最大的产值。因此，用产值工资率指标来考核人工费的支出水平，就很能说明问题。

②构成比率法：又称比重分析法或结构对比分析法。通过构成比率，可以考察成本总量的构成情况及各成本项目占成本总量的比重，同时也可看出量、本、利的比例关系(即预算成本、实际成本和降低成本的比例关系)，从而为寻求降低成本的途径指明方向，示例见表 2-6。

③动态比率法：就是将同类指标不同时期的数值进行对比，求出比率，以分析该项指标的发展方向和发展速度。动态比率的计算，通常采用基期指数和环比指数两种方法，示例见表 2-7。

2. 综合成本的分析方法

综合成本是指涉及多种生产要素，并受多种因素影响的成本费用，如分部分项工程成本、月(季)度成本、年度成本、竣工成本等。

表 2-6 成本构成比率分析表(示例)

成本项目	预算成本		实际成本		降低成本		
	金额/万元	比重/%	金额/万元	比重/%	金额/万元	占本项/%	占总量/%
一、直接成本	1 263.79	91.2	1 200.31	92.38	63.48	5.02	4.68
1. 人工费	113.36	8.36	119.28	9.18	−5.92	−1.09	−0.44
2. 材料费	1 006.56	74.23	939.67	72.32	66.89	6.65	4.93
3. 机具使用费	87.6	6.46	89.65	6.9	−2.05	−2.34	−0.15
4. 措施费	56.27	4.15	51.71	3.98	4.56	8.1	0.34
二、间接成本	92.21	6.8	99.01	7.62	−6.8	−7.37	0.5
总成本	1 356	100	1 299.32	100	56.68	4.18	4.18
比例/%	100	—	95.82	—	4.18	—	—

表 2-7 动态比率的计算(示例)

指标	第一季度	第二季度	第三季度	第四季度
降低成本/万元	45.6	47.8	52.5	64.3
基期指数/%(第一季度=100)		104.82	115.13	141.01
环比指数/%(上一季度=100)		104.82	109.83	122.48

(1)分部分项工程成本分析　分部分项工程成本分析是施工项目成本分析的基础。分部分项工程成本分析的对象为已完成的分部分项工程。分析的方法是:进行预算成本、目标成本和实际成本的“三算”对比,分别计算实际偏差和目标偏差,分析偏差产生的原因,为今后的分部分项工程成本寻求节约途径。

(2)月(季)度成本分析　月(季)度成本分析,是施工项目定期的、经常性的中间成本分析,对于施工项目来说具有特别重要的意义。通过月(季)度成本分析,可以及时发现问题,以便按照成本目标指定的方向进行监督和控制,保证项目成本目标的实现。

(3)年度成本分析　企业成本要求一年结算一次,不得将本年成本转入下一年度。而项目成本则以项目的寿命周期为结算期,要求从开工到竣工直至保修期结束连续计算,最后结算出总成本及其盈亏。由于项目的施工周期一般较长,除进行月(季)度成本核算和分析外,还要进行年度成本的核算和分析。

年度成本分析的依据是年度成本报表。年度成本分析的内容,除了月(季)度成本分析的内容以外,重点是针对下一年度的施工进展情况制定切实可行的成本管理措施,以保证施工项目成本目标的实现。

(4)竣工成本分析　凡是有几个单位工程且单独进行成本核算(即成本核算对象)的施工项目,其竣工成本分析应以各单位工程竣工成本分析资料为基础,再加上项目管理层的经营效益(如资金调度、对外分包等所产生的效益)进行综合分析。如果施工项目只有一个成本核算对象(单位工程),就以该成本核算对象的竣工成本资料作为成本分析的依据。

3. 成本项目的分析方法

(1)人工费分析　项目施工需要的人工和人工费,由项目管理机构与作业队签订劳务分包合同，明确承包范围、承包金额和双方的权利、义务。除了按合同规定支付劳务费以外，还可能发生某些其他人工费支出，主要有：

①因实物工程量增减而调整的人工和人工费。

②定额人工以外的计日工工资(如果已按定额人工的一定比例由作业队包干，并已列入承包合同的，不再另行支付)。

③对在进度、质量、成本等方面做出贡献的班组和个人进行奖励的费用。

项目管理层应根据上述人工费的增减，结合劳务分包合同的管理进行分析。

(2)材料费分析　材料费分析包括主要材料、结构件费用，周转材料使用费，采购保管费以及材料储备资金的分析。

①主要材料、结构件费用的分析。主要材料、结构件费用的高低，主要受价格和消耗数量的影响。而材料价格的变动受采购价格、运输费用、途中损耗、供应不足等因素的影响。材料消耗数量的变动，则受操作损耗、管理损耗和返工损失等因素的影响。因此，可在价格变动较大和数量超用异常的时候再做深入分析。为了分析材料价格和消耗数量的变化对材料和结构件费用的影响程度，可按下列公式计算：

$$\text{因材料价格变动对材料费的影响}=(\text{计划单价}-\text{实际单价})\times\text{实际数量} \tag{2-15}$$

$$\text{因消耗数量变动对材料费的影响}=(\text{计划用量}-\text{实际用量})\times\text{实际价格} \tag{2-16}$$

②周转材料使用费分析。在实行周转材料内部租赁制的情况下，项目周转材料使用费的节约或超支，取决于材料周转率和损耗率。周转减慢，则材料周转的时间增长，租赁费支出就增加。而超过规定的损耗，则要照价赔偿。

③采购保管费分析。材料采购保管费属于材料的采购成本，包括：材料采购保管人员的工资、工资附加费、劳动保护费、办公费、差旅费，以及材料采购保管过程中发生的固定资产使用费、工具用具使用费、检验试验费、材料整理及零星运费和材料物资的盘亏及毁损等。

④材料储备资金分析。材料的储备资金是根据日平均用量、材料单价和储备天数(即从采购到进场所需要的时间)计算的。上述任何一个因素变动，都会影响储备资金的占用量。材料储备资金的分析，可以应用“因素分析法”。

【例 2-2】 某项目水泥的储备资金变动情况见表 2-8。

表 2-8　某项目水泥的储备资金变动情况

项目	计划	实际	差异
日平均用量/t	50	60	10
单价/元	400	420	20
储备天数/d	7	6	−16
储备金额/万元	14	15.12	1.12

解：根据表 2-8 数据，分析日平均用量、单价和储备天数等因素的变动对水泥储备资金的影响程度，见表 2-9。

表 2-9　某项目水泥的储备资金因素分析表

顺序	连环替代计算/元	差异/万元	因素分析
计划数	50×400×7=140 000		
第一次替代	60×400×7=168 000	+2.80	由于日平均用量增加 10t,增加储备资金 2.80 万元
第二次替代	60×420×7=176 400	+0.84	由于水泥单价提高 20 元,增加储备资金 0.84 万元
第三次替代	60×420×6=151 200	−2.52	由于储备天数缩短 1 d,减少储备资金 2.52 万元
合计	2.80+0.84−2.52=1.12(万元)=11 200 元	+1.12	

从以上分析可以发现,储备天数是影响储备资金的关键因素。因此,材料采购人员应该选择运距短的供应单位,尽可能减少材料采购的中转环节,缩短储备天数。

(3)机械使用费分析　由于项目施工是一次性的,项目管理机构不可能拥有自己的机械设备,而是随着施工的需要,向企业动力部门或外单位租用。在机械设备的租用过程中,存在两种情况:一种是按产量进行承包,并按完成产量计算费用,如土方工程,项目管理机构只要按实际挖掘的土方工程量结算挖土费用,而不必考虑挖土机械的完好程度和利用程度;另一种是按使用时间(台班)计算机械费用,如塔吊、搅拌机、砂浆机等,如果机械完好率低或在使用中调度不当,必然会影响机械的利用率,从而延长使用时间,增加使用费。因此,项目管理机构应该给予一定的重视。

(4)管理费分析　管理费分析也应通过预算(或计划)数与实际数的比较来进行。

4. 与成本有关的特定事项的分析

针对与成本有关的特定事项的分析,包括成本盈亏异常分析、工期成本分析和资金成本分析等内容。

(1)成本盈亏异常分析　施工项目出现成本盈亏异常情况,必须引起高度重视,必须彻底查明原因并及时纠正。检查成本盈亏异常的原因,应从经济核算的"三同步"入手。因为项目经济核算的基本规律是:在完成多少产值、消耗多少资源、发生多少成本之间,有着必然的同步关系。如果违背这个规律,就会发生成本的盈亏异常。

"三同步"检查是提高项目经济核算水平的有效手段,不仅适用于成本盈亏异常的检查,也可用于月度成本的检查。

(2)工期成本分析　工期成本分析是计划工期成本与实际工期成本的比较分析。计划工期成本是指在假定完成预期利润的前提下计划工期内所耗用的计划成本,而实际工期成本是在实际工期中耗用的实际成本。

工期成本分析一般采用比较法,即将计划工期成本与实际工期成本进行比较,然后应用"因素分析法"分析各种因素的变动对工期成本差异的影响程度。

【例 2-3】　某工程项目合同预算造价 562.20 万元,其中预算成本 478.95 万元,合同工期 13 个月。根据施工组织设计测算,变动成本总额为 387.14 万元,变动成本率 80.83%,每月固定成本支出 5.078 万元,计划成本降低率为 6%。

假如该工程项目竣工造价不变,但在施工中采取了有效的技术组织措施,使变动成本率下降到 80%,月固定成本支出降低为 4.85 万元,实际工期缩短到 12.5 个月。试分析其工期成本。

解：

(1)根据以上资料，按照以下顺序计算工期成本：

①求该工程项目的计划工期(又称经济工期)。

$$\text{计划(经济)工期}=\frac{\text{预算成本}\times(1-\text{变动成本率}-\text{计划成本降低率})}{\text{月固定成本支出水平}}$$

$$=\frac{478.95\times(1-0.8083-0.06)}{5.078}=12.42(\text{月})$$

②计算经济工期的计划成本。

经济工期的计划成本＝预算成本×变动成本率＋月固定成本支出水平×计划(经济)工期

＝478.95×80.83％＋5.078×12.42＝450.20(万元)

③计算实际工期成本。

实际工期成本＝预算成本×实际变动成本率＋实际月固定成本支出水平×实际工期

＝478.95×80％＋4.85×12.5＝443.79(万元)

根据以上计算结果，实际工期成本比计划工期成本节约：450.20－443.79＝6.41(万元)。

(2)按照以上工期成本资料，应用“因素分析法”，对工期成本的节约额6.41万元进行分析：

①该项目成本的变动成本率由计划的80.83％下降为实际的80％，下降了0.008 3(0.808 3－0.8)，使实际工期成本额节约3.97万元。计算如下：

$$478.95\times0.8-478.95\times0.8083=-3.97(\text{万元})$$

②该工程项目的月固定成本支出由计划的5.078万元下降到实际的4.85万元，下降了0.228(5.078－4.85)万元，使实际工期成本节约2.83万元。计算如下：

$$-0.228\times12.42=-2.83(\text{万元})$$

③该工程项目的实际工期比经济工期延长了0.08(12.5－12.42)个月，使实际工期成本超支0.39万元。计算如下：

$$4.85\times0.08=0.39(\text{万元})$$

以上3项因素合计：－3.97－2.83＋0.39＝－6.41(万元)(节约)

(3)资金成本分析　资金与成本的关系是指工程收入与成本支出的关系。根据工程成本核算的特点，工程收入与成本支出有很强的相关性。进行资金成本分析通常应用“成本支出率”指标，即计算期实际成本支出占计算期实际工程款收入的比例，计算公式如下：

$$\text{成本支出率}=\frac{\text{计算期实际成本支出}}{\text{计算期实际工程款收入}}\times100\% \tag{2-17}$$

通过对“成本支出率”的分析，可以看出资金收入中用于成本支出的比重。结合储备金和结存资金的比重，分析资金使用的合理性。

5. 施工成本考核的依据和方法

成本考核是衡量成本降低的实际成果，也是对成本指标完成情况的总结和评价。组织应根据项目成本管理制度，确定项目成本考核目的、时间、范围、对象、方式、依据、指标、组织领导、评价与奖惩原则等。

(1)成本考核的依据　成本考核的依据包括成本计划、成本控制、成本核算和成本分析的资料。成本考核的主要依据是成本计划确定的各类指标。成本计划一般包括以下3类指标：

①成本计划的数量指标,如:按子项汇总的工程项目计划总成本指标;按分部汇总的各单位工程(或子项目)计划成本指标;按人工、材料、机具等各主要生产要素划分的计划成本指标。

②成本计划的质量指标,如:

设计预算成本计划降低率=设计预算总成本计划降低额/设计预算总成本

责任目标成本计划降低率=责任目标总成本计划降低额/责任目标总成本

③成本计划的效益指标,如:

设计预算总成本计划降低额=设计预算总成本-计划总成本

责任目标总成本计划降低额=责任目标总成本-计划总成本

(2)成本考核的方法　公司应以项目成本降低额、项目成本降低率作为项目管理机构成本考核的主要指标。要加强公司层对项目管理机构的指导,并充分依靠管理人员、技术人员和作业人员的经验和智慧,防止项目管理在企业内部异化为靠少数人承担风险的以包代管模式。成本考核也可分别考核公司层和项目管理机构。

公司应对项目管理机构的成本和效益进行全面评价、考核与奖惩。公司层对项目管理机构进行考核与奖惩时,既要防止虚盈实亏,又要避免实际成本归集差错等的影响,使成本考核真正做到公平、公正、公开,在此基础上落实成本管理责任制的奖惩措施。项目管理机构应根据成本考核结果对相关人员进行奖惩。

任务六　案例拓展

【案例 1】

1. 背景

某堤防工程项目业主与承包商签订了工程施工承包合同。合同中估算工程量为 5 300 m^3,单价为 180 元/m^3。合同工期为 6 个月。有关付款条款如下:

(1)开工前业主应向承包商支付估算合同总价 20%的工程预付款;

(2)业主自第 1 个月起,从承包商的工程款中,按 5%的比例扣留保险金;

(3)当累计实际完成工程量超过(或低于)估算工程量的 10%时,可进行调价,调价系数为 0.9(1.1);

(4)每月签发付款最低金额为 15 万元;

(5)工程预付款从乙方获得累计工程款超过合同价的 30%以后的下个月起,至第 5 个月均匀扣除。

承包商每月实际完成并经签证确认的工程量见表 2-10。

表 2-10　每月实际完成并经签证确认的工程量

月份	1	2	3	4	5	6
完成工程量/m^3	800	1 000	1 200	1 200	1 200	500
累计完成工程量/m^3	800	1 800	3 000	4 200	5 400	5 900

2. 问题

(1)估算合同总价为多少?

(2)工程预付款为多少？工程预付款从哪个月起扣留？每月应扣工程预付款为多少？

(3)每月工程量价款为多少？应签证的工程款为多少？应签发的付款凭证金额为多少？

分析：

(1)估算合同总价为 5 300×180＝954 000(元)＝95.4(万元)。

(2)工程预付款金额为 95.4×20%＝19.08(万元)。

工程预付款应从第 3 个月起扣留，因为第 1、第 2 个月累计工程款为 1 800×180＝324 000(元)＝32.4(万元)＞95.4×30%＝28.62(万元)。

每月应扣工程预付款为 19.08÷3＝6.36(万元)。

(3)第 1 个月的工程量价款为 800×180＝144 000(元)＝14.4(万元)。应签证的工程款为 14.4×0.95＝13.68(万元)＜15 万元，故不予签发付款凭证。

第 2 个月的工程量价款为 1 000×180＝180 000(元)＝18(万元)。应签证的工程款为 18×0.95＝17.1(万元)。17.1＋13.68＝30.78(万元)，应签发的付款凭证金额为 30.78 万元。

第 3 个月的工程量价款为 1 200×180＝216 000(元)＝21.6(万元)。应签证的工程款为 21.6×0.95＝20.52(万元)，应扣工程预付款为 6.36 万元，20.52－6.36＝14.16(万元)＜15 万元，故不予签发付款凭证。

第 4 个月的工程量价款为 1 200×180＝216 000(元)＝21.6(万元)。应签证的工程款为 21.6×0.95＝20.52(万元)，应扣工程预付款为 6.36 万元，20.52－6.36＋14.16＝28.32(万元)，应签发的付款凭证金额为 28.32 万元。

第 5 个月的工程量价款为 1 200×180＝216 000(元)＝21.6(万元)。应签证的工程款为 20.52 万元，应扣工程预付款为 6.36 万元，20.52－6.36＝14.16(万元)＜15 万元，故不予签发付款凭证。

第 6 个月累计完成工程量为 5 900 m^3，比原估算工程量超出 600 m^3，已超出估算工程量的 10%，对超出部分应调整单价。应按调整后的单价结算的工程量为 5 900－5 300×(1＋10%)＝70(m^3)。第 6 个月的工程量价款为 70×180×0.9＋(500－70)×180＝8.874(万元)。应签证的工程款为 8.874×0.95＝8.43(万元)。应签发的付款凭证金额为 14.16＋8.43＝22.59(万元)。

【案例 2】

1. 背景

某工程的商品混凝土材料成本资料如表 2-11 所示。分析成本增加的原因。

表 2-11　某工程的商品混凝土材料成本资料

项目	计划	实际	差异	差异率/%
工程量/m^3	100	110	＋10	＋10.0
材料消耗量/kg	320	310	－10	－3.1
材料单价/(元/kg)	40	42	＋2	＋5.0
材料成本/元	1 280 000	1 432 200	＋152 200	＋12.0

2. 问题

(1)用因素分析法分析成本增加的原因；

(2)用差额计算法分析成本增加的原因。

分析：

(1)用因素分析法分析成本增加的原因见商品混凝土成本变动因素分析表(表2-12)。

(2)差额计算法是因素分析法的一种简化形式，它利用各个因素的目标值与实际值的差额来计算其对成本的影响程度。

①由于工程量增加使成本增加：(110－100)×320×40＝128 000(元)；

②由于材料消耗量节约使成本降低：(310－320)×110×40＝－44 000(元)；

③由于单价提高使成本增加：(42－40)×110×310＝68 200(元)。

以上3项合计：128 000－44 000＋68 200＝152 200(元)。

表2-12　商品混凝土成本变动因素分析表

顺序	替换因素	影响成本的变动因素			成本/元	与前一次差异/元	差异原因
		工程量/m^3	材料消耗量/kg	材料单价/(元/kg)			
①目标数		100	320	40	1 280 000		
②第一次替代	工程量	110	320	40	1 408 000	128 000	工程量增加
③第二次替代	材料消耗量	110	310	40	1 363 000	－44 000	材料消耗量节约
④第三次替代	材料单价	110	310	42	1 432 200	68 200	材料单价提高
合计						152 200	

项目二练习题

一、单项选择题

1. 施工成本计划应满足的要求是(　　)。

A. 材料、设备进场数量和质量的检查、验收与保管的要求

B. 任务单管理、限额领料、验工报告审核的要求

C. 把施工成本管理责任制度与对项目管理者的激励机制相结合

D. 组织对施工成本管理目标的要求

2. 某基础土方工程，招标文件中估计工程量为5 000 m^3。合同中规定：土方工程单价为5元/m^3，当实际工程量超过估计工程量15%时，调整单价为4元/m^3。工程结束时实际完成土方工程量为5 500 m^3，则土方工程款为(　　)元。

A. 20 000　　B. 22 000　　C. 25 000　　D. 27 500

3. 某建筑工程施工至某月月末，出现了工程的费用偏差小于0、进度偏差大于0的状况，则该工程的已完成工作量的实际费用(ACWP)、计划工作量的预算费用(BCWS)和已完成工作量的预算费用(BCWP)的关系可表示为(　　)。

A. BCWP＞ACWP＞BCWS　　B. BCWS＞BCWP＞ACWP

C. ACWP＞BCWP＞BCWS　　D. BCWS＞ACWP＞BCWP

4. 某工程项目实施过程中，已完成工作量的预算费用曲线（BCWP）与已完成工作量的实际费用曲线（ACWP）靠得很近，而与计划工作量的预算费用曲线（BCWS）离得很远，则表示该工程项目在（　　）。

A. 费用与进度上均是按预定计划目标进行的

B. 费用与进度上均没有按预定计划目标进行

C. 费用上是按预定计划目标进行的

D. 进度上是按预定计划目标进行的

5. 某工程主体结构混凝土工程量约 3 200 m^3，预算单价 550 元/m^3，计划 4 个月内均衡完成。开工后，混凝土实际采购价格为 560 元/m^3。施工至第二个月月底，实际完成混凝土工程量 1 800 m^3。运用赢得值法，可分析得到该工程发生了费用偏差，此时应采取的可行的纠偏措施是（　　）。

A. 加快施工进度　　B. 重新选择混凝土供应商

C. 调整工程数量　　D. 进行材料代用

二、多项选择题

1. 按施工成本组成编制施工成本计划时，施工成本可以分解为（　　）。

A. 人工费　　B. 材料费　　C. 施工机械使用费

D. 规费　　E. 企业管理费

2. 为规范项目成本管理行为，管理行为控制程序所制定的约束和激励体系的主要内容有（　　）。

A. 建立成本管理体系的评审组织和评审程序

B. 建立成本管理体系运行的评审组织和评审程序

C. 目标制定，过程落实

D. 目标考核，定期检查

E. 目标调整，纠正偏差

3. 下列评价指标中，属于赢得值法评价指标的有（　　）。

A. 费用偏差（CV）　　B. 费用绩效指数（CPI）

C. 进度偏差（SV）　　D. 进度绩效指数（SPI）

E. 进度费用综合指数（CSV）

项目三　建设工程项目进度管理

项目目标

1. 了解建设工程项目进度管理的概念，管理目标的确定；
2. 熟悉建设工程项目进度管理的程序；
3. 掌握建设工程项目进度计划的概念和种类；
4. 熟悉建设工程项目进度计划的编制方法、表示方法、实施与检查内容；
5. 掌握建设工程项目控制性进度计划、设计及采购控制性进度计划的编制；
6. 熟练运用建设工程项目进度计划比较及调整的方法；
7. 熟练掌握建设工程项目进度计划的实施与检查、施工项目进度比较方法的应用；
8. 具备建设工程项目进度控制的基本能力，了解建设工程项目进度控制概述、建设工程项目进度控制的方法，具备建设工程项目进度控制措施的应用能力；
9. 具备常见建设工程项目进度管理的总结能力；
10. 掌握流水施工原理；
11. 掌握网络计划技术的原理和方法。

案例导入

某办公大楼高12层，建筑面积3 000 m^2，基础采用人工挖孔桩，主体为框架结构。该工程经招投标由施工单位A中标，合同工期420 d，中标合同价5 000万元，质量目标为合格。监理单位B负责施工阶段的监理工作，监理费为60万元。在工程开工前，施工单位A编制了施工组织设计，并经项目监理部审核批准。施工项目经理部设置了专门机构和人员负责质量控制和投资控制工作。

在施工过程中遇到了以下事件：在基础施工过程中，遇到了在地质勘探资料中没有标明的土质情况，因此延误了工期6 d；在主体施工过程中，因混凝土泵送设备出现故障延误了工期3 d；在装修阶段，因施工图纸变更，又延误了工期10 d。由于施工单位和监理单位均未采取相应的措施进行进度控制，最终整个工程工期延误了19 d。延误的19 d应如何处理？让我们通过学习本章内容来进行解答。

建设工程项目进度控制是建设工程项目管理的三大目标之一，它与投资控制和质量控制一样，是建设项目管理中的重点控制之一。它是保证施工项目按期完成、合理安排资源供应、节约工程成本的重要措施。

任务一 建设工程项目进度管理概述

一、建设工程项目进度管理的含义

1. 建设工程项目进度

建设工程项目进度通常是指建设工程项目实施的进展情况。在建设工程项目实施过程中，需要消耗时间、劳动力、材料、成本才能完成建设工程项目的任务，所以需要用建设工程项目实际可持续时间、工程活动完成的可交付成果数量、已完成工程的价值量、资源消耗指标等进度指标来表示。

(1)用建设工程项目实际可持续时间表示　持续时间是建设工程项目进变的重要指标，需用已经使用的工期与计划工期相比较来描述工程的完成程度。例如:某工程计划工期 1 年，现已进行了 6 个月，则说明工程进度已达 50%。

(2)用工程活动完成的可交付成果数量表示　这主要针对生产对象简单、工程活动简单的项目。例如:某工程基础共有混凝土 3 000 m^3，现已浇筑完成 1 800 m^3，则说明混凝土基础的施工进度已经完成 60%。

(3)用已完成工程的价值量表示　已完成工程的价值量，即用已经完成的工作量与相应的合同价格(单价)或预算价格计算，它将不同种类的分项工程统一起来，能够较好地反映工程的进度状况，是常用的进度指标。

(4)用资源消耗指标表示　最常用的有劳动工时、机械台班、成本的消耗等。它们有统一性和较好的可比性，即从各个工程活动到整个项目都可用它们作为指标，这样可以统一分析尺度。例如:某外墙抹灰工程计划用工 600 工日，现已用工 300 工日，则进度已经完成 50%。

在现代工程项目管理中，人们已赋予进度以综合的含义，它与实物工程量、成本、劳动量、资源等有机地结合起来，形成一个综合的指标，能较全面地反映项目的实施状况。

2. 建设工程项目进度管理

(1)建设工程项目进度管理的概念　是指建设工程项目组织为实现预定的进度目标而进行的计划、组织、指挥、协调和控制等活动。建设工程项目组织应建立项目进度管理体系，制定进度管理目标。建设工程项目进度管理体系是企业管理体系的一部分，以工程管理部门为主管部门，以物资管理部门、人力资源管理部门及其他相应业务部门为相关部门，通过任务分工表和职能分工表明确各自的责任。建设工程项目管理组织应建立以项目经理为首的进度管理体系，各子项目负责人、计划人员、调度人员、作业队长和班组长都是该进度管理体系的成员，各承担工程任务者和生产管理者承担进度管理目标，对进度管理负责。

(2)建设工程项目进度管理的内容　主要包括编制项目进度计划、执行项目进度计划、检查项目进度计划的执行效果、分析进度偏差的原因以及调整和修改进度计划等一系列管理活动。

(3)影响建设工程项目进度管理的因素

①项目部施工组织管理不善，如施工组织不合理，人力、机械设备调配不当，解决问题不及

时，质量不合格引起返工等。

②来自外部相关单位的影响，如设计图纸供应不及时或有误，业主要求设计变更，材料供应不及时，资金没有按时拨付等。

③施工技术，如施工过程中遇到尚未解决的技术难题而停工。

④施工环境条件。来自项目外部的环境条件影响，如临时停水、停电、交通管制、重大政治活动、社会活动要求停工的影响等；来自项目自身的环境条件影响，如复杂的地质工程条件、不明的水文气象条件、地下埋藏文物的保护及处理等。

⑤发生不可抗力事件，如发生地质灾害、出现战争等。

二、建设工程项目进度管理目标的确定

建设工程项目进度管理目标随组织任务的不同而不同。建设工程项目进度管理目标分解方法有很多种，一般可按项目实施过程、专业性质、实施阶段或实施周期进行分解。

(1)按项目实施过程　可将建设工程项目进度管理目标分解为单项工程进度管理目标、单位工程进度管理目标、分部工程进度管理目标和分项工程进度管理目标。

(2)按项目专业性质　可将建设工程项目进度管理目标分解为建筑、结构、设备、市政、园林绿化等专业进度管理目标。

(3)按项目实施阶段　可将建设工程项目进度管理目标分解为项目建议书、可行性研究、设计、建设准备、施工、竣工验收与交付使用等阶段进度管理目标。

(4)按项目实施周期　可将建设工程项目进度管理目标分解为年度、季度、月度、旬度、周度等进度管理目标。

三、建设工程项目进度管理的程序

建设工程项目组织在确定项目进度管理目标后，应遵循下列程序进行进度管理，以便实现进度管理目标：①编制进度计划；②进度计划交底，落实管理责任；③实施进度计划；④进行进度控制和变更管理。这个程序实际上就是通常所说的 PDCA 管理循环过程。通过 PDCA 循环，可不断提高进度管理水平，确保最终目标实现。

四、建设工程项目进度计划

建设工程项目进度计划是建设工程项目进度管理始终围绕的核心。因此，事先编制各种相关进度计划便成为建设工程项目进度管理工作的首要环节。所谓建设工程项目进度计划，是指根据相关的文件、合同、资源条件以及内外部约束条件，对建设工程项目的建设进度所做的安排。

1. 建设工程项目进度计划的分类

为了满足工程实践的需要，可以从不同的角度对建设工程项目进度计划进行分类：

(1)按建设工程项目不同参与方的工作性质和组织特征，项目进度计划可分为业主方进度计划、工程项目总承包方进度计划、设计方进度计划、施工方进度计划、供货方进度计划等。这些计划既互相区别又互相联系，从而构成了工程项目进度管理的计划系统，其作用是从不同的

层次和方面共同保证建设工程项目进度管理总体目标的顺利实现。

(2)按建设工程项目的不同功能,项目进度计划可分为控制性进度计划和实施性进度计划。

①控制性进度计划包括整个项目的总进度计划、分阶段进度计划、子项目进度计划和单体工程进度计划、年(季)度计划。上述各项计划依次细化且被上层计划所控制,其作用是对进度管理目标进行论证、分解,确定里程碑事件的进度管理目标,作为实施性进度计划和其他各种进度计划以及动态控制的依据。

②实施性进度计划包括分部分项工程进度计划、月度作业计划和旬度作业计划。实施性进度计划是项目作业的依据,确定具体的作业安排和相应对象或时段的资源需求。实施性进度计划的编制应结合工程项目的具体条件,并以控制性进度计划所确定的里程碑事件的进度管理目标为依据。

(3)按建设工程项目的对象,项目进度计划可分为建设项目进度计划、单项工程进度计划、单位工程进度计划和分部分项工程进度计划。

(4)按建设工程项目的周期,项目进度计划可分为长期建设进度计划、中期建设进度计划和近期建设进度计划(如年度、季度、月、旬计划)等。

2. 建设工程项目进度计划的内容

各类进度计划应包括编制说明、进度安排、资源需求计划及进度保证措施。其中,进度安排是最主要的内容,包括分解的计划子项名称、进度目标或进度图等。编制说明主要包括进度计划关键目标的说明、实施中的关键点和难点、主要保证条件和要采取的主要措施等。资源需求计划及进度保证措施是实现进度表的进度安排所需要的各种资源保证计划,如劳动力需要量计划、主要材料需要量计划、施工机具需要量计划和预制构件需要量计划,分别见表3-1～表3-4。

表3-1　劳动力需要量计划

序号	工种名称	人数	××月			××月			××月		
			上旬	中旬	下旬	上旬	中旬	下旬	上旬	中旬	下旬

表3-2　主要材料需要量计划

序号	材料名称	规格	需要量		需要时间						备注
					××月			××月			
			单位	数量	上旬	中旬	下旬	上旬	中旬	下旬	

表3-3　施工机具需要量计划

序号	机具名称	型号	单位	需要数量	进退场时间	备注

表3-4　预制构件需要量计划

序号	构件名称	编号	规格	单位	数量	要求进场时间	备注

3. 建设工程项目进度计划的编制依据

建设工程项目进度计划的编制依据包括合同文件和相关要求、项目管理规划文件、资源条件、内部与外部约束条件。合同文件和相关要求的作用是提出计划总目标，以满足顾客的需求。项目管理规划文件是项目管理组织根据合同文件的要求，结合自身条件所做的安排，其目标规划便成为建设工程项目进度计划的编制依据。资源条件、内部与外部约束条件都是进度计划的约束条件，影响计划目标和指标的决策及执行效果。以上是编制进度计划的基本依据，具体到每个项目组织，编制进度计划还需要具有特殊的依据。例如，建设单位编制进度计划需要依据可行性研究报告，设计单位编制进度计划需要依据批准的设计方案、同类工程的设计资料和设计准备情况，施工单位编制进度计划必须依据工期定额和市场情况等。

任务二　建设工程项目进度计划的编制

一、编制建设工程项目进度计划的依据和程序

1. 工程项目进度计划的编制依据

(1)有关法律、法规和技术规范、标准、政府指令及相关定额等。

(2)工程项目的有关合同文件，主要包括建筑施工、工程监理、设备和材料采购合同等。

(3)工程项目的施工规划与施工组织设计。

(4)工程项目设计进度计划。

(5)有关技术经验资料，主要包括项目所在地的地质、水文、气候、交通运输条件、能源供应情况等。

(6)其他资料。

2. 工程项目进度计划的编制程序

(1)收集相关资料。

(2)进行项目分解，确定工程进度编制的目标。

(3)计算项目的工程量。

(4)确定各工作之间的前后顺序和持续时间。常见的工作关系有以下两种：工艺逻辑关系是指生产性工作之间由工艺过程决定的、非生产性工作之间由工作程序决定的先后顺序；组织逻辑关系是指由组织安排需要或资源调配需要而规定的工作之间的先后顺序关系。

(5)编制工程项目进度计划表。

二、建设工程项目进度计划的表示方法

建设工程项目进度计划有多种表示方法，包括里程碑表、横道图、曲线图、网络图等方法。

1. 里程碑表

里程碑表也称为里程碑计划，是以建设工程项目中某些关键事件的开始或完成时间点作

为基准所形成的计划，是一种战略计划或建设工程项目进度框架。每个里程碑代表一个关键事件，并表明其必须完成的时间界限。里程碑计划一般适用于工期较长、较为复杂的大型建设项目。某工程里程碑计划见表 3-5。

表 3-5　某工程里程碑计划

序号	工序名称	工程进度													
		1	2	3	4	5	6	7	8	9	10	11	12	13	14
1	基础工程			★											
2	主体结构														
3	屋面防水工程										★				
4	室内装饰工程														
5	水暖电智能工程													★	
6	室外工程														★
7	验收交付使用														

(1)里程碑计划的关键性重要事件

①主要工作环节的完成时间。

②保证建设工程项目完成的关键性决策工作的日期。

③建设工程项目的结束日期。

关键事件可能在关键线路上，也可能不在关键线路上。

(2)里程碑计划的特点　把关键工作的完成时间截止在里程碑计划的关键事件处，不允许有任何推迟，要采取一切措施确保在里程碑计划所示的时间内完成各项预定的关键环节的任务。

(3)里程碑计划的编制

①对于工期长、技术复杂的大型建设项目，在确定建设工程项目目标时就明确了有关的里程碑进度。编制总进度计划时必须以里程碑计划为依据，并在总进度计划上保证里程碑计划的实现。

②从建设工程项目目标要求的最后一个里程碑，即建设工程项目的最终目标开始反方向进行。

③在建设工程项目中有许多阶段、许多事件，要根据事件在项目建设进行中的位置及其前后事件的作用和影响，参照同类建设项目的实施经验加以确定。

2. 横道图

(1)定义　横道图又称甘特图(gantt chat)，是一种应用广泛的进度表达方式。横道图通常在左侧垂直向下依次排列工程任务的各项工作名称，而在右侧与之紧邻的时间进度表中则对应各项工作，逐项绘制横道线，从而使每项工作的起止时间均可由横道线的两个端点来表示，示例见表 3-6。

(2)优缺点

①优点：编制比较简单，易被接受；绘图比较方便；施工过程排列整齐有序；进度计划表达形象、直观易懂、容易掌握；可形成进度计划与资源资金使用计划和各种组合，便于统计各种资源需用量。

表 3-6 某工程施工进度图(横道图法示例)

施工过程	劳动量/工日	施工进度										
		2	4	6	8	10	12	14	16	18	20	22
土方开挖	60台班	——	——									
混凝土垫层	30		——	——								
绑扎钢筋	60				——	——						
基础模板	70						——	——				
基础混凝土	90								——	——	——	
回填土	150										——	——

②缺点：不能明确表达工程任务各项工作之间的各种逻辑关系和相互关系；不能反映施工过程的关键性和机动性，不能表示影响计划工期的关键工作；不便于进行计划的各种时间参数计算；不便于进行计划的优化、调整。

3. 曲线图

曲线图进度计划如图 3-1 所示，其中横坐标表示进度，可以是日历天、工作天、周、旬、月、季，或者总时间的百分比，纵坐标是完成任务量，可以是工程量、劳动量或总量的百分比。图中的曲线是累计曲线，可以动态地表示进度状况，各项目组织均可使用，形象直观。曲线图还可及时记录进度，计算进度偏差。

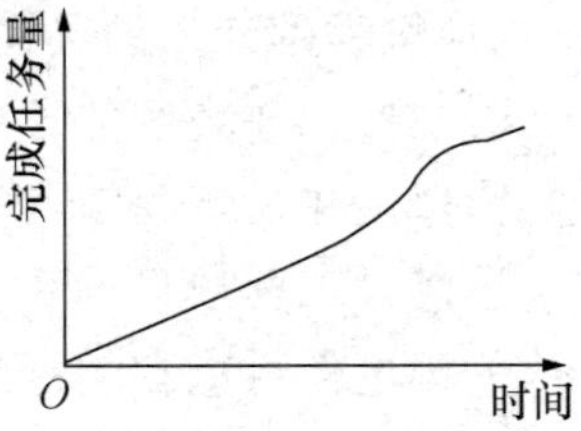

图 3-1 曲线图进度计划

4. 网络图

网络图是利用箭线和节点所组成的有向、有序的网状图形。网络进度计划图是总体工程任务各项工作流程或系统安排的一种进度计划表达方式，如图 3-2 所示。

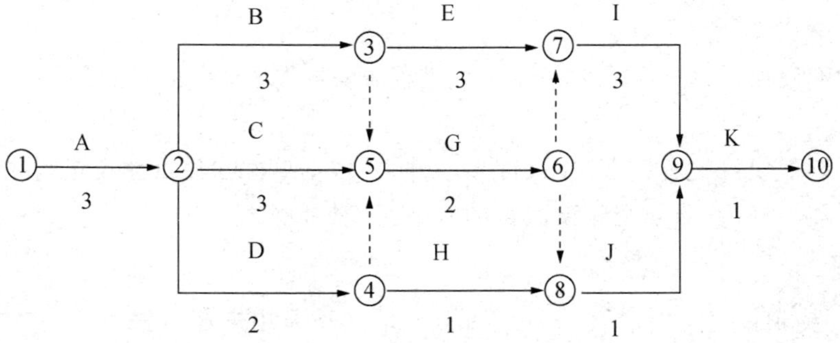

图 3-2 网络进度计划图

用网络图编制建设工程项目进度计划的特点如下：

(1)能正确表达各工作之间相互作用、相互依存的关系。

(2)通过网络分析计算能够确定哪些工作是影响工期的关键工作。关键工作不容延误，必须按时完成。也可以确定哪些工作允许有机动时间以及有多少机动时间，使计划管理者充分掌握进度控制的主动权。

(3)能够进行计划方案的优化和比较，选择最优方案。

(4)能够运用计算机手段实施辅助计划管理。

对于作业计划，应优先采用网络图方法，借助项目管理软件编制进度计划，并跟踪控制。

5. 规范规定编制建设工程项目进度计划的程序

(1)确定进度计划目标；

(2)进行工作结构分解与工作活动定义；

(3)确定工作之间的顺序关系；

(4)估算各项工作投入的资源；

(5)估算工作的持续时间；

(6)编制进度图(表)；

(7)审批并发布。

三、建设工程项目控制性进度计划

建设单位应编制建设工程项目前期工作计划、总进度计划和年度计划等控制性进度计划。

1. 前期工作计划

前期工作计划包括项目建议书和可行性研究两个阶段的工作。建设单位应编制进度控制计划，确定里程碑事件日期和工作持续时间，以利于项目的时间决策。

2. 总进度计划

建设工程项目总进度计划是指初步设计被批准后，在编报建设工程项目年度计划之前，根据初步设计，对建设工程项目从开始(设计、施工准备)至竣工投产(动用)全过程的统一部署。其主要目的是安排各单位工程的建设进度，合理分配年度投资，组织各方面的协作，保证初步设计所确定的各项建设任务的完成。建设项目总进度计划对于保证工程项目建设的连续性，增强工程建设的预见性，确保建设工程项目按期动用，都具有十分重要的作用。

建设工程项目总进度计划是编制建设工程项目年度计划的依据，其主要内容包括文字说明和表格两部分。

(1)文字说明　文字说明包括建设工程项目概况，安排建设总进度的原则和依据，投入资金资源年度安排情况，技术设计，施工图设计，设备交付和施工力量进场等里程碑事件的安排，道路、供电、供水等方面的协作配合及进度衔接，计划中存在的主要问题及采取的措施，需要上级及有关部门解决的重大问题等。

(2)表格

①工程项目一览表。工程项目一览表将初步设计中确定的建设内容按照单位工程归类并编号，明确其建设内容和投资额，以便各部门按统一的口径确定工程项目投资额，并以此为依据对其进行管理。其表格形式见表3-7。

②建设项目总进度表。建设项目总进度表根据初步设计确定的建设工期和工艺流程，具体安排单位工程的开工日期和竣工日期。其表格形式见表3-8。

表 3-7 工程项目一览表

单位工程名称	工程编码	工程内容		概算额/万元					
		单位	数量	合计	建筑	安装	设备	工具	其他

表 3-8 建设项目总进度表

单位工程名称	工程编码	工程量		××年				××年				
		单位	数量	1季	2季	3季	4季	1季	2季	3季	4季	

③投资计划按年度分配表。投资计划按年度分配表是根据建设项目总进度计划安排各个年度的投资，以便预测各个年度的投资规模，为筹集建设资金与银行签订借款合同及制订分年用款计划提供依据。其表格形式见表 3-9。

表 3-9 投资计划按年度分配表

单位工程名称	工程编码	投资总额	投资分配/万元			
			××年	××年	××年	××年

④建设项目进度平衡表。建设项目进度平衡表是用来明确各种设计文件交付日期、主要设备交货日期、施工单位进场日期、水电及道路接通日期等，以保证工程建设过程中各个环节相互衔接，确保建设工程项目按期投产或交付使用。其表格形式见表 3-10。

表 3-10 建设项目进度平衡表

工程编码	单位工程名称	开工日期	设计进度			设备进度		施工进度		道路进度		电气进度		给排水进度	
			初步设计	技术设计	施工图设计	数量	交货日期	进场日期	竣工日期	开工日期	通行日期	开工日期	运行日期	开工日期	运行日期

3. 年度计划

建设项目年度计划是依据建设项目总进度计划和批准的设计文件进行编制的。该计划既要满足建设项目总进度计划的要求，又要与当年可能获得的资金、设备、材料、施工能力相适应。应根据分批配套投产或交付使用的要求，合理安排本年度建设的工程项目。建设项目年度计划包括文字部分和表格部分。文字部分包括年度计划编制依据和原则，进度，指标，设备、材料、资金、技术、组织等技术经济条件落实情况，各项措施等。表格部分包括年度计划项目表、竣工投产交付使用计划表、年度建设资金平衡表和年度设备平衡表。表 3-11 为年度计划项目表的形式。

在此基础上可以分别编制综合进度控制计划、设计进度控制计划、采购进度控制计划、施工进度控制计划和验收投产进度计划等。

表 3-11 年度计划项目表

<table>
<tr><th rowspan="3">工程编码</th><th rowspan="3">单位工程名称</th><th rowspan="3">开工日期</th><th rowspan="3">竣工日期</th><th rowspan="3">投资额</th><th rowspan="3">投资来源</th><th colspan="3" rowspan="2">年初已完成</th><th colspan="7">本年计划</th><th colspan="4">建设条件落实情况</th></tr>
<tr><th colspan="3">投资</th><th colspan="3">建筑面积</th><th rowspan="2">年末形象</th><th rowspan="2">合计</th><th rowspan="2">设备</th><th rowspan="2">材料</th><th rowspan="2">施工方</th></tr>
<tr><th>合计</th><th>建安</th><th>设备</th><th>合计</th><th>建安</th><th>设备</th><th>开工</th><th>续建</th><th>竣工</th></tr>
<tr><td></td><td></td><td></td><td></td><td></td><td></td><td></td><td></td><td></td><td></td><td></td><td></td><td></td><td></td><td></td><td></td><td></td><td></td><td></td><td></td></tr>
</table>

四、设计及采购控制性进度计划的编制

1. 设计控制性进度计划的编制

(1)设计控制性进度计划的内容　建设单位应当在建设项目总进度计划中明确设计进度控制性目标。设计单位中标后应编制设计总进度计划表，见表 3-12。还应该对设计准备工作及各阶段设计编制进度控制计划，如施工图设计工作进度计划表，见表 3-13。

表 3-12 设计总进度计划表

<table>
<tr><th rowspan="2">设计阶段名称</th><th colspan="10">进度/月</th></tr>
<tr><th>1</th><th>2</th><th>3</th><th>4</th><th>5</th><th>6</th><th>7</th><th>8</th><th>9</th><th>10</th></tr>
<tr><td>设计准备</td><td></td><td></td><td></td><td></td><td></td><td></td><td></td><td></td><td></td><td></td></tr>
<tr><td>方案设计</td><td></td><td></td><td></td><td></td><td></td><td></td><td></td><td></td><td></td><td></td></tr>
<tr><td>初步设计</td><td></td><td></td><td></td><td></td><td></td><td></td><td></td><td></td><td></td><td></td></tr>
<tr><td>技术设计</td><td></td><td></td><td></td><td></td><td></td><td></td><td></td><td></td><td></td><td></td></tr>
<tr><td>施工图设计</td><td></td><td></td><td></td><td></td><td></td><td></td><td></td><td></td><td></td><td></td></tr>
</table>

表 3-13 施工图设计工作进度计划表

<table>
<tr><th rowspan="2">工程名称</th><th rowspan="2">建设规模</th><th rowspan="2">合同时间</th><th rowspan="2">设计人数</th><th colspan="6">速度/天(或周)</th></tr>
<tr><th></th><th></th><th></th><th></th><th></th><th></th></tr>
<tr><td></td><td></td><td></td><td></td><td></td><td></td><td></td><td></td><td></td><td></td></tr>
</table>

除了设计总进度计划表，设计准备工作计划表，初步设计(技术设计、施工图设计)工作进度计划表以外，还应通过计划说明书明确设计依据，设计范围，设计原则和要求，组织机构及职责分工，设计标准，质量保证程序及要求，进度计划的主要控制点，技术经济要求，安全、职业健康及环境保护要求，与采购、施工和试运行的接口关系及要求，外部约束条件及风险，等等。

(2)设计控制性进度计划的编制依据　设计控制性进度计划的编制依据主要有合同文件、项目的有关批准文件、项目进度计划、项目特征及规模、设计法规及政策和企业的管理体系等。

2. 采购控制性进度计划的编制

(1)采购控制性进度计划的内容　采购方应编制采购控制性进度计划，其主要内容是采购

进度的主要控制目标和要求，长周期设备和特殊材料的采购计划安排，还应编制计划说明书，说明编制依据，项目概况，采购原则，采购范围和内容，采购组织，市场的工序、价格与竞争情况，风险预测等内容。

(2)采购控制性进度计划的编制依据　采购控制性进度计划的编制依据主要有项目合同、项目进度计划、采购法规程序和制度、市场信息和采购网络等。

五、建设工程项目施工控制性进度计划的编制

建设工程项目施工控制性进度计划主要有施工总进度计划和单位工程施工进度计划两种。

1. 施工总进度计划的编写

施工总进度计划是用来确定建设工程项目中所包含的各单位工程的施工顺序、施工时间及相互衔接关系的计划。

(1)施工总进度计划的作用

①确定总进度目标。实现策划工期或合同约定的竣工工期是施工总进度计划的目标，这个目标由企业管理层承担。

②进行总进度目标分解，确定里程碑事件的进度目标。一般来说，通过使用工作分解结构可将总进度目标依次分解为单项工程进度目标、单位工程进度目标、分部工程进度目标。它们的开始日期或竣工日期就是里程碑事件的进度目标。

③形成建设工程项目的进度计划体系。按分解的进度目标确定总进度计划的系统，它们是由粗到细的相互关联的计划体系。

④作为编制单体工程进度计划的依据。

⑤作为编制各种支持性计划的依据。这些计划包括人力资源计划、物资供应计划、施工机械设备计划、预制加工品计划和资金供应计划等。

(2)施工总进度计划的编制依据　施工总进度计划的编制依据包括施工合同、施工部署与主要工程施工方案、进度控制目标、工期定额、有关技术经济资料和同类工程的资料等。

(3)施工总进度计划的内容　施工组织总设计中的施工总进度计划和大型工程的单体施工进度计划都是控制性的进度计划。它们的重点在于组织关系、进度目标和里程碑事件的确定，为项目总体组织和管理服务。

施工总进度计划的内容包括编制说明，施工总进度计划表，分期分批施工工程的开工日期、完工日期、工期一览表，资源需要量及供应平衡表。

(4)施工总进度计划的编制步骤和方法　施工总进度计划是根据施工部署的要求，合理确定各建设工程项目施工的先后顺序、开工和竣工日期、施工期限和它们之间的搭接关系。其编制方法如下：

①列出工程项目一览表，估算实物工程量。根据批准的工程项目一览表，按单位工程分别计算其主要实物工程量。工程量可按照初步设计图纸并根据各种定额手册进行计算。常用的定额资料有工作量的劳动力及材料消耗指标、概算指标或扩大结构定额、标准设计或类似工程的资料。

②确定各单位工程的施工工期。各单位工程的施工期限应根据合同工期确定，同时考虑

建筑类型、结构特征、施工方法、施工管理水平、施工机械化程度，以及施工现场的地形和地质条件等因素。此外，还应参考有关的工期定额或类似建筑的施工经验数据等给予确定。如果在编制施工总进度计划时没有合同工期，则应保证计划工期不超过工期定额。

③确定各单位工程的开、竣工时间和相互搭接关系。确定各单位工程的开、竣工时间和相互搭接关系主要考虑以下几点：

a. 同一时期施工的项目不宜过多，以避免人力、物力过于分散。

b. 尽量做到均衡施工，以使劳动力、施工机械和主要材料的供应在整个工期范围内达到均衡。

c. 尽量提前建设可供工程施工使用的永久性工程，以节省临时工程费用。

d. 急需和关键的工程先施工，以保证工程项目如期交工。对于某些技术复杂、施工周期较长、施工困难较多的工程，也应安排提前施工，以利于整个工程项目按期交付使用。

e. 施工顺序必须与主要生产系统投入生产的先后次序相吻合，同时还要安排好配套工程的施工时间，以保证建成的工程能迅速投入生产或交付使用。

f. 应注意季节对施工期的影响，避免因季节导致工期拖延，影响工程质量。

g. 安排一部分附属工程或零星项目作为后备项目，用以调整主要项目的施工进度。

h. 注意主要工种和主要施工机械能连续施工。

④编制初步施工总进度计划。施工总进度计划应安排全工地性的流水作业。全工地性的流水作业安排应以工程量大、工期长的单位工程为主导，并以此带动其他工程。施工总进度计划既可用横道图表示，也可用网络图表示。表 3-14 为横道图进度计划的表格形式。

表 3-14　施工总进度计划

单位工程名称	建筑规模	工程造价/万元	施工期限/月	施工进度计划											
				第一年				第二年				第三年			
				1 季	2 季	3 季	4 季	1 季	2 季	3 季	4 季	1 季	2 季	3 季	4 季

⑤编制正式施工总进度计划。初步施工总进度计划编制完成后，要对其进行检查。主要检查总工期是否符合要求，资源使用是否均衡且其供应能否得到保证。如果出现问题，则应进行调整。调整的主要方法是改变某些工程的起止时间或调整主导工程的工期。如果是网络计划，则可以利用电子计算机分别进行工期优化、费用优化及资源优化。当初步施工总进度计划经过调整符合要求后，即可编制正式施工总进度计划。

2. 单位工程施工进度计划的编制

单位工程施工进度计划是在既定施工方案的基础上，根据规定的工期和各种资源供应条件，对单位工程中的各分部分项工程的施工顺序、施工起止时间及衔接关系进行合理安排的计划。其编制依据有施工总进度计划、单位工程施工方案、合同工期或定额工期、施工定额、施工图和施工预算、施工现场条件、资源供应条件、气象资料等。

单位工程施工进度计划的编制步骤及方法如下：

(1)划分施工过程　编制单位工程施工进度计划时，首先必须研究施工过程的划分，再进行有关内容的计算和设计。施工过程划分应考虑下述要求：

①施工过程细度划分要求。对于控制性施工进度计划，其施工过程一般可按分部工程划分施工过程，如开工前准备、打桩工程、基础工程、主体结构工程等；对于指导性施工进度计划，其施工过程的划分可以细一些，要求每个分部工程所包括的主要分项工程均应一一列出，才能起到指导施工的作用。

②对施工过程进行适当合并，达到简明清晰的要求。施工过程划分越细，则过程越多，施工进度图表就会显得繁杂，重点不突出，反而失去指导施工的意义，并且增加编制施工进度计划的难度。因此，为使计划简明清晰，突出重点，一些次要的施工过程应合并到主要施工过程中去，如基础防潮层施工可合并到基础施工过程内。有些虽然重要但工程量不大的施工过程也可与相邻的施工过程合并。例如，挖土可与垫层合并为一项；组织混合班组施工，同一时期由同一工种施工的也可合并在一起，如墙体砌筑，不分内墙、外墙、隔墙等，均合并为墙体砌筑一项。

③施工过程划分的工艺性要求。现浇钢筋混凝土施工，一般可分为支模、绑扎钢筋、浇筑混凝土等施工过程，应视工程施工组织、工程量、结构性质等因素研究确定是分项还是合并。一般现浇钢筋混凝土框架结构的施工应分别列项，而且可分得细一些，如绑扎柱钢筋、安装柱模板、浇筑混凝土、安装梁板模板等施工过程。

施工过程的划分，应考虑所选择的施工方案。如厂房基础采用敞开式施工方案时，柱基础和设备基础可合并为一个施工过程；采用封闭式施工方案时，则必须列出柱基础、设备基础这两个施工过程。住宅建筑的水、暖、气、卫、电等房屋设备安装是建筑工程的重要组成部分，应单独列项。土建施工进度计划中应列出其施工过程，表明其与土建施工的配合关系。

④明确施工过程对施工进度的影响程度。施工过程根据其对工程进度的影响程度可分为3类：第一类为资源驱动的施工过程，这类施工过程直接在拟建工程上进行作业，占用时间、资源，对工程的完成与否起着决定性的作用，在条件允许的情况下，可以缩短或延长它的工期；第二类为辅助性施工过程，它一般不占用拟建工程的工作面，虽需要一定的时间和消耗一定的资源，但不占用工期，故可不列入施工计划以内，如交通运输、场外构件加工或预制等；第三类施工过程虽直接在拟建工程上进行作业，但它的工期不以人的意志为转移，随着客观条件的变化而变化，它应根据具体情况列入施工计划，如混凝土的养护等。

(2)计算工程量　当确定了施工过程之后，应根据施工图纸，计算每个施工过程的工程量。工程量应根据施工图样、工程量计算规则及相应的施工方法进行计算，计算时应注意以下几个问题：

①注意工程量的计量单位。每个施工过程的工程量的计量单位应与采用的施工定额的计量单位相一致。如模板工程以平方米为计量单位，绑扎钢筋以吨为计量单位，混凝土以立方米为计量单位等。

②注意采用的施工方法。计算工程量时，应与采用的施工方法相一致，以便计算的工程量与施工的实际情况相符合。如挖土时是否放坡，是否有工作面，坡度和工作面尺寸是多少；开挖方式是单独开挖、条形开挖，还是整片开挖等，不同的开挖方式，土方量相差是很大的。

③正确取用预算文件中的工程量。如果编制单位工程施工进度计划时已编制出预算文件(施工图预算或施工预算)，则工程量可从预算文件中抄出并汇总。例如：要确定施工进度计划中列出的“砌筑墙体”这一施工过程的工程量，可先分析它包括哪些施工内容，然后从预算文件中摘出这些施工内容的工程量，再将它们全部汇总即可求得。但是，如果施工进度计划中某些

施工过程与预算文件的内容不同或有出入(如计量单位、计算规则、采用的定额等),则应根据施工实际情况加以修改、调整或重新计算。

(3)套用施工定额　确定了施工过程及其工程量之后,即可套用施工定额(当地实际采用的劳动定额及机械台班定额),以确定劳动量和机械台班量。

在套用国家或当地颁发的定额时,必须注意结合本单位工人的技术等级、实际操作水平、施工机械情况和施工现场条件等因素,确定定额的实际水平,使计算出来的劳动量、机械台班量符合实际需要。

有些采用新技术、新材料、新工艺或特殊施工方法的施工过程,定额中尚未编入时,可参考类似施工过程的定额、经验资料,按实际情况确定。

(4)计算劳动量及机械台班量　根据工程量及确定采用的施工定额,可进行劳动量及机械台班量的计算。

①劳动量的计算。劳动量也称劳动工日数,可按式(3-1)计算。

$$P_i=\frac{Q_i}{S_i}\text{ 或 }P_i=Q_i\times H_i \tag{3-1}$$

式中:P_i 为某施工过程所需劳动量,单位为工日;Q_i 为某施工的工程量,单位为 m、m^2、m^3;S_i 为某施工过程采用的产量定额,单位为 m/工日、m^2/工日、m^3/工日等;H_i 为某施工过程采用的时间定额,单位为工日/m、工日/m^2、工日/m^3 等。

当某一施工过程是由两个或两个以上不同分项工程合并而成时,其总劳动量应按式(3-2)计算。

$$P_{总}=\sum P_i=P_1+P_2+\cdots+P_n \tag{3-2}$$

当某一施工过程是由同一工种,但不同做法、不同材料的若干个分项工程合并组成时,应先按式(3-3)计算其综合产量定额,再求其劳动量。

$$\overline{S}=\frac{\sum_{i=1}^{n}Q_i}{\sum_{i=1}^{n}P_i}=\frac{Q_1+Q_2+\cdots+Q_n}{P_1+P_2+\cdots+P_n}=\frac{Q_1+Q_2+\cdots+Q_n}{\frac{Q_1}{S_1}+\frac{Q_2}{S_2}+\cdots+\frac{Q_n}{S_n}} \tag{3-3}$$

式中:$\overline{S}$ 为某施工过程的综合产量定额,单位为 m/工日、m^2/工日、m^3/工日等;P_i 为某施工过程所需劳动量,单位为工日;Q_i 为某施工过程的工程量,单位为 m、m^2、m^3。

②机械台班量的计算。凡是采用机械为主的施工过程,可按式(3-4)计算其所需的机械台班数。

$$P_{机械}=\frac{Q_{机械}}{S_{机械}}\text{ 或 }P_{机械}=Q_{机械}\times H_{机械} \tag{3-4}$$

式中:$P_{机械}$ 为某施工过程需要的机械台班数,单位为台班;$Q_{机械}$ 为机械完成的工程量,单位为 m、m^2、m^3 等;$S_{机械}$ 为机械的产量定额,单位为 m/台班、m^2/台班、m^3/台班等;$H_{机械}$ 为机械的时间定额,单位为工日/m、工日/m^2、工日/m^3 等。

在实际计算中,$Q_{机械}$ 和 $S_{机械}$ 应根据机械的实际情况、施工条件等因素,结合实际确定,以便准确地计算需要的机械台班数。

(5)计算确定施工过程的持续时间　施工过程持续时间的确定方法有 3 种:经验估算法、定额计算法和倒排计划法。

①经验估算法。经验估算法也称三时估算法，即先估计出完成该施工过程的最乐观时间、最悲观时间和最可能时间 3 种施工时间，再根据式(3-5)计算出该施工过程的持续时间。这种方法适用于新结构、新技术、新工艺、新材料等无定额可循的施工过程。

$$D=\frac{A+4B+C}{6} \tag{3-5}$$

式中：A 为最乐观的时间估算(最短的时间)；B 为最可能的时间估算(最正常的时间)；C 为最悲观的时间估算(最长的时间)。

②定额计算法。这种方法是根据施工过程需要的劳动量或机械台班量，以及配备的劳动人数或机械台数，确定施工过程持续时间，可按式(3-6)、式(3-7)计算。

$$D=\frac{P}{N\times R} \tag{3-6}$$

$$D_{机械}=\frac{P_{机械}}{N_{机械}\times R_{机械}} \tag{3-7}$$

式中：D 为某手工操作为主的施工过程的持续时间，单位为 d；P 为该施工过程所需的劳动量，单位为工日；R 为该施工过程所配备的施工班组人数，单位为人；N 为每天采用的工作班制，单位为班；$D_{机械}$ 为某机械施工为主的施工过程的持续时间，单位为 d；$P_{机械}$ 为该施工过程所需的机械台班数，单位为台班；$R_{机械}$ 为该施工过程所配备的机械台数，单位为台；$N_{机械}$ 为每天采用的工作台班，单位为台班。

从上述公式可知，要计算确定某施工过程持续时间，除已确定的 P 或 $P_{机械}$ 外，还必须先确定 R、$R_{机械}$ 及 N、$N_{机械}$ 的数值。

要确定施工班组人数 R 或施工机械台数 $R_{机械}$，除了考虑必须能获得或能配备的施工班组人数(特别是技术工人人数)或施工机械台数之外，在实际工作中，还必须结合施工现场的具体条件、最小工作面与最小劳动组合人数的要求以及机械施工的工作面大小、机械效率、机械必要的停歇维修与保养时间等因素考虑，才能计算符合实际可能和要求的施工班组人数及机械台数。

每天工作班制确定：当工期允许，劳动力和施工机械周转使用不紧迫，施工工艺上无连续施工要求时，通常采用一班制施工；当工期较紧，或为了提高施工机械的使用率及加快机械的周转使用，或工艺上要求连续施工时，某些施工项目可考虑二班制或三班制施工，但采用多班制施工，必然增加有关设施及费用，因此需要重新研究确定。

③倒排计划法。这种方法根据施工的工期要求，先确定施工过程的持续时间及工作班制，再确定施工班组人数(R)或机械台数($R_{机械}$)，可按式(3-8)、式(3-9)计算。

$$R=\frac{P}{N\times D} \tag{3-8}$$

$$R_{机械}=\frac{P_{机械}}{N_{机械}\times D_{机械}} \tag{3-9}$$

式中符号同式(3-6)、式(3-7)。

如果按式(3-8)、式(3-9)计算出来的结果，超过了本部门现有的人数或机械台数，则要求有关部门进行平衡、调度及支持，或从技术上、组织上采取措施，如组织平行立体交叉流水施工，提高混凝土早期强度及采用多班组、多班制的施工等。

(6)编制建设工程项目施工工作明细表　为便于网络图的绘制、时间参数计算和网络计划优化，在前述几项工作的基础上编制建设工程项目施工工作明细表，其表格形式见表 3-15。

表 3-15 建设工程项目施工工作明细表

代号	工作名称	工程量		资源量		持续时间	紧前工作	紧后工作	备注
		数量	单位	人工	机械				

(7)初排施工进度(以横道图为例) 上述各项计算内容确定之后,即可编制施工进度计划的初步方案。一般的编制方法如下:

①根据施工经验直接安排的方法。这种方法是根据经验资料及有关计算,直接在进度表上画出进度线。其一般步骤:先安排主导施工过程的施工进度,然后再安排其余施工过程,应尽可能配合主导施工过程并最大限度地搭接,形成施工进度计划的初步方案。总的原则是使每个施工过程尽可能早地投入施工。

②按工艺组合组织流水的施工方法。这种方法是先按各施工过程(工艺组合流水)初排流水进度线,然后将各工艺组合最大限度地搭接起来。该方法应注意以下问题:

a. 每个施工过程的进度线都应用横道粗实线段表示(初排时可用铅笔细线表示,待检查调整无误后再加粗);

b. 每个施工过程的进度线所表示的时间(天)应与计算确定的持续时间一致;

c. 每个施工过程的施工起止时间应根据施工工艺顺序及组织顺序确定。

(8)检查与调整施工进度计划 当施工进度计划初始方案编制好后,需要对其进行检查与调整,以便使进度计划更加合理。进度计划检查的主要内容如下:

①各工作项目的施工顺序、平行搭接和技术间歇是否合理;

②总工期是否满足合同规定;

③主要工种的工人是否能满足连续、均衡施工的要求;

④主要机械、材料等的利用是否均衡和充分。

在上述 4 点中,首要的是前两个方面的检查,如果不满足要求,必须进行调整。只有在前两个方面均达到要求的前提下,才能进行后两个方面的检查与调整。前者是解决可行与否的问题,而后者则是优化的问题。

(9)编制资源需要量计划 单位工程施工进度计划编制确定以后,方可编制资源需要量计划。资源需要量计划是做好劳动力与物资的供应、平衡、调度、落实的依据,也是施工单位编制施工作业计划的主要依据之一。

①劳动力需要量计划,反映单位工程施工中所需要的各种技术工人、普工人数,一般要求按月份编制计划。该计划主要根据确定的施工进度计划提出,其方法是按进度表上每天所需要的施工人数,分工种进行统计,得出每天所需工种及人数,按时间、强度要求汇总编出。

②主要材料需要量计划,是根据施工预算、材料消耗定额和施工进度计划编制,主要反映施工过程中各种主要材料的需要量,作为备料、供料和确定仓库、堆场面积及运输量的依据。

③施工机械需要量计划,是根据施工预算、施工方案、施工进度计划和机械台班定额编制的,主要反映施工所需机械和器具的名称、型号、数量及使用时间。

④预制构件需要量计划,是根据施工图、施工方案及施工进度计划要求编制的,主要反映施工中各种预制构件的需要量及供应日期,并作为落实加工单位以及按所需规格、数量和使用时间组织构件进场的依据。

任务三　建设工程项目进度计划的实施

一、施工项目进度计划的审核

施工项目进度计划编制完成后,必须经项目经理审核通过方可实施。项目经理主要从以下方面进行审核:

(1)进度安排是否符合施工合同确定的建设项目总目标和分目标的要求,是否符合其开工、竣工日期的规定;

(2)施工进度计划中的内容是否有遗漏,分期施工是否满足分批交工的需要和配套交工的要求;

(3)施工顺序安排是否符合施工程序的要求;

(4)资源供应计划是否能保证施工进度计划的实现,供应是否均衡,分包人供应的资源是否满足进度要求;

(5)施工图设计的进度是否满足施工进度计划要求;

(6)总分包之间的进度计划是否协调,专业分工与计划的衔接是否明确、合理;

(7)对实施进度计划的风险是否分析清楚,有无相应的对策;

(8)各项保证进度计划实现的措施设计是否周到、可行、有效。

二、施工项目进度计划的实施与检查

施工项目进度计划的实施指的就是施工活动的进展,也就是用施工进度计划指导施工活动,落实和完成计划。施工项目进度计划逐步实施的过程就是施工项目建造逐步完成的过程。为了保证施工项目进度计划的实施,并且尽量按编制的计划时间进行,保证各进度目标的实现,应做好如下工作。

1. 施工项目进度计划的贯彻执行

(1)检查各层次的计划,形成严密的计划保证系统。施工项目的所有施工进度计划包括施工总进度计划、单位工程施工进度计划、分部分项工程施工进度计划。它们都是围绕一个总任务进行编制的,它们之间的关系是高层次计划为低层次计划的依据,低层次计划为高层次计划的进一步完善。在其贯彻执行时应该首先检查是否协调一致,计划目标是否层层分解、互相衔接,组成一个计划实施的保证体系。

(2)层层签订承包合同或下达施工任务书。施工项目经理、施工队和作业班组之间分别签订承包合同,按计划目标明确规定合同工期、相互承担的经济责任、权限和利益,或者下达施工任务书,将作业任务下达到施工班组,明确具体施工任务、技术措施、质量要求等内容,使施工班组必须保证按作业计划时间完成规定的任务。

(3)计划全面交底,发动全体工作人员实施计划。施工进度计划的实施是全体工作人员的共同行动,要使有关人员都明确各项计划的目标、任务、实施方案和措施,使管理层和作业层协调一致，将计划变成全体工作人员的自觉行动，充分发动全体工作人员，发挥全体工作人员的干劲和创造精神。在计划实施前要进行计划交底工作，可以根据计划的范围召开全体职工代表大会，将各级生产会议进行交底落实。

2. 施工项目进度计划的实施

(1)编制月(旬、周)作业计划。为了实施施工进度计划，使现场施工条件，如施工场地的情况、劳动力、施工机械等资源条件和施工的实际进度能与规定的任务结合起来，在施工开始前和施工中必须不断地调整本月(旬、周)的作业计划，使施工计划更具体、切合实际和可行。在月(旬、周)作业计划中要明确以下几点：本月(旬、周)应完成的任务，所需要的各种资源量，提高劳动生产率和节约的措施等。旬进度计划的表格形式见表3-16。

表3-16　旬进度计划

序号	工程名称	工程数量	工日数	持续时间	进度/d									
					1	2	3	4	5	6	7	8	9	10

(2)签发施工任务书。编制好月(旬、周)作业计划以后，将每项具体任务通过签发施工任务书的方式进一步落实。施工任务书是向班组下达任务，实行责任承包、全面管理和原始记录的综合性文件，施工班组必须保证指令任务的完成。施工任务书是计划和实施的纽带。

施工任务书应按班组编制和下达，它包括施工任务单、限额领料单和考勤表。施工任务单包括分项工程施工任务、工程量、劳动量、开工日期、完工日期、工艺、质量和安全要求。限额领料单是根据施工任务单编制的控制班组领用材料的依据，应具体列明材料名称、规格、型号、单位和数量、领用记录、退料记录等。考勤表可附在任务单背面，按班组人名排列，供考勤时参考。

施工任务书应由工长编制并下达，班组接到任务书并接受交底后，应做好分工，妥善安排予以完成。执行中确保进度、质量、安全、节约、环保，任务完成后向工长报请验收。工长验收时查数量、质量、安全、用工、节约，验收后收回任务书，交项目经理部登记、结算、统计、存档。

(3)做好施工进度记录，填好施工进度统计表。在计划任务完成的过程中，各级施工进度计划的执行者都要跟踪做好施工记录，记载计划中每项工作的开始日期、每日完成数量和完成日期，记录施工现场发生的各种情况、干扰因素的排除情况，跟踪做好进度、工程量、总产量以及耗用的人工、材料、机械台班等数量统计与分析，为施工项目进度检查和控制分析提供信息。因此要求实事求是地记载，并填好有关图表。

(4)做好施工中的调度工作。施工中的调度工作是组织施工中各阶段、环节、专业和工种的互相配合、进度协调的指挥核心，是使施工进度计划顺利实施的重要手段。其主要任务是掌握计划实施过程中的真实情况，协调各方面关系，采取措施，及时排除施工中出现的或可能出现的各种矛盾，加强各薄弱环节，实现动态平衡，保证完成各施工作业计划和实现进度目标。

调度工作内容主要有：监督作业计划的实施、调整协调各方面的进度关系；监督检查施工准备工作；督促资源供应单位按计划供应劳动力、施工机具、运输车辆、材料构配件等，并对临时出现的问题采取调配措施；按施工平面图管理施工现场，结合实际情况进行必要的调整，保证文明施工；了解气候、水、电、气的情况，采取相应的防范和保护措施；及时发现和处理施工中各种事故和意外事件；调节各薄弱环节；定期召开现场调度会议，贯彻施工项目主管人员的决策，发布调度令。

3. 施工项目进度计划的检查

在建设工程项目的实施进程中，为了进行进度控制，进度控制人员应经常地、定期地跟踪检查工程实际进度情况，主要是收集工程量的完成情况、工作时间的执行情况、资源使用及与进度的匹配情况的数据，进行统计整理和对比分析，确定实际进度与计划进度之间的关系。其主要工作内容如下：

(1)跟踪检查施工实际进度。跟踪检查施工实际进度是项目施工进度控制的关键措施，其目的是收集实际施工进度的有关数据。跟踪检查的时间和收集数据的质量，直接影响控制工作的质量和效果。

一般检查的时间间隔与施工项目的类型、规模、施工条件和对进度执行的要求程度有关，通常可以确定每月、半月、旬或周进行一次。若在施工中遇到天气、资源供应等不利因素的严重影响，检查的时间间隔可临时缩短，次数应频繁，甚至可以每日进行检查，或派人员驻现场督查。检查和收集资料一般采用进度报表方式或定期召开进度工作汇报会的形式。为了保证汇报资料的准确性，进度控制的工作人员要经常到现场查看施工项目的实际进度情况，从而保证经常地、定期地准确掌握施工项目的实际进度，更有效地控制工程进度。

根据不同需要，进行日常检查或定期检查应包括以下内容：①工作完成数量；②工作时间的执行情况；③工作顺序的执行情况；④资源使用及其与进度计划的匹配情况；⑤前次检查提出问题的整改情况。

(2)整理统计检查数据。收集到的施工项目实际进度数据，要进行必要的整理，按计划控制的工作项目进行统计，形成与计划进度具有可比性的数据、相同的量纲和形象进度。一般可以按实物工程量、工作量和劳动消耗量以及累计百分比整理和统计实际检查的数据，以便与相应的计划完成量相对比。

(3)对比实际进度与计划进度。将收集的资料整理和统计成与计划进度具有可比性的数据后，用施工项目实际进度与计划进度的比较方法进行比较。通常用的比较方法有横道图比较法、S形曲线比较法、“香蕉”曲线比较法、前锋线比较法和列表比较法等。通过比较得出实际进度与计划进度相一致、超前、拖后3种情况，对于超前或拖后的偏差，还应计算出偏差量。

(4)施工项目进度检查结果的处理。施工项目进度检查的结果，按照检查报告制度的规定，形成进度报告向有关主管人员和部门汇报。进度报告是把检查比较的结果、有关施工进度现状和发展趋势提供给项目经理及各级业务职能负责人的最简单的书面形式报告。

进度报告是根据报告的对象不同，确定不同的编制范围和内容而分别编写的，一般分为项目概要级进度控制报告、项目管理级进度控制报告和业务管理级进度控制报告。项目概要级进度控制报告是报给项目经理、企业经理或业务部门以及建设单位或业主的，它是以整个施工项目为对象说明进度计划执行情况的报告。项目管理级进度控制报告是报给项目经理及企业的业务部门的，它是以单位工程或项目分区为对象说明进度计划执行情况的报告。业务管理级进度控制报告是以某个重点部位或重点问题为对象编写的报告，供项目管理者及各业务部门为其采取应急措施而使用。

进度报告由计划负责人或进度管理人员与其他项目管理人员协作编写。报告时间一般与进度检查时间相协调，也可按月、旬、周等周期进行编写上报。

进度报告一般应包括以下内容：①进度执行情况的综合描述；②实际进度与计划进度的对比资料；③进度计划实施的问题及原因分析；④进度执行情况对质量、安全、成本等的影响情况；⑤采取的措施和对未来计划进度的预测。

三、施工项目进度比较方法

施工项目进度比较分析与计划调整是施工项目进度控制的主要环节，其中施工项目进度比较是调整的基础。常用的施工项目进度比较方法有以下几种。

1. 横道图比较法

横道图比较法是指在项目施工中通过检查收集到的实际进度信息，经整理后直接用横道线（区别于原横道线的线形）并列标于原计划的横道线下方（或上方），进行直观比较。横道图比较法的步骤如下：

(1)在计划图中标出检查日期。

(2)将实际进度数据在横道图中标出。

(3)比较实际进度与计划进度的偏差。当实际进度线与检查日期平齐，则表明实际进度按照计划进度实施；当实际进度线在检查日期的左侧，则表明实际进度落后于计划进度；当实际进度线在检查日期的右侧，则表明实际进度快于计划进度。

2. 前锋线比较法

从检查时刻的时标点出发，用点划线依次连接各项工作的实际进度位置点，最后再回到检查时刻点为止，形成一条折线，这条折线称为前锋线。前锋线比较法主要适用于时标网络计划。前锋线比较法的步骤如下：

(1)绘制前锋线。首先在时标网络计划图的上方和下方各设一个时间坐标，然后从时标网络计划图上方时间坐标的检查日期开始，依次连接相邻工作的实际进度位置点，最后与时标网络计划图下方时间坐标的检查日期相连接，形成一条前锋线。

(2)比较实际进度和计划进度。当某项工作的前锋点与检查日期时间平齐时，表明该项工作按照计划进度实施；当某项工作的前锋点在检查日期的左侧时，表明该项工作进度落后于计划进度，两者之间的时标差为落后的时间；当某项工作的前锋点在检查日期的右侧时，表明该项工作进度超前于计划进度，两者之间的时标差为超前的时间。

【例 3-1】 某分部工程的时标网络计划如图 3-3 所示，定于第 4 天下班时检查工程进度情况，经检查发现 C 工作开始了 1 d，D 工作开始了 1 d，E 工作开始了 2 d，试用前锋线比较法进行实际进度与计划进度的比较。

解：首先按照第 4 天的检查进度情况绘制前锋线图，如图 3-3 所示，通过比较看出以下方面。

①工作 C 实际进度拖后 1 d，其自由时差为 2 d，既不影响总工期，也不影响其后续工作的正常进行；

②工作 D 实际进度与计划进度相同，对总工期和后续工作均无影响；

③工作 E 实际进度提前 1 d，更改为：由于受工作 D 的影响，虽然工作 E 位于关键线路上，但是只能使其后续工作 F、I 的最早开始时间提前 1 d，并不能影响总工期。

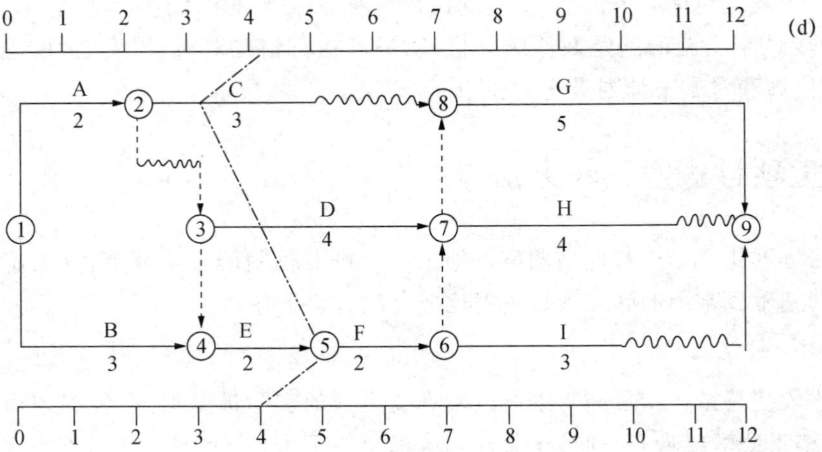

图 3-3　某分部工程的时标网络计划

综上所述，该检查时刻各工作的实际进度对总工期无影响，将使工作 F、I 的最早开始时间提前 1 d。

3. S 形曲线比较法

S 形曲线比较法，是以横坐标表示进度时间，纵坐标表示累计完成任务量，绘制一条按计划时间累计完成任务量的 S 形曲线，将工程项目的各检查时间实际完成的任务量与计划 S 形曲线进行实际进度和计划进度相比较的一种方法。

S 形曲线比较法步骤：

(1)绘制 S 形曲线(图 3-4)

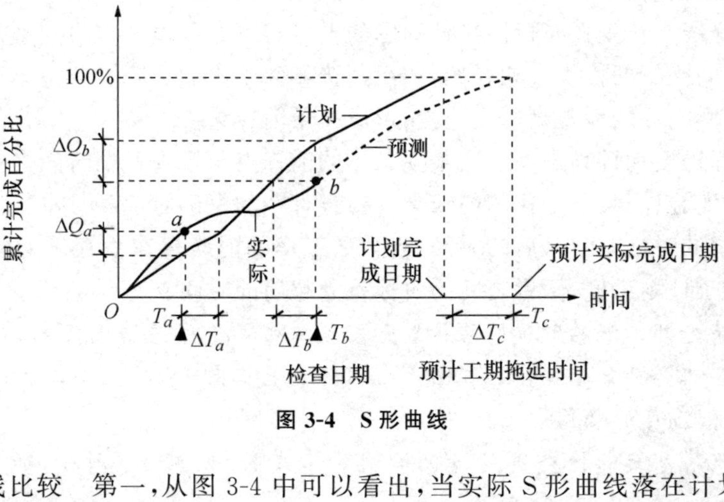

图 3-4　S 形曲线

(2)S 形曲线比较　第一，从图 3-4 中可以看出，当实际 S 形曲线落在计划 S 形曲线上方时(a)，表示此时实际进度比计划进度超前；当实际 S 形曲线落在计划 S 形曲线下方时(b)，表示此时实际进度比计划进度滞后；当实际 S 形曲线与计划 S 形曲线重合时，则表示二者进度一致。第二，从图中可以看出实际进度与计划进度的偏差，如图 ΔT_a 表示 T_a 时刻实际进度比计划进度超前的时间，ΔT_b 表示 T_b 时刻实际进度比计划进度滞后的时间。第三，从图中可以看出任务量的完成情况，如 ΔQ_a 表示 T_a 时刻超额完成的任务量，ΔQ_b 表示 T_b 时刻比计划少完成的任务量。第四，从S形曲线图上能预测后期工程的进度，如工程按照原先计划速度实施，则会延期 ΔT_c 时间。

4."香蕉"曲线比较法

"香蕉"曲线是由两条S形曲线组合而形成的一条闭合曲线。其中一条S形曲线是按网络计划中各项工作最早开始时间安排进度绘制而成的，称为ES曲线；另一条是按网络计划中各项工作最迟开始时间安排进度绘制而成的，称为LS曲线。在"香蕉"曲线图中，两条S形曲线都是源于同一个工程项目，因此两条曲线的首尾能够闭合，这也就意味着两条曲线的计划开始时间和完成时间是相同的。在进度控制中，理想的状况是任意时刻按实际进度描绘的点，应该落在"香蕉"曲线的区域内。"香蕉"曲线比较法的步骤如下：

(1)绘制"香蕉"曲线。绘制方法见S形曲线的绘制方法，在此需注意的一点是"香蕉"曲线要以各项工作的最早开始时间和最迟开始时间而分别绘制两条S形曲线，如图3-5所示。

(2)用"香蕉"曲线比较实际进度和计划进度。在项目实施过程中，按同样的方法，将每次检查的各项工作实际完成的任务量代入相应公式中，可以计算出不同时点实际完成任务量的百分比，并绘制在"香蕉"曲线的平面内作为实际进度曲线，然后便可以进行实际进度与计划进度的比较。在比较过程中，可以采用同一时间下的任务完成量进行比较，也可以采用完成同一任务量所需要的时间进行比较。

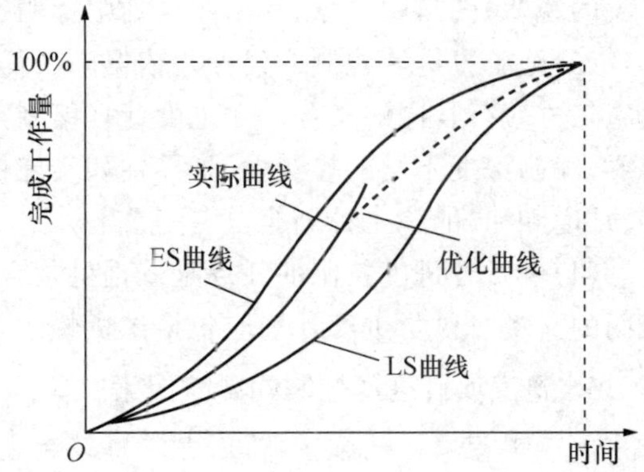

图3-5　"香蕉"曲线比较图

当实际进度S形曲线落在"香蕉"曲线之内，说明工程项目实际进度正常；若实际进度S形曲线位于"香蕉"曲线的上方，说明实际进度快于计划进度；若实际进度S形曲线位于"香蕉"曲线下方，则说明实际进度慢于计划进度。

任务四　建设工程项目进度控制

一、建设工程项目进度控制概述

1. 建设工程项目进度控制的含义和目的

建设工程项目管理有多种类型，代表不同利益方(业主方和项目参与各方)的项目管理都有进度控制的任务，但是，其控制的目标和时间范畴是不相同的。

建设项目是在动态条件下实施的，因此进度控制也就必须是一个动态的管理过程，它包括进度目标的分析和论证，在收集资料和调查研究的基础上编制进度计划和进度计划的跟踪检查与调整。如只重视进度计划的编制，而不重视进度计划的必要调整，则进度无法得到控制。为了实现进度目标，进度控制的过程就是随着项目的进展，不断调整进度计划的过程。

(1)进度目标分析和论证的目的是论证进度目标是否合理,进度目标是否可能实现。如果经过科学的论证,证明目标不可能实现,则必须调整目标。

(2)进度计划的跟踪检查与调整包括定期跟踪检查所编制的进度计划执行情况,若其执行有偏差,则采取纠偏措施,并进行必要调整。

进度控制的目的是通过控制以实现工程合理的进度目标。

2. 建设工程项目进度控制的任务

(1)业主方进度控制的任务是控制整个项目实施阶段的进度,包括控制设计准备阶段的工作进度、设计工作进度、施工进度、物资采购工作进度,以及项目动用前准备阶段的工作进度。

(2)设计方进度控制的任务是依据设计任务委托合同对设计工作进度的要求控制设计工作进度,这是设计方履行合同的义务。另外,设计方应尽可能使设计工作的进度与招标、施工和物资采购等工作进度相协调。在国际上,设计进度计划主要是各设计阶段的设计图纸(包括有关的说明)的出图计划,在出图计划中标明每张图纸的出图日期。

(3)施工方进度控制的任务是依据施工任务委托合同对施工进度的要求控制施工进度,这是施工方履行合同的义务。在进度计划编制方面,施工方应视项目的特点和施工进度控制的需要,编制深度不同的控制性、指导性和实施性施工进度计划,以及按不同计划周期(年度、季度、月度和旬)的施工计划等。

(4)供货方进度控制的任务是依据供货合同对供货的要求控制供货进度,这是供货方履行合同的义务。供货进度计划应包括供货的所有环节,如采购、加工制造、运输等。

3. 施工项目进度控制的影响因素

由于工程项目的施工特点,尤其是较大和复杂的施工项目工期较长,影响因素较多,编制计划和执行控制施工进度计划时必须充分认识和估计这些因素,才能克服其影响,使施工进度尽可能按计划进行。当出现偏差时,应考虑有关影响因素,分析产生的原因。施工项目进度控制的主要影响因素如下:

(1)有关单位的影响。施工项目的主要施工单位对施工进度起决定性作用,但是建设单位与业主,设计单位,银行信贷单位,材料设备供应部门,运输部门,水、电供应部门及政府的有关主管部门都可能给施工某些方面造成困难而影响施工进度。其中,设计单位图纸不及时和有错误以及有关部门或业主对设计方案的变动是经常发生也是影响最大的因素。材料和设备若不能按期供应,或质量、规格不符合要求,都将使施工停顿。资金不能保证也会使施工进度中断或速度减慢等。

(2)施工条件的变化。施工中工程地质条件和水文地质条件与勘察设计的不符,如地质断层、溶洞、地下障碍物、软弱地基,以及恶劣的气候(暴雨、高温和洪水等)都会对施工进度产生影响,造成临时停工或破坏。

(3)技术失误。施工单位采用技术措施不当,施工中发生技术事故,应用新技术、新材料、新结构缺乏经验,不能保证质量等都会影响施工进度。

(4)施工组织管理不力。施工组织不合理、劳动力和施工机械调配不当、施工平面布置不合理等将影响施工进度计划的执行。

(5)意外事件的出现。施工中出现意外的事件,如战争、严重自然灾害、火灾、重大工程事故等都会影响施工进度计划。

二、建设工程项目进度控制的方法

1. 建设工程项目进度控制的程序

(1)熟悉进度计划的目标、顺序、步骤、数量、时间和技术要求；

(2)实施跟踪检查,进行数据记录与统计；

(3)将实际数据与计划目标对照,分析计划执行情况；

(4)采取纠偏措施,确保各项计划目标实现。

2. 建设工程项目进度计划的调整

(1)分析进度偏差对后续工作及总工期的影响　在工程项目实施过程中,通过实际进度与计划进度的比较,发现有进度偏差时,就需要分析该偏差对后续工作及总工期的影响,从而采取相应的调整措施对原计划进行调整,以确保工期目标的顺利实现。进度偏差的大小及其所处的位置不同,对后续工作和总工期的影响程度是不同的,分析时需要利用网络计划中的总时差和自由时差的概念进行判断。分析步骤如下：

①分析进度偏差的工作是否为关键工作。若出现偏差的工作为关键工作,则无论偏差大小,都会对后续工作及总工期产生影响,所以必须采取相应的调整措施;若出现偏差的工作不是关键工作,则需要根据偏差值与总时差和自由时差的大小关系,确定对后续工作和总工期的影响程度。

②分析进度偏差是否大于总时差。若工作的进度偏差大于该工作的总时差,则说明此偏差将影响后续工作和总工期,必须采取相应的调整措施;若工作的进度偏差小于或等于该工作的总时差,说明此偏差对总工期无影响,但它对后续工作的影响程度,需要根据比较偏差与自由时差的情况来确定。

③分析进度偏差是否大于自由时差。若工作的进度偏差大于该工作的自由时差,说明此偏差将对后续工作产生影响,如何调整应根据后续工作允许影响的程度而定;若工作的进度偏差小于或等于该工作的自由时差,则说明此偏差对后续工作无影响,原进度计划可以不做调整。

经过如此分析,进度控制人员可以确认发生进度偏差的工作和调整偏差值的大小,以便采取调整措施,获得新的符合实际进度情况和计划目标的新进度计划。

(2)建设项目进度计划的调整方法　在对实施的进度计划分析的基础上调整原计划,一般有以下几种方法：

①改变某些工作间的逻辑关系。若检查的实际施工进度产生的偏差影响了总工期,在工作之间的逻辑关系允许改变的条件下,可以借助改变关键线路和超过计划工期的非关键线路上的有关工作之间的逻辑关系,达到缩短工期的目的。用这种方法调整的效果是很显著的,如可以把依次进行的有关工作改变为平行作业、搭接作业以及分成几个施工段进行流水施工等。

②缩短某些工作的持续时间。这种方法不是改变工程项目中各项工作之间的逻辑关系,而是通过采取增加资源投入、提高劳动效率等措施来缩短某些工作的持续时间,使施工进度加快,并保证实现计划工期的方法。同时,这些工作又是可压缩持续时间的工作。这种方法实际上就是网络计划优化中的工期优化方法和工期与成本优化的方法。

③如果资源供应发生异常,应采取资源优化方法对计划进行调整,或采取应急措施,使其对工期影响最小。例如,将服务部门的工作人员投入生产中去,投入风险准备资源,采取加班

或多班制工作。重新进行劳动力组合，在条件允许的情况下，减少非关键线路的劳动力和资源的投入强度，并将它们向关键线路集中，这样非关键线路在时差范围内适当延长不影响总工期，而关键线路由于增加了投入，缩短了持续时间，进而缩短了总工期。

④减少工作范围，包括减少工作量或删减一些工作包(或分项工程)。减少工作范围应做到不打乱原计划的逻辑关系，只对局部逻辑关系进行调整。在减少工作范围以后，应重新计算时间参数，分析对原网络计划的影响。当对工期有影响时，应采取调整措施，保证计划工期不变。这可能会损害工程的完整性、经济性、安全性、运行效率，提高项目运行费用，因而必须经过上层管理者，如投资者、业主的批准。

⑤改善工具、器具以提高劳动效率。提高劳动生产率，主要通过辅助措施和合理的工作过程，但需要注意以下问题：加强培训，必须尽可能提前进行；注意工人级别与工人技能的协调；充分利用激励机制，如奖金、小组精神发扬、个人负责制；改善工作环境及项目的公用设施；项目小组时间上和空间上合理地组合与搭接；多沟通，避免项目组织中的矛盾。

⑥将部分任务转移，如分包，将原计划由自己承担的某些分项工程分包给其他单位，将原计划自己生产的结构构件改为外购等。当然这不仅有风险，会产生新的费用，而且会增加一些控制和协调工作。

⑦将一些工作包合并，特别是将一些在关键线路上按先后实施的工作包合并。与实施者一起研究，通过局部地调整实施过程和人力、物力的分配，达到缩短工期的目的。

⑧调整工作的起止时间。调整时可选用下列方法：将工作在其最早开始时间与最迟完成时间范围内移动、延长工作的持续时间、缩短工作的持续时间。

三、建设工程项目进度控制的措施

1. 设计进度控制措施

(1)设计项目经理部应设置进度控制人员控制设计进度；

(2)严格按各种设计计划实施，确保计划进度目标的实现；

(3)实行设计工作经济责任制，设计人员承担设计的进度、质量、造价控制责任；

(4)加强设计进度的检查、协调，进行必要的计划调整；

(5)接受建设单位和监理机构的监督和检查；

(6)建立服务观念，主动与施工单位搞好进度协调，确保施工进度。

2. 供应单位的进度控制措施

(1)建立材料、设备供应保障体系，建立有效的供应网络和供应信息系统；

(2)严格执行采购及运输合同提出的进度目标；

(3)严格按供应计划实施，确保采购目标实现；

(4)要求合同供货商提供制造进度计划，保证按合同进度供应；

(5)编制材料设备的催交计划，做好催货工作；

(6)根据采购合同约定的交货条件制订设备、材料运输计划并实施；

(7)对设计变更导致的材料设备供应的各种变化，要确立应急措施，确保按时供应。

3. 施工项目进度控制措施

(1)建立进度管理组织体系，抓好进度控制各环节；

(2)编制施工准备工作计划,努力控制施工准备工作进度;

(3)按施工总进度计划和作业计划实施,落实进度控制责任;

(4)召开好各种进度协调会议,搞好进度组织协调;

(5)严格履行合同中有关进度的约定,实现合同目标;

(6)加强合同风险管理,在进度风险分析的基础上确立风险管理措施,减少进度失控的风险量;

(7)重视信息技术在进度控制中的作用,促进信息快速交流,提高沟通效率;

(8)加强进度记录和跟踪检查,不断纠正进度偏差;

(9)适时对进度计划进行科学调整,动态提供进度控制新目标;

(10)与建设单位、设计单位、监理单位、供应单位等各方保持密切联系,确保沟通渠道的畅通,搞好协作,共同进行进度控制。

四、建设工程项目进度管理总结

在进度计划完成后,项目组织应及时进行进度管理总结。现代管理十分重视管理总结,其原因是它对实现管理循环和进行信息反馈起着重要作用,符合管理中的反馈原理和信息反馈原理。总结分析是对进度管理积累资料的重要途径,是对管理进行评价的前提,是提高管理水平的依据。

进度管理总结应包括以下内容:①合同时间目标及计划时间目标的完成情况;②资源利用情况;③成本情况;④进度管理经验及对存在问题的分析;⑤科学的进度管理计划方法的应用情况;⑥进度管理改进意见。

任务五 流水施工

一、施工组织方式概述

1. 施工组织方式

建设工程常用的施工组织方式主要有 3 种,即依次施工、平行施工和流水施工。

(1)依次施工 依次施工是按照施工段或者施工过程依次开工、依次完工的一种施工组织方式。

依次施工的优点在于:单位时间内投入的劳动力和资源数量较少,施工现场的组织管理比较容易;缺点在于:专业施工队有窝工情况发生,并且工期较长,不适用于大型工程施工。

(2)平行施工 平行施工是通过组织若干个相同的专业施工队,在不同的施工段上同时开工的一种施工组织方式。

平行施工的优点在于:能充分利用工作面,因此工期较短;缺点在于:短期内劳动力投入和资源消耗较为集中,这会增加施工现场组织管理的难度。因此,平行施工方式比较适用于工期较紧或者规模较大的工程。

(3)流水施工 流水施工是将拟建工程项目沿水平方向划分为若干个劳动量基本相等的

施工段，沿垂直方向划分为若干个施工层，然后按照施工过程组织若干个相应的专业施工班组，并按照一定的施工顺序相继施工，依次在各施工段上完成相同的施工任务，实现各个施工过程陆续开工，陆续完工，不同的专业施工班组在时间和空间上尽量合理搭接。

组织全部连续的流水施工，专业施工班组能连续施工，没有窝工现象，但是工作面有空闲。

组织部分间断的流水施工，虽然工作面没有空闲，但是专业施工班组有窝工现象。窝工会给现场管理带来很多困难，所以只要工期允许，通常都组织成全部连续的流水施工。

流水施工的特点：综合了依次施工和平行施工的优点，在同一施工段上的各施工过程基本保持依次施工的特点，而不同的施工过程在不同的施工段上又尽可能保持平行施工的特点。流水施工是目前施工中最常用到的一种施工组织方式。

【例 3-2】 某单位拟建 3 幢相同的职工宿舍楼，每一幢楼的基础工程的工程量和施工过程均相同，即由挖土方、垫层、砌基础和回填土 4 个过程组成。假设它们在每幢楼上的持续时间及相应工人班组的人数如表 3-17 所示。试按照不同的施工组织方式对这 3 幢楼的基础工程组织施工。

表 3-17　某单位宿舍楼基础工程施工资料

序号	施工过程名称	施工天数/d	班组人数/人
1	挖土方	3	10
2	垫层	2	5
3	砌基础	3	10
4	回填土	1	5

解：(1)依次施工方式下的施工安排如图 3-6、图 3-7 所示。

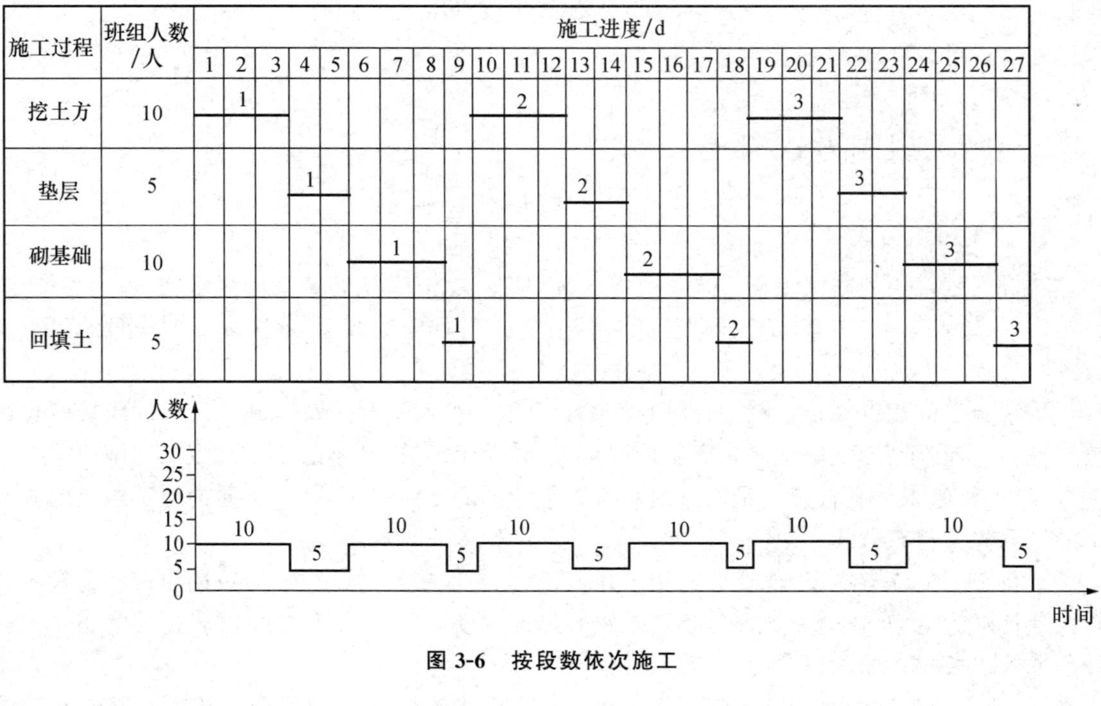

图 3-6　按段数依次施工

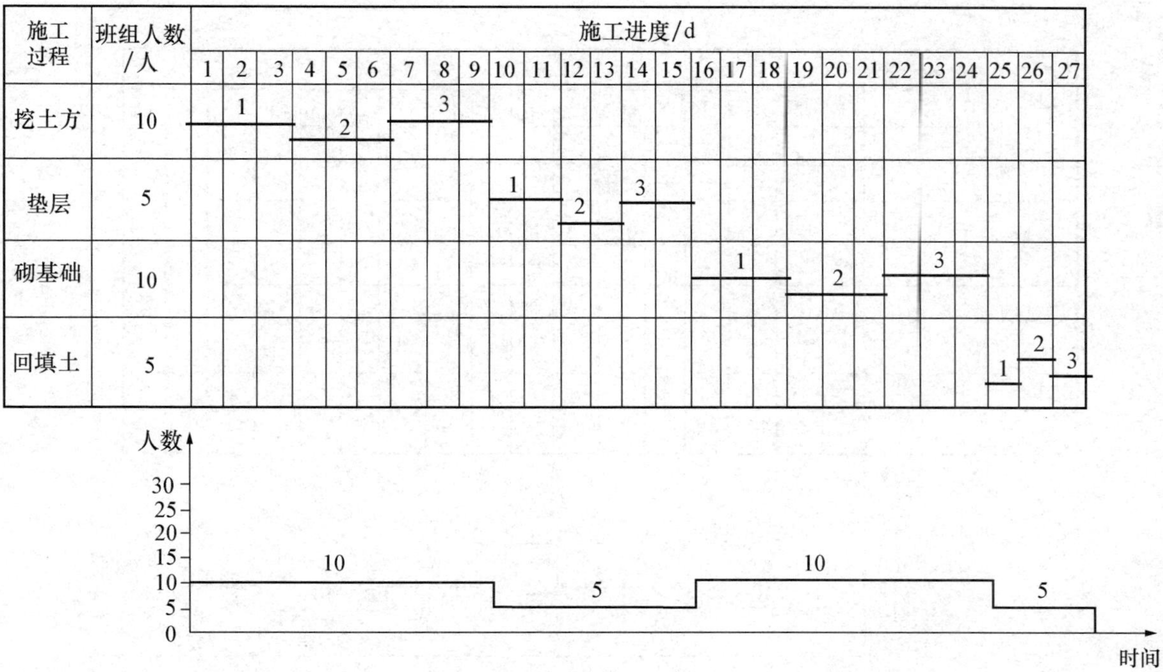

图 3-7　按施工过程依次施工

(2)平行施工方式下的施工安排如图 3-8 所示。

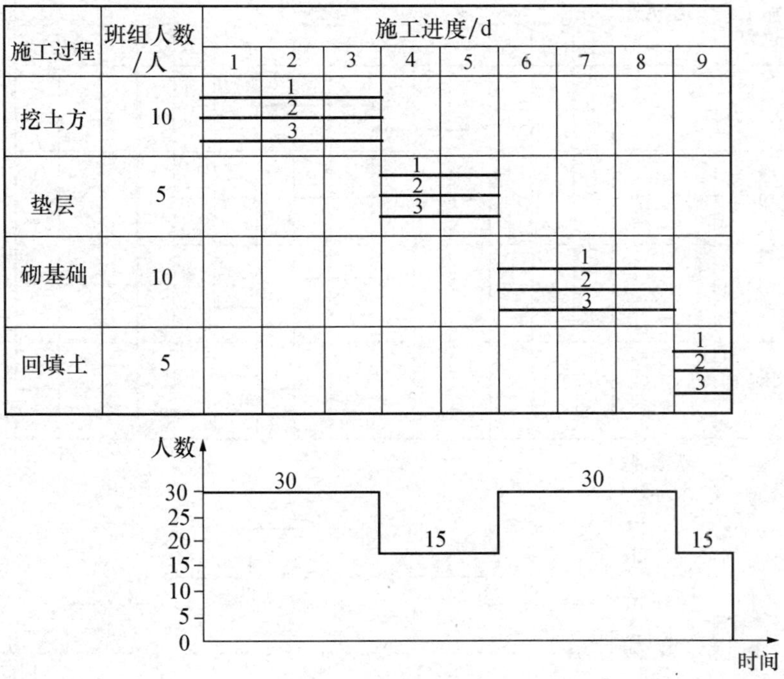

图 3-8　平行施工

(3)流水施工方式下的施工安排如图 3-9、图 3-10 所示。

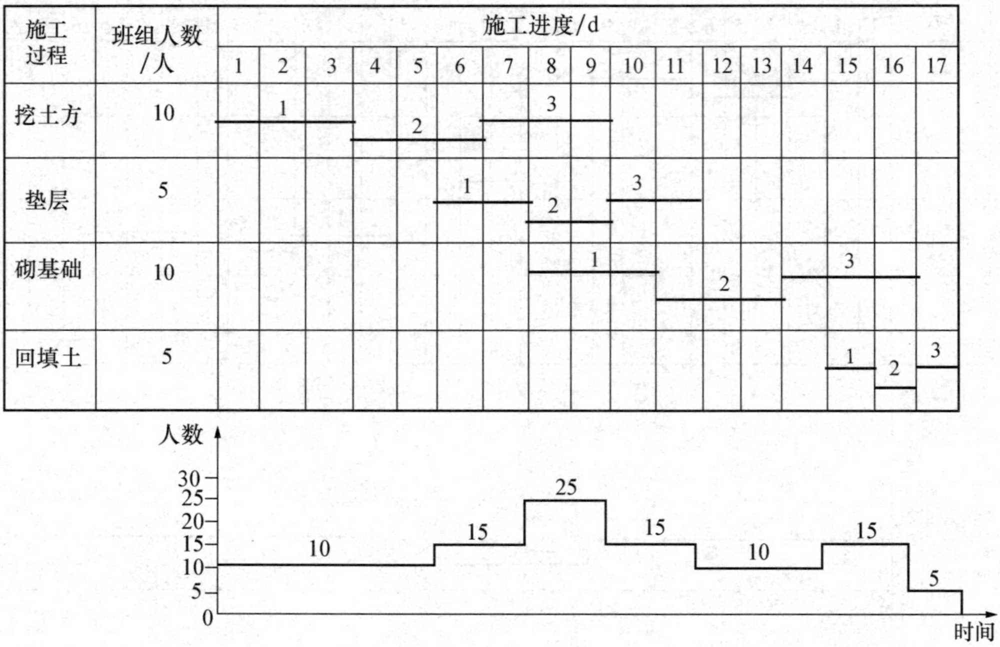

图 3-9　流水施工(全部连续)

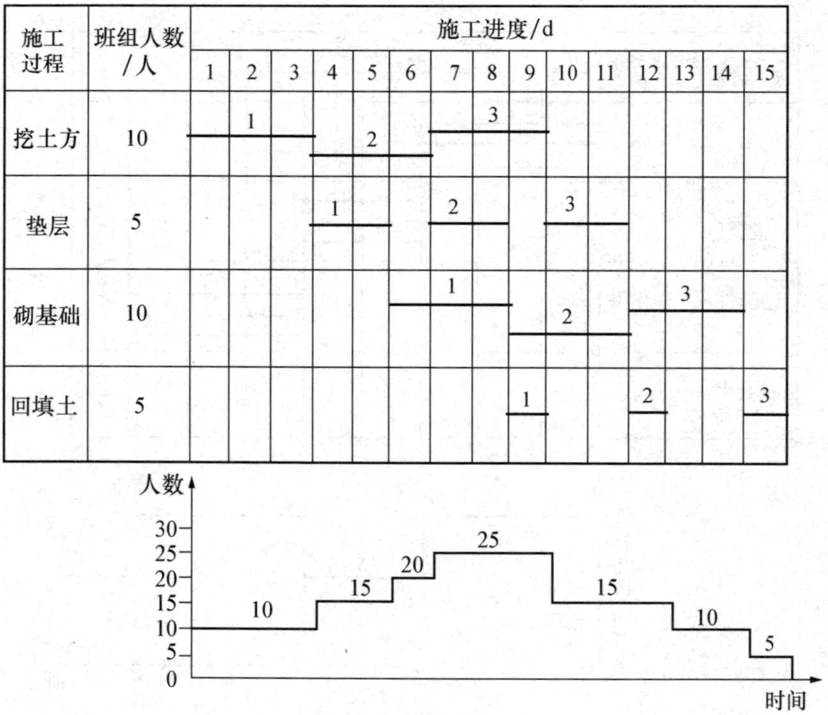

图 3-10 流水施工(部分间断)

2. 流水施工的分类和表示方式

(1)流水施工的分类

①按组织流水施工的对象,可分为分项工程流水施工、分部工程流水施工、单位工程流水施工和群体工程流水施工。

②按照流水节拍的特征,可分为有节奏流水施工和无节奏流水施工,其中有节奏流水施工又分为全等节拍流水施工、成倍节拍流水施工和异节拍流水施工3种方式。

(2)流水施工的表示方式　常用的表示方式有横道图和网络图两种。

①横道图又称甘特图,是美国人甘特发明的。横道图中横向表示时间进度,纵向表示施工过程或专业施工队编号。图中横道线的长度表示各项作业(施工过程、工序等)的持续时间,横道线的起止位置表示各项作业的开始和结束时间。

②网络图是由箭线和节点组成的有向网络图,在网络图中能够反映施工的工序以及代表工期长短的关键路线。

二、流水施工的主要参数

(一)工艺参数

工艺参数是指在组织流水施工时,用以表达流水施工在施工工艺方面进展状态的参数。它主要包括施工过程数和流水强度。

(1)施工过程数　施工过程数是指一组流水中所包含的施工过程个数,一般用n来表示。

根据工艺性质的不同,施工过程可分为制备类施工过程、运输类施工过程、砌筑安装类施工过程3类。

①制备类施工过程,主要是指为实现建筑产品的机械化、装配化以及为提高建筑产品的生产能力和生产效率而形成的施工过程,如构配件的预制,混凝土、门窗等的制备。这类施工过程一般不占有施工对象的空间,不影响工期,所以一般不列入施工进度计划表。

②运输类施工过程,主要是指将建材、一些成品或半成品以及设备等运到工地或施工现场而形成的施工过程。这类施工过程一般也不占有施工对象的空间,所以一般也不列入施工进度计划表。

③砌筑安装类施工过程,是指在施工对象的空间上进行直接加工,最终形成建筑产品的过程,如砌筑工程、安装工程、装饰装修工程等。这类施工过程要占有施工对象的空间,会直接对工期的长短造成影响,所以必须列入施工进度计划表中。

(2)流水强度　流水强度是指每一施工过程在单位时间内完成的工程量,用V来表示。它又可分为机械操作流水强度和手工操作流水强度。

①机械操作流水强度:

$$V=\sum_{i=1}^{x}R_iS_i \tag{3-10}$$

式中:R_i为第i种施工机械的台数;S_i为第i种施工机械的产量定额;x为用于同一施工过程的机械种类数。

②手工操作流水强度：

$$V=RS \tag{3-11}$$

式中：R 为每个专业工作队施工人数；S 为每个工人平均产量定额。

(二)空间参数

空间参数是指在组织流水施工时，用以表达流水施工在空间布置上开展状态的参数，主要包括工作面、施工段和施工层。

(1)工作面　工作面是指安排专业工人进行操作或者布置机械设备进行施工所需要的活动空间，一般用 a 来表示。工作面的大小要根据专业工种的计划产量定额、建筑安装操作规程和安全规程等要求确定。

(2)施工段　施工段是指在组织流水施工时，将拟建工程项目在平面上划分为若干个劳动量大致相同的施工区段，它的数目用 m 来表示。施工段数的划分要适当。在划分施工段时，要遵循以下原则：

①施工段上的劳动量要大致相等。

②施工段的数目要合理。

③要有利于结构的完整性。施工段的分界线应尽量与结构的自然界限(如沉降缝、伸缩缝、温度缝、高低跨连接等)一致。

④当施工对象有层间关系时，既要划分施工层，又要划分施工段。为保证各施工队能组织流水施工，施工段数 m 与施工过程数 n 必须满足 $m \geqslant n$。

当 $m=n$ 时，是最理想的一种状态，即在这种情况下，既能保证工作队的连续施工，又能保证施工段没有空闲。

当 $m>n$ 时，工作队仍然能够实现连续施工，但施工段有时会出现空闲，这种情况也是允许的，因为有些施工过程之间会有技术间歇或组织间歇的要求，而施工段的空闲正好能够满足这些流水间歇的需要。

当 $m<n$ 时，专业工作队不能实现连续施工而造成窝工现象，一般情况下应尽量避免。

(3)施工层　在组织流水施工时，将拟建工程在垂直方向上划分为若干个操作层，这些操作层称为施工层，一般用 r 来表示。

(三)时间参数

时间参数是指在组织流水施工时，用以表达流水施工在时间安排上所处状态的参数，主要包括流水节拍、流水步距、流水间歇、流水工期、搭接时间。

(1)流水节拍　流水节拍是指某个专业施工队在某个施工段上作业持续的时间，一般用 t_i 来表示。

在施工过程中，影响流水节拍的因素主要有劳动力的投入量、机械设备的投入量、工作班次的多少、施工方法以及工程量的大小等。流水节拍可按下列方法计算：

①定额计算法。该方法主要是根据施工段的工程量大小以及能够投入的资源量(工人数、机械台数以及材料量等)的多少，按下式进行计算：

$$t_i=\frac{Q_i}{S_i R_i A}=\frac{Q_i Z_i}{R_i A}=\frac{P_i}{R_i A} \tag{3-12}$$

式中：t_i 为某施工过程流水节拍；Q_i 为某施工过程在某施工段上的工程量；S_i 为某施工过程的产量定额（单位时间内完成的合格产品数）；Z_i 为某施工过程的时间定额（完成单位合格产品所需的时间）；R_i 为某施工过程的工人数或施工机械台数；P_i 为某施工过程在某施工段上的劳动量；A 为每天工作班次数。

【例 3-3】 某砌砖施工过程在一个施工段上的工程量为 150 m^3，其砌砖的平均产量定额为 1.5 m^3/工日，工人班组的人数为 10 人，生产过程采用单班制，问流水节拍为多少？

解：$t_i = \dfrac{150}{1.5 \times 10 \times 1} = 10(\text{d})$。

②工期计算法。工期计算法是指对于那些有时间限制的工程项目，一般采用按工期倒排进度的方法来确定流水节拍。具体步骤如下：

a. 根据工期倒排进度，用估算的方法确定某施工过程所需的施工时间。

b. 确定某施工过程在某个施工段上的流水节拍。

需要注意的是，计算出流水节拍后要进一步核实劳动力和机械供应是否充足以及工作面是否受限制。

③经验估算法。经验估算法是根据以往的施工经验估算流水节拍。这种方法适用于没有定额可循的工程。其估算步骤如下：

a. 估算出流水节拍的最长时间；

b. 估算出流水节拍的最短时间；

c. 估算出流水节拍的正常时间；

d. 按照下式公式计算出某专业施工队在某施工段上的流水节拍。

$$t_i = \frac{a_i + 4c_i + b_i}{6} \tag{3-13}$$

式中：t_i 为某施工过程 i 在某施工段上的流水节拍；a_i 为某施工过程 i 在某施工段上的最短估算时间；b_i 为某施工过程 i 在某施工段上的最长估算时间；c_i 为某施工过程 i 在某施工段上的正常估算时间。

(2)流水步距　流水步距是指两个相邻的专业工作队先后进入第一施工段开始施工的时间间隔，用符号 $B_{i,i+1}$ 表示。确定流水步距的目的主要是保证工作队在不同施工段上能够实现连续作业而不出现窝工现象。

流水步距的数目等于 $(n-1)$ 个流水施工的施工过程数。在确定流水步距时，应遵循以下原则：

①要满足相邻两个专业工作队在施工顺序上的制约关系，即在同一个施工段上，上一个施工过程完工之后，下一个施工过程才能开始；

②要保证相邻两个专业工作队在各施工段上能够连续施工；

③要保证工作面不拥挤，相邻两个专业工作队在开工时间上最大限度地合理搭接；

④要考虑到施工过程之间的流水间歇时间，满足工艺、组织和工程质量的要求。

(3)流水间歇　流水间歇是指在组织流水施工时，由于施工工艺或施工组织方面的需要，必须要留出的时间间隔，用 t_j 表示。它主要包括技术间歇和组织间歇。

①技术间歇。技术间歇是指在组织流水施工时，同一个施工段的相邻两个施工过程之间

除了考虑正常的流水步距之外，还要考虑到工艺技术间合理的时间间隔，用 t_g 表示。

②组织间歇。组织间歇是指在组织流水施工时，考虑到施工准备和检查验收等组织方面的需要，同一施工段相邻两个施工过程之间在规定的流水步距之外必须要留出的时间间隔，用 t_z 表示。

(4)流水工期　流水工期是指完成一个流水施工所需要的全部时间，用 T_L 表示。一般可用下式计算：

$$T_L = \sum B_{i,i+1} + T_n \tag{3-14}$$

式中：$\sum B_{i,i+1}$ 为流水施工中各流水步距之和；T_n 为流水施工中最后一个施工过程的持续时间。

(5)搭接时间　在组织流水施工时，为了缩短工期，在工作面允许的前提下，后续施工过程在规定的流水步距以内提前进入该施工段进行施工，出现前后两个施工过程在同一施工段上平行搭接施工，这一时间称为搭接时间，用 t_d 表示。

三、流水施工的主要方式及应用

1. 有节奏流水施工

(1)全等节拍流水施工　全等节拍流水施工是指在组织流水施工时，各施工过程的流水节拍均相等的一种流水施工方式。即不但同一施工过程在不同施工段上的流水节拍相等，而且不同施工过程之间的流水节拍也相等，这是一种最理想的流水施工组织方式。

它又可分为无间歇全等节拍流水施工和有间歇全等节拍流水施工。

①无间歇全等节拍流水施工。无间歇全等节拍流水施工是指各施工过程之间没有流水间歇时间，并且流水节拍均相等的一种流水施工方式。该方式的基本特征是各施工过程的流水节拍均相等；各施工过程之间的流水步距也相等，且等于流水节拍。

流水步距的计算：

$$B_{i,i+1} = t_i \tag{3-15}$$

流水工期的计算：

$$\begin{aligned} T_L &= \sum B_{i,i+1} + T_n \\ &= \sum B_{i,i+1} + mt_n \end{aligned} \tag{3-16}$$

式中：T_L 为流水工期；$\sum B_{i,i+1}$ 为所有步距之和；t_n 为最后一个施工过程的流水节拍；m 为施工段数。

【例 3-4】 某基础工程分为 A,B,C,D 4 个施工过程，每个施工过程分为 3 个施工段，流水节拍均为 2 d，试组织全等节拍流水施工。

解：流水步距 $B_{AB}=B_{BC}=B_{CD}=t_i=2(d)$

流水工期 $T_L=\sum B_{i,i+1}+mt_n=(B_{AB}+B_{BC}+B_{CD})+mt_n=(2+2+2)+3\times 2=12(d)$

用横道图绘制某基础工程无间歇全等节拍流水施工进度计划，如图 3-11 所示。

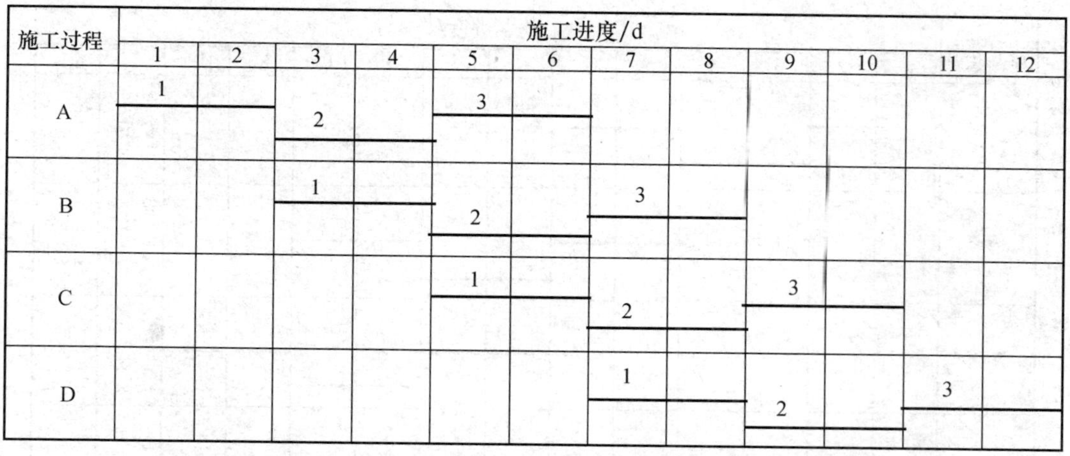

图 3-11　用横道图绘制某基础工程无间歇全等节拍流水施工进度计划

②有间歇全等节拍流水施工。有间歇全等节拍流水施工是指在组织流水施工时，考虑施工过程间的流水间歇时间，且流水节拍均相等的一种流水施工方式。该方式的基本特征：各施工过程的流水节拍均相等；由于考虑了施工过程间的流水间歇，各施工过程之间的流水步距不一定相等；每一施工过程组织一个工作班组。

流水步距的计算：

$$B_{i,i+1}=t_i+t_j-t_d \tag{3-17}$$

流水工期的计算：

$$T_L=\sum B_{i,i+1}+T_n=\sum B_{i,i+1}+mt_n \tag{3-18}$$

式中：T_L 为流水工期；$\sum B_{i,i+1}$ 为所有步距之和；t_n 为最后一个施工过程的流水节拍；m 为施工段数。

【例 3-5】 在例 3-4 中，假设 A，B 施工过程之间要有 2 d 的技术间歇时间，其他条件均相同，请组织流水施工。

解：流水步距　$B_{AB}=t_A+t_j-t_d=2+2-0=4(\text{d})$

$B_{BC}=t_B+t_j-t_d=2(\text{d})=B_{CD}$

流水工期 $T_L=\sum B_{i,i+1}+mt_n=(4+2+2)+3\times2=14(\text{d})$

用横道图绘制某基础工程有间歇全等节拍流水施工进度计划，如图 3-12 所示。

(2)成倍节拍流水施工

①概念。成倍节拍流水施工是指在组织流水施工时，同一施工过程在各施工段上的流水节拍相等，不同施工过程的流水节拍为最小流水节拍的整数倍的流水施工方式。

②解题步骤。

a. 计算流水步距：$B_{i,i+1}=t_{\min}$。

b. 计算各施工过程的工人班组数：

$$D_i=\frac{t_i}{t_{\min}} \tag{3-19}$$

式中：D_i 为某施工过程所需工作队数；$t_{\min}$ 为最小流水节拍。

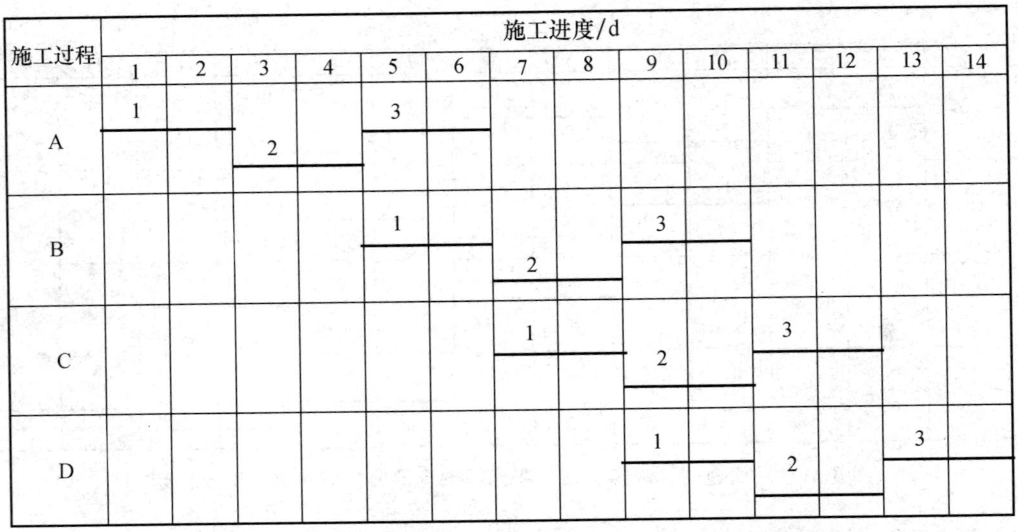

图 3-12　用横道图绘制某基础工程有间歇全等节拍流水施工进度计划

c. 计算工期：

$$T_L=(\sum D_i+m-1)t_{\min}$$

式中：$\sum D_i$ 为工作队总数。

d. 绘制横道图。

③特点：各流水节拍均为最小流水节拍的整数倍；流水步距相等，且等于最小的流水节拍；各施工过程的工作队数等于其流水节拍与最小流水节拍的比值；作业班组数量较多，不容易组织其施工；主要适用于线性工程。

【例 3-6】　某工程有甲、乙、丙 3 个施工过程，施工段数为 4，流水节拍分别为 2 d，2 d，4 d，试组织成倍节拍的流水施工。

解：①流水步距：$B_{i,i+1}=t_{\min}=$最大公约数$\{2,2,4\}=2$(d)。

②确定专业工作队数：

$$D_1=\frac{t_1}{t_{\min}}=\frac{2}{2}=1(\text{个})$$

$$D_2=\frac{t_2}{t_{\min}}=\frac{2}{2}=1(\text{个})$$

$$D_3=\frac{t_3}{t_{\min}}=\frac{4}{2}=2(\text{个})$$

③计算流水工期：$T_L=(\sum D_i+m-1)t_{\min}=[(1+1+2)+4-1]\times 2=14$(d)。

④用横道图绘制某工程成倍节拍流水施工进度计划，如图 3-13 所示。

(3)异节拍流水施工

①概念。异节拍流水施工是指同一施工过程在各施工段的流水节拍相等，不同施工过程的流水节拍不一定相等的流水施工方式。

②解题步骤。

a. 计算流水步距：

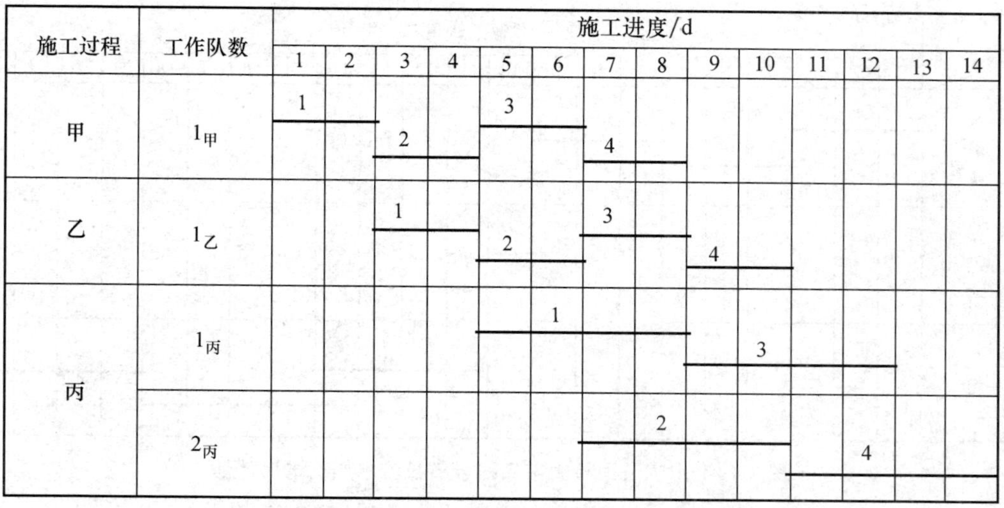

图 3-13　用横道图绘制某工程成倍节拍流水施工进度计划

当 $t_i \leqslant t_{i+1}$ 时，　　$B_{i,i+1} = t_i + t_j - t_d$　　(3-20)

当 $t_i > t_{i+1}$ 时，　　$B_{i,i+1} = mt_i - (m-1)t_{i+1} + t_j - t_d$　　(3-21)

b. 计算流水工期：

$$T_L = \sum B_{i,i+1} + T_n = \sum B_{i,i+1} + mt_n \quad (3\text{-}22)$$

c. 绘制进度计划表。

③特点：同一施工过程在各施工段的流水节拍相等，不同施工过程的流水节拍不一定相等；工人班组数与施工过程数相等。

【例 3-7】 某工程分为甲、乙、丙 3 个施工过程，分为 3 个施工段，各施工过程的流水节拍分别为 3 d，1 d，4 d，并且甲施工过程完工后需要 2 d 的流水间歇时间。试组织异节拍流水施工。

解：①计算各施工过程之间的流水步距。

因为 $t_甲 > t_乙, t_j = 2, t_d = 0$，

所以 $B_{甲乙} = mt_甲 - (m-1)t_乙 + t_j - t_d = 3 \times 3 - (3-1) \times 1 - 2 - 0 = 9(\text{d})$

又因为 $t_乙 < t_丙, t_j = 0, t_d = 0$，

所以 $B_{乙丙} = t_乙 + t_j - t_d = 1 + 0 - 0 = 1(\text{d})$

②计算流水工期：

$$T_L = \sum B_{i,i+1} + T_n = \sum B_{i,i+1} + mt_n = 9 + 1 + 3 \times 4 = 22(\text{d})$$

③用横道图绘制某工程异节拍流水施工进度计划，如图 3-14 所示。

2. 无节奏流水施工

(1)概念　无节奏流水施工是指在组织流水施工时，同一施工过程的流水节拍不完全相等，不同施工过程的流水节拍也不完全相等的一种流水施工方式。该方式是流水施工中最常见的一种方式。

(2)基本特征

①各施工过程的流水节拍不完全相等，同时也无规律可循；

②各施工过程之间的流水步距不完全相等，但流水步距与流水节拍之间存在某种联系；

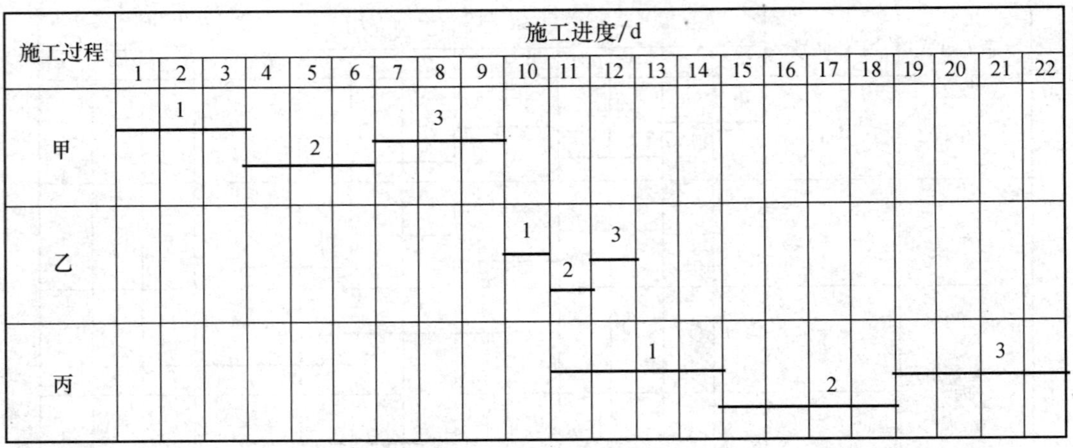

图 3-14　用横道图绘制某工程异节拍流水施工进度计划

③每一施工过程组织一个专业班组，专业班组数等于施工过程数；

④适用范围最广泛。

(3)解题步骤

①计算流水步距：

$$B_{i,i+1}=B'_{i,i+1}+t_j-t_d \tag{3-23}$$

其中：$B'_{i,i+1}$表示相邻施工过程之间的最短流水步距。

最短流水步距($B'_{i,i+1}$)的计算方法为累加数列取大差法，其计算步骤如下：

a. 将各施工过程的流水节拍逐段进行累加，形成累加数列；

b. 将相邻两施工过程形成的累加数列错位相减，形成差数列；

c. 取差数列中的最大值即这两个相邻施工过程之间的流水步距。

②计算流水工期：

$$T_L=\sum B_{i,i+1}+T_n \tag{3-24}$$

③绘制进度计划表。

【例 3-8】　某工程分Ⅰ、Ⅱ、Ⅲ、Ⅳ 4 个施工段，每个施工段又分为 A,B,C 3 个施工过程，各施工过程的流水节拍如表 3-18 所示。试计算流水步距和总工期，并绘制其施工进度计划表。

表 3-18　某工程各施工过程流水节拍表

施工过程	施工段			
	Ⅰ	Ⅱ	Ⅲ	Ⅳ
A	2	3	4	3
B	3	4	2	5
C	2	3	3	2

解：

(1)计算 B_{AB}

①将第一道工序的工作时间依次累加后得：　2　5　9　12

②将第二道工序的工作时间依次累加后得：　3　7　9　14

③将上面两步得到的两行错位相减：

	2	5	9	12	
−		3	7	9	14
	2	2	2	3	−14

④取相减差数列中的最大值 3，即 $B'_{AB}=3$，则 $B_{AB}=B'_{AB}+t_j-t_d=3+0-0=3$。

(2)计算 B_{BC}

①将第二道工序的工作时间依次累加后得：3　7　9　14

②将第三道工序的工作时间依次累加后得：2　5　8　10

③将上面两步得到的两行错位相减：

	3	7	9	14	
−		2	5	8	10
	3	5	4	6	−10

④取相减差数列中的最大值 6，即 $B'_{BC}=6$，则 $B_{BC}=B'_{BC}+t_j-t_d=6+0-0=6$。

(3)计算总工期 T_L：

$$T_L=\sum B_{i,i+1}+T_n=(3+6)+(2+3+3+2)=19 \tag{3-25}$$

(4)用横道图绘制某工程无节奏流水施工进度计划，如图 3-15 所示。

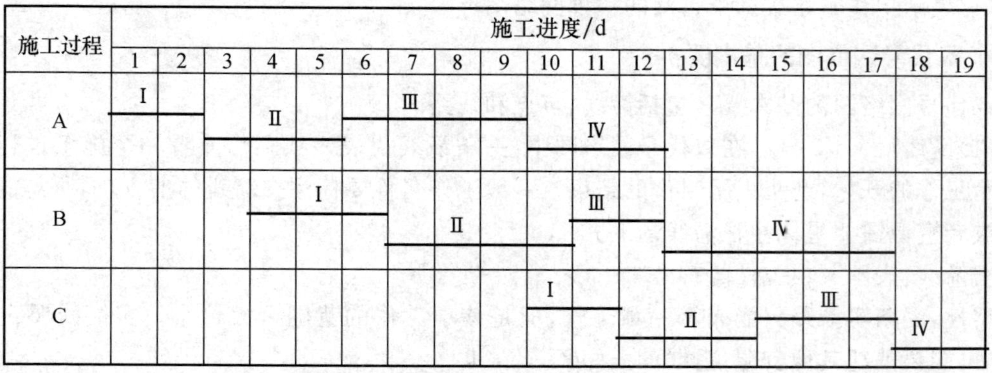

图 3-15　用横道图绘制某工程无节奏流水施工进度计划

任务六　网络计划方法及其应用

一、网络计划概述

网络计划是指用网络图表达任务构成、工作顺序并加注工作时间参数的进度计划。

1. 网络计划的基本原理

(1)把一项工程分解成若干项工作，并按各项工作之间的先后顺序以及相互制约关系绘制成网络图。

(2)通过网络图时间参数的计算,确定关键工作和关键线路。

(3)利用最优化原理,不断改进网络计划,寻求最优方案并付诸实施。

(4)在网络计划执行过程中,对其进行连续有效的监督、控制和调整,实现资源的合理利用,以最少的投入获得最大的经济效益。

2. 网络图的特点

将横道图与网络图进行比较,可以看出,网络图有以下优点:

(1)能够明确地反映出各工作之间的逻辑关系;

(2)通过时间参数的计算,可以确定关键工作和关键线路,使得在进度管理中能够跟踪项目进度,抓住关键环节;

(3)能够反映出某些工作的机动时间,以便于统筹安排和调整资源,发挥资源的最大效用;

(4)能够使参加项目的各单位和有关人员了解他们各自的工作及其在项目中的地位和作用。

网络图的缺点就是不像横道图那么直观易懂,也不方便统计资源数量。

二、双代号网络计划

双代号网络计划是以双代号网络图表示的网络计划。双代号网络图是指以箭线表示工作,节点表示工作开始或结束瞬间的一种网络图形。

1. 双代号网络图的基本要素

双代号网络图的基本要素包括箭线、节点和线路。

(1)箭线　又称工作,在双代号网络图中,一条箭线代表一项工作或者一个施工过程。箭尾表示工作的开始,箭头表示工作的结束。一般工作名称要标注在箭线的上方,而所需的工作时间或者资源需要量标注在箭线的下方。

实箭线:表示一项工作的符号。

特性:一条实箭线只能表示一项工作,但是该项工作的范围可大可小。实箭线要占用时间,也可能要消耗其他资源;箭线的长短不表示其作业时间的多少。双代号网络图实箭线示意图如图 3-16 所示。

图 3-16　双代号网络图实箭线示意图

虚箭线:表示一项虚拟工作的符号。

特性:虚箭线不占用时间,也不消耗其他资源;虚箭线的作用是连接、断开、区分不同的工作。虚箭线表示的逻辑关系图如图 3-17、图 3-18 所示。

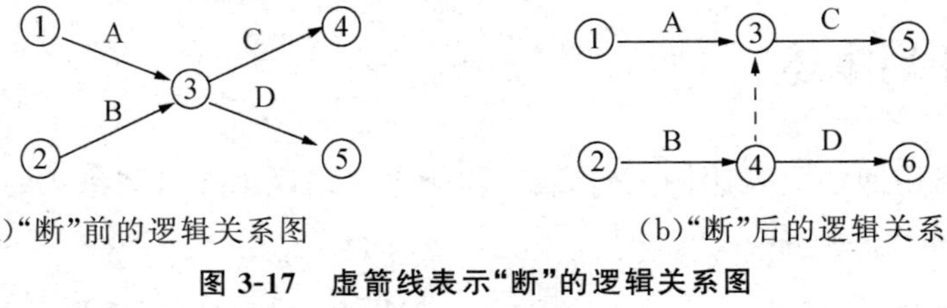

(a)"断"前的逻辑关系图　　(b)"断"后的逻辑关系图

图 3-17　虚箭线表示"断"的逻辑关系图

(2)节点　表示工作开始或结束瞬间事件的一种符号。

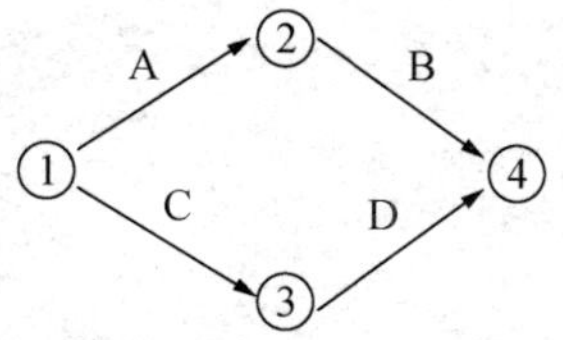

(a)“连”前的逻辑关系图

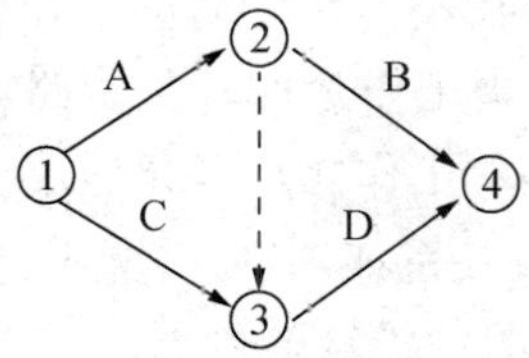

(b)“连”后的逻辑关系图

图 3-18　虚箭线表示“连”的逻辑关系图

节点的特性：一个节点可以同多条箭线相连接。节点不占用时间，也不消耗资源。

节点名称：起始节点、终点节点、中间节点。起始节点就是网络图的第一个节点，它表示一项工作的开始；终点节点是网络图的最后一个节点，它表示一项工作的结束。除了起始节点和终点节点外的其他节点都是中间节点。中间节点有双重含义，既表示前面箭头工作的结束，也表示后面箭尾工作的开始。图 3-19 中，①是起始节点，③是终点节点，②是中间节点，②既表示 A 工作的结束，也表示 B 工作的开始。节点之间必须用箭线进行连接；每一个节点都必须编号，编号原则是㊕→㊅，可以跳号。

(3)线路　是指从网络图的起始节点开始，沿着箭头所指的方向，通过一系列的箭线和节点，最后达到终点节点的通路。特性：线路时间等于该线路上各工作的作业时间之和；时间最长的线路决定总工期，该线路称为关键线路；在关键线路上的所有工作称为关键工作；一幅网络图中至少有一条关键线路，也可能有多条关键线路。

图 3-20 中共有 4 条线路，各线路的持续时间见表 3-19。

图 3-19　不同节点示意图

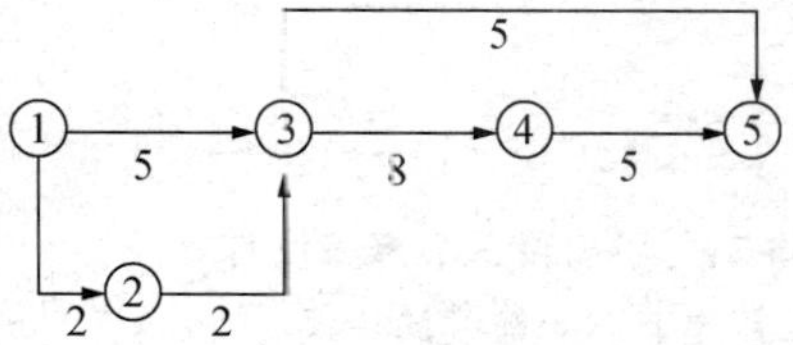

图 3-20　某双代号网络图

表 3-19　某双代号网络图的线路

线路	总持续时间	关键线路
①—③—⑤	10	
①—③—④—⑤	18	√
①—②—③—⑤	9	
①—②—③—④—⑤	17	

图 3-20 中，关键线路是①—③—④—⑤。

2. 双代号网络图的绘制

(1)双代号网络图的基本形式及工作名称

①双代号网络图的绘制单元——每一道工作都由一条箭线和两端的节点共同表示。

②工作名称：

a. 紧前工作：排在本工作之前的工作。

b. 紧后工作：排在本工作之后的工作。

c. 先行工作：是本工作之前各条线路上的所有工作。

d. 后续工作：是本工作之后各条线路上的所有工作。

工作的各种先后关系如图 3-21 所示。

(2)双代号网络图的绘制规则

①必须按照工作之间的逻辑关系绘制。

②网络图中严禁出现循环回路。因为循环回路会导致网络图的逻辑关系混乱，工作无从开展。图 3-22 是错误的。

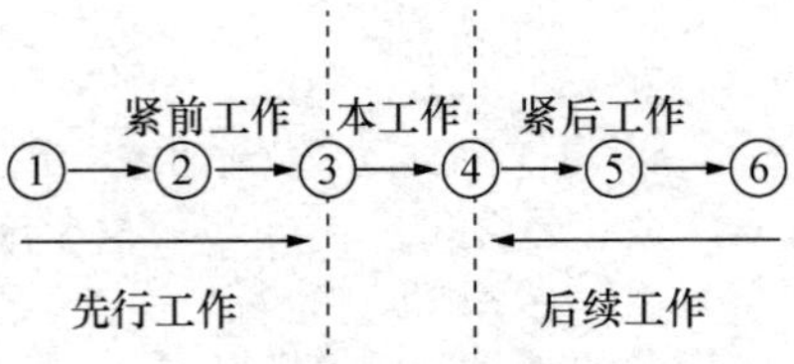

图 3-21　工作的各种先后关系

③网络图中严禁出现双箭头连线或无箭头连线。图 3-23 是错误的。

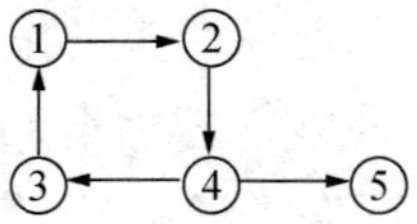

图 3-22　出现循环回路的错误

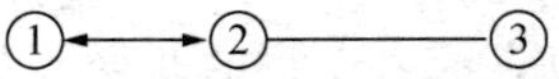

图 3-23　出现双箭头和无箭头连线的错误

④网络图中严禁出现没有箭头节点和没有箭尾节点的箭线。图 3-24 是错误的。

⑤双代号网络图中，一项工作只能有唯一的一条箭线和对应的一对节点，并且箭尾节点的编号要小于箭头节点的编号；在一张双代号网络图中，两个代号只能表示一项工作，不允许出现代号相同的箭线。图 3-25(a)是错误的。

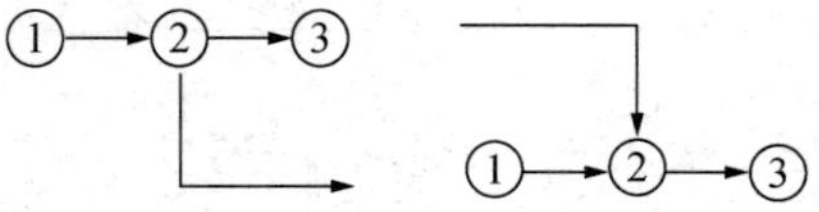

图 3-24　没有箭头节点和没有箭尾节点的箭线的错误

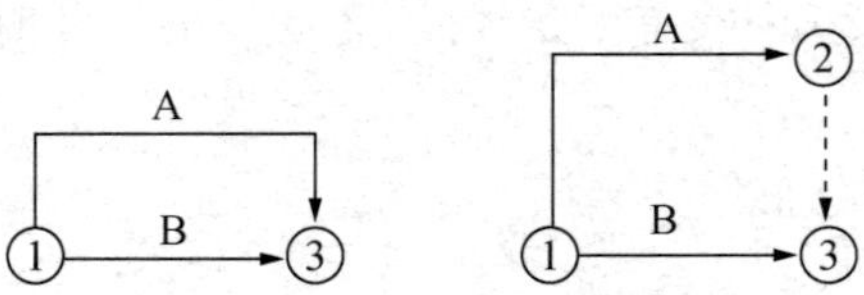

(a)错误　　(b)正确

图 3-25　两个代号只能代表一个施工过程

⑥除了母线法以外，不允许自箭线引入或引出箭线。当网络图的某些节点有多条外向箭线或多条内向箭线时，为使图形简洁可采用母线法绘制，如图 3-26 所示。

⑦在绘制网络图时，箭线应尽量避免交叉，如不可避免时，应采用过桥法或指向法，如图 3-27 所示。

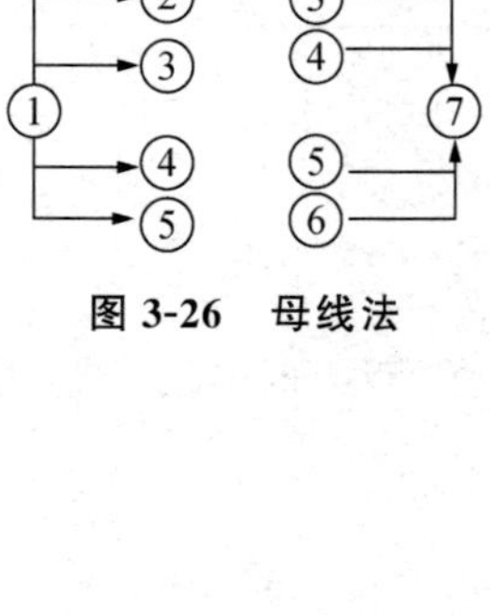

图 3-26　母线法

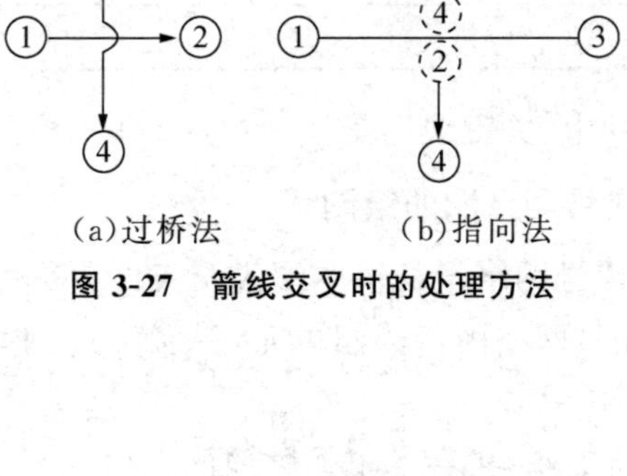

(a)过桥法　　(b)指向法

图 3-27　箭线交叉时的处理方法

⑧双代号网络图中，只允许有一个起点节点和一个终点节点（部分工作要分期进行的网络计划除外）。图 3-28 是错误的。

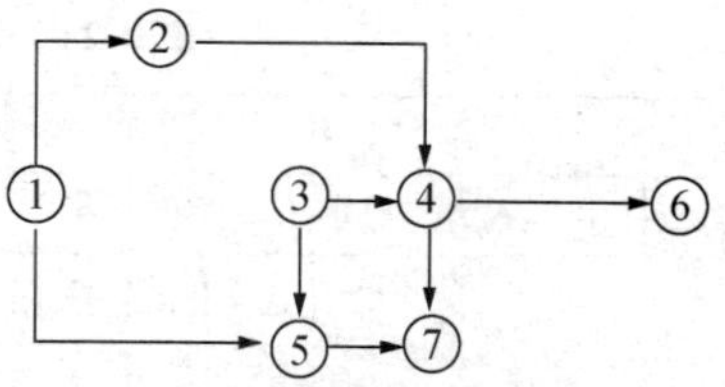

图 3-28　出现多个起点节点和多个终点节点的错误

（3）双代号网络图的绘制步骤

①根据施工过程编制各工作之间的逻辑关系表；

②按照各工作之间的逻辑关系绘制网络草图；

③调整草图，最后绘制成正式网络图。

（4）双代号网络图的绘制练习

①A→B，B→C；　②A→BC，BC→D；　③A→C，AB→D；　④AB→CD；

⑤AB→D，ABC→E，DE→F；　⑥AB→D，BC→E；　⑦AB→D，BC→E，CF→G。

【例 3-9】　已知某工程各工序之间的关系如表 3-20 所示，试绘制双代号网络图（图 3-29）。

表 3-20　某工程各工序之间的关系

工序	A	B	C	D	E	F	G	H	I
紧前工序	—	A	A	B	C	C	D，E	F	G，H

解：

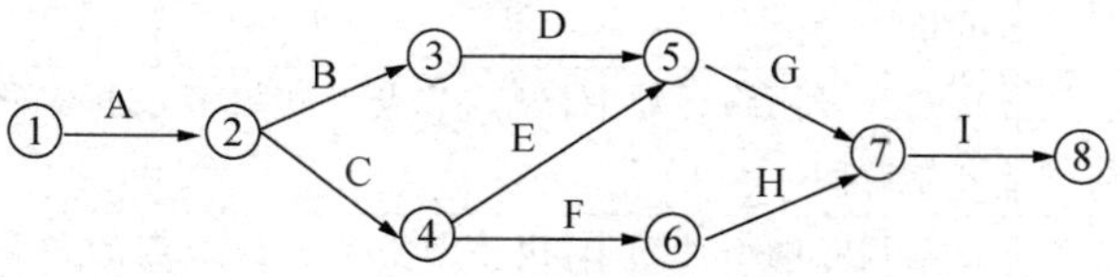

图 3-29　某工程双代号网络图

3. 双代号网络图时间参数

计算时间参数的目的：一是可以确定工期；二是可以确定关键线路、关键工作，以便能够有效地控制和缩短工期；三是可以确定非关键工作的机动时间，以便能够合理安排和调配资源。

（1）双代号网络图时间参数的含义　双代号网络图各时间参数的含义及表示方法见表 3-21。

（2）双代号网络图时间参数的计算　双代号网络图时间参数的计算方法主要包括按工作计算法和按节点计算法。

①按工作计算法：

a. 计算工作的最早开始时间和最早完成时间。

• 计算工作的最早开始时间。

当 $i=1$ 时，
$$ES_{i-j}=0 \tag{3-26}$$

当 $i\neq 1$ 时，
$$ES_{i-j}=\max\{EF_{h-i}\} \tag{3-27}$$

式中：EF_{h-i} 是指本工作所有的紧前工作。

• 计算工作的最早完成时间。工作的最早完成时间等于该项工作最早开始时间加上其作业时间，计算公式如下：

$$EF_{i-j}=ES_{i-j}+D_{i-j} \tag{3-28}$$

b. 确定网络计划的工期。

表 3-21　双代号网络图各时间参数的含义及表示方法

序号	参数名称		含义	表示方法
1	工作持续时间		指一项工作从开始到完成所需要的时间	D_{i-j}
2	工期	计算工期	根据网络计划计算而得到的工期	T_c
3		要求工期	是项目法人在合同中所提出的指令性工期	T_r
4		计划工期	指根据要求工期和计算工期所确定的作为实施目标的工期	T_p
5	工作的最早开始时间		指在其所有紧前工作全部完成后，本工作有可能开始的最早时刻	ES_{i-j}
6	工作的最早完成时间		指在其所有紧前工作全部完成后，本工作有可能完成的最早时刻	EF_{i-j}
7	工作的最迟完成时间		在不影响整个任务按期完成的前提下，本工作必须完成的最迟时刻	LF_{i-j}
8	工作的最迟开始时间		在不影响整个任务按期完成的前提下，本工作必须开始的最迟时刻	LS_{i-j}
9	工作的总时差		在不影响总工期的前提下，本工作可以利用的机动时间	TF_{i-j}
10	工作的自由时差		在不影响其紧后工作最早开始时间的前提下，本工作可以利用的机动时间	FF_{i-j}
11	节点的最早时间		在双代号网络计划中，以该节点为开始节点的各项工作的最早开始时间	ET_i
12	节点的最迟时间		在双代号网络计划中，以该节点为完成节点的各项工作的最迟完成时间	LT_j

网络计划的计算工期应等于以网络计划终点节点为完成节点的工作的最早完成时间的最大值，即

$$T_c = \max\{\mathrm{EF}_{i-n}\} \tag{3-29}$$

c. 计算工作的最迟完成时间和最迟开始时间。

• 计算工作的最迟完成时间。以网络计划终点节点为完成节点的工作，其最迟完成时间等于网络计划的计划工期。其他工作的最迟完成时间应等于所有紧后工作最迟开始时间的最小值。

当 $j=n$ 时，
$$\mathrm{LF}_{i-j} = T_p \tag{3-30}$$

当 $j\neq n$ 时，
$$\mathrm{LF}_{i-j} = \min\{\mathrm{LF}_{j-k}\} \tag{3-31}$$

式中：LS_{j-k}是指本工作所有紧后工作的最迟开始时间；n 代表终点节点编号。

• 计算工作的最迟开始时间。工作的最迟开始时间等于本工作的最迟完成时间减去本工作的持续时间，计算公式如下：

$$\mathrm{LS}_{i-j} = \mathrm{LF}_{i-j} - D_{i-j} \tag{3-32}$$

d. 计算工作的总时差。工作的总时差等于该工作最迟完成时间与最早完成时间之差，或该工作最迟开始时间与最早开始时间之差，即

$$\mathrm{TF}_{i-j} = \mathrm{LF}_{i-j} - \mathrm{EF}_{i-j} \tag{3-33}$$

或
$$\mathrm{TF}_{i-j} = \mathrm{LS}_{i-j} - \mathrm{ES}_{i-j} \tag{3-34}$$

e. 计算工作的自由时差。工作自由时差的计算应按以下两种情况分别考虑：

• 对于有紧后工作的工作，其自由时差等于本工作之紧后工作最早开始时间的最小值减本工作最早完成时间所得之差。即

$$FF_{i-j}=\min\{ES_{i-j}\}-EF_{i-j} \tag{3-35}$$

式中：ES_{i-j} 是指工作 $i—j$ 的紧后工作最早开始时间。

• 对于无紧后工作的工作，也就是以网络计划终点节点为完成节点的工作，其自由时差等于计划工期与本工作最早完成时间之差，即

$$FF_{i-j}=T_p-EF_{i-j} \tag{3-36}$$

f. 确定关键工作和关键线路。在网络计划中，总时差最小的工作为关键工作。关键线路的特点：

• 关键线路是从网络计划的起始节点到终点节点之间的线路中工期最长的线路。

• 关键线路可能不止一条，有时会存在两条甚至两条以上。

• 如果非关键线路上工作时间延长且超过它的总时差，原先的关键线路就变成了非关键线路。

• 如果合同工期等于计划工期，关键线路上的工作总时差为 0。

在上述计算过程中，将每项工作的 6 个时间参数（工作的最早开始时间、工作的最早完成时间、工作的最迟开始时间、工作的最迟完成时间、工作的总时差、工作的自由时差）均标注在图中，故称为六时标注法，如图 3-30 所示。

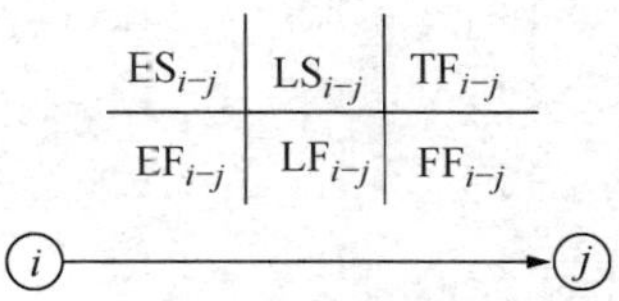

图 3-30　双代号网络图的六时标注法

【例 3-10】　根据图 3-31，试计算各项工作的时间参数。

解：

(1)计算各工作的最早开始时间和最早完成时间。这两个参数是从网络计划的起点节点开始，自左向右顺着箭头方向逐一计算，计算步骤如下：

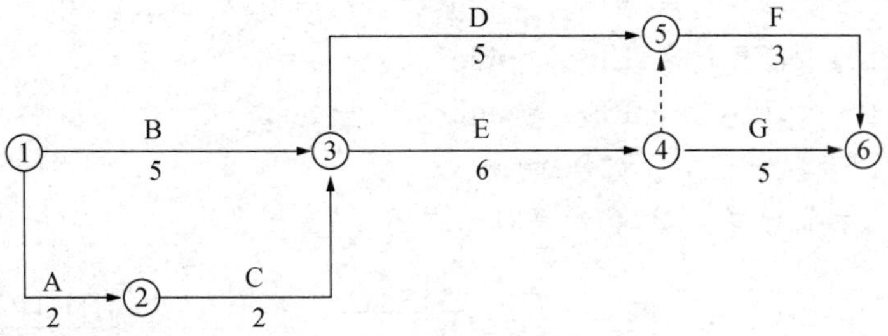

图 3-31　某工程双代号网络图

$ES_{1-2}=0$　　$EF_{1-2}=ES_{1-2}+D_{1-2}=0+2=2$

$ES_{1-3}=0$　　$EF_{1-3}=ES_{1-3}+D_{1-3}=0+5=5$

$ES_{2-3}=\max\{EF_{1-2}\}=\max\{2\}=2$　　$EF_{2-3}=ES_{2-3}+D_{2-3}=2+2=4$

$ES_{3-5}=\max\{EF_{1-3},EF_{2-3}\}=\max\{5,4\}=5$　　$EF_{3-5}=ES_{3-5}+D_{3-5}=5+5=10$

$ES_{3-4}=\max\{EF_{1-3},EF_{2-3}\}=\max\{5,4\}=5$　　$EF_{3-4}=ES_{3-4}+D_{3-4}=5+6=11$

$ES_{4-5}=\max\{EF_{3-4}\}=\max\{11\}=11$　　$EF_{4-5}=ES_{4-5}+D_{4-5}=11+0=11$

$ES_{5-6}=\max\{EF_{3-5},EF_{4-5}\}=\max\{0,11\}=11$　　$EF_{5-6}=ES_{5-6}+D_{5-6}=11+3=14$

$ES_{4-6}=\max\{EF_{3-4}\}=\max\{11\}=11$　　$EF_{4-6}=ES_{4-6}+D_{4-6}=11+5=16$

(2)确定网络计划的计划工期。在本例中,未规定要求工期,所以网络计划的计划工期等于计算工期,即以终点节点为完成节点的各工作的最早完成时间的最大值,计算步骤如下:

$$T_p = T_c = \max\{EF_{5-6}, EF_{4-6}\} = \max\{14,16\} = 16$$

(3)计算各工作的最迟开始时间和最迟完成时间。这两个参数的计算是从网络计划的终点节点开始自右向左逆箭头方向逐一计算的,计算步骤如下:

$LF_{5-6} = T_p = 16$　　$LS_{5-6} = LF_{5-6} - D_{5-6} = 16-3=13$

$LF_{4-6} = T_p = 16$　　$LS_{4-6} = LF_{4-6} - D_{4-6} = 16-5=11$

$LF_{3-5} = \min\{LS_{5-6}\} = \min\{13\} = 13$　　$LS_{3-5} = LF_{3-5} - D_{3-5} = 13-5=8$

$LF_{4-5} = \min\{LS_{5-6}\} = \min\{13\} = 13$　　$LS_{4-5} = LF_{4-5} - D_{4-5} = 13-0=13$

$LF_{3-4} = \min\{LS_{4-5}, LS_{4-6}\} = \min\{13,11\} = 11$　　$LS_{3-4} = LF_{3-4} - D_{3-4} = 11-6=5$

$LF_{1-3} = \min\{LS_{3-5}, LS_{3-4}\} = \min\{8,5\} = 5$　　$LS_{1-3} = LF_{1-3} - D_{1-3} = 5-5=0$

$LF_{2-3} = \min\{LS_{3-5}, LS_{3-4}\} = \min\{8,5\} = 5$　　$LS_{2-3} = LF_{2-3} - D_{2-3} = 5-2=3$

$LF_{1-2} = \min\{LS_{2-3}\} = \min\{3\} = 3$　　$LS_{1-2} = LF_{1-2} - D_{1-2} = 3-2=1$

(4)计算工作的总时差:

$TF_{1-2} = LS_{1-2} - ES_{1-2} = 1-0=1$　　$TF_{1-3} = LS_{1-3} - ES_{1-3} = 0-0=0$

$TF_{2-3} = LS_{2-3} - ES_{2-3} = 3-2=1$　　$TF_{3-5} = LS_{3-5} - ES_{3-5} = 8-5=3$

$TF_{3-4} = LS_{3-4} - ES_{3-4} = 5-5=0$　　$TF_{4-5} = LS_{4-5} - ES_{4-5} = 13-11=2$

$TF_{5-6} = LS_{5-6} - ES_{5-6} = 13-11=2$　　$TF_{4-6} = LS_{4-6} - ES_{4-6} = 11-11=0$

(5)计算工作的自由时差:

$FF_{5-6} = T_p - EF_{5-6} = 16-14=2$　　$FF_{4-6} = T_p - EF_{4-6} = 16-16=0$

$FF_{3-5} = \min\{ES_{5-6}\} - EF_{3-5} = 11-10=1$　　$FF_{4-5} = \min\{ES_{5-6}\} - EF_{4-5} = 11-11=1$

$FF_{3-4} = \min\{ES_{4-5}, ES_{4-6}\} - EF_{3-4} = \min\{11,11\} - 11 = 11-11=0$

$FF_{1-3} = \min\{ES_{3-5}, ES_{3-4}\} - EF_{1-3} = \min\{5,5\} - 5 = 5-5=0$

$FF_{2-3} = \min\{ES_{3-5}, ES_{3-4}\} - EF_{2-3} = \min\{5,5\} - 4 = 5-4=1$

$FF_{1-2} = \min\{ES_{2-3}\} - EF_{1-2} = 2-2=0$

至此,6 个时间参数计算完毕,将结果标注在图 3-32 上。

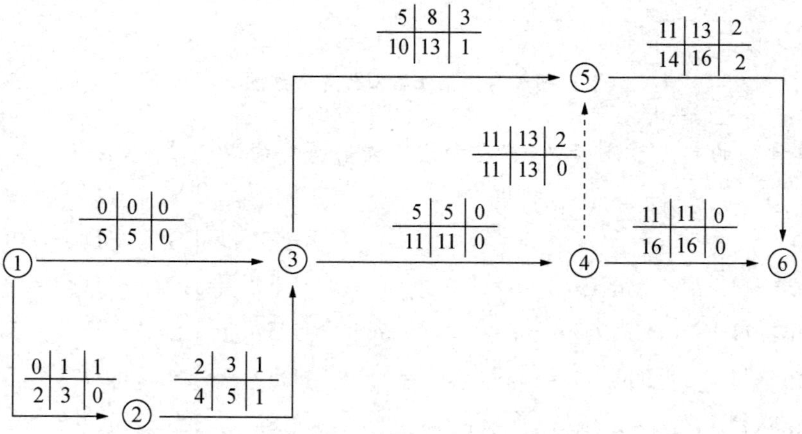

图 3-32　某工程双代号网络图六时标注

②按节点计算法:所谓按节点计算法,就是先计算网络计划中各个节点的最早时间和最迟

时间，然后再据此计算各项工作的时间参数和网络计划的计算工期。标注方法如图 3-33 所示。

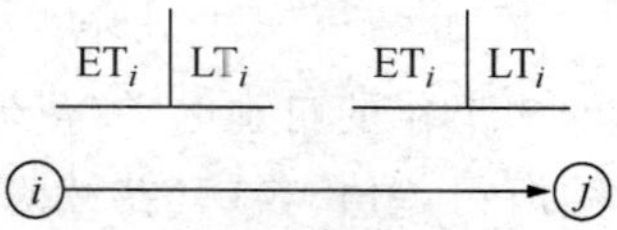

图 3-33　双代号网络图节点标注法

下面是按节点计算法计算时间参数的过程。

a. 计算节点的最早时间和最迟时间。

• 计算节点的最早时间。节点最早时间的计算应从网络计划的起点节点开始，顺着箭线方向依次进行。其计算步骤如下：

网络计划起点节点，如未规定最早时间时，其值等于零。

其他节点的最早时间等于所有箭头指向该节点工作的开始节点最早时间加上其作业时间的最大值。即

当 $i=1$ 时，
$$\mathrm{ET}_i=0 \tag{3-37}$$

当 $i\neq 1$ 时，
$$\mathrm{ET}_i=\max\{\mathrm{ET}_h+D_{h-i}\} \tag{3-38}$$

式中：节点 h 为节点 i 的紧前节点；D_{h-i} 为紧前节点与本节点之间工作的持续时间。

• 确定网络计划的计划工期。网络计划的计算工期等于网络计划终点节点的最早时间，即

$$T_c=\mathrm{ET}_n \tag{3-39}$$

式中：ET_n 为网络计划终点节点 n 的最早时间。

网络计划的计划工期应按公式(3-40)或公式(3-41)确定。

当工期有要求时，计划工期不应超过要求工期，即

$$T_p\leqslant T_r \tag{3-40}$$

当工期无要求时，可令计划工期等于计算工期，即

$$T_p=T_c \tag{3-41}$$

• 计算节点的最迟时间。节点最迟时间的计算应从网络计划的终点节点开始，逆着箭线方向依次进行。其计算步骤如下：

网络计划终点节点的最迟时间等于网络计划的计划工期，即

$$\mathrm{LT}_n=T_p \tag{3-42}$$

其他节点的最迟时间等于所有紧后节点的最迟时间减去本节点与紧后节点之间工作的持续时间所得之差的最小值，计算公式如下：

$$\mathrm{LT}_i=\min\{\mathrm{LT}_j-D_{i-j}\} \tag{3-43}$$

b. 确定工作的 6 个时间参数。

• 工作的最早开始时间等于该工作开始节点的最早时间，即

$$\mathrm{ES}_{i-j}=\mathrm{ET}_i \tag{3-44}$$

• 工作的最早完成时间等于该工作开始节点的最早时间与其持续时间之和，即

$$\mathrm{EF}_{i-j}=\mathrm{ET}_i+D_{i-j} \tag{3-45}$$

• 工作的最迟完成时间等于该工作完成节点的最迟时间，即

$$\mathrm{LF}_{i-j}=\mathrm{LT}_j \tag{3-46}$$

• 工作的最迟开始时间等于该工作完成节点的最迟时间与其持续时间之差，即

$$\mathrm{LS}_{i-j}=\mathrm{LT}_j-D_{i-j} \tag{3-47}$$

• 工作的总时差：等于该工作完成节点的最迟时间减去该工作开始节点的最早时间所得差值再减其持续时间，即

$$TF_{i-j}=LF_{i-j}-EF_{i-j}=LT_j-(ET_i+D_{i-j})=LT_j-ET_i-D_{i-j} \qquad (3\text{-}48)$$

• 工作的自由时差等于该工作完成节点的最早时间的最小值减去该工作开始节点的最早时间所得差值再减其持续时间，即

$$EF_{i-j}=\min\{ET_j\}-ET_i-D_{i-j} \qquad (3\text{-}49)$$

c. 确定关键线路和关键工作。在双代号网络计划中，关键线路上的节点称为关键节点。关键工作两端的节点必为关键节点，但两端为关键节点的工作不一定是关键工作。关键节点的最迟时间与最早时间的差值最小。当网络计划的计划工期等于计算工期时，关键节点的最早时间与最迟时间必然相等。关键节点必然处在关键线路上，但由关键节点组成的线路不一定是关键线路。

当利用关键节点判别关键线路和关键工作时，还要满足下列判别式：

$$ET_i+D_{i-j}=ET_j \text{ 或 } LT_i+D_{i-j}=LT_j \qquad (3\text{-}50)$$

如果两个关键节点之间的工作符合上述判别式，则该工作必然为关键工作，它应该在关键线路上。否则，该工作就不是关键工作，关键线路也就不会从此处通过。

【例 3-11】 仍以例 3-9 图为例，试用按节点计算法计算时间参数。

解：

(1)计算节点的最早时间。节点的最早时间从网络计划的起点节点开始，自左向右依次计算，步骤如下：

$ET_1=0$

$ET_2=\max\{ET_1+D_{1-2}\}=\max\{0+2\}=2$

$ET_3=\max\{ET_1+D_{1-3},ET_2+D_{2-3}\}=\max\{0+5,2+2\}=5$

$ET_4=\max\{ET_3+D_{3-4}\}=\max\{5+6\}=11$

$ET_5=\max\{ET_3+D_{3-5},ET_4+D_{4-5}\}=\max\{5+5,11+0\}=11$

$ET_6=\max\{ET_5+D_{5-6},ET_4+D_{4-6}\}=\max\{11+3,11+5\}=16$

(2)计算网络计划工期。由于本例中未规定要求工期，网络计划的计划工期应等于计算工期，即

$$T_p=T_c=ET_6=16$$

(3)计算节点的最迟时间。节点的最迟时间应从网络计划的终点节点开始，自右向左依次计算，步骤如下：

$LT_6=T_p=16$

$LT_5=\min\{LT_6-D_{5-6}\}=\min\{16-3\}=13$

$LT_4=\min\{LT_5-D_{4-5},LT_6-D_{4-6}\}=\min\{13-0,16-5\}=11$

$LT_3=\min\{LT_5-D_{3-5},LT_4-D_{3-4}\}=\min\{13-5,11-6\}=5$

$LT_2=\min\{LT_3-D_{2-3}\}=\min\{5-2\}=3$

$LT_1=\min\{LT_3-D_{1-3},LT_2-D_{1-2}\}=\min\{5-5,3-2\}=0$

将结果标注在图 3-34 上。

三、单代号网络计划

单代号网络计划是以单代号网络图表示的网络计划。单代号网络图是用节点及其编号表

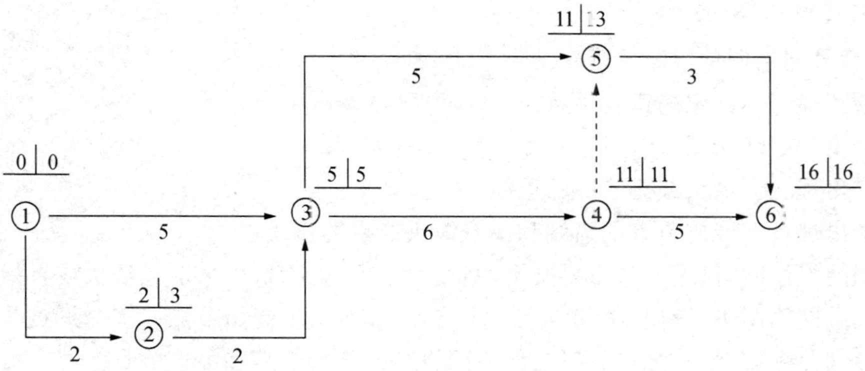

图 3-34 某工程双代号网络图节点标注

示一项工作，用箭线表示工作之间逻辑关系的一种网络图，如图 3-35 所示。

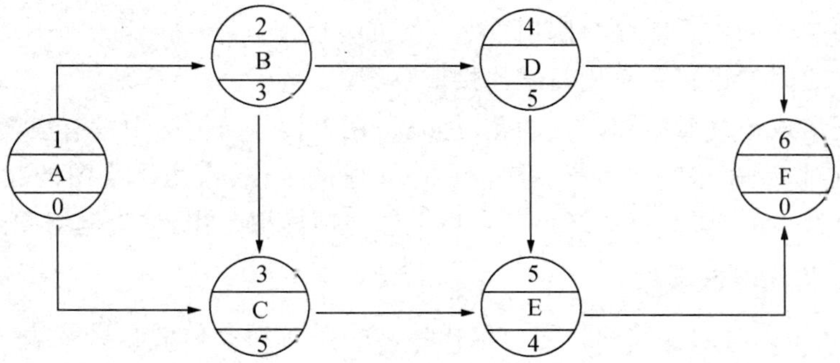

图 3-35 单代号网络图

1. 单代号网络图的基本要素

单代号网络图也是由箭线、节点和线路 3 个要素组成的，但其所表示的含义与双代号网络图是有所区别的。

(1)箭线 在单代号网络图中，箭线表示相邻工作之间的逻辑关系。箭线水平投影的方向应从左向右，表示工作的进行方向。在单代号网络图中不设虚箭线。

(2)节点 单代号网络图中每一个节点表示一项工作，可以用圆圈或者矩形表示。节点所表示的工作名称、持续时间和工作代号等应标注在节点内，如图 3-36 所示。节点必须编号，并且编号只有一个，不允许重复，因此称为“单代号”。

图 3-36 单代号节点标注示意图

(3)线路 单代号网络图中关于线路的含义与双代号网络图中线路的含义是相同的，这里不再赘述。

2. 单代号网络图的绘制

(1)单代号网络图的绘制原则

①必须正确表述已定的逻辑关系。

②严禁出现循环回路。

③严禁出现双向箭头或无箭头的连线。

④严禁出现没有箭尾节点的箭线和没有箭头节点的箭线。

⑤绘制网络图时,箭线尽量不要交叉,当交叉不可避免时,可采取过桥法或者指向法绘制。

⑥单代号网络图中只有一个起点和一个终点,如有多个起始节点或多个终点节点时,应在网络图的两端分别设置一项虚拟工作,作为网络图的起始节点和终点节点。

⑦单代号网络图必须在节点内编号,号码可以不连续,但不能重复,同时,箭线箭尾节点的编号要小于箭头节点的编号。

(2)单代号网络图的绘制步骤

①按照各项工作的先后顺序绘制出表示工作的节点。

②根据工作之间的逻辑关系用箭线连接成草图。

③调整草图形成最终网络图。在调整时注意,在单代号网络图中没有虚箭线,若在图中出现多个起始节点时,要在这些起始节点前设置一项虚拟工作,作为网络图的起始节点;若在图中出现多个终点节点时,要在这些终点节点后设置一项虚拟工作,作为网络图的终点节点。

3. 单代号网络图时间参数

(1)单代号网络图时间参数的含义　单代号网络图时间参数的含义及表示方法如表 3-22 所示。

表 3-22　单代号网络图时间参数的含义及表示方法

序号	参数名称	含义	表示方法
1	工作的最早开始时间	指在其所有紧前工作全部完成后,本工作有可能开始的最早时刻	ES_i
2	工作的最早完成时间	指在其所有紧前工作全部完成后,本工作有可能完成的最早时刻	EF_i
3	工作的最迟完成时间	在不影响整个任务按期完成的前提下,本工作必须完成的最迟时刻	LF_i
4	工作的最迟开始时间	在不影响整个任务按期完成的前提下,本工作必须开始的最迟时刻	LS_i
5	工作的总时差	在不影响总工期的前提下,本工作可以利用的机动时间	TF_i
6	工作的自由时差	在不影响其紧后工作最早开始时间的前提下,本工作可以利用的机动时间	FF_i
7	时间间隔	指本工作的最早完成时间与其紧后工作最早开始时间之间可能存在的差值	LAG_{i-j}

(2)单代号网络图时间参数的计算　单代号网络图时间参数的计算步骤如下:

①计算工作的最早开始时间和最早完成时间。工作最早开始时间和最早完成时间的计算应从网络计划的起始节点开始,顺着箭线方向按节点编号从小到大依次逐项进行。其计算步

骤如下：

a. 网络计划起始节点的最早开始时间未规定时取值为零。

$$ES_1 = 0 \tag{3-51}$$

b. 其他工作的最早开始时间应等于其紧前工作最早完成时间的最大值。

$$ES_i = \max\{EF_h\} \quad (h < i) \tag{3-52}$$

c. 除终点节点所表示的工作以外的其他工作的最早完成时间应等于本工作的最早开始时间与其持续时间之和。

$$EF_i = ES_i + D_i \tag{3-53}$$

d. 终点节点所代表工作的最早完成时间等于网络计划的计算工期。

$$EF_n = T_c \tag{3-54}$$

②计算相邻两项工作之间的时间间隔。相邻两项工作之间的时间间隔是指其紧后工作的最早开始时间与本工作最早完成时间的差值，即

$$LAG_{i-j} = ES_j - EF_i \tag{3-55}$$

③确定网络计划的计划工期：

a. 当已规定了要求工期时，计划工期不应超过要求工期，即 $T_p \leqslant T_r$；

b. 当未规定要求工期时，可令计划工期等于要求工期，即 $T_p = T_r$。

④计算工作的总时差。工作总时差的计算应从网络计划的终点节点开始，逆着箭线方向按节点编号从大到小的顺序依次进行。工作的总时差等于工作的最迟开始时间减去工作的最早开始时间，也可以用该项工作与紧后工作的时间间隔与紧后工作的总时差之和的最小值表示，即

$$TF_i = LS_i - ES_i \tag{3-56}$$

$$TF_i = \min\{TF_j + LAG_{i-j}\} \tag{3-57}$$

⑤计算工作的自由时差。首先计算相邻两项工作之间的时间间隔，然后取本工作与其所有紧后工作的时间间隔的最小值作为本工作的自由时差，即

$$LAG_{i-j} = ES_j - EF_i \tag{3-58}$$

$$FF_i = \min\{LAG_{i-j}\} \tag{3-59}$$

⑥计算工作的最迟完成时间和最迟开始时间：

a. 工作的最迟完成时间等于本工作的最早完成时间与其总时差之和，即

$$LF_i = EF_i + TF_i \tag{3-60}$$

b. 工作的最迟开始时间等于本工作的最早开始时间与其总时差之和，即

$$LS_i = ES_i + TF_i \tag{3-61}$$

⑦关键线路的确定：

a. 总时差判断法。总时差最小的工作为关键工作。

b. 时间间隔判断法。从网络计划的终点节点开始，逆着箭线方向依次找出相邻两项工作之间时间间隔为零的线路就是关键线路。

c. 线路长度判断法。找出网络中的所有线路，并计算每条线路的总持续时间，其中总持续时间最长的线路即关键线路。

单代号网络图时间参数标注示意图如图 3-37 所示。

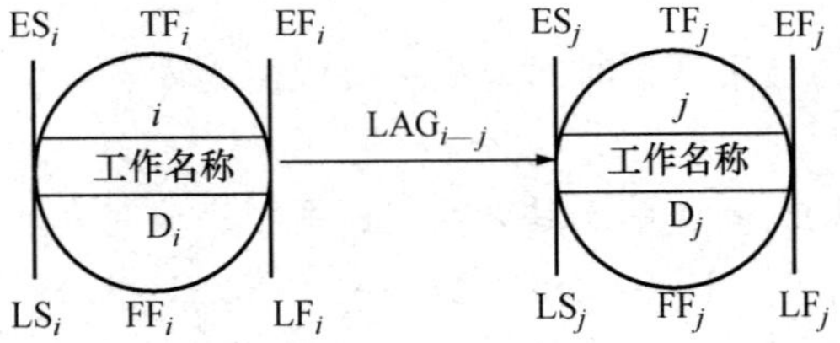

图 3-37　单代号网络图时间参数标注示意图

【例 3-12】 结合图 3-38 所示的网络图，试计算其时间参数。

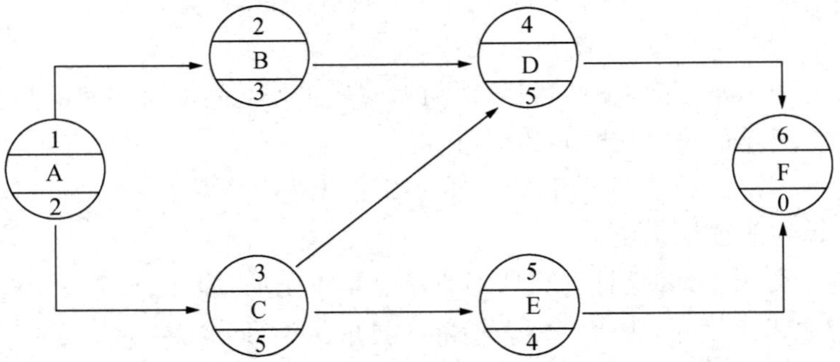

图 3-38　某工程单代号网络图

解：

(1)计算工作的最早开始时间和最早完成时间。这两个参数从网络计划的起始节点开始，自左向右依次计算，步骤如下：

$ES_1=0$　　　　$EF_1=ES_1+D_1=0+2=2$

$ES_2=\max\{EF_1\}=\max\{2\}=2$　　　　$EF_2=ES_2+D_2=2+3=5$

$ES_3=\max\{EF_1\}=\max\{2\}=2$　　　　$EF_3=ES_3+D_3=2+5=7$

$ES_4=\max\{EF_2,EF_3\}=\max\{5,7\}=7$　　　　$EF_4=ES_4+D_4=7+5=12$

$ES_5=\max\{EF_3\}=\max\{7\}=7$　　　　$EF_5=ES_5+D_5=7+4=11$

$ES_6=\max\{EF_4,EF_5\}=\max\{12,11\}=12$　　　　$EF_6=ES_6+D_6=12+0=12$

(2)计算网络计划的计划工期：

$$T_p=T_c=ET_6=12$$

(3)计算工作的最迟开始时间和最迟完成时间：

$LF_6=T_p=12$　　　　$LS_6=LF_6-D_6=12-0=12$

$LF_5=\min\{LS_6\}=\min\{12\}=12$　　　　$LS_5=LF_5-D_5=12-4=8$

$LF_4=\min\{LS_6\}=\min\{12\}=12$　　　　$LS_4=LF_4-D_4=12-5=7$

$LF_3=\min\{LS_4,LS_5\}=\min\{7,8\}=7$　　　　$LS_3=LF_3-D_3=7-5=2$

$LF_2=\min\{LS_4\}=\min\{12\}=12$　　　　$LS_2=LF_2-D_2=12-3=9$

$LF_1=\min\{LS_2,LS_3\}=\min\{9,2\}=2$　　　　$LS_1=LF_1-D_1=2-2=0$

(4)计算工作的总时差：

$TF_1=LS_1-ES_1=0-0=0$　　$TF_2=LS_2-ES_2=9-2=7$　　$TF_3=LS_3-ES_3=2-2=0$

$TF_4=LS_4-ES_4=7-7=0$　　$TF_5=LS_5-ES_5=8-7=1$　　$TF_6=LS_6-ES_6=12-12=0$

(5)计算工作的自由时差：

$FF_6=0$

$LAG_{5-6}=ES_6-EF_5=12-11=1$

$FF_5=\min\{LAG_{5-6}\}=\min\{1\}=0$

$LAG_{4-6}=ES_6-EF_4=12-12=0$

$FF_4=\min\{LAG_{4-6}\}=\min\{0\}=0$

$LAG_{3-4}=ES_4-EF_3=7-7=0$

$LAG_{3-5}=ES_5-EF_3=7-7=0$

$FF_3=\min\{LAG_{3-4},LAG_{3-5}\}=\min\{0,0\}=0$

$LAG_{2-4}=ES_4-EF_2=7-5=2$

$FF_2=\min\{LAG_{2-4}\}=\min\{2\}=2$

$LAG_{1-2}=ES_2-EF_1=2-2=0$

$LAG_{1-3}=ES_3-EF_1=2-2=0$

$FF_1=\min\{LAG_{1-2},LAG_{1-3}\}=\min\{0,0\}=0$

将上述计算结果标注在网络计划图上，如图 3-39 所示。

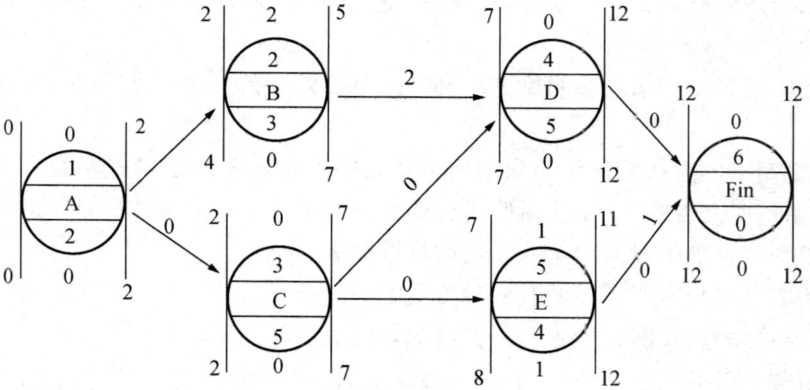

图 3-39　某工程单代号网络图时间参数标注

四、时标网络计划

时标网络计划是以时标网络图表示的网络计划。时标网络图是带时间坐标的双代号网络图。

(一)时标网络图的特点

(1)时标网络图中的箭线在时间坐标上的水平投影表示时间的长短。

(2)时标网络图中以实箭线表示工作，以虚箭线表示虚工作，以波形线表示工作的自由时差。

(3)时标网络图中所有符号在时间坐标上的水平投影位置，都必须与其时间参数相对应，节点中心必须对准相应的时标位置。

(4)时标网络图中可以统计每一个单位时间对各种资源的需要量，可方便地在坐标下方绘制出资源动态图，以便进行资源优化和调整。

(5)由于箭线受到时间坐标的限制，当条件发生变化时，对网络图的修改不方便，往往要重新绘图。

(6)虚箭线在时间坐标上的水平投影长度应为0，若不能为0，则用波形线表示。

(7)关键线路由自始至终无波形线的箭线组成。

(二)时标网络图的编制

(1)间接绘制法　间接绘制法是先根据无时标的网络计划图计算出各时间参数，再根据时间参数在时间坐标上进行绘制的方法。其绘制步骤如下：

①首先绘制无时标的网络计划草图，计算出各工作的最早时间参数，并确定关键工作及关键线路；

②根据需要确定时间单位并绘制时间坐标；

③在时间的坐标体系中按照工作的最早开始时间确定各工作开始节点的位置；

④从每项工作的开始节点出发，按该工作的持续时间画出相应长度的水平直线；

⑤水平实线与该工作结束节点未能连接的地方，用水平波形线补充，并画上箭头；

⑥两项工作之间有虚工作的地方，用虚线(垂直部分)和波形线(水平部分)将其连接起来，并画上箭头；

⑦最后把时差为零的箭线从起始节点到终点节点连接起来即关键线路，并用粗线或双箭线表示。

(2)直接绘制法　直接绘制法是根据网络计划中工作之间的逻辑关系及各工作的持续时间，不计算网络的时间参数，直接在时间坐标轴上绘制的方法。绘制步骤如下：

①首先根据需要确定时间单位并绘出时标计划表；

②将起始节点定位在时标表的起始刻度线上；

③按工作持续时间在时标计划表上绘制起始节点的外向箭线；

④除起始节点以外的其他节点，必须在其所有内向箭线绘制完成后，定位在这些内向箭线中完成时间最晚的那根箭线末端，若某些工作的箭线长度不足以到达该节点时，用波形线补足，箭头画在波形线与节点连接处；

⑤按上述方法从左至右依次确定其他节点位置，直至网络计划终点节点定位，绘图完成。

【例3-13】　图3-40是某工程的双代号网络图，将其用直接绘制法改绘成时标网络图，如图3-41所示。

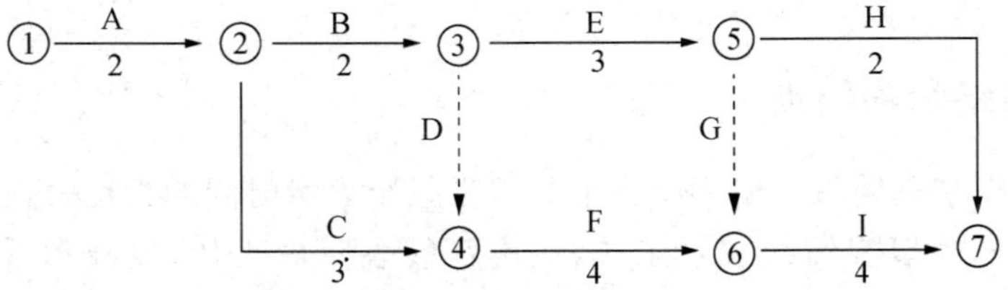

图3-40　某工程双代号网络图

解：

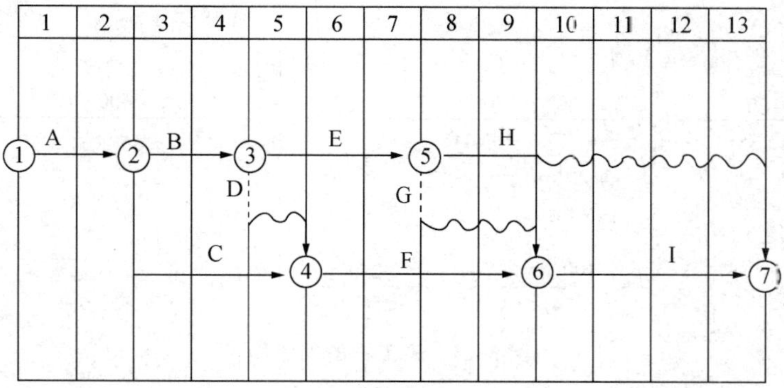

图 3-41 某工程时标网络图

五、网络计划的优化

网络计划的优化可分为工期优化、费用优化和资源优化 3 种。

(一)工期优化

(1)工期优化的概念 所谓工期优化，是指网络计划的计算工期大于要求工期时，通过压缩关键工作的持续时间以满足要求工期目标的过程。

(2)工期优化的步骤 网络计划的工期优化可按照下列步骤进行：

①确定初始网络计划的关键线路，并求出计算工期，当 $T_c>T_r$ 时，应进行工期优化。

②按要求工期的时间确定应缩短的时间：

$$T=T_c-T_r \tag{3-62}$$

式中：T_c 为网络计划的计算工期；T_r 为要求工期。

③压缩关键工作的持续时间，在选择压缩对象时应考虑下列因素：a. 压缩持续时间对质量和安全影响不大的工作；b. 压缩有充足备用资源的工作；c. 压缩时间所需增加费用相对较少的工作。

④将所选定的关键工作的持续时间压缩至最短，并重新确定计算工期和关键线路。注意不能将关键工作压缩成非关键工作。若压缩过程中出现多条关键线路，则应将所有的关键线路同时压缩相同的天数。

⑤当计算工期仍超过要求工期时，则重复上述②至④步骤，直至计算工期满足要求工期或计算工期已不能再缩短为止。

⑥当按上述步骤调整后网络计划的计算工期仍不能满足要求工期时，应对网络计划的原技术方案、组织方案进行调整，或对要求工期重新审定。

【例 3-14】 某工程的网络计划由于某种原因开工时间推迟了 12 d，网络图如图 3-42 所示。为保证按期完工，试进行工期优化（图中箭线上部的数字表示压缩 1 d 增加的费率：元/d，下部括号外的数字表示正常作业时间，括号内的数字表示工作极限作业时间）。

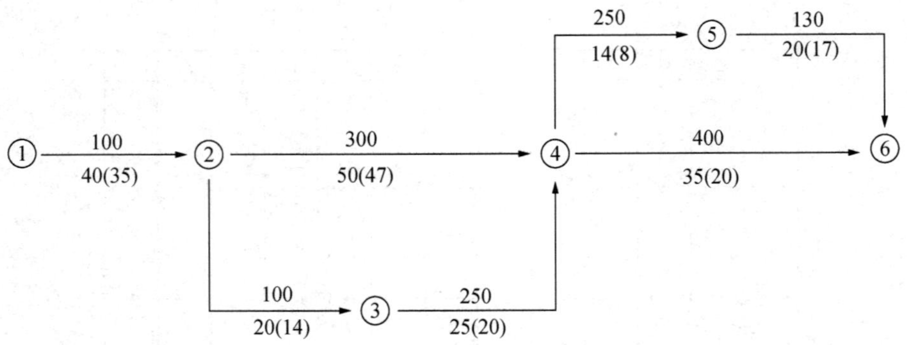

图 3-42　某工程的网络图

解：

(1)找出关键线路。

网络图中共有 4 条线路，分别为：

第一条线路：①—②—④—⑤—⑥，工期为 124 d；

第二条线路：①—②—④—⑥，工期为 125 d；

第三条线路：①—②—③—④—⑤—⑥，工期为 119 d；

第四条线路：①—②—③—④—⑥，工期为 120 d。

其中关键线路为①—②—④—⑥。

(2)压缩关键线路上的关键工作持续时间。

首先压缩直接费率最小的工作。

第一次压缩：压缩①—②工作 5 d，增加直接费 100×5＝500(元)，压缩后的网络计划关键线路不变，如图 3-43 所示，但工期仍拖延 7 d，所以应进一步压缩。

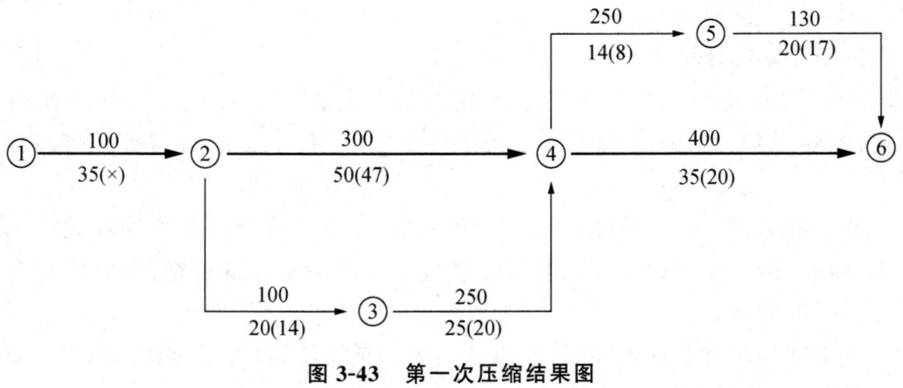

图 3-43　第一次压缩结果图

第二次压缩：关键线路上的①—②工作已经无法压缩，选择关键线路上的直接费率最小的其他工作进行压缩，所以应选择②—④工作进行压缩，压缩 3 d，关键线路不变，如图 3-44 所示，增加直接费为 300×3＝900(元)，但工期仍拖延 4 d。

第三次压缩：关键线路仍没有发生变化，且可供压缩的关键工作只剩下④—⑥工作，因此，应压缩④—⑥工作。当压缩 1 d 时，关键线路变为 2 条，即①—②—④—⑥和①—②—④—⑤—⑥。因此，先压缩④—⑥工作 1 d，增加的直接费为 400×1＝400(元)，压缩后的网络图如图 3-45 所示,工期仍拖延 3 d。

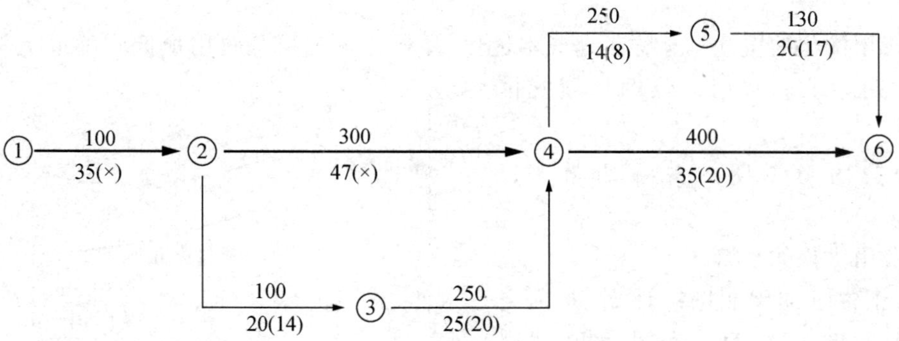

图 3-44 第二次压缩结果图

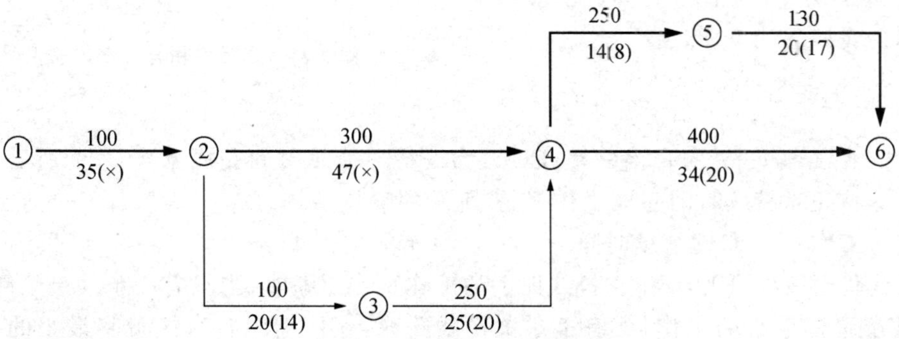

图 3-45 第三次压缩结果图

第四次压缩:由于关键线路变为两条,接下来应压缩组合直接费率最小的工作。可供选择的压缩方案有两种,即同时压缩④—⑤工作和④—⑥工作 3 d,或者同时压缩⑤—⑥工作和④—⑥工作 3 d,这两种方案的组合直接费率分别为 650 元/d 和 530 元/d,所以应选择组合直接费率小的方案,即选择同时压缩⑤—⑥工作和④—⑥工作 3 d,直接费增加 530×3=1 590(元),压缩后的网络图如图 3-46 所示。至此,共赶回工期 12 d,但共增加了直接费 500+900+400+1 590=3 390(元)。

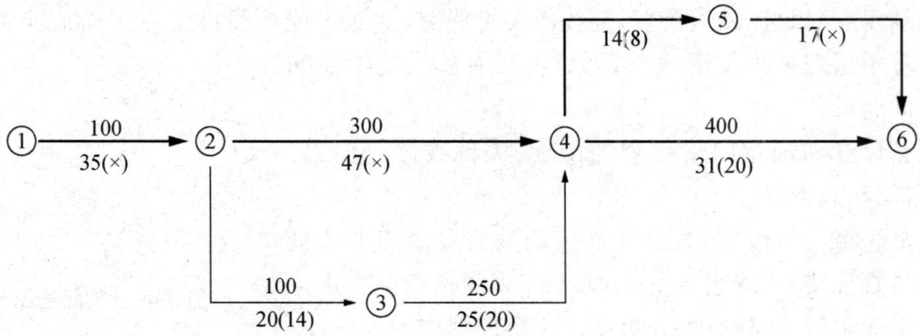

图 3-46 第四次压缩结果图

(二)费用优化

(1)费用优化的概念　又称工期成本优化,是指寻求工程总费用最低时的最优工期,或者按要求工期寻求总费用最低的计划安排过程。

工程费用与工期的关系如图 3-47 所示。

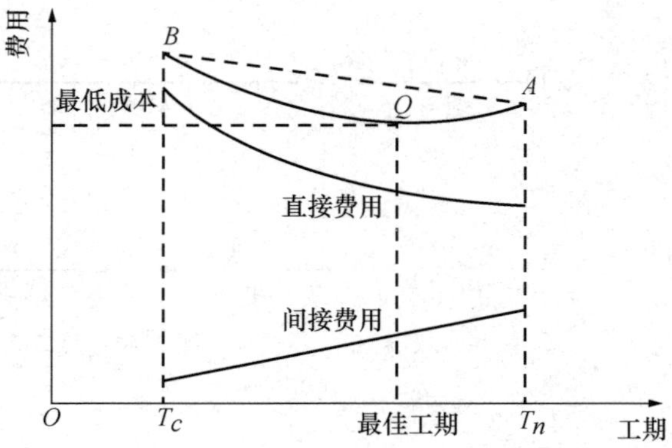

图 3-47　工程费用与工期的关系

(2)费用优化的步骤

①按正常工期编制网络计划,并确定计划工期、关键线路、直接费用、间接费用和总费用。

②计算各项工作的直接费率。直接费率的计算公式如下:

$$\Delta C_{i-j}=\frac{CC_{i-j}-CN_{i-j}}{DN_{i-j}-DC_{i-j}} \quad (3\text{-}61)$$

式中:ΔC_{i-j}为工作 i—j 的直接费率;CC_{i-j}为按最短持续时间完成工作 i—j 所需的直接费用;CN_{i-j}为按正常持续时间完成工作 i—j 所需的直接费用;DN_{i-j}为工作 i—j 正常持续时间;DC_{i-j}为工作 i—j 最短持续时间。

③根据费用最小原则,压缩关键线路上的工作。在压缩时,当只有一条关键线路时,应首先压缩直接费率最小的工作;当有多条关键线路时,应压缩组合直接费率最小的一组关键工作。

④在进行压缩时,要先比较直接费率(或组合直接费率)与工程间接费率的大小,然后再进行压缩。当被压缩对象的直接费率(或组合直接费率)大于工程间接费率,说明压缩关键工作的持续时间会使工程总费用增加,因此应停止压缩关键工作的持续时间,而此前的方案即最优方案;当被压缩对象的直接费率(或组合直接费率)等于工程间接费率,说明压缩关键工作的持续时间不会使工程总费用增加,因此应压缩关键工作的持续时间;当被压缩对象的直接费率(或组合直接费率)小于工程间接费率,说明压缩关键工作的持续时间会使工程总费用减少,因此应压缩关键工作的持续时间。

⑤将被压缩对象压缩至最短,并找出关键线路,注意不能将关键工作压缩成非关键工作。若压缩过程中出现多条关键线路,则应将所有的关键线路同时压缩相同的天数。

⑥重新计算和确定网络计划的工期、关键线路、直接费用、间接费用和总费用。

⑦重复③至⑥的内容,直到计算工期满足要求工期或被压缩对象的直接费率(或组合费率)大于工程间接费率为止。

⑧计算优化后的总费用,并绘制优化后的网络图。

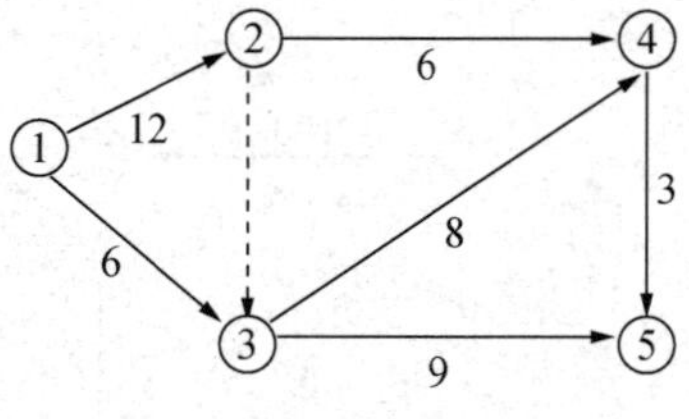

图 3-48　某网络图计划

【例 3-15】 某工程网络图计划如图 3-48 所示,其工期与费用的关系见表 3-23,试求最佳工期(单位:d)。

表 3-23　某工程工期与费用的关系

工作代号	直接费用/元		作业时间/d		直接费率/(元/d)	间接费率/(元/d)
	正常	极限	正常	极限		
①—②	6 000	8 000	12	8		
①—③	5 000	7 000	6	4		
②—③	/	/	/	/	/	
②—④	4 000	4 500	6	4		
③—④	5 000	6 000	8	5		
③—⑤	6 000	7 000	9	6		
④—⑤	2 000	2 500	3	2		

解：

首先计算各工作的直接费率。

①—②工作的直接费率$=\dfrac{极限费用-正常费用}{正常时间-极限时间}=\dfrac{8\ 000-6\ 000}{12-8}=500$(元/d)

①—③工作的直接费率$=\dfrac{极限费用-正常费用}{正常时间-极限时间}=\dfrac{7\ 000-5\ 000}{6-4}=1\ 000$(元/d)

工作的直接费率说明某项工作在其正常作业时间与极限作业时间范围内，每压缩一天所增加直接费用的多少。

同理，可求出其他各个工作的直接费率，见表 3-24。

表 3-24　各工作的直接费率

工作代号	①—②	①—③	②—③	②—④	③—④	③—⑤	④—⑤
直接费率/(元/d)	500	1 000	/	250	330	330	500

其次寻找优化方案。

初始网络图计划的工期与费用的计算：

初始网络图的关键线路(图 3-49)为：①—②—③—④—⑤，初始工期为 23 d(关键线路)，正常直接费用为 28 000 元，正常间接费用＝600 元/d×23 d(正常工期)＝13 800 元，总费用＝正常直接费用＋正常间接费用＝28 000＋13 800＝41 800(元)。

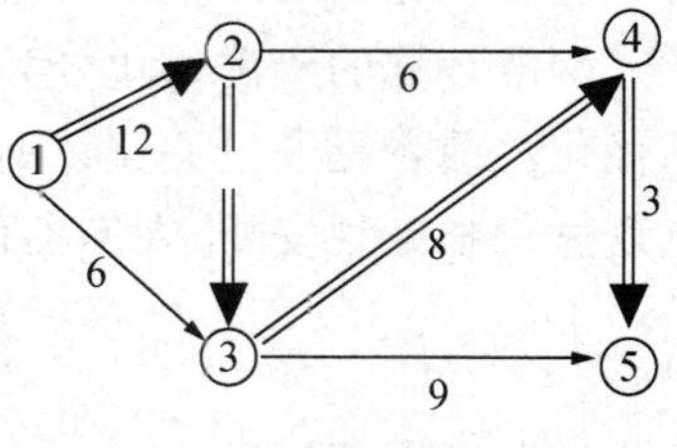

图 3-49　初始网络图的关键线路

在关键线路上寻找使增加直接费用最少的关键工作，并压缩其作业时间。

第一次优化：在①—②—③—④—⑤这条关键线路中，③—④工作压缩作业时间增加的直接费用最少，所以将③—④工作的作业时间压缩 2 d。如果压缩 3 d，则原来的关键线路将变成非关键线路。则工期为 21 d，此时，增加的直接费用＝330×2＝660(元)，减少的间接费用＝600×2＝1 200(元)，总费用＝41 800＋660－1 200＝41 260(元)。

此时，关键线路已经变化为 3 条，即①—②—④—⑤、①—②—③—④—⑤、①—②—

③—⑤，如图 3-50 所示。

第二次优化：因为有 3 条关键线路，需要将 3 条线路同时压缩相同的天数，可能的压缩方案如下。

A 方案：压缩①—②工作，每压缩 1 d 增加的费用为 500 元；

B 方案：同时压缩③—⑤和④—⑤工作，每压缩 1 d 增加的费用为 500＋330＝830(元)；

C 方案：同时压缩②—④、③—④、③—⑤工作，每压缩 1 d 增加的费用为 250＋330＋330＝910(元)。

可见，按照压缩后增加费用最低的原则，应考虑 A 方案。

将①—②工作压缩 4 d，从原来的 12 d 变成极限作业时间 8 d，则工期变为 17 d，关键线路没有发生变化。费用变化如下：增加的直接费用＝500×4＝2 000(元)，减少的间接费用＝600×4＝2 400(元)，总费用＝41 260＋2 000－2 400＝40 860(元)。

第二次优化后的关键线路如图 3-51 所示。

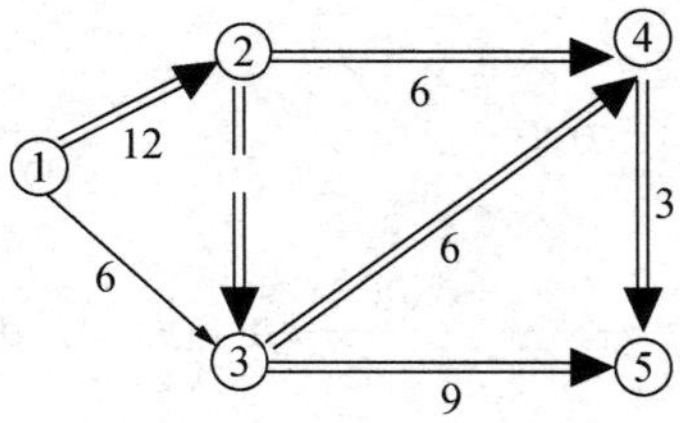

图 3-50　第一次优化后的关键线路

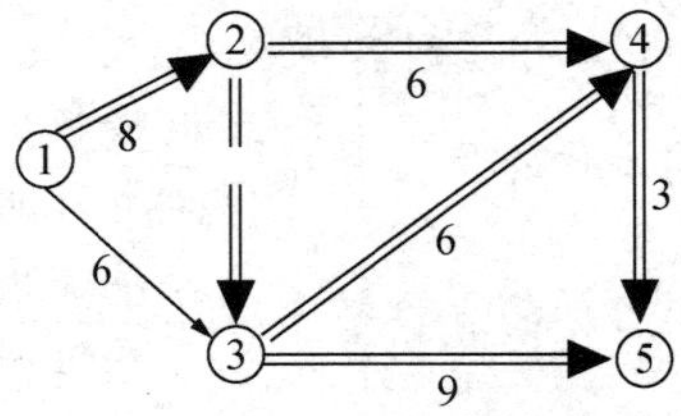

图 3-51　第二次优化后的关键线路

由于关键线路还是原来的 3 条，压缩方案只剩下 B 和 C，比较后发现这两种方案压缩后增加的费用(直接费率)比减少的费用(间接费率)大，说明已经不能再优化了。所以最佳工期为 17 d，此时的总费用为 40 860 元。

(三)资源优化

资源优化的目的是要解决资源的供需矛盾，合理使用现有资源，而不是减少现有资源。

网络计划的资源优化分为两种，即“资源有限，工期最短”的优化和“工期固定，资源均衡”的优化。前者是通过调整计划安排，在满足资源限制条件下，使工期延长最少的过程；而后者是通过调整计划安排，在工期保持不变的条件下，使资源需用量尽可能均衡的过程。

任务七　案例拓展

【案例 1】

1. 背景

某工程分甲、乙、丙、丁 4 个施工段，每个施工段又分为 A、B、C 3 个施工过程，各施工过程的流水节拍如表 3-25 所示。

表 3-25　某工程各施工过程流水节拍表

施工过程	施工段			
	甲	乙	丙	丁
A	1	3	3	4
B	2	5	1	3
C	4	5	2	2

2. 问题

试计算流水步距和总工期。

分析：

各施工过程的累加数列分别为：

A：1　4　7　11；　　B：2　7　8　11；　　C：4　9　11　13

	1	4	7	11	
−		2	7	8	11
	1	2	0	3	−11

	2	7	8	11	
−		4	9	11	13
	2	3	−1	0	−13

所以 $B'_{AB}=3$ d，$B'_{BC}=3$ d，则 $B_{AB}=B'_{AB}+0-0=3$(d)，$B_{BC}=B'_{BC}+0-0=3$(d)。

$T=\sum B_{i,i+1}+T_n=(3+3)+(4+5+2+2)=19$(d)。

【案例 2】

1. 背景

某工程项目基础工程截止到第 7 天末的实际进度和计划进度见表 3-26。其中细实线表示该工程计划进度，粗实线表示实际进度。

表 3-26　某基础工程实际进度与计划进度比较

施工过程	持续时间/d	施工进度/d							
		2	4	6	8	10	12	14	16
挖土方	5								
做垫层	3								
支模板	4								
绑扎钢筋	3								
浇混凝土	4								
回填土	3								

2. 问题

用横道图比较法进行实际进度与计划速度的比较。

分析：

从表 3-26 中实际进度与计划速度的比较可以看出，在第 7 天末进行实际进度检查时，挖土方和做垫层两项工作已经完成；支模板的工作按计划进度应当完成 50%，而实际进度只完成了25%的任务,已经拖后了25%;绑扎钢筋工作按计划应该完成33%,而实际只完成15%,已经拖后18%。

上述记录与比较,为进度控制者提供实际进度与计划进度之间的偏差,从而为采取调整措施提供了明确的依据。这是人们在工程实施过程中进行进度控制经常用的一种最简单的方法。但是它仅适用于工程项目中的各项工作都是按均匀的速度进行的情况,即每项工作在单位时间里完成的任务量都是相等的。事实上,工程项目中各项工作的进展不一定是匀速的。根据工程项目中各项工作的进展是否匀速,可分别采取以下两种方法进行实际进度与计划进度的比较。

(1)匀速进展横道图比较法　如果在工程项目中,每项工作的进展都是匀速的,即在单位时间内完成的任务量都是相等的,此时,每项工作累计完成的任务量与时间成直线变化,如图3-52所示。完成任务量可以用实物工程量、劳动消耗量和工作量3种物理量表示,为了方便比较,一般用它们实际完成量的累计百分比与计划应完成量的累计百分比进行比较。

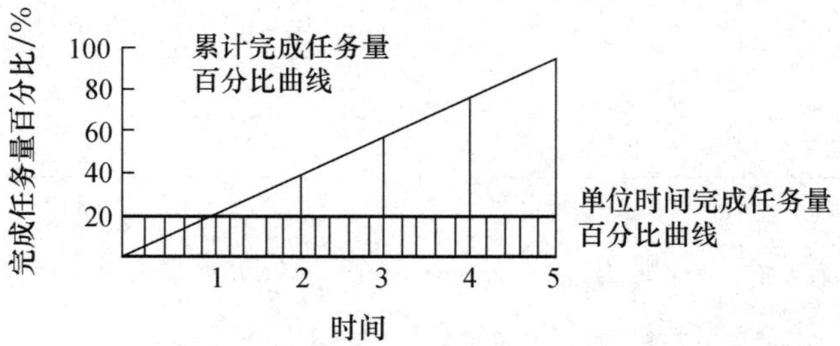

图3-52　工作匀速进展时任务量与时间关系曲线图

用匀速进展横道图比较法时,其步骤如下:

①编制横道图进度计划;

②在进度计划上标出检查日期;

③将检查收集的实际进度数据加工整理后,按比例用涂黑的粗线标于计划进度线的下方,如图3-53所示;

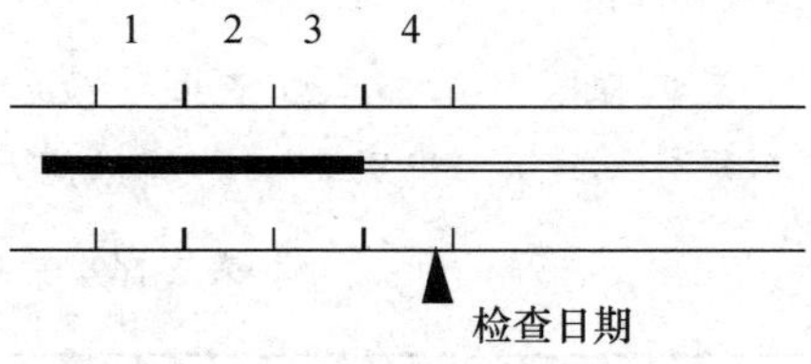

图3-53　匀速进展横道图比较法

④比较分析实际进度与计划进度。

涂黑的粗线右端与检查日期相重合,表明实际进度与计划进度相一致。

涂黑的粗线右端在检查日期左侧,表明实际进度拖后。

涂黑的粗线右端在检查日期右侧,表明实际进度超前。

特别提示:匀速进展横道图比较法只适用于工作从开始到完成的整个过程中,其进展速度是不变的情况,累计完成的任务量与时间成正比。若工作的进展速度是变化的,则不能用这个方法进行工作的实际进度与计划进度之间的比较。

(2)双比例单侧横道图比较法　当工作在不同的单位时间里的进展速度不同时,累计完成的任务量与时间的关系不是成直线变化的,按匀速进展横道图比较法检查的实际进度涂黑粗线,不能反映实际进度与计划进度完成任务量的比较情况。这种情况的进度比较可以采用双比例单侧横道图比较法,如图3-54。

双比例单侧横道图比较法是在工作进度非匀速的情况下,比较工作实际进度与计划进度的一种方法。它是在用涂黑粗线表示工作实际进度的同时,还标出其对应时间完成任务的累计百分比,将该百分比与其同时刻计划完成任务累计百分比相比较,从而判断工作的实际进度

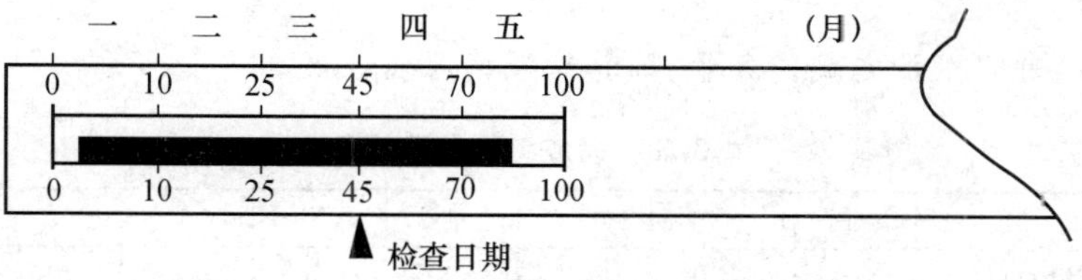

图 3-54 双比例单侧横道图比较法

与计划进度之间的关系。

采用双比例单侧横道图比较法时,其步骤如下:

①编制横道图进度计划;

②在横道线下方标出各工作主要时间的计划完成任务累计百分比;

③在计划横道线的下方标出工作的相应日期实际完成的任务累计百分比;

④用涂黑粗线标出实际进度,并从开工日标起,同时反映出该工作在实施过程中的连续与间断情况;

⑤通过比较同一时刻实际完成任务量累计百分比和计划完成任务量累计百分比,判断工作实际进度与计划进度之间的关系:

a. 当同一时刻横道线上、下两个累计百分比相等时,表明实际进度与计划进度一致;

b. 当同一时刻横道线上面的累计百分比大于横道线下面的累计百分比时,表明该时刻实际进度拖后,拖后的量为二者之差;

c. 当同一时刻横道线上面的累计百分比小于横道线下面的累计百分比时,表明该时刻实际进度超前,超前的量为二者之差。

由于工作进展速度是变化的,横道图中的进度横道线,不管计划的还是实际的,都只表示工作的开始时间、持续天数和完成的时间,并不表示计划完成任务量和实际完成任务量。这两个量分别通过标注在横道线上方及下方的累计百分比数量表示。实际进度的涂黑粗线是从工程的实际开始日期划起,若工作实际进展间断,也可在图中将涂黑粗线做相应的空白。

采用双比例单侧横道图比较法,不仅可以进行某一时刻(如检查日期)实际进度与计划进度的比较,还能进行某一时间段实际进度与计划进度的比较,当然,这要求实施部门按规定的时间记录当时的完成情况。

【案例 3】

1. 背景

某混凝土工程的浇筑总量为 1 700 m^3,按照浇筑方案,计划 9 个月完成,每月计划完成的混凝土浇筑量见表 3-27。

表 3-27 每月计划完成混凝土浇筑量一览表

时间/月	1	2	3	4	5	6	7	8	9
每月完成任务量/m^3	70	120	200	300	350	300	200	100	60

2. 问题

试绘制该混凝土工程的计划进度 S 形曲线。

分析：

(1)计算不同时间累计完成任务量，计算结果填入表3-28中。

表3-28 完成工程量汇总表

时间/月	1	2	3	4	5	6	7	8	9
每月完成任务量/m^3	70	120	200	300	350	300	200	100	60
累计完成任务量/m^3	170	190	390	690	1 040	1 340	1 540	1 640	1 700

(2)根据累计完成任务量绘制S形曲线，如图3-55所示。

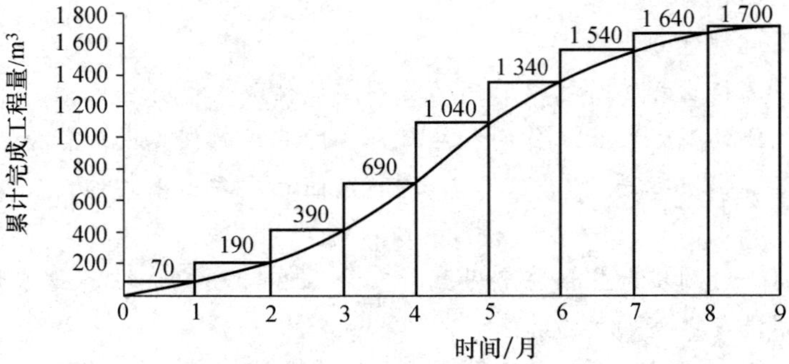

图3-55 S形曲线图

【案例4】

1. 背景

已知某工程项目网络计划如图3-56所示。图中箭号线上方括号内数字表示各项工作计划完成的任务量，以劳动量消耗数量表示；A、B、C、D、E、F、G工作分别耗时45周、60周、54周、51周、26周、60周、40周。

2. 问题

试绘制“香蕉”曲线。

分析：

假设各项工作均为匀速进展，即各项工作每周的劳动消耗量相等。

(1)确定各项工作每周的劳动消耗量：

工作A：45/3＝15；工作B：60/4＝15；工作C：54/2＝27；工作D：51/3＝17；

工作E：26/2＝13；工作F：60/3＝20；工作G：40/2＝20。

(2)计算各项工作的劳动消耗总量：45＋60＋54＋51＋26＋60＋40＝336(周)。

(3)根据各项工作按最早开始时间安排的速度计划，确定工程项目每周计划劳动量及各周累计劳动消耗量，如图3-56所示。

(4)根据各项工作按最迟开始时间安排的速度计划，确定工程项目每周计划劳动量及各周累计劳动消耗量。

(5)根据不同的累计劳动消耗量分别绘制ES曲线和LS曲线，便得到“香蕉”曲线，如图3-57所示。

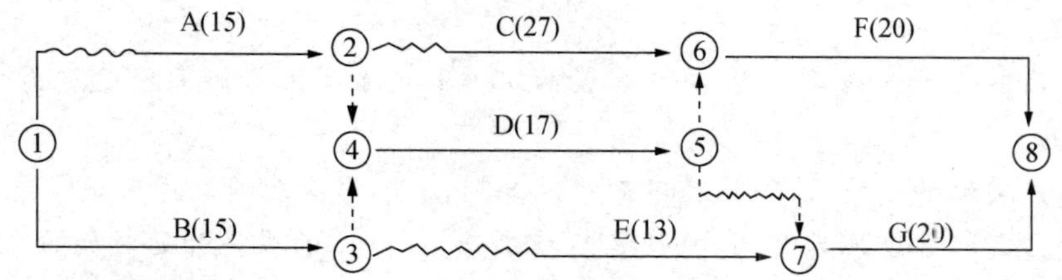

每周劳动消耗量	15	30	30	30	17	44	57	33	40	40
累计劳动消耗量	15	45	75	105	122	166	223	256	296	336

图 3-56 各项工作按最早开始时间安排的进度计划及劳动消耗量

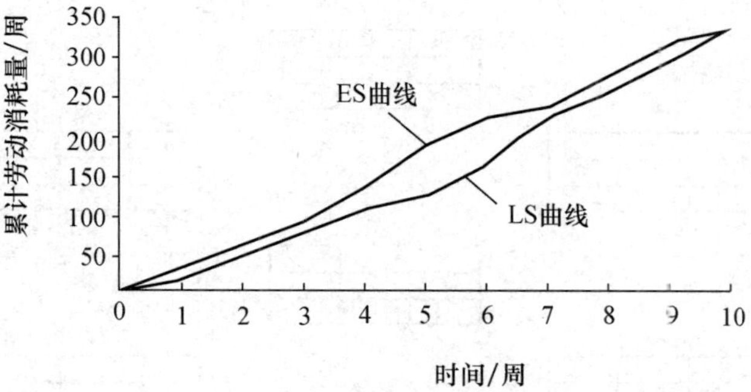

图 3-57 "香蕉"曲线图

【案例 5】

1. 背景

某工程项目时标网络计划如图 3-58 所示。该计划执行到第 6 周末检查实际速度时，发现工作 A 和工作 B 已经全部完成，工作 D、E 分别完成计划任务量的 20%和 50%，工作 C 尚需 4 周才能完成。

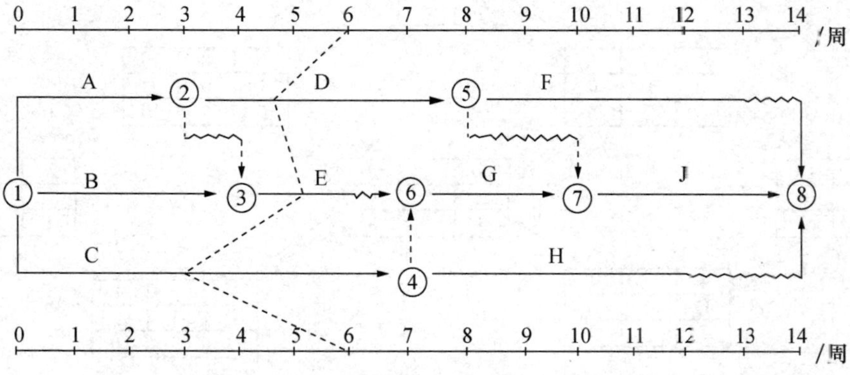

图 3-58 某工程项目时标网络计划及前锋线比较图

2. 问题

试用前锋线法进行实际进度与计划进度的比较。

分析：

根据第 6 周末实际进度的检查结果绘制前锋线，如图 3-58 中点划线所示。通过比较可以看出以下几点：

(1)工作D实际进度拖后2周，将使其紧后工作F的最早开始时间推迟2周，并使总工期延长1周。

(2)工作E实际进度拖后1周，既不影响总工期，也不影响后续工作的正常进行。

(3)工作C实际进度拖后3周，将使其后续工作G、H、J的最早开始时间推迟3周。工作C为关键工作，故将使总工期延长3周。

综上所述，如果不采取措施加快进度，该工程项目的总工期将延长3周。

【案例6】

单代号网络图(图3-59)参数计算练习。

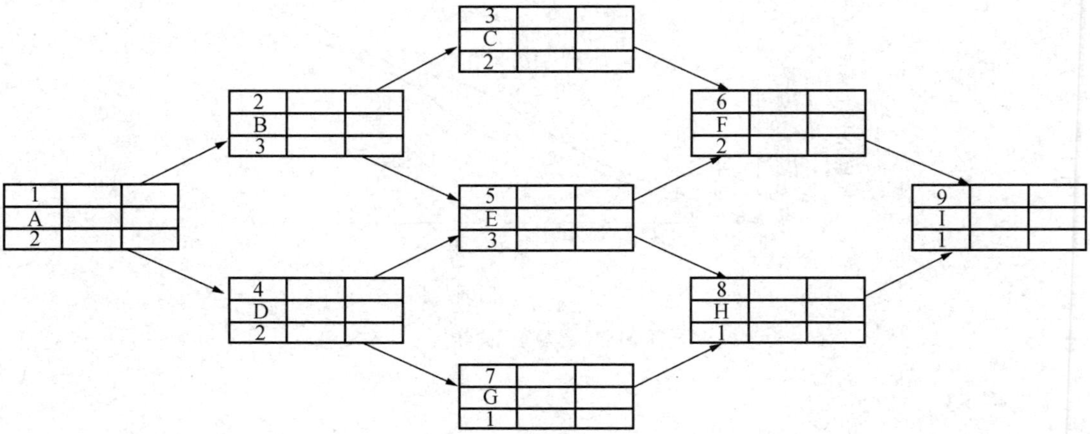

图3-59　单代号网络图参数计算练习

分析：计算答案如图3-60所示。

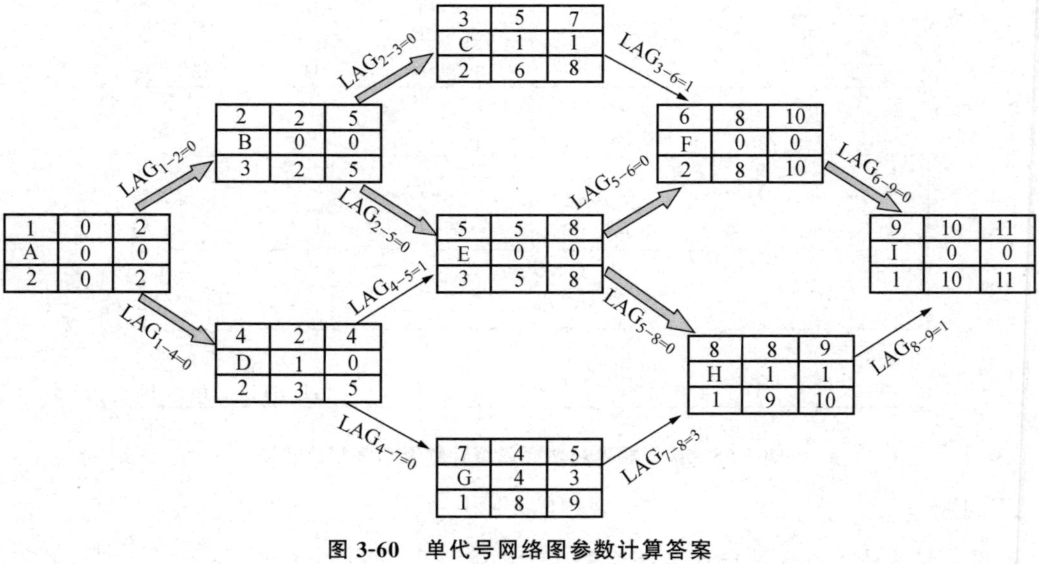

图3-60　单代号网络图参数计算答案

项目三练习题

一、单项选择题

1. 采用非匀速进展横道图比较法比较工作实际进度与计划进度时，涂黑粗线的长度表示该工作的(　　)。

A. 计划完成任务量　　B. 实际完成任务量

C. 实际进度偏差　　D. 实际投入的时间

2. 在建设工程网络计划实施中，某项工作实际进度延长的时间超过其总时差时，如果不改变工作之间的逻辑关系，则调整进度计划的方法是(　　)。

A. 减小关键线路上该工作后续工作的自由时差

B. 缩短关键线路上该工作后续工作的持续时间

C. 对网络计划进行“资源有限、工期最短”的优化

D. 减小关键线路上该工作后续工作的总时差

3. 某分项工程实物工程量为 2 000 m^2，该分项工程人工产量定额为 55 m^2/工日，计划每天安排 2 班、每班 10 人完成该分项工程，则其持续时间为(　　)d。

A. 10　　B. 20　　C. 40　　D. 55

4. 当建设工程实际施工进度拖后而需要调整施工进度计划时，可采取的组织措施之一是(　　)。

A. 改进施工工艺和施工技术　　B. 采用更先进的施工机械

C. 改善外部协作配合条件　　D. 增加劳动力和施工机械的数量

5. 下列关于单代号网络图与双代号网络图特点的说法，错误的是(　　)。

A. 两种网络图中工作都可以用虚箭头表示

B. 单代号网络图中不使用虚箭头和虚工作

C. 双代号网络图的持续时间不是表示在节点之中的

D. 单代号网络图工作之间的逻辑关系会产生更多的纵横交叉现象

6. 双代号网络图的组成要素是指(　　)。

A. 时差、最早时间、最迟时间　　B. 总时差、局部时差、计算工期

C. 工作、节点、线路　　D. 工作、节点、关键线路

7. 关于网络计划的说法，正确的是(　　)。

A. 网络计划中允许存在循环回路

B. 由关键工作组成的线路称为非关键线路

C. 一个网络计划可能有多条关键线路

D. 关键线路上也可能存在非关键工作

8. 下图为某工程双代号网络计划，其中的关键线路是(　　)。

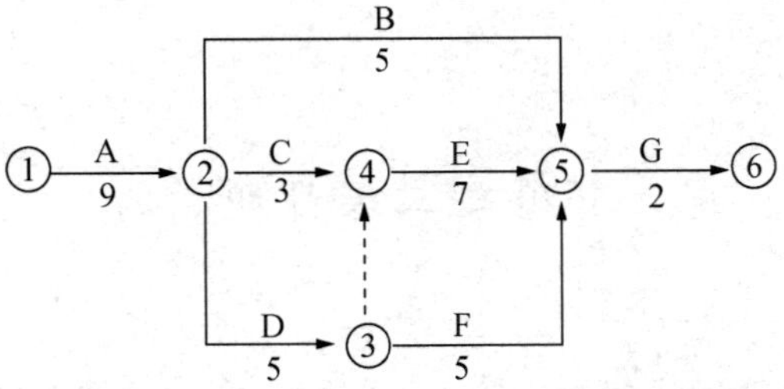

A. ①—②—④—⑤—⑥　　B. ①—②—⑤—⑥

C. ①—②—③—④—⑤—⑥　　D. ①—②—③—⑤—⑥

9. 已知某工程双代号网络图如下，按照计划安排 F 工作的最早开始时间为(　　)。

A. 第 10 天　　B. 第 12 天　　C. 第 14 天　　D. 第 17 天

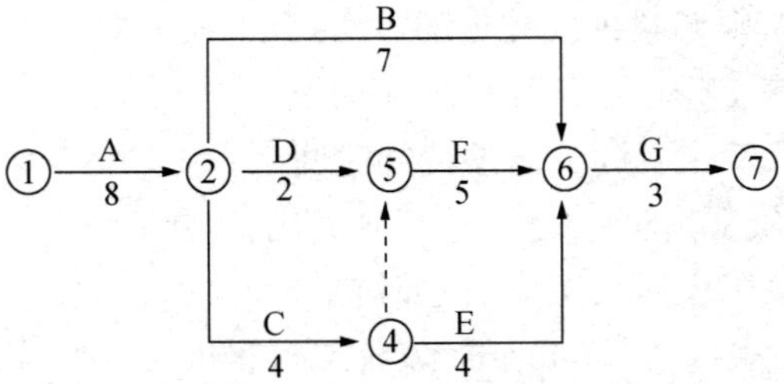

10. 某工程网络计划中，工作 W 的最早开始时间和最迟开始时间分别为第 12 天和第 16 天，其持续时间为 5 d，工作 W 有 3 个紧后工作，它们的最早开始时间分别为第 21 天、第 24 天和第 28 天，则 W 的自由时差为(　　)d。

A. 4　　B. 7　　C. 11　　D. 6

11. 某分部工程双代号网络图如下图所示，总工期为 16 d。如果工作③—⑤拖延 6 d 开始，则总工期将延长(　　)。

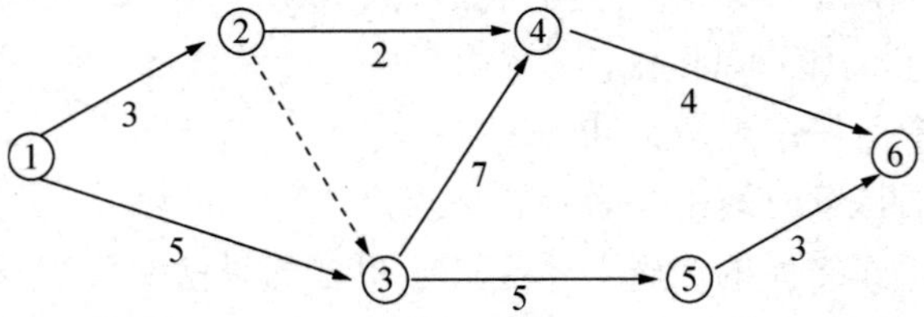

A. 1 d　　B. 3 d　　C. 5 d　　D. 6 d

12. 在某双代号网络计划中，工作 A 的最早开始时间为第 10 天，其持续时间为 6 d。该工作有两项紧后工作，它们的最早开始时间分别为第 26 天和第 31 天，最迟开始时间分别为第 27 天和第 34 天，则工作 A 的总时差和自由时差(　　)d。

A. 均为 11　　B. 分别为 10 和 9　　C. 均为 10　　D. 分别为 11 和 10

13. 已知在双代号网络计划中，某工作有两项紧前工作，它们的最早完成时间分别为 18 d 和 23 d。如果该工作的持续时间为 6 d，则该工作最早完成时间为(　　)。

A. 18 d　　B. 23 d　　C. 24 d　　D. 29 d

14. 某工程的分部工程双代号网络计划如下图所示，关键线路为(　　)。

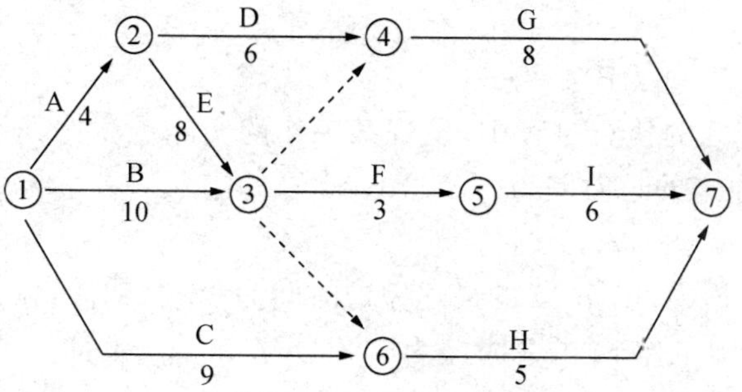

A. ①—②—④—⑦　　　　B. ①—②—③—⑥—⑦

C. ①—②—③—⑤—⑦　　　　D. ①—③—⑥—⑦

15. 已知单代号网络计划如下图所示，工作 A 最早开始时间(ES)和最早完成时间(EF)分别为 10 d 和 24 d，则其紧后工作 B 的最早开始时间（ES_2）和最早完成时间（EF_2）分别为（　　）。

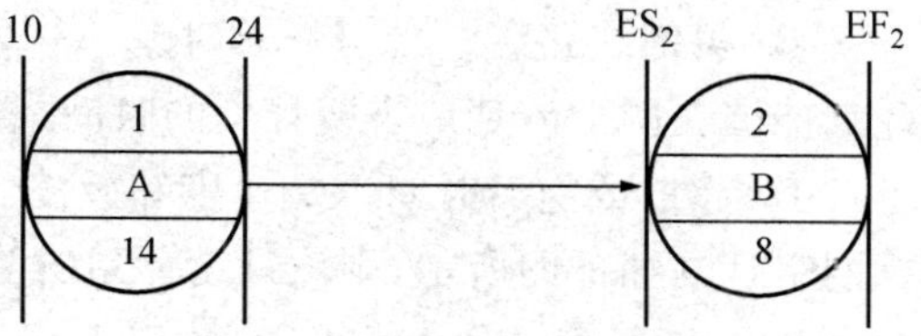

A. 10 d 和 18 d　　B. 18 d 和 32 d　　C. 18 d 和 24 d　　D. 24 d 和 32 d

16. 假设工作 C 的紧前工作仅有 A 和 B，它们的最早开始时间分别为 6 d 和 7 d，持续时间分别为 4 d 和 5 d，则工作 C 的最早开始时间为（　　）d。

A. 10　　B. 11　　C. 12　　D. 13

17. 已知下列双代号网络图，由于设计图纸的变更，D 工作延误 6 d，则总工期将延长（　　）d。

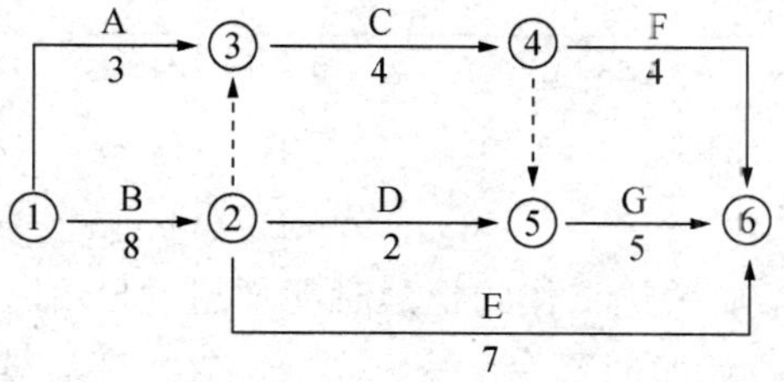

A. 2　　B. 3　　C. 4　　D. 5

18. 已知下列双代号网络图，其中工作 J 的最早完成时间为（　　）d。

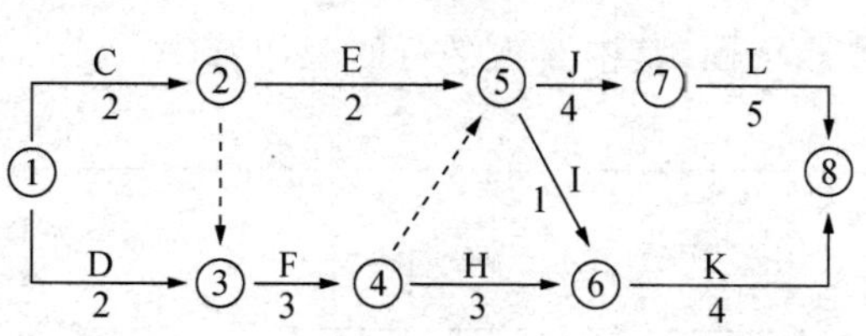

A. 4　　B. 6　　C. 9　　D. 11

19. 已知某网络计划中工作 M 的自由时差为 3 d，总时差为 5 d。通过检查分析，发现该工作的实际进度拖后，且影响总工期 1 d。在其他工作均正常的前提下，工作 M 的实际进度拖后(　　)d。

A. 1　　B. 4　　C. 6　　D. 9

20. 在工程网络计划的执行过程中,发现某工作的实际进度比其计划进度拖后 5 d,影响总工期 2 d,则该工作原来的总时差为(　　)d。

A. 2　　B. 3　　C. 5　　D. 7

21. 在工程网络计划中,工作 M 的最迟完成时间为 25 d,其持续时间为 7 d。如果工作 M 最早开始时间为 13 d,则工作 M 的总时差为(　　)d。

A. 5　　B. 6　　C. 7　　D. 12

22. 在双代号网络计划中,如果其计划工期与计算工期相等,且工作 $i—j$ 的完成节点在关键线路上,则工作 $i—j$ 的自由时差(　　)。

A. 等于零　　B. 小于零

C. 小于其相应的总时差　　D. 等于其相应的总时差

23. 双代号时标网络计划中以波形线表示工作的(　　)。

A. 逻辑关系　　B. 关键线路　　C. 总时差　　D. 自由时差

24. 双代号时标网络计划能够在图上清楚地表明计划的时间进程及各项工作的(　　)。

A. 开始和完成时间　　B. 超前或拖后时间　　C. 速度和效率　　D. 实际进度偏差

25. 某工程双代号时标网络计划如下图所示,则该进度计划的关键线路是(　　)。

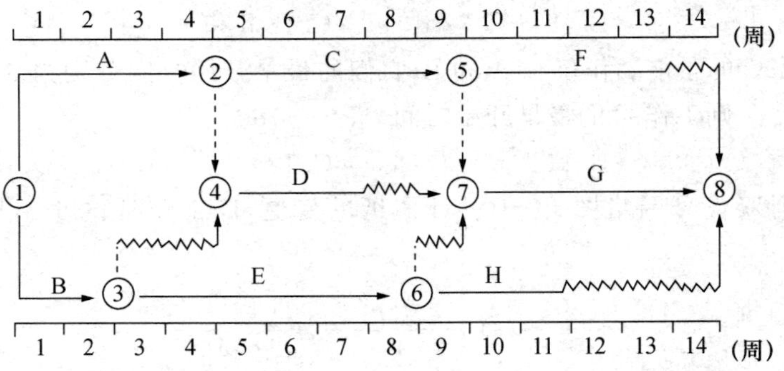

A. ①—②—⑤—⑦—⑧　　B. ①—②—④—⑦—⑧

C. ①—②—⑤—⑧　　D. ①—③—⑥—⑦—⑧

26. 双代号网络图中,某非关键工作的拖延时间不超过自由时差,则(　　)。

A. 后续工作最早可能开始时间不变　　B. 仅改变后续工作最早可能开始时间

C. 后续工作最迟必须开始时间改变　　D. 紧后工作最早可能开始时间改变

二、多项选择题

1. 下图为一个双代号网络图,其中互为平行的工作有(　　)。

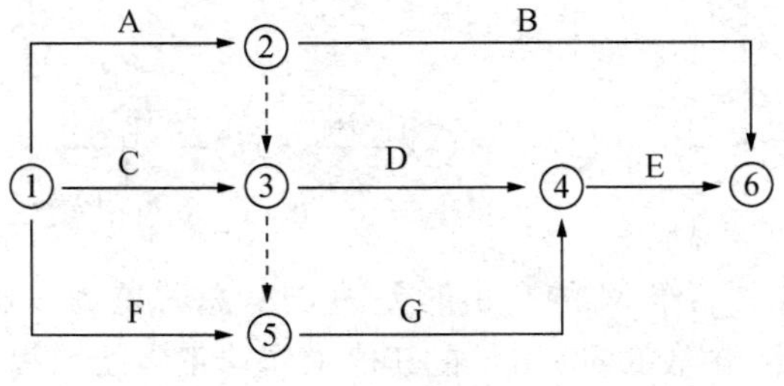

A. 工作 A 和工作 C　　B. 工作 A 和工作 B　　C. 工作 B 和工作 E

D. 工作 C 和工作 D　　E. 工作 C 和工作 F

2. 某分部工程中各项工作间逻辑关系和相应的双代号网络计划如下表和图所示，图中错误之处有(　　)。

工作	A	B	C	D	E	F	G	H	I	J
紧后工作	C	F、G	H	H	H、I、J	H、I、J	I、J	—	—	—

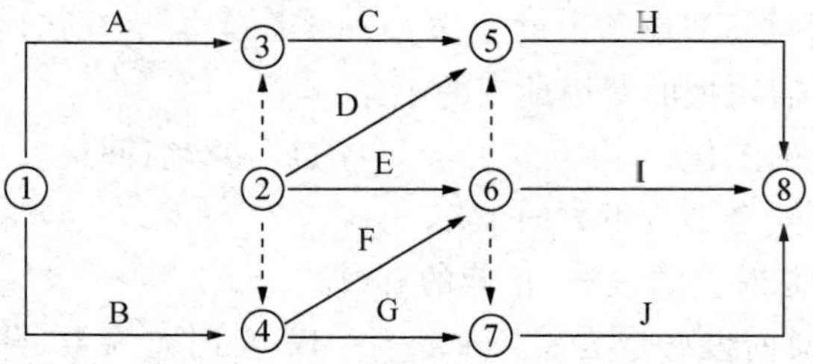

A. 多个终点节点　　B. 多个起点节点　　C. 工作代号重复

D. 不符合给定逻辑关系　　E. 节点编号有误

3. 下列双代号网络图中，工作 A 的紧后工作有(　　)。

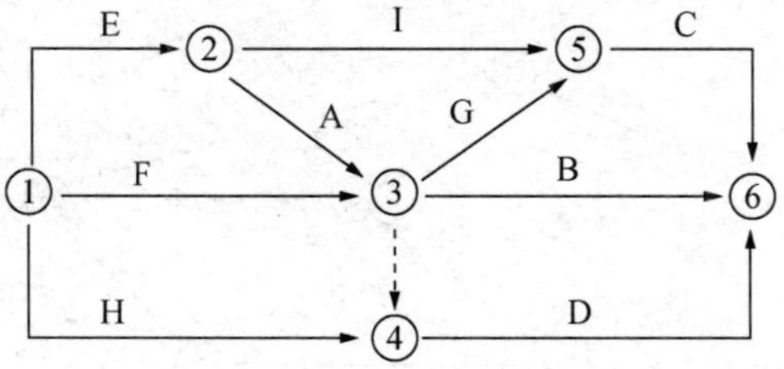

A. 工作 I　　B. 工作 B　　C. 工作 C　　D. 工作 D　　E. 工作 G

4. 某单代号网络计划如下图所示，其关键线路为(　　)。

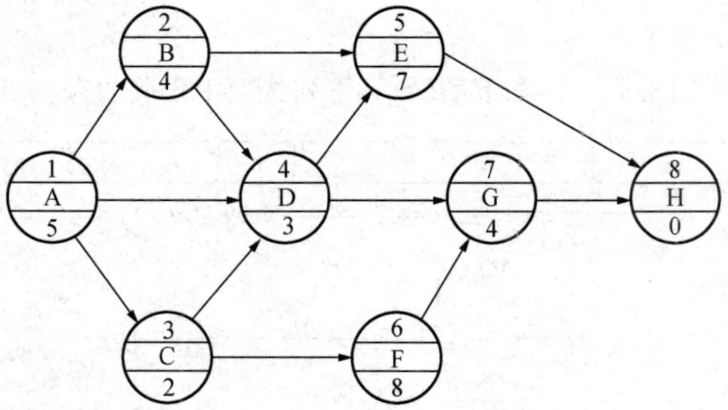

A. ①—②—④—⑤—⑧　　B. ①—②—⑤—⑧　　C. ①—③—④—⑤—⑧

D. ①—③—④—⑦—⑧　　E. ①—③—⑥—⑦—⑧

5. 双代号网络图中虚工作的特点有(　　)。

A. 虚工作要占用时间　　B. 虚工作不消耗资源

C. 实际工作中不存在虚工作　　D. 工作用虚箭线表示

E. 虚箭线和实箭线不可以交叉

6. 在工程网络计划中,关键线路是指(　　)的线路。

A. 双代号网络计划中无虚箭线

B. 双代号时标网络计划中无波形线

C. 单代号网络计划中工作时间间隔均为零

D. 双代号网络计划中工作持续时间最长

E. 单代号网络计划中自由时差为零的工作组成

7. 当计算工期不能满足要求工期时,需要压缩关键工作的持续时间以满足工期要求。在选择缩短持续时间的关键工作时宜考虑(　　)。

A. 缩短持续时间对质量影响不大的工作

B. 缩短持续时间所需增加的费用最少的工作

C. 有充足备用资源的工作

D. 持续时间最长的工作

E. 缩短持续时间对安全影响不大的工作

8. 关于自由时差和总时差的说法,正确的有(　　)。

A. 自由时差为零,总时差必定为零

B. 总时差为零,自由时差必为零

C. 不影响总工期的前提下,工作的机动时间为总时差

D. 不影响紧后工作最早开始的前提下,工作的机动时间为自由时差

E. 自由时差总是不大于总时差

9. 已知某基础工程经过调整的双代号网络计划如下图,其表达的正确信息有(　　)。

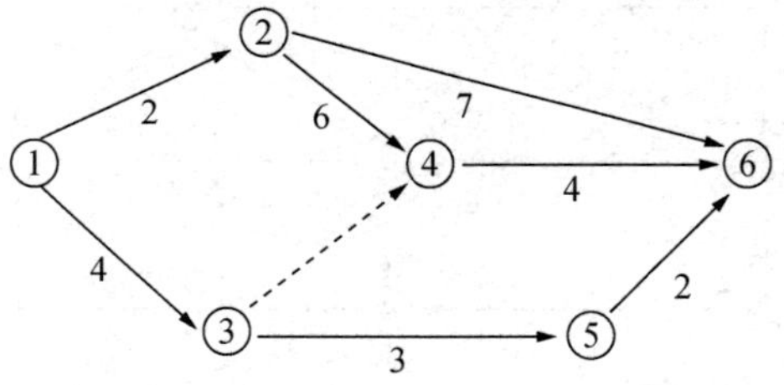

A. 该计划的工期为 12 d

B. 工作④—⑥最早开始时间为 4 d

C. 关键线路为①—③—⑤—⑥

D. 工作②—⑥为非关键工作

E. 工作③—④为虚工作

10. 某工程双代号时标网络图如下图所示,下列选项中正确的有(　　)。

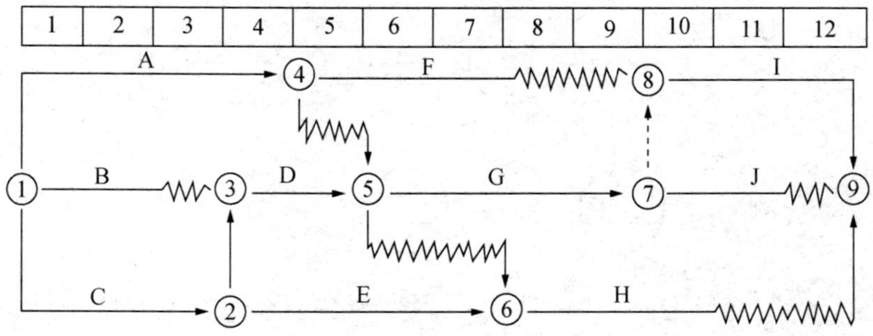

A. 工作 A 总时差为 1 d

B. 工作 F 最迟完成时间为第 9 天

C. 工作 E 的自由时差为 2 d

D. 工作 G 最早开始时间为第 5 天

E. 工作 F 总时差为 2 d

三、简答题

1. 建设工程实际进度与计划进度的比较方法有哪些？各有何特点？
2. 利用S形曲线比较法可以获得哪些信息？
3. “香蕉”曲线是如何形成的？其作用有哪些？
4. 实际进度前锋线如何绘制？
5. 如何分析进度偏差对后续工作及总工期的影响？
6. 进度计划的调整方法有哪些？如何进行调整？
7. 检查实际施工进度的方式有哪些？
8. 施工进度计划的调整方法有哪些？
9. 施工项目进度控制措施有哪些？
10. 建设工程项目进度计划检查的主要工作有哪些？
11. 调度工作主要有哪些内容？
12. 编制建设工程项目进度计划的步骤有哪些？
13. 建设工程项目进度计划的表示方法有哪些？

四、案例分析题

1. 某工程网络计划如下图，在第5天检查时发现工作A已完成，工作B进行了1 d，工作C进行了2 d，工作D还未开始。试用前锋线法和列表比较法分析实际进度与计划进度的关系。

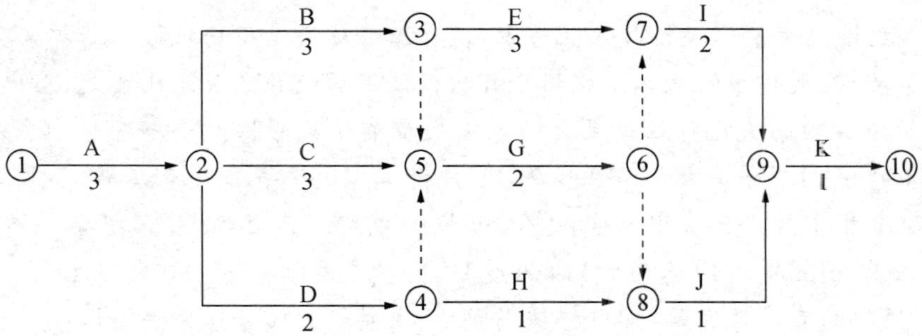

2. 某工程对象有A、B、C、D 4个施工过程，其分4个施工段进行施工，各施工过程的流水节拍分别为：$t_A=3$ d，$t_B=2$ d，$t_C=4$ d，$t_D=2$ d，C完成后有2 d的间歇时间。试组织其流水施工。

3. 某工程对象有A、B、C、D 4个施工过程，分4段进行施工，各施工过程的流水节拍均为2 d，且施工过程B与施工过程C之间有1 d的间隔时间。试组织其流水施工。

4. 根据下表数据组织流水施工，其中B、C完成后分别有2 d、1 d的间歇时间。

施工过程	施工段			
	一	二	三	四
A	1	3	2	4
B	4	1	3	3
C	2	2	2	2
D	3	2	1	2

项目四　建设工程项目质量管理

项目目标

1. 了解质量管理体系的建立和运行；

2. 了解建筑工程质量事故的特点、分类、成因，事故处理的依据、程序、方法等内容；

3. 掌握影响工程项目质量的因素：人、机、料、法、环(4M1E)五大方面；

4. 掌握质量管理的统计方法；

5. 掌握施工质量的控制依据和程序；

6. 能按建设工程标准、规范的要求进行施工质量控制；

7. 会运用建设工程质量管理的原则、方法和手段进行建设工程项目质量管理；

8. 会运用建筑工程中地基与基础、钢筋混凝土、砌体、装饰以及防水工程中常见分项工程的质量控制及质量验收标准。

案例导入

随着社会经济的发展和施工技术的进步，现代工程建设呈现出规模不断扩大、技术复杂程度不断提高等特点，大规模的单体工程和具有综合使用功能的建筑比比皆是，而出现工程质量方面的问题所造成的损失也往往是巨大的。重庆市綦江县彩虹桥是一座长 102 m、宽 10 m、桥净空跨度 120 m 的中承式拱桥，1994 年 11 月动工，1996 年 2 月完工正式投入使用，耗资 368 万元。1999 年 1 月 4 日傍晚 6 时 50 分，彩虹桥轰然一声巨响，整体坍塌。事故造成包括 18 名年轻武警战士在内的 40 人死亡、14 人受伤，直接经济损失达 630 余万元。

经调查，事故的直接原因是：①吊杆锁锚问题，主拱钢绞线锁锚方法错误；②主拱钢管焊接问题，主拱钢管在工厂加工中，对接焊缝普遍存在裂纹、未焊透、未熔合、气孔、夹渣等严重缺陷，质量达不到施工及验收规范规定的二级焊缝验收标准；③钢管混凝土问题，主钢管内混凝土强度未达到设计要求，局部有漏灌现象，在主拱肋板处甚至出现 1 m 空洞；④设计问题，设计粗糙，随意更改。

间接原因如下。①建设过程严重违反基本建设程序，未进行设计审查，未进行施工招投标，未办理建筑施工许可，未进行工程竣工验收。②管理混乱：工程总承包关系混乱，总承包单位在履行职责上严重失职；施工管理混乱，设计变更随意，手续不全，技术管理薄弱，责任不落实，关键工序及重要部位的施工质量无人把关；材料及构配件进场管理失控，不按规定进行试验检测，外协加工单位加工的主拱钢管未经焊接质量检测合格就交付施工方使用；质监部门未严格审查项目建设条件就受理质监委托，且未认真履行职责，对项目未经验收就交付使用的错误做法未有效制止；工程档案资料管理混乱，无专人管理；未经验收，强行使用，最终造成重大工程事故。因此，对工程进行严格的质量管理，科学地评价工程质量，是建设工程项目质量管理的重要工作内容。

任务一 建设工程项目质量管理概述

一、有关质量及质量管理的术语

(一)有关质量的术语

(1)质量 质量是指一组固有特性满足要求的程度。

质量不仅指产品质量,也可以是某项活动或过程的工作质量,还可以是质量管理体系运行的质量。

质量的关注点是一组固有的特性,而不是赋予的特性。对产品来说,如水泥的化学成分、细度、凝结时间、强度是固有特性,而价格和交货期是赋予特性;对过程来说,固有特性是过程将输入转化为输出的能力;对质量管理体系来说,固有特性是实现质量方针和质量目标的能力。

特性可是定性的或定量的。特性有各种类别,如物理的(机械、力学性能等)特性、感观的(嗅觉、触觉、视觉、听觉等)特性、时间的(可靠性、准时性、可用性等)特性、人体工效的(生理的或有人身安全的)特性,以及功能的(如房屋采光、通风、隔热、隔声等)特性。与旧定义相比,新定义有两点明显的改进:一是质量反映的是“满足要求的程度”,而不是“特性总和”,特性是固有的,与要求相比较,满足要求的程度才反映为质量的好坏,因而,新定义更科学;二是明确提出“固有特性”的概念,说明固有特性是产品、过程或体系的一部分,而赋予的特性不是固有特性,不反映在产品的质量范畴中,使质量的概念更为明确。

(2)要求 要求包括明示的、隐含的和必须履行的需求或期望。

“明示要求”一般是指在合同环境中,用户明确提出的需要或要求,通常是通过合同、标准、规范、图纸、技术文件等所做出的明文规定。而“隐含要求”一般是指非合同环境(即市场环境)中,用户未提出或未提出明确要求,由生产企业通过市场调研进行识别或探明的要求或需要。这是用户或社会对产品服务的“期望”,也就是人们公认的、不言而喻的那些“需要”。如住宅的平面布置要方便生活,要能满足人们最起码的居住功能,就属于隐含要求。

(3)顾客满意 顾客满意是指顾客对其要求已被满足的程度的感受。

理解术语“顾客满意”要注意:顾客抱怨是一种满意程度低的最常见的表达方式,但没有抱怨并不一定代表顾客很满意,即使规定的顾客要求符合顾客的愿望并使其得到满足,也不一定能确保顾客很满意。

(二)有关质量管理的术语

(1)体系 它是相互关联或相互作用的一组要素。

(2)管理 它是指挥和控制组织协调的活动。

(3)管理体系 它是指建立方针和目标,并实现这些目标的体系。一个组织的管理体系可包括若干个不同的管理体系,如质量管理体系、财务管理体系和环境管理体系。

(4)质量管理　质量管理是指在质量方面指挥和控制组织协调的活动。质量管理的首要任务是确定质量方针、目标和职责,核心是建立有效的质量管理体系,通过具体的 4 项活动,即质量策划、质量控制、质量保证和质量改进,确保质量方针的实施和质量目标的实现。

(5)质量管理体系　质量管理体系是在质量方面指挥和控制组织的管理体系。严格地讲,质量管理体系是指为实施质量管理所需的组织结构、程序、过程和资源。

(6)质量方针　质量方针是指组织的最高管理者正式发布的该组织总的宗旨和方向。通常,质量方针与组织的总方针一致,并为制定质量目标提供框架。

(7)质量目标　质量目标是指在质量方面所追求的目的。质量目标通常依据组织的质量方针制定,对组织的相关职能和层次分别规定质量目标。

(8)质量策划　质量策划是质量管理的一部分,致力于制定质量目标并规定必要的运行过程和相关资源,以实现质量目标。编制质量计划可以是质量策划的一部分。质量策划强调的是一系列活动,而质量计划是质量策划的结果之一,通常是一种书面文件。

(9)质量控制　质量控制是质量管理的一部分,致力于满足质量要求。质量控制的目标就是确保产品的质量满足顾客、法律法规等方面所提出的质量要求。质量控制要贯穿项目施工的全过程,包括施工准备阶段、施工阶段和交工验收阶段等。

(10)质量保证　质量保证是质量管理的一部分,致力于提供质量要求会得到满足的信任。质量保证的内涵已经不是单纯地为了保证质量,保证质量是质量控制的任务,而质量保证是以保证质量为基础,进一步引申到提供"信任"这一基本目的。

质量保证可分为内部质量保证和外部质量保证。内部质量保证是为使项目经理确信本工程项目质量或服务质量满足规定要求所进行的活动,它是项目质量管理职能的一个组成部分,其目的是使项目经理对工程项目的质量放心;外部质量保证是向顾客或第三方认证机构提供信任,这种信任表明企业(或项目)能够按规定的要求,保证持续稳定地向顾客提供合格产品,同时也向认证机构表明企业的质量管理体系符合 GB/T 19000 标准要求,并且能有效运行。

(11)质量改进　质量改进是质量管理的一部分,致力于增强满足质量要求的能力。要求可以是有关各种方面的,如有效性、效率或可追溯性。

(12)持续改进　持续改进是增强满足要求能力的循环活动。制定改进目标和寻求改进机会的过程是一个持续过程,该过程使用审核发现和审核结论、数据分析、管理评审或其他方法,其结果通常导致纠正措施或预防措施的产生。

(13)最高管理者　最高管理者是指在最高层指挥和控制组织的个人或一组人。

(14)有效性　有效性是指完成策划活动和达到策划结果的程度。

(15)效率　效率是指达到的结果与所使用的资源之间的关系。

(三)工程项目质量

工程项目质量是国家现行的有关法律、法规、技术标准、设计文件及工程合同中对工程的安全、适用、经济、美观等特性的综合要求。工程项目一般都是按照合同条件承包建设的,因此,工程项目质量是在"合同环境"下形成的。合同条件中对工程项目的功能、使用价值,以及设计和施工质量等的明确规定都是业主的"需要",因而都是质量保证的内容。

从功能和使用价值来看,工程项目质量特性主要表现在以下 6 个方面。

(1)适用性　适用性即功能,是指工程满足使用目的的各种性能,可从内在质量和外观性能两个方面来区别。内在质量，如耐酸、耐碱、防火等材料的化学性能，尺寸、规格、保温、隔热、隔声等物理性能，结构的强度、刚度、稳定性等力学性能，满足生活或生产需要的使用功能；外观性能，指建筑物的造型、布置、室内装饰效果、色彩等。

(2)耐久性　耐久性即寿命，是指工程在规定的条件下，满足规定功能要求使用的年限，也就是工程竣工后的合理使用寿命周期。由于结构物本身结构类型不同、施工方法不同、使用性质不同的个性特点，设计使用年限也有所不同。如民用建筑主体结构的耐用年限分为四级(15～30年，30～50年，50～100年，100年以上)。

(3)安全性　安全性是指工程建成后在使用过程中保证结构安全、人身和环境免受危害的程度。工程产品的结构安全度、抗震、耐火及防火能力是否达到特定的要求，都是安全性的重要标志。工程交付使用后，必须保证人身财产、工程整体都能免遭工程结构破坏及外来危害的伤害。工程组成部件(如阳台栏杆、楼梯扶手、电气产品漏电保护、电梯及各类设备等)也要保证使用者的安全。

(4)可靠性　可靠性是指工程在规定的时间和规定的条件下完成规定功能的能力。工程不仅要求在交工验收时要达到规定的指标，而且在一定的使用时期内要保持应有的正常功能。如工程的防洪与抗震能力、防水隔热性能、恒温恒湿措施、工业生产用的管道防"跑、冒、滴、漏"等，都属可靠性的质量范畴。

(5)经济性　经济性是指工程从规划、勘察、设计、施工到整个产品使用寿命周期内的成本和消耗的费用，具体表现为设计成本、施工成本、使用成本三者之和，包括征地、拆迁、勘察、设计、采购(材料、设备)、施工、配套设施等建设全过程的总投资和工程使用阶段的能耗、水耗、维护、保养乃至改建更新的使用维修费用。

(6)环境协调性　环境协调性主要体现在与生产环境相协调、与人居环境相协调、与生态环境相协调及与社会环境相协调等方面，以适应可持续发展的要求。

工程项目是根据业主的要求而兴建的，不同的业主也就有不同的功能要求，所以除上述工程通用的质量特性外，工程项目的功能和使用价值的质量是相对于业主的需要而言的，并无固定和统一的标准。

任何工程项目都由分项工程、分部工程和单位工程所组成，而工程项目的建设，又是通过一道道工序来完成的。工程项目质量包含了工序质量、分项工程质量、分部工程质量和单位工程质量。显然，工程质量的形成必须经历一个过程，而过程的每一阶段又可看作过程的子过程，如此形成由工序质量保证分项工程质量，进而保证分部工程质量和单位工程质量。所以，只有抓好每一过程(每一道工序)的质量才能保证工程项目的整体质量。

工程项目质量不仅包括活动或过程的结果，还包括活动或过程本身，即包括生产产品的全过程。因此，工程项目质量应包括如下工程建设各个阶段的质量及其相应的工作质量：①工程项目决策质量；②工程项目设计质量；③工程项目施工质量；④工程项目回访保修质量。

工程项目质量也包含工作质量。工作质量是指参与工程建设者为了保证工程项目质量所从事工作的水平和完善程度。工作质量包括：社会工作质量，如社会调查、市场预测、质量回访和保修服务等；生产过程工作质量，如政治工作质量、管理工作质量、技术工作质量和后勤工作质量等。工程项目质量的好坏是决策、计划、勘察、设计、施工等单位各方面、各环节工作质量的综合反映，而不是单纯靠质量检验检查出来的。要保证工程项目的质量，就要求有关部门和人员精心工作，对决定和影响工程质量的所有因素严加控制，即通过提高工作质量来保证和提高工程项目质量。

(四)工程建设各阶段对质量形成的影响

要实现对工程项目质量的控制,就必须严格执行工程建设程序,对工程建设过程中各个阶段的质量严格控制。工程建设的不同阶段对工程项目质量的形成起着不同的作用,具有不同的影响,具体表现在以下几个方面:

(1)项目可行性研究对工程项目质量的影响　项目可行性研究是运用技术经济学原理,在对投资建设有关的技术、经济、社会、环境等所有方面进行调查研究的基础上,对各种可能的拟建方案和建成投产后的经济效益、社会效益和环境效益等进行技术经济分析、预测和论证,确定项目建设的可行性,并在可行的情况下提出最佳建设方案,作为决策、设计的依据。在此阶段,需要确定工程项目的质量要求,并与投资目标相协调。因此,项目的可行性研究直接影响项目的决策质量和设计质量。

(2)项目决策阶段对工程项目质量的影响　项目决策阶段主要是确定工程项目应达到的质量目标及水平。对于工程项目建设,需要控制的总体目标是投资、质量和进度,它们三者之间是互相制约的。要做到投资、质量、进度三者协调统一,达到业主最为满意的质量水平,应通过可行性研究和多方案论证来实现。因此,项目决策阶段是影响工程项目质量的关键阶段,要能充分反映业主对质量的要求和意愿。在进行项目决策时,应从整个国民经济角度出发,根据国民经济发展的长期计划和资源条件,有效地控制投资规模,以确定工程项目最佳的投资方案、质量目标和建设周期,使工程项目的预定质量标准在投资、进度目标下能够顺利实现。

(3)工程项目设计阶段对工程项目质量的影响　工程项目设计阶段是根据项目决策阶段已确定的质量目标和水平,通过工程设计使其具体化。设计在技术上是否可行、工艺是否先进、经济是否合理、设备是否配套、结构是否安全可靠等,都决定着工程项目建成后的使用价值和功能。因此,设计阶段是影响工程项目质量的决定性环节。

(4)工程项目施工阶段对工程项目质量的影响　工程项目施工阶段是根据设计文件和图纸的要求,通过施工形成工程实体。这一阶段直接影响工程的最终质量,因此是工程质量控制的关键环节。

(5)工程项目竣工验收阶段对工程项目质量的影响　工程项目竣工验收阶段就是对项目施工阶段的质量进行试运转、检查评定,考核质量目标是否符合设计阶段的质量要求。这一阶段是工程建设向生产转移的必要环节,影响工程能否最终形成生产能力,体现了工程质量水平的最终结果。因此,工程项目竣工验收阶段是工程质量控制的最后一个重要环节。

综上所述,工程项目质量的形成是一个系统的过程,即工程质量是项目可行性研究、项目决策、工程项目设计、工程项目施工和工程项目竣工验收各阶段质量的综合反映。

二、建筑工程质量管理的重要性

《中华人民共和国建筑法》第一条明确了制定此法是“为了加强对建筑活动的监督管理,维护建筑市场秩序,保证建筑工程的质量和安全,促进建筑业的健康发展”。该法的第三条又再次强调了对建筑活动的基本要求是“建筑活动应当确保建筑工程质量和安全,符合国家的建筑工程安全标准”。由此可见,建筑工程质量与安全问题在建筑活动中占有重要地位。数十年来，几乎所有建筑工地上都悬挂着“百年大计，质量第一”的醒目标语，这实质上是对质量与安全的高度概括。所以，工程项目的质量是项目建设的核心，是决定工程建设成败的关键。它对提高工程项目的经济效益、社会效益和环境效益具有重大意义，直接关系到国家财产和人民生命安全，关系着社会主义建设事业的发展。

要确保和提高工程质量，必须加强质量管理工作。如今，质量管理工作已经越来越被人们所重视，大部分企业领导清醒地认识到，高质量的产品和服务是市场竞争的有效手段，是争取用户、占领市场和发展企业的根本保证。但是与国民经济发展水平和国际水平相比，我国的质量管理水平仍有很大差距。国际标准化组织(ISO)1979 年成立了质量管理和质量保证技术委员会(TC176)。1987 年 ISO/TC176 发布了 ISO 9000 系列标准。该系列标准后经不断修改与完善，已被很多国家和地区等同转化为国家标准。

作为建设工程产品的工程项目，投资和耗费的人工、材料、能源都相当大，投资者付出巨大的投资，要求获得理想的、满足适用要求的工程产品，以期在预定时间内能发挥作用，为社会经济建设和物质文化生活需要做出贡献。如果工程质量差，不但不能发挥应有的效用，而且还会因质量、安全等问题影响国计民生和社会环境安全。因此，要从发展战略的高度来认识质量问题，质量已关系到国家的命运、民族的未来，质量管理的水平已关系到行业的兴衰、企业的命运。

工程质量的优劣，直接影响国家经济建设的速度。工程质量差本身就是最大的浪费。低劣的质量一方面需要大幅度增加返修、加固、补强等人工、材料、能源的消耗，另一方面还将给用户增加使用过程中的维修、改造费用。同时，低劣的质量必然缩短工程的使用寿命，使用户遭受经济损失。此外，质量低劣还会带来其他的间接损失，如停工、降低使用功能、减产等，给国家和使用者造成的浪费、损失将会更大。工程质量低劣的原因：一些工程在建造前不进行工程地质勘察，或勘测深度不足，或勘测成果质量较差；一些工程设计错误或施工质量低劣，结果房屋尚未交工使用，已出现明显的不均匀沉降、倾斜、变形、裂缝等。

质量问题所造成的经济损失直接影响我国经济建设的速度。为了做好工程项目质量管理工作，使我国的建筑工程项目质量管理逐步步入法制化、规范化的轨道，我国建设相关部门陆续制定了一系列有关工程质量管理的法律和法规。自 1998 年以来，我国相继颁布了《中华人民共和国建筑法》《建设工程质量管理条例》《工程建设标准强制性条文》《建设工程质量监督机构监督工作指南》《质量管理体系　基础和术语》等一系列法律法规。这些法律法规的颁布、施行，进一步强化了工程施工质量管理，保证了国家工程建设的顺利进行。工程施工质量法律法规的颁布和实施，是国家对工程项目质量管理工作进行宏观调控的基本环节；是促进建筑工程管理体制改革顺利进行的有力保证；是实现工程项目科学管理，维护建筑市场正常、健康运行的有力工具；为我们依法行政、依法管理提供了法定依据。

三、质量管理的发展过程

随着科学技术的发展和市场竞争的需要，质量管理已越来越为人们所重视，并逐渐发展成一门新兴的学科。最早提出质量管理的国家是美国，日本在第二次世界大战后引进美国的一整套质量管理技术和方法，结合本国实际，又将其向前推进，使质量管理走上了科学的道路，取得了举世瞩目的成绩。质量管理作为企业管理的有机组成部分，它的发展随着企业管理的发展而发展，其产生、形成、发展日益完善的过程大体经历了以下几个阶段。

(一)质量检验阶段

20 世纪前，主要是手工作业和个体生产方式，依靠生产操作者自身的手艺和经验来保证质量，该时期只能称为“操作者质量管理”时期。20 世纪 20—40 年代，随着资本主义生产力的发展，机器化大生产方式与手工作业的管理制度的矛盾阻碍了生产力的发展，于是出现了管理革命。美国的泰勒研究了工业革命以来的大工业生产的管理实践，创立了“科学管理”的新理论。他的主要著作有《计件工资制度》《工厂管理》《科学管理原理》等。他提出了以计划、标准化、统一管理作为生产管理的基本原则代替以往的经验法则，奠定了科学管理的理论基础。“泰勒制”为当时的工业生产提供了合理化的管理思想。由于“泰勒制”的推行，美国当时的劳动生产率提高了 2～3 倍。因此，泰勒被奉为“科学管理之父”。

人们从长期的生产实践过程中发现，产品质量的事后检验虽然可以及时有效地完成剔除不合格品的任务，但是生产出废品，损失已经造成，即使检查再严，也无法挽回有关废品所造成的经济损失。所以，人们对质量管理提出了更高的要求，即寻求更经济、更有效的质量管理方法。

1924 年，美国统计学家休哈特创造了第一张控制图，建立了一整套统计卡片，他的控制图的基本思想是根据某一现象过去的情况来预测它将要发生的变化，从而进行有效的管理。在这个基础上他于 1926 年提出了“预防缺陷”的观点。1931 年他又出版了《工业产品经济质量控制》一书，这本书第一次把数理统计理论应用于质量管理，使质量管理的方法和功能都发生了质的变化，不仅完全打破了传统的质量管理概念，而且能够定量地分析、研究和预测产品质量的变化，变“事后检查”为“事前预防”，开创了质量管理的新时代。但由于当时不被人们充分认识和理解，书中的理论和方法没有得到广泛推广。

(二)统计质量管理阶段

20 世纪 40—50 年代，第二次世界大战初期，由于战争的需要，美国许多民用生产企业转为军用生产企业。由于事先无法控制产品质量，废品量很大，耽误了交货期，甚至因军火质量差而发生事故。同时，军用品的质量检验大多属于破坏性检验，不可能进行事后检验。于是人们采用了休哈特的“预防缺陷”理论。美国国防部请休哈特等研究制定了一套美国战争时代的质量管理方法，强制生产企业执行。这套方法主要是采用统计质量控制图，了解质量变动的先兆，提前进行预防，使不合格产品率大为下降，对保证产品质量起到了较好的效果。这种用数理统计方法来控制生产过程影响质量的因素，把单纯的质量检验变成了过程管理，使质量管理从“事后”转到了“事中”，较单纯的质量检验进了一大步。第二次世界大战后，许多工业发达国家生产企业也纷纷采用和效仿这种质量管理工作模式。但因为该模式对数理统计知识的掌握有一定的要求，在过分强调的情况下，给人们以“统计质量管理是少数数理统计人员责任”的错觉，而忽略了广大生产与管理人员的作用，结果既没有充分发挥数理统计方法的作用，又影响了管理功能的发展，把数理统计在质量管理中的应用推向了极端。到了 20 世纪 50 年代，人们认识到统计质量管理方法并不能全面保证产品质量，进而促使了“全面质量管理”新阶段的出现。

(三)全面质量管理阶段

20 世纪 60 年代以后,随着社会生产力的发展和科学技术的进步,经济上的竞争也日趋激烈,特别是一大批高安全性、高可靠性、高科技和高价值的技术密集型产品和大型复杂产品的质量,在很大程度上依靠对各种影响质量的因素加以控制,才能达到设计标准和使用要求。人们对控制质量的认识有了深化,意识到单纯靠统计检验手段已不能满足要求,对于大规模的工业化生产,质量保证除与设备、工艺、材料、环境等因素有关外,还与工程参与者的思想意识、技术素质,企业的生产技术管理等息息相关。同时,检验质量的标准与用户所需求的功能标准之间也存在时差,因此必须及时地收集反馈信息,修改、制定满足用户需要的质量标准,使产品具有竞争性。美国的菲根鲍姆首先提出了较系统的“全面质量管理”概念。其中心思想是,数理统计方法是重要的,但不能单纯依靠它,只有将它和企业管理结合起来,才能保证产品质量。这一理论很快应用于不同行业生产企业(包括服务行业和其他行业)的质量工作。此后,这一概念通过不断完善,便形成了今天的“全面质量管理”。

全面质量管理阶段的特点是针对不同企业的生产条件、工作环境及工作状态等多方面因素的变化,把组织管理、数理统计方法以及现代科学技术、社会心理学、行为科学等综合运用于质量管理,建立适用和完善的质量工作体系,对每一个生产环节加以管理,做到全面运行和控制。全面质量管理是通过改善和提高工作质量来保证产品质量;通过对产品的形成和使用全过程管理,全面保证产品质量;通过形成生产(服务)企业全过程、全员、全企业的质量工作系统,建立质量体系,以保证产品质量始终满足用户需要,使企业用最少的投入获取最佳的效益。

全面质量管理的核心是“三全”管理。全面质量管理的基本观点是:全面质量的观点、为用户服务的观点、预防为主的观点、用数据说话的观点。全面质量管理的基本工作方法是 PDCA 循环法。现就其主要内容简述如下。

(1)“三全”管理 所谓“三全”管理,主要是指全过程、全员、全企业的质量管理。

①全过程的质量管理。全过程是指一个工程项目从立项、设计、施工到竣工验收的全过程,或指工程项目施工的全过程,即从施工准备、施工实施、竣工验收直到回访保修的全过程。全过程的质量管理就是对每道工序都要有质量标准,严把质量关,防止不合格产品流入下一道工序。

②全员的质量管理。要使每一道工序质量都符合质量标准,必然涉及每一位工程参与者是否具有强烈的质量意识和优秀的工作质量。因此,全员的质量管理要强调企业的全体员工用自己的工作质量来保证每一道工序质量。

③全企业的质量管理。所谓“全企业”主要是从组织管理来理解。在企业管理中,每一个管理层次都有相应的质量管理活动,不同层次的质量管理活动的侧重点不同。上层侧重于决策与协调;中层侧重于执行其质量职能;基层(施工班组)侧重于严格按技术标准和操作规程进行施工。

(2)全面质量管理的基本观点

①全面质量的观点。全面质量的观点是指除了要重视产品本身的质量特性外,还要特别重视数量(工程量)、交货期(工期)、成本(造价)和服务(回访保修)的质量,以及各部门各环节的工作质量。把产品质量建立在企业各个环节的工作质量的基础上,用科学技术和高效的工作质量来保证产品质量。因此,全面质量管理要有全面质量的观点,才能在企业中建立一个比

较完整的质量保证体系。

②为用户服务的观点。为用户服务就是要满足用户的期望，让用户得到满意的产品和服务。把用户的需要放在第一位，不仅要使产品质量达到用户要求，而且要物美价廉，供货及时，服务周到；要根据用户的需要，不断地提高产品的技术性能和质量标准。

为用户服务的观点还应贯穿于整个施工过程中，明确提出“下道工序就是用户”的口号，使每一道工序都为下一道工序着想，精心地提高本工序的工作质量，保证不为下道工序留下质量隐患。

③预防为主的观点。工程质量是在施工过程中形成的，而不是检查出来的。为此，全面质量管理中的全过程质量管理就是强调各道工序、各个环节都要采取预防性控制，重点控制影响质量的因素，把各种可能产生质量隐患的苗头消灭在萌芽之中。

④用数据说话的观点。数据是质量管理的基础，是科学管理的依据。一切用数据说话，就是用数据来判别质量标准；用数据来寻找质量波动的原因，揭示质量波动的规律；用数据来反映客观事实，分析质量问题，把管理工作定量化，以便及时采取对策、措施，对质量进行动态控制。这是科学管理的重要标志。

(3)全面质量管理的基本工作方法　全面质量管理的基本工作方法为PDCA循环法。美国质量管理专家戴明博士把全面质量管理活动的全过程划分为计划(plan)、实施(do)、检查(check)、处理(action)4个阶段，如图4-1所示。按计划＋实施＋检查＋处理4个阶段不断循环周而复始地进行质量管理，称PDCA循环法。它是提高产品质量的一种科学管理工作方法，在日本称为“戴明环”。PDCA事实上就是认识—实践—再认识—再实践的过程。做任何工作总是首先有一个设想、计划或初步打算；然后根据计划去实施，在实施过程中或进行到某一阶段，要把实施结果与原来的设想、计划进行对比，以检查计划执行的情况；最后根据检查的结果来改进工作，总结经验教训，或者修改原来的设想、制订新的工作计划。这样，通过一次次的循环，便能把质量管理活动推向一个新的高度，使产品的质量不断得到改进和提高。

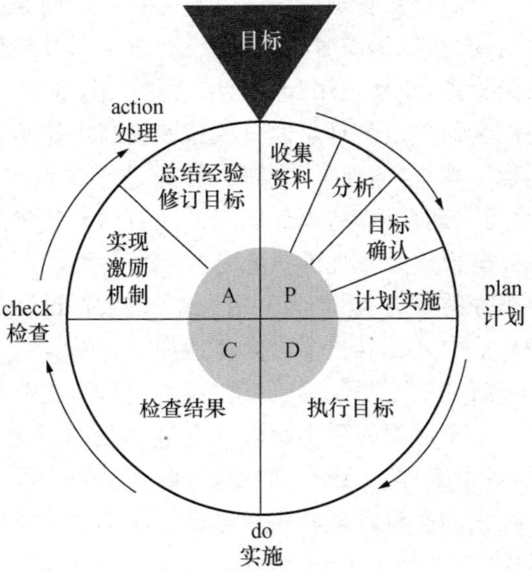

图4-1　PDCA循环过程

(四)国际质量管理体系与质量标准的形成

质量检验、统计质量管理和全面质量管理3个阶段的质量管理理论和实践的发展，促使世界各发达国家和企业纷纷制定出新的国家标准和企业标准，以适应全面质量管理的需要。这样的做法虽然促进了质量管理水平的提高，却也导致出现了各种各样的不同标准。各国在质量管理术语概念、质量保证要求、管理方式等方面都存在很大差异，这种状况显然不利于国际经济交往与合作的进一步发展。

国际化的市场经济迅速发展，国家之间商品和资本的流动空间增长，国家之间的经济合

作、依赖和竞争日益增强，有些产品已超越国界，形成国际范围的社会化大生产。特别是不少国家把提高进口商品质量作为限入奖出的保护手段，利用商品的非价格因素竞争设置关贸壁垒。为了解决国家之间的质量争端，消除和减少关贸壁垒，有效地开展国际贸易，加强国际技术合作，统一国际质量工作语言，制定共同遵守的国际规范，各国政府、企业和消费者都需要一套通用的、具有灵活性的国际质量保证模式。在总结发达国家质量工作经验的基础上，20 世纪 70 年代末，国际标准化组织着手制定国际通用的质量管理和质量保证标准。ISO 9000 系列标准一经发布，相当多的国家和地区表示欢迎，等同或等效采用该标准，以此来指导本国企业开展质量管理工作。

质量管理和质量保证的概念和理论是在质量管理发展的 3 个阶段的基础上逐步形成的，是市场经济和社会化大生产发展的产物，是与现代生产规模、条件相适应的质量管理工作模式。因此，ISO 9000 系列标准的诞生，顺应了消费者的要求；为生产方提供了当代企业寻求发展的途径；有利于一个国家对企业的规范化管理，更有利于国家之间的贸易和生产合作。它的诞生顺应了国际经济发展的形势，适应了企业和顾客及其他受益者的需要，因此具有必然性。

四、质量管理体系

(一)质量管理体系标准的产生和发展

20 世纪 70 年代，随着地区化、集团化、全球化经济的发展，市场竞争日趋激烈，顾客对质量的期望越来越高，每个组织为了竞争和保持良好的经济效益，努力提高自身的竞争能力以适应市场竞争的需要。各国的质量保证标准又形成了新的贸易壁垒和障碍，这就迫切需要一个国际标准来解决上述问题。于是国际标准化组织在英国标准化协会(BSN)的建议下，成立了质量管理和质量保证技术委员会。该委员会研究质量管理和质量保证领域的国际标准化问题，通过多年的研究，总结了世界各国在该领域的经验，首先于 1986 年 6 月发布了 ISO 8402：1986。随后它又于 1987 年 3 月正式发布了 ISO 9000 系列标准。该系列标准发布后受到世界许多国家和地区的欢迎和采用，同时也提出了许多建设性意见。1990 年质量管理和质量保证技术委员会着手对标准进行了修改，修改分两个阶段进行。第一阶段为“有限修改”，即在标准结构上不做大的变动，仅对标准的内容进行小范围的修改。第二阶段为“彻底修改”，即在总体结构和内容上做全面修改。1996 年质量管理和质量保证技术委员会开始在世界各国广泛征求标准使用者的意见，了解顾客对标准的修订要求，1997 年正式提出了八项质量管理原则，作为 2000 版 ISO 9000 系列标准的修订依据和设计思想，经过若干稿的修订，于 2000 年 12 月 15 日正式发布了 ISO 9000：2000。2005 年 9 月 15 日国际标准化组织发布了 ISO 9000：2005。随着国际贸易发展的需要和标准实施中出现的问题，对系列标准不断进行全面修订，2015 年发布了 ISO 9000：2015。

综合上述，ISO 9000 系列标准是由 ISO/TC176 编制的，由 ISO 批准、发布的，有关质量管理和质量保证的一整套国际标准的总称。

ISO 9000 系列标准的颁布，使各国的质量管理和质量保证活动统一在 ISO 9000 系列标准的基础上。标准总结了工业发达国家先进企业的质量管理实践经验，统一了质量管理和质量保证的术语和概念，并对推动组织的质量管理、实现组织的质量目标、消除贸易壁垒、提高产

品质量和顾客的满意程度等产生了积极的影响,受到了世界各国的普遍关注和采用。迄今为止,它已被世界150多个国家和地区等同采用为国家标准,成为国际标准化组织最成功、最受欢迎的国际标准。

回顾质量管理标准的发展可以清楚地看到,质量管理标准发展的过程与社会的发展、科学技术的进步和生产力水平的提高是相适应的。随着世界经济的发展,新技术产业的崛起,我们会面临新的挑战,人类会进一步研究质量管理理论,将质量管理推向一个更新的发展阶段。

(二)质量管理原则

GB/T 19000—2016是我国按等同原则,从ISO 9000:2015转化而成的质量管理体系标准。

质量管理原则是ISO 9000:2015的编制基础,是世界各国质量管理成功经验的科学总结,其中不少内容与我国全面质量管理的经验吻合。它的贯彻执行能促进企业管理水平的提高,并提高顾客对其产品或服务的满意度,帮助企业达到持续成功的目的。

质量管理七项原则的具体内容如下:

(1)以顾客为关注焦点　质量管理的主要关注点是满足顾客要求并且努力超越顾客期望。组织只有赢得和保持顾客和其他相关方的信任才能获得持续成功。与顾客互动的每个方面都提供了为顾客创造更多价值的机会。理解顾客和其他相关方当前和未来的需求有助于组织的持续成功。

(2)领导作用　各级领导建立统一的宗旨和方向,并且创造全员积极参与的环境,以实现组织的质量目标。统一的宗旨和方向的建立以及全员的积极参与,能够使组织将战略、方针、过程和资源保持一致,以实现其目标。

(3)全员参与　在整个组织内,各级人员的胜任、被授权和积极参与是提高组织创造和提供价值能力的必要条件。为了有效和高效地管理组织,尊重并使各级人员参与是重要的。认可、授权和能力提升会促进人员积极参与实现组织的质量目标。

(4)过程方法　只有将活动作为相互关联的连贯系统进行运行的过程来理解和管理时,才能更加高效地得到一致的、可预知的结果。质量管理体系是由相互关联的过程所组成。理解体系是如何产生结果的,能够使组织优化其体系和绩效。

(5)改进　成功的组织持续关注改进。改进对于组织保持当前的绩效水平,对其内、外部条件的变化做出反应并创造新的机会都是极其重要的。

(6)循证决策　基于数据和信息的分析和评价的决定,更有可能产生期望的结果。决策是一个复杂的过程,并且总是包含一些不确定性。它经常涉及多种类型和来源的输入及其解释,而这些解释可能是主观的。重要的是理解因果关系和可能的非预期后果。对事实、证据和数据的分析可导致决策更加客观和可信。

(7)关系管理　为了持续成功,组织需要管理与相关方(如供方)的关系。相关方影响组织的绩效。当组织管理其与所有相关方的关系以使相关方对组织的绩效影响最佳时,才更有可能实现持续成功。对供方及合作伙伴的关系网的管理尤为重要。

(三)质量管理体系基础

GB/T 19000—2016提出了七项质量管理原则在质量管理体系中的具体应用。

(四)质量管理体系文件

GB/T 19000 质量管理体系标准对质量管理体系文件的重要性做出了专门的阐述，要求企业重视质量管理体系文件的编制和使用，编制和使用质量管理体系文件本身是一项具有动态管理要求的活动。质量管理体系的建立健全要从编制完善的体系文件开始，质量体系的运行、审核与改进都是依据文件的规定进行的，质量管理实施的结果也必须形成文件，以作为证实产品质量符合规定要求及质量管理体系有效的证据。

(五)质量认证

质量认证是第三方依据程序对产品过程或服务符合规定的要求给予书面保证(合格证书)。质量认证分为产品质量认证和质量管理体系认证两种。

(1)产品质量认证　产品质量认证分为合格认证和安全认证。经国家认证认可监督管理部门批准，并依法取得法人资格，有某种资质，可从事批准范围内的认证活动的产品认证机构，可对建筑用水泥、玻璃等产品进行认证，产品合格认证自愿进行。但与人身安全有关的产品，国家规定必须经过安全认证的，是强制执行，如电线电缆、电动工具、低压电器等必须经过国家安全认证。通过认证的产品具有较高的信誉和可靠的质量保证，自然成为顾客争相购买的产品。

(2)质量管理体系认证　由于工程行业产品具有单项性，不能以某个项目作为质量认证的依据，因此，只能对企业的质量管理体系进行认证。

质量管理体系认证是指根据有关的质量保证模式标准，由第三方机构对供方(承包方)的质量管理体系进行评定和注册的活动。这里的第三方机构指的是经国家认证认可监督管理部门批准，并依法取得法人资格，有某种资质，可从事批准范围内的认证活动的质量管理体系认证机构。质量管理体系认证机构是个专职机构，各认证机构具有自己的认证章程、程序、注册证书和认证合格标志，国家认证认可监督管理部门对质量认证工作实行统一管理。

任务二　施工准备及施工工程中的质量控制

一、工程项目质量控制概述

施工阶段是工程项目产品的形成过程，也是形成最终产品质量的重要阶段。所以，施工阶段的质量控制是工程项目质量控制的重点。抓好工程项目的质量控制：①要掌握工程项目质量控制的特点；②掌握工程项目质量控制的过程和重点；③掌握工程项目质量控制的方法和手段；④从控制影响工程项目质量的五大因素入手，对施工过程实施全过程、全方位、全面的控制，才能保证工程项目的质量。

(一)质量控制的基本概念

质量控制可从以下几个方面理解：

(1)质量控制是质量管理的重要组成部分,其目的是使产品、体系或过程的固有特性达到规定的要求,即满足顾客、法律、法规等方面所提出的质量要求。所以质量控制是通过采取一系列的作业技术和活动对各个过程实施的控制。

(2)质量控制的工作内容包括作业技术和活动,也就是包括专业技术和管理技术两个方面。围绕产品形成的全过程,为保证做好每一阶段的工作,应对影响其质量的人、机、料、法、环等因素进行控制,并对质量活动的成果进行分阶段验证,以便及时发现问题,采取相应的纠正措施,防止不合格产品的产生。因此,质量控制应贯彻预防为主与检查验收相结合的原则。

(3)质量控制应贯穿在产品形成和体系运行的全过程。每一过程都有输入、转换和输出3个环节,通过对每一过程3个环节实施有效控制,使对产品质量有影响的各个过程处于受控状态,持续提供符合规定要求的产品才能得到保障。

工程质量控制的实施主体不同,分为自控主体和监控主体,不同实施主体的控制具体包括以下5个方面。

(1)政府的工程质量控制　政府属于监控主体,它主要是以法律、法规为依据,通过抓工程报建、施工图设计文件审查、施工许可、材料和设备准用、工程质量监督、重大工程竣工验收备案等主要环节进行的。

(2)建设单位的工程质量控制　建设单位属于监控主体,工程质量控制是对工程质量形成过程,包括全过程各阶段的质量控制。

(3)工程监理单位的质量控制　工程监理单位属于监控主体,它主要是受建设单位的委托,代表建设单位对工程实施全过程进行质量监督和控制,包括勘察设计阶段质量控制、施工阶段质量控制,以满足建设单位对工程质量的要求。

(4)勘察设计单位的质量控制　勘察设计单位属于自控主体,它是以法律、法规及合同为依据对勘察设计的整个过程进行控制,包括工作程序、工作进度、费用及成果文件所包含的功能和使用价值,以满足建设单位对勘察设计质量的要求。

(5)施工单位的质量控制　施工单位属于自控主体,它是以工程合同、设计图纸和技术规范为依据,对施工准备阶段、施工阶段、竣工验收交付阶段等施工全过程的工作质量和工程质量进行控制,以达到合同文件规定的质量要求。

(二)工程项目质量控制的特点

由于项目施工涉及面广,是一个极其复杂的综合过程,再加上位置固定、生产流动、结构类型不同、质量要求不同、施工方法不同、体型大、建设周期长、受自然条件影响大等特点,工程项目的质量比一般工业产品的质量更难以控制,主要表现在以下几个方面。

(1)影响因素多。设计、材料、机械、地形、地质、水文、气象、施工工艺、操作方法、技术措施、管理制度等因素,均直接影响工程项目的质量。

(2)质量波动大。工程项目施工不像工业产品生产,有固定的生产和流水线,有规范化的生产工艺和完善的检测技术,有成套的生产设备和稳定的生产环境,有相同系列规格和相同功能的产品;同时,影响工程项目质量的偶然性因素和系统性因素都较多,因此很容易产生质量变异。如材料性能微小的差异、机械设备正常的磨损、操作微小的变化、环境微小的波动等偶然性因素,均可能引起质量变异;当使用材料的规格、品种有误,施工方法不妥,操作不按规程,机械故障,仪表失灵,设计计算错误时,也很可能引起质量变异,造成工程质量事故。因此在施

工中要严防出现系统性因素引起的质量变异,要把质量变异控制在偶然性因素范围内。

(3)质量的隐蔽性。工程项目由于工序交接多,中间产品多,隐蔽工程多,若不及时检查实质,事后再看表面,就容易产生第二判断错误,即容易将不合格的产品认为是合格的产品;反之,若检查不认真,测量仪表不准,读数有误,就会产生第一判断错误,即容易将合格产品认为是不合格产品。这点在进行质量检查验收时应特别注意。

(4)终检的局限性。工程项目产品建成后,不可能像某些工业产品那样,再拆卸或解体检查内在的质量,或重新更换零件,即使发现质量有问题,也不可能像工业产品那样实行"包换"或"退款"。而工程项目的终检无法进行工程内在质量的检验,发现隐蔽的质量缺陷。因此,工程项目的终检存在一定的局限性。所以要求质量控制以预防为主。

(5)质量要受投资、进度的制约。工程项目的质量受投资、进度的制约较大。如一般情况下,投资大、进度慢,质量就好;反之,质量则差。因此,在项目施工中,还必须正确处理质量、投资、进度三者之间的关系,使其达到对立的统一。

(三)工程项目质量控制的基本要求

质量控制的目的是满足预定的质量要求,以取得期望的经济效益。对于建筑工程来说,一般情况下,有效质量控制的基本要求有下列几点:

(1)提高预见性。应及时地通过工程建设过程中的信息反馈,预见可能发生的重大工程质量问题,采取切实可行的措施加以防范,以满足"预防为主"的宗旨。

(2)明确控制重点。一般是以关键工序和特殊工序为重点,设置质量控制点。

(3)重视控制效益。工程质量控制同其他质量控制一样,要付出一定代价,投入和产出的比值是必须考虑的问题。建筑工程是通过控制其质量与成本的协调来实现的。

(4)系统地进行质量控制。它要求有计划地实施质量体系内各有关职能的协调和控制。

(5)制定控制程序。质量控制的基本程序是:按照质量方针和目标,制定工程质量控制措施,并建立相应的控制标准;分阶段地进行监督检查,及时获得信息,与标准相比较,做出工程合格性判定;对于出现的工程质量问题,及时采取纠偏措施,保证项目预期目标的实现。

(四)工程项目质量控制的3个阶段

为了加强对工程项目的质量控制,明确各施工阶段质量控制的重点,可把工程项目质量控制分为事前质量控制、事中质量控制和事后质量控制3个阶段。

(1)事前质量控制　指在正式施工前进行的质量控制,其控制重点是做好施工准备工作,且施工准备工作要贯穿于施工全过程中。

①施工准备的范围。

a. 全场施工准备,是以整个项目施工现场为对象而进行的各项施工准备。

b. 单位工程施工准备,是以一个建筑物或构筑物为对象而进行的施工准备。

c. 分项(部)工程施工准备,是以单位工程中的一个分项(部)工程或冬、雨期施工为对象而进行的施工准备。

d. 项目开工前的施工准备,是在拟建项目正式开工前所进行的一切施工准备。

e. 项目开工后的施工准备,是在报建项目开工后每个施工阶段正式开工前所进行的准备。例如,混合结构住宅施工通常分为基础工程、主体工程和装饰工程等施工阶段,每个阶段的施工内容不同,其所需的物质技术条件、组织要求和现场布置也不同,因此,必须做好相应的施工准备。

②施工准备的内容。

a. 技术准备,包括审查项目扩大初步设计方案,熟悉和审查项目的施工图纸,调查分析项目建设地点的自然条件、技术经济条件,编制项目施工图预算和施工预算,编制项目施工组织设计等。

b. 物质准备,包括建筑材料准备、构配件和制品加工准备、施工机具准备、生产工艺设备的准备等。

c. 组织准备,包括建立项目组织机构、集结施工队伍、对施工队伍进行入场教育等。

d. 施工现场准备,包括控制网、水准点、标桩的测量,"三通一平",生产、生活临时设施等的准备,组织机具、材料进场,制订有关试验、试制和技术进步项目计划,控制季节性施工措施,制定施工现场管理制度等。

(2)事中质量控制　指在施工过程中进行的质量控制。事中质量控制的策略是全面控制施工过程,重点控制工序质量。其具体措施是:工序施工有方案;技术措施有交底;质量预控有对策;图纸会审有记录;配制材料有试验;工序交接有检查;隐蔽工程有验收;计量器具校正有复核;设计变更有手续;钢筋代换有制度;质量处理有复查;成品保护有措施;行使质控有否决(如发现质量异常、隐蔽未经验收、质量问题未处理、擅自变更设计图纸、擅自代换或使用不合格材料、无证上岗、未经资质审查的操作人员等,均应对质量予以否决);质量文件有档案(凡是与质量有关的技术文件,如水准、坐标位置,测量、放线记录,沉降、变形观测记录,图纸会审记录,材料合格证明、试验报告,施工记录,隐蔽工程记录,设计变更记录,调试、试压运行记录,试车运转记录,竣工图等都要编目建档)。

(3)事后质量控制　指在完成施工过程中形成产品的质量控制,其具体工作内容有下列几点:①组织联动试车;②准备竣工验收资料,组织自检和初步验收;③按规定的质量评定标准和方法,对完成的分部分项工程、单位工程进行质量评定;④组织竣工验收;⑤质量文件编目建档;⑥办理工程交接手续。

(五)施工工序质量控制

工程质量是在施工工序中形成的,而不是靠最后检验出来的。为了将工程质量从事后检查把关,转向事前控制,达到"以预防为主"的目的,必须加强施工工序的质量控制。只有抓好每个工序的质量,才能保证整个工程项目的质量。

(1)工序质量控制的概念　工程项目的施工过程是由一系列相互关联、相互制约的工序所构成的,工序质量是基础,直接影响工程项目的整体质量,要控制工程项目施工过程的质量,首先必须控制工序的质量。

工序质量包含两方面的内容:一是工序活动条件的质量;二是工序活动效果的质量。从质量控制的角度来看,这两者是互为关联的,一方面要控制工序活动条件的质量,即每道工序投入品的质量(人、材料、机械、方法和环境的质量)是否符合要求;另一方面又要控制工序活动效果的质量,即每道工序施工完成的工程产品是否达到有关质量标准。工序质量的控制,就是通过对工序活动条件的质量控制和工序活动效果的质量控制来实现对整个施工过程的质量控制。

工序质量控制的原理是:采用数理统计的方法,通过对工序一部分(子样)检验的数据进行统计、分析,来判断整道工序的质量是否稳定、正常,若不稳定,产生异常情况,必须及时采取对策和措施予以改善,从而实现对工序质量的控制。其控制步骤如下:

①实测。采用必要的检测工具和手段,对抽出的工序子样进行质量检验。

②分析。对检验所得的数据,通过直方图法、排列图法或管理图法等进行分析,了解这些数据背后隐藏的规律。

③判断。根据数据分布规律分析结果,如数据是否符合正态分布曲线,是否在上下控制线之间,是否在公差(质量标准)规定的范围内,是属于正常状态还是异常状态,是偶然性因素引起的质量变异,还是系统性因素引起的质量变异等,对整个工序的质量予以判断,从而确定该道工序是否达到质量标准。若出现异常情况,即可寻找原因,采取对策和措施加以预防,这样便可达到控制工序质量的目的。

(2)工序质量控制的内容　进行工序质量控制时,应着重于以下 4 方面的工作:

①严格遵守工艺规程。施工工艺和操作规程是进行施工操作的依据和法规,是确保工序质量的前提,任何人都必须严格执行,不得违反。

②主动控制工序活动条件的质量。工序活动条件包括的内容较多,主要是指影响质量的五大因素,即施工操作者、材料、施工机械设备、施工方法和施工环境。只要将这些因素切实有效地控制起来,确保工序投入品的质量,避免系统性因素引起的变异发生,就能保证每道工序质量正常、稳定。

③及时检验工序活动效果的质量。工序活动效果是评价工序质量是否符合标准的尺度。为此,必须加强质量检验工作,对质量状况进行综合统计与分析,及时掌握质量动态。一旦发现质量问题,随即研究处理,自始至终使工序活动效果的质量满足规范和标准的要求。

④设置工序质量控制点。控制点是指为了保证工序质量而需要进行控制的重点、关键部位或薄弱环节,以便在一定时期内、一定条件下进行强化管理,使工序处于良好的受控状态。

二、工程项目质量控制的方法和手段

(一)工程项目质量控制的方法

工程项目质量控制的方法,主要是审核有关技术文件、报告或报表,现场质量检验,质量控制统计法等。

(1)审核有关技术文件、报告或报表　对有关技术文件、报告或报表的审核,是对工程质量进行全面控制的重要手段,其具体内容如下:

①审核有关技术资质证明文件。

②审核开工报告,并经现场核实。

③审核施工方案、施工组织设计和技术措施。

④审核有关材料、半成品的质量检验报告。

⑤审核反映工序质量动态的统计资料或控制图表。

⑥审核设计变更、修改图纸和技术核定书。

⑦审核有关质量问题的处理报告。

⑧审核有关应用新工艺、新材料、新技术、新结构的技术鉴定书。

⑨审核有关工序交接检查、分部分项工程质量检查报告。

⑩审核并签署现场有关技术签证、文件等。

(2)现场质量检验

①现场质量检验的内容。

a. 开工前检查。目的是检查是否具备开工条件,开工后能否连续正常施工,能否保证工程质量。

b. 工序交接检查。对于重要的工序或对工程质量有重大影响的工序,在自检、互检的基础上,还要组织专职人员进行工序专门检查。

c. 隐蔽工程检查。凡是隐蔽工程,均应检查验收后方能掩盖。

d. 停工后复工前的检查。因处理质量问题或某种原因停工后需复工时,也应经检查认可后方能复工。

e. 分部分项工程完工后,应经检查认可、签署验收记录后,才允许进行下一个分部分项工程施工。

f. 成品保护检查。检查成品有无保护措施,或保护措施是否可靠。

此外,负责质量工作的领导和工作人员还应经常深入现场,对施工操作质量进行巡视检查。必要时,还应进行跟班或追踪检查。

②现场质量检验工作的作用。要保证和提高施工质量,质量检验是必不可少的手段。质量检验的主要作用有以下几个方面:

a. 它是质量保证与质量控制的重要手段。为了保证工程质量,在质量控制中,需要将工程产品或材料、半成品等的实际质量状况(质量特性等)与规定的某一标准进行比较,以便判断其质量状况是否符合要求的标准,这就需要通过质量检验手段来检测实际情况。

b. 质量检验为质量分析和质量控制提供了所需依据的有关技术数据和信息,所以它是质量分析、质量控制和质量保证的基础。

c. 通过对进场和使用的材料、半成品、构配件及其他器材、物资进行全面的质量检验工作,可以尽量避免因材料、物资的质量问题而导致工程质量事故的发生。

d. 在施工过程中,通过对施工工序的检验取得数据,可以及时判断质量状态,采取措施,防止质量问题的延续与积累。

③现场质量检验的方法。现场进行质量检验的方法有目测法、实测法和试验法 3 种。

a. 目测法。其手段可归纳为看、摸、敲、照 4 个字。

看:就是根据质量标准进行外观目测。如装饰工程墙、地砖铺的四角对缝是否垂直一致,砖缝宽度是否一致、横平竖直,清水墙面是否洁净,喷涂是否密实、颜色是否均匀,内墙抹灰大面及口角是否平直,地面是否光洁平整,油漆浆活表面观感,施工顺序是否合理,工人操作是否正确等,均是通过目测检查、评价。

摸:就是手感检查。主要用于装饰工程的某些检查项目。如水刷石、干粘石的黏结牢固程度,油漆的光滑度,浆活是否掉粉,地面有无起砂等,均可通过手摸加以鉴别。

敲:就是运用工具进行声感检查。对地面工程、装饰工程中的水磨石、面砖、锦砖和大理石贴面等,均应进行敲击检查,通过声音的虚实来确定有无空鼓,还可根据声音的清脆或沉闷,判定是属于面层空鼓还是底层空鼓。此外,用手敲玻璃,如发出颤动声响,一般是底灰不满或压条不实。

照：对于难以看到或光线较暗的部位，则可采用镜子反射或灯光照射的方法进行检查。

b. 实测法。就是通过实测数据与施工规范及质量标准所规定的允许偏差对照，来判别质量是否合格。实测检查法的手段也可归纳为靠、吊、量、套4个字。

靠：用直尺、塞尺检查墙面、地面、屋面的平整度；

吊：用托线板以线坠吊线的方式检查垂直度；

量：用测量工具和计量仪表等检查断面尺寸、轴线、标高、湿度、温度等的偏差；

套：以方尺套方，辅以塞尺检查，如对阴阳角的方正、踢脚线的垂直度、预制件的方正等项目的检查，对门窗口及构配件的对角线（窜角）检查，也是套方的特殊手段。

c. 试验法。指必须通过试验手段，才能对质量进行判断的检验方法。如对钢结构进行稳定性试验，确定是否产生失稳现象；对钢筋焊接头进行拉力试验，检验焊接的质量等。

(3)质量控制统计法

①排列图法。排列图法，又称主次因素分析图法，是用来分析影响工程质量主要因素的一种方法。排列图由两个纵坐标、一个横坐标、几个长方形和一条曲线组成，具体如图4-2所示。图中左侧的纵坐标是频数（或件数），右侧的纵坐标是累计频率，横轴则是项目（或因素），按项目频数大小顺序在横轴上自左而右画长方形，其高度为频数，并根据右侧纵坐标画出累计频率曲线（又称巴雷特曲线）。常用的排列图做法有两种。

排列图广泛应用于生产的第一线，如车间、班组或工地，项目的内容、数据、绘图时间和绘图人等资料都应在图上写清楚，使人一目了然。

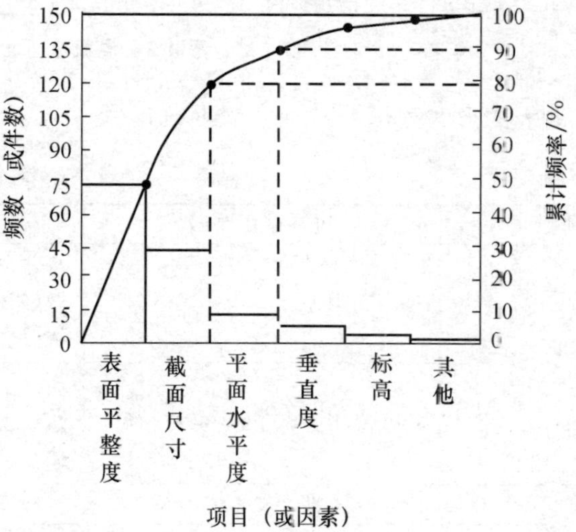

图4-2 事故排列图

②因果分析图法。因果分析图又叫特性要因图、鱼刺图、树枝图。这是一种逐步深入研究和讨论质量问题的图示方法。在工程实践中，任何一种质量问题的产生，往往都是多种原因造成的。这些原因有大有小，把这些原因依照大小次序分别用主干、大枝、中枝和小枝图形表示出来，以便一目了然地观察出产生质量问题的原因。运用因果分析图可以帮助我们制定对策，解决工程质量存在的问题，从而达到控制质量的目的。

现以混凝土强度不足的质量问题为例，来阐明因果分析图的画法，如图4-3所示。

a. 确定特性。特性就是需要解决的质量问题，放在主干箭头的前面。

b. 确定影响质量特性的大枝。影响工程质量的因素主要是人、材料、方法、机器和环境5个方面。

c. 进一步画出中枝、小枝，即找出中、小原因。

d. 发扬技术民主，反复讨论，补充遗漏的因素。

e. 针对影响质量的因素，有的放矢地制定对策，并落实到解决问题的人和时间，通过对策

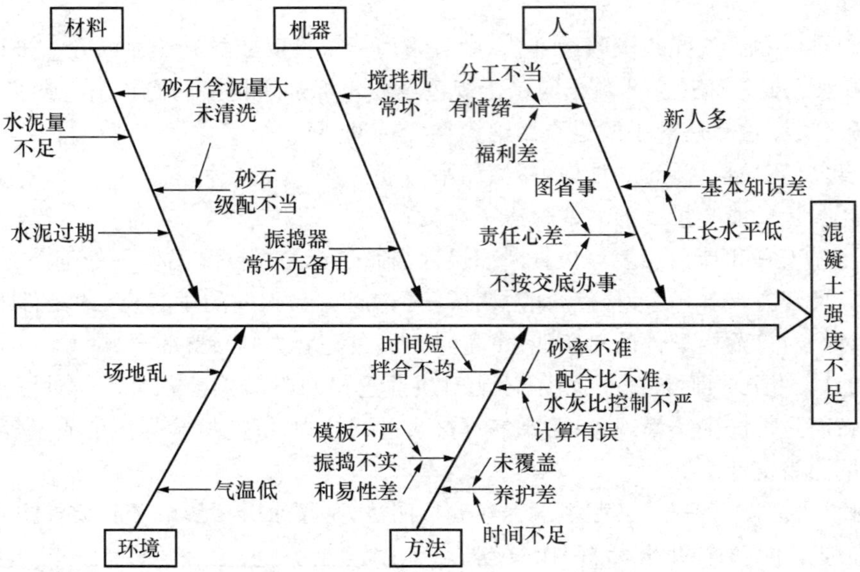

图 4-3 混凝土强度不足因果分析图

计划表的形式列出(表 4-1),限期改正。

表 4-1 对策计划表

项目	序号	问题存在原因	采取对策	负责人	期限
人	1	基本知识差	对新工人进行教育 做好技术交底工作 学习操作规程及质量标准		
	2	责任心不强,工人干活有情绪	加强组织工作,明确分工 建立工作岗位责任制,采用挂牌制 关心员工生活		
方法	3	配合比不准	实验室重新试配		
	4	水灰比控制不严	修理水箱、计量器		
材料	5	水泥量不足	对水泥计量进行检查		
	6	砂石含泥量大	组织人清洗过筛		
机器	7	振捣器、搅拌机常坏	增加设备,及时修理		
环境	8	场地乱	清理现场		
	9	气温低	准备草袋覆盖、保温		

③直方图法。直方图又称质量分布图、矩形图、频数分布直方图。它是将产品质量频数的分布状态用直方形来表示,根据直方的分布形状和与公差界限的距离来观察、探索质量分布规律,分析、判断整个生产过程是否正常。

利用直方图可以制定质量标准,确定公差范围,判明质量分布情况是否符合标准的要求。但其缺点是不能反映动态变化,而且要求收集的数据较多(50 个以上),否则难以体现其规律。

直方图的做法:直方图由一个纵坐标、一个横坐标和若干个长方形组成。横坐标为质量特性,纵坐标是频数时,直方图为频数直方图,纵坐标是频率时,直方图为频率直方图。

④控制图法。控制图,又称管理图。它是反映生产随时间变化而发生的质量变动的状态,

即反映生产过程中各阶段质量波动状态的图形，是用样本数据分析判断工序（总体）是否处在稳定状态的有效工具。

质量波动一般有两种情况：一种是偶然性因素引起的波动，称为正常波动；另一种是系统性因素引起的波动，称为异常波动。质量控制的目标就是要查找异常波动的因素并加以排除，使质量只受正常波动因素的影响，符合正态分布的规律。

⑤相关图法。相关图法用来分析两个质量特性之间是否存在相关关系，即把影响质量特性因素的各对数据，用点子表示在直角坐标图上，以观察判断两个质量特性之间的关系。

产品质量与影响质量的因素之间常常有一定的依存关系，但它们之间不是一种严格的函数关系，即不能由一个变量的数值精确地求出另一个变量的数值，这种依存关系称为相关关系。相关图又叫散布图，就是把两个变量之间的相关关系，用直角坐标系表示出来，借以观察判断两个质量特性之间的关系，通过控制容易测定的因素，达到控制不易测定的因素的目的，以便对产品或工序进行有效的控制。

⑥分层法。分层法又称分类法，是将搜集到的不同数据，按其性质、来源、影响因素等进行分类和分层研究的方法。它可以使杂乱的数据和错综复杂的因素系统化、条理化，从而找出主要原因，采取相应措施。

⑦统计分析表法。统计分析表是用来统计整理数据和分析质量问题的各种表格，一般根据调查项目，可设计出不同表格格式的统计分析表，对影响质量的原因做粗略分析和判断。

（二）工程项目质量控制的手段

（1）抓好工序质量控制　工程项目的施工过程，是由一系列相互关联、相互制约的工序所构成，工序质量是基础，直接影响工程项目的整体质量。要控制工程项目施工过程的质量，首先必须控制工序的质量。

（2）质量控制点的设置　质量控制点是指为了保证工程项目质量需要进行控制的重点关键部位或薄弱环节，以便在一定时期内、一定条件下进行强化管理，使施工质量处于良好的受控状态。质量控制点的设置，要根据工程的重要程度，或某部位质量特性值对整个工程质量的影响程度来确定。因此，在设置质量控制点时，首先要对施工的工程对象进行全面分析、比较，以明确质量控制点；然后进一步分析所设置的质量控制点在施工中可能出现的质量问题或造成质量隐患的原因，针对存在的隐患，相应地提出对策措施予以预防。由此可见，设置质量控制点是对整个工程质量进行预控的有力措施。

质量控制点的涉及面较广，根据工程特点，视其重要性、复杂性、精确性、质量标准和要求而定，可能是结构复杂的某一工程项目，也可能是技术要求高、施工难度大的某一结构构件或分部分项工程，还可能是影响质量的某一关键环节中的某一工序或若干工序。总之，操作、材料、机械设备、施工顺序、技术参数、自然条件、工程环境等，均可作为质量控制点来设置，主要是视其对质量特征影响的大小及危害程度而定。

（3）检查检测手段　在工程项目质量控制过程中，常用的检查检测手段有以下几方面。

①日常性的检查：即在现场施工过程中，质量控制人员（专业工长、质检员、技术人员）对操作人员进行操作情况及结果的检查和抽查，及时发现质量问题、质量隐患或事故苗头，以便及时进行控制。

②测量和检测：是指利用测量仪器和检测设备对建筑物水平和竖向轴线、标高、几何尺寸、

方位进行控制，对建筑结构施工的有关砂浆或混凝土强度进行检测，严格控制工程质量，发现偏差及时纠正。

③试验及见证取样：是指各种材料及施工试验应符合相应规范和标准的要求，如原材料的性能、混凝土搅拌的配合比和计量、坍落度的检查、成品强度等物理力学性能及打桩的承载能力等，均需通过试验的手段进行控制。

④实行质量否决制度：是指质量检查人员和技术人员对施工中存有的问题，有权以口头方式或书面方式要求施工操作人员停工或者返工，纠正违章行为，以及责令将不合格的产品推倒重做。

⑤按规定的工作程序控制：是指预检、隐检应由专人负责，按规定检查，并做好记录，如第一次使用的混凝土配合比要进行开盘鉴定，混凝土浇筑应经申请和批准，完成的分项工程质量要进行实测实量的检验评定等。

⑥对使用安全与功能的项目实行竣工抽查检测，严把分项工程质量检验评定关。

(4)成品保护及成品保护措施　在施工过程中，有些分项分部工程已经完成，其他工程尚在施工；或者某些部位已经完成，而其他部位正在施工。如果对已完成的成品，不采取妥善的措施加以保护，就会造成损伤，影响质量。这样，不仅会增加修补工作量、浪费工料、拖延工期，更严重的是有的损伤难以恢复到原样，可能成为永久性的缺陷。因此，做好成品保护，是一个关系到工程质量、降低工程成本、按期竣工的重要环节。

加强成品保护，首先要教育全体参建人员树立质量观念，对国家、人民负责，自觉爱护公物，尊重他人和自己的劳动成果，施工操作时要珍惜已完成的成品和部分完成的半成品。其次要合理安排施工顺序，采取行之有效的成品保护措施。

①施工顺序与成品保护。合理地安排施工顺序，按正确的施工流程组织施工，是进行成品保护的有效途径之一。

a. 遵循“先地下后地上、先深后浅”的施工顺序，就不至于破坏地下管网和道路路面。

b. 地下管道与基础工程相配合进行施工，可避免基础完工后再打洞挖槽、安装管道，影响质量和进度。

c. 先在房心回填土后再做基础防潮层，可保护防潮层不致受填土夯实损伤。

d. 装饰工程采取自上而下的流水顺序，可以使房屋主体工程完成后，有一定的沉降期；先做好的屋面防水层，可防止雨水渗漏。这些都有利于保护装饰工程质量。

e. 先做地面，后做顶棚、墙面抹灰，可以保护下层顶棚、墙面抹灰不致受渗水污染。在已做好的地面上施工，需对地面加以保护。若先做顶棚、墙面抹灰，后做地面时，则要求楼板灌缝密实，以免漏水污染墙面。

f. 楼梯间和踏步饰面宜在整个饰面工程完成后，再自上而下地进行；门窗扇的安装通常在抹灰后进行，一般先安装门窗框，后安装门窗扇玻璃。这些施工顺序均有利于成品保护。

g. 当采用单排外脚手砌墙时，由于砖墙上面有脚手洞眼，一般情况下内墙抹灰需待同一层外粉刷完成、脚手架拆除、洞眼填补后才能进行，以免影响内墙抹灰的质量。

h. 先喷浆而后安装灯具，可避免安装灯具后又修理浆活，从而污染灯具。

i. 当铺贴连续多跨的卷材防水屋面时，应按先高跨、后低跨，先远(离交通进出口)、后近，先天窗油漆、玻璃，后铺贴卷材屋面的顺序进行。这样可避免在铺好的卷材屋面上行走和堆放材料、工具等物，有利于保护屋面的质量。

总之，只要合理安排施工顺序，便可有效地保护成品的质量，也可有效地防止后道工序损伤或污染前道工序。

②成品保护的措施。成品保护主要有护、包、盖、封 4 种措施。

a. 护，就是提前保护，以防止成品可能发生的损伤和污染。如为了防止清水墙面污染，在脚手架、安全网横杆、进料口四周以及临近水刷石墙面上，提前钉上塑料布或纸板；清水墙楼梯踏步采用护棱角铁上下连通固定；门口在推车易碰部位，在小车轴的高度钉上防护条或槽形盖铁；进出口台阶应垫砖或方木，搭脚手板过人；外檐水刷石大角或柱子要立板固定保护；门扇安装好后要加楔固定等。

b. 包，就是进行包裹，以防止成品被损伤或污染。如大理石或高级水磨石块柱子贴好后，应用立板包裹捆扎；楼梯扶手易污染变色，油漆前应裹纸保护；铝合金门窗应用塑料布包扎；炉片、管道污染后不好清理，应包纸保护；电气开关、插座、灯具等设备也应包裹，防止喷浆时污染等。

c. 盖，就是表面覆盖，防止堵塞、损伤。如预制水磨石、大理石楼梯应用木板、加气板等覆盖，以防操作人员踩踏和物体磕碰；水泥地面、现浇或预制水磨石地面，应铺干锯末保护；高级水磨石地面或大理石地面，应用苫布或棉毡覆盖；落水口、排水管安装好后加以覆盖，以防堵塞；散水交活后，为保水养护并防止磕碰，可盖上一层土或沙子；其他需要防晒、防冻、保温养护的项目，也要采取适当的覆盖措施。

d. 封，就是局部封闭。如预制水磨石楼梯、水泥抹面楼梯施工后，应将楼梯口暂时封闭，待达到上人强度并采取保护措施后再开放；室内塑料墙纸、木地板油漆完成后，均应立即锁门；屋面防水做完后，应封闭上屋面的楼梯门或出入口；室内抹灰或浆活交活后，为调节室内温、湿度，应有专人开关外窗等。

总之，在工程项目施工中，必须充分重视成品保护工作。因为即使生产出来的产品是优质品、上等品，若保护不好，遭受损伤或污染，那也会成为次品、废品、不合格品。所以，成品保护，除合理安排施工顺序，采取有效的对策、措施外，还必须加强对成品保护工作的检查。

三、影响工程项目质量的五大因素的控制

影响工程项目质量的因素主要有五大方面，即 4M1E：人（man）、材料（material）、机械（machine）、方法（method）和环境（environment）因素。对这五大因素进行严加控制，是保证工程项目质量的关键。图 4-4 所示为 4M1E 关系图。

(一)人的控制

人是指直接参与施工的组织者、指挥者和操作者。人作为控制的对象，是要避免由于人的失误，给工程项目质量带来不良的影响。要充分调动人的积极性，发挥人的主导作用，强调“人的因素第一”。用人的工作质量来保证工序质量，用每个工序质量来保证整个工程项目质量。为此，除了加强思想政治教育、劳动纪律教育、职业道德教育、专业技术培训，建立健全岗位责任制，改善劳动条件，公平合理地激励劳动热情以外，还需要根据工程特点，确保质量，从人的技术水平、生理缺陷、心理行为、错误行为等方面来控制人的使用。如对技术复杂、难度大、精度高的工序或操作，应由技术熟练、经验丰富的工人来完成；反应迟钝、应变能力差的人，不能

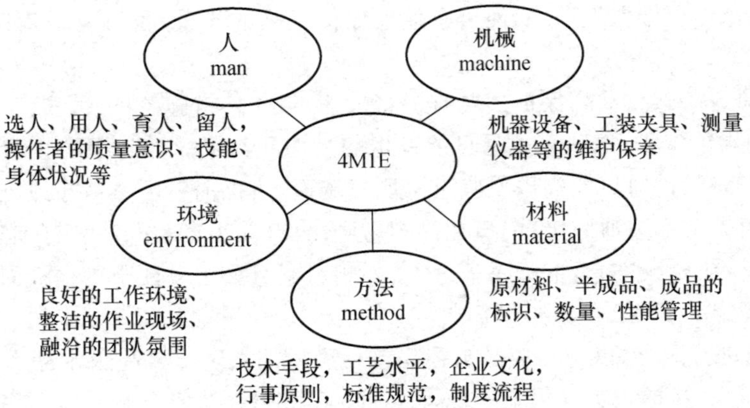

图 4-4　4M1E 关系图

操作快速运行、动作复杂的机械设备；对某些要求万无一失的工序和操作，一定要分析人的心理行为，控制人的思想活动，稳定人的情绪；对具有危险源的现场作业，应控制人的错误行为，严禁吸烟、打赌、嬉戏、误判断、误动作等。

此外，应严格禁止无技术资格的人员上岗操作；对不懂装懂、图省事、碰运气、有意违章的行为，必须及时制止。总之，在使用人的问题上，应从政治素质、思想素质、业务素质和身体素质等方面综合考虑、全面控制。

在工程质量控制中，人员的参与，一种是以个体形态存在，另一种是以某一组织的形态存在。下面分别介绍这两种形态下的人的控制。

(1)个体人员控制

①领导者的素质。在对设计、监理、施工承包单位进行资质认证和优选时，一定要考核领导层领导者的素质。因为领导层整体的素质好，必然决策能力强，组织机构健全，管理制度完善，经营作风正派，技术措施得力，社会信誉高，实践经验丰富，善于协作配合。这样就有利于合同执行，有利于确保质量、投资、进度三大目标的控制。事实证明，领导层的整体素质，是提高工作质量和工程质量的关键。

②人的理论和技术水平。人的理论和技术水平直接影响工程质量水平，尤其是技术复杂、难度大、精度高、工艺新的建筑结构设计或建筑安装的工序操作。如功能独特、造型新颖的建筑设计，特种结构设计与施工，空间结构的理论计算，危害性大、原因复杂的工程质量事故分析处理等，均应选择既有丰富理论知识，又有丰富实践经验的建筑师、结构工程师和有关的工程技术人员承担。必要时，还应对他们的技术水平予以考核，进行资格认证。

③人的违纪违章。人的违纪违章，指人粗心大意、漫不经心、注意力不集中、不懂装懂、无知而又不虚心、不履行安全措施、安全检查不认真、随意乱扔东西、任意使用规定外的机械装置、不按规定使用防护用品、碰运气、图省事、玩忽职守、有意违章等，对这些都必须严加教育、及时制止。

(2)组织体人员控制　人在参与工程项目质量控制时，是以各种组织的身份来做出或不做出某种行为的，这就要求参与人必须充分了解并切实履行所代表的组织在工程项目质量控制中应承担的质量责任和义务。

(二)机械的控制

(1)施工现场机械控制的任务　建筑企业机械设备管理是对企业的机械设备进行动态管理,即从选购(或自制)机械设备开始,包括投入施工、磨损、补偿,直到报废为止的全过程的管理。而现场施工机械设备管理主要是正确选择(或租赁)和使用机械设备,做好施工机械设备的维护和保养,按计划检查和修理,建立现场施工机械设备使用管理制度等。其主要任务是采取技术、经济、组织措施对机械设备合理使用,用养结合,提高施工机械设备的使用效率,尽可能降低工程项目的机械使用成本,提高工程项目的经济效益。

(2)施工现场机械控制的主要内容

①机械设备的选择与配套。对任何一个工程项目施工机械设备的合理装备,必须依据施工组织设计。首先,对机械设备的技术经济进行分析,选择既满足生产、技术先进,又经济合理的机械设备,结合施工组织设计,分析自有、购买和租赁的分界点,进行合理装备。其次,现场施工机械设备的装备必须配套,使设备在性能、能力等方面相互配套。如果设备数量多,但相互之间不配套,不仅机械性能不能充分发挥,而且会造成经济上的浪费,所以不能片面地认为设备的数量越多越好;现场施工机械设备的配套必须考虑主机和辅机的配套关系,在综合机械化组列中前后工序机械设备间的配套关系,大、中、小型工程机械及动力工具的多层次结构的合理比例关系。

②现场机械设备的合理使用。现场机械设备管理要处理好“养、管、用”三者之间的关系,遵照机械设备使用的技术规律和经济规律,合理、有效地使用机械设备,使之发挥较高的使用效率。因此,操作人员使用机械时必须严格遵守操作规程,反对“拼设备、吃设备”等野蛮操作。

③现场机械设备的保养和修理。为了提高机械设备的完好率,使机械设备经常处于良好的技术状态,必须做好机械设备的维修保养工作。同时,应定期检查和校验机械设备的运转情况和工作精度,发现隐患及时采取措施。根据机械设备的性能、结构和使用状况,应制订合理的修理计划,以便及时恢复现场机械设备的工作能力,预防事故的发生。

(3)施工机械使用的控制

①合理配备各种机械设备。由于工程特点及生产组织形式各不相同,在配备现场施工机械设备时必须根据工程特点,经济合理地为工程配备好机械设备,同时又必须根据各种机械设备的性能和特点,合理地安排施工生产任务,避免“大机小用、精机粗用”,以及超负荷运转的现象;而且还应随工程任务的变化及时调整机械设备,使各种机械设备的性能与生产任务相适应。现场施工单位在确定施工方案和编制施工组织设计时,应充分考虑现场施工机械设备管理方面的要求,统筹安排施工顺序和平面布置图,为机械施工创造必要的条件,如水、电、动力供应,照明的安装,障碍物的拆除,以及机械设备的运行路线和作业场地等。现场负责人要善于协调施工生产和机械使用管理间的矛盾,既要支持机械操作人员的正确意见,又要向机械操作人员进行技术交底和提出施工要求。

②实行人机固定的操作证制度。为了使施工机械设备在最佳状态下运行使用,合理配备足够数量的操作人员并实行机械使用、保养责任制是关键。现场的各种机械设备应定机定组给一个机组或个人,使之对机械设备的使用和保养负责。操作人员必须经过培训和统一考试,合格并取得操作证后,方可独立操作。无证人员登机操作应按严重违章操作处理,坚决杜绝为赶进度而任意指派无证人员上机操作事件的发生。

③建立、健全现场施工机械设备使用的责任制和其他规章制度。

a. 建立人员岗位责任制，操作人员在开机前、使用中、停机后，必须按规定的项目要求，对机械设备进行检查和例行保养，做好清洁、润滑、调整、紧固和防腐工作。

b. 经常保持机械设备的良好状态，提高机械设备的使用效率，节约使用费用，取得良好的经济效益。

c. 遵守磨合期使用的有关规定。新机械设备或经大修理后的机械设备在磨合期间，零件表面尚不够光洁，间隙及啮合尚未达到良好的配合，所以对操作有一定的特殊规定和要求，即磨合期使用规定。新机械设备或经大修理后的机械设备，在正式使用初期，都必须按规定执行磨合。其目的是使机械零件磨合良好，增强零件的耐用性，提高机械运行的可靠性和经济性。在磨合期内，加强机械设备的检查和保养，应经常注意运转情况、仪表指示，检查各总分轴承、齿轮的工作温度和连接部分的松紧，并及时润滑、紧固和调整，发现不正常现象要及时采取措施。

④创造良好的环境和工作条件。

a. 创造适宜的工作场地。水、电、动力供应充足，工作环境应整洁、宽敞、明亮，特别是夜晚施工时，要保证施工现场的照明。

b. 配备必要的保护、安全、防潮装置，有些机械设备还必须配备降温、保暖、通风等装置。

c. 配备必要的测量、控制和保险用的仪表和仪器等装置。

d. 建立现场施工机械设备的润滑管理系统，即实行“五定”的润滑管理：定人、定质、定点、定量、定期的润滑管理。

e. 开展施工现场范围内的完好设备竞赛活动。完好设备是指零件、部件和各种装置完整齐全、油路畅通、润滑正常、内外清洁、性能和运转状况均符合标准的设备。

f. 对于在冬季施工中使用的机械设备，要及时采取相应的技术措施，以保证机械正常运转。如准备好机械设备的预热保温设备；在投入冬季使用前，对机械设备进行一次季节性保养，检查全部技术状态，换用冬季润滑油等。

⑤现场施工机械设备使用控制建立“三定”制度。

a.“三定”制度的意义。“三定”制度，即定人、定机、定岗位责任，是人机固定原则的具体表现，是保证现场施工机械设备得到最合理使用和精心维护的关键。“三定”制度是把现场施工机械设备的使用、保养、保管的责任落实到个人。

b. 施工现场落实“三定”制度形式。施工现场“三定”制度的形式可多种多样，根据不同情况而定，但是必须把本工地所属的全部机械设备的使用、保管、保养的责任落实到个人，做到人人有岗位，事事有专责，台台机械有人管，具体可利用以下几种形式：

- 多人操作或多班作业的机械设备，在指定操作人员的基础上，任命一人为机长，实行机长负责制。
- 一人一机或一人多机作业的机械，实行专机专人负责制。
- 掌握有中小型机械设备的班组，在机械设备和操作人员不能固定的情况下，应任命机组长对所管机械设备负责。
- 施工现场向企业租赁或调用机械设备时，对大型机械原则上做到机调人随，重型或关键机械必须人随机走。

c.“三定”制度的内容。在“三定”制度内部，要建立健全机械操作人员与机长的职责，班与班之间的责任制。

•操作人员职责。严格遵守操作规程。主动积极为施工生产服务，高质低耗地完成机械作业任务。爱护机械设备，执行保养制度，认真按规定要求做好机械设备的清洁、润滑、加固、调整、防腐等工作，保证机械设备经常整洁完好；保管好原机零件、部件、附属设备、随机工具，做到完整齐全，不丢失或不无故损坏；认真执行交接班制度，及时、准确地填写机械设备的各项原始记录，经常反映机械设备的技术状况。

•机长职责。机长是不脱产的操作人员，除履行操作人员职责外，还应做到下列几点：

组织并督促检查全组人员对机械设备的正确使用、保养、保管和维修，保证完成机械施工作业任务；

检查并汇总各项原始记录及报表，及时准确上报，组织机组人员进行单机核算；

组织并检查交接班制度执行情况；

组织机组人员的技术业务学习，并对人员的技术考核提出意见。

•交接班制度。为了使多班作业的机械设备不致由于班与班之间交接不清而发生操作事故、附件丢失或责任不清等现象，必须建立交接班制度作为岗位责任制的组成部分。机械设备交接班时，应由交方填写交接班记录，并做口头补充介绍，经接方核对确认签收后方可下班。交接班的内容如下：

交清本班任务完成情况、工作面情况及其他有关注意事项或要求；

交清机械运转及使用情况，特别应介绍有无异常情况及处理经过；

交清机械保养情况及存在问题；

交清机械随机工具、附件和消耗材料等情况；

填好本班各项原始记录，做好机械清洁工作。

(三)材料的控制

材料(含构配件)是工程施工的物质条件，没有材料就无法施工。材料的质量是工程质量的基础，材料质量不符合要求，工程质量也就不可能符合标准。所以，加强材料的质量控制，是提高工程质量的重要保证，也是创造正常施工条件的前提。

(1)材料质量控制的要点

①掌握材料信息，优选供货厂家。掌握材料质量、价格、供货能力的信息，选择好供货厂家，就可获得质量好、价格低的材料资源，从而确保工程质量，降低工程造价。这是企业获得良好社会效益、经济效益，提高市场竞争能力的重要因素。

材料订货时，要求厂方提供质量保证文件，用以表明提供的货物完全符合质量要求。质量保证文件的内容主要包括：供货总说明；产品合格证及技术说明书；质量检验证明；检测与试验者的资质证明；不合格品或质量问题处理的说明及证明；有关图纸及技术资料等。

对于材料、设备、构配件的订货、采购，其质量要满足有关标准和设计的要求，交货期应满足施工及安装进度计划的要求；对于大型或重要设备，以及大宗材料的采购，应当实行招标采购的方式；对某些材料，如瓷砖等装饰材料，订货时最好一次订齐和备足货源，以免由于分批订货而出现颜色差异、质量不一。

②合理组织材料供应，确保施工正常进行。合理、科学地组织材料的采购、加工、储备、运输，建立严密的计划、调度体系，加快材料的周转，减少材料的占用量，按质量、所需数量和日期

满足建设需要，是提高供应效益、确保正常施工的关键环节。

③合理组织材料使用，减少材料的损失。正确按定额计量使用材料，加强运输、仓库、保管工作，加强材料限额管理和发放工作，健全现场材料管理制度，避免材料损失、变质，是确保材料质量、节约材料的重要措施。

④加强材料检查验收，严把材料质量关。

a. 对用于工程的主要材料，进场时必须具备正式的出厂合格证和材质化验单。如不具备上述单证或对检验证明有怀疑时，应补做检验。

b. 工程中的所有构件，必须具有厂家批号和出厂合格证；钢筋混凝土和预应力钢筋混凝土构件，均应按规定的方法进行抽样检验；由于运输、安装等出现的构件质量问题，应分析研究，经处理并鉴定合格后方能使用。

c. 应进行抽检的材料：凡标志不清或认为质量有问题的材料；对质量保证资料有怀疑或与合同规定不符的一般材料；由工程重要程度决定，进行一定比例试验的材料；需要进行追踪检验，以控制和保证其质量的材料等。对于进口的材料设备和重要工程或关键施工部位所用的材料，则应进行全部检验。

d. 材料质量抽样和检验的方法应符合相关规范的要求，要能反映该批材料的质量性能。对于重要构件或非均质的材料，还应酌情增加采样的数量。

e. 在现场配制的材料(如混凝土、砂浆等)的配合比，应先提出试配要求，经试配检验合格后才能使用。

f. 对进口材料、设备应会同商检局检验，如核对凭证中发现问题，应取得供方和商检人员签署的商务记录，按期提出索赔。

⑤要重视材料的使用认证，以防错用或使用不合格的材料。

a. 对主要装饰材料及建筑配件，应在订货前要求厂家提供样品或看样订货；主要设备订货时，要审核设备清单是否符合设计要求。

b. 对材料性能、质量标准、适用范围和施工要求必须充分了解，以便慎重选择和使用材料。

c. 凡是用于重要结构、部位的材料，使用时必须仔细地核对、认证其材料的品种、规格、型号、性能有无错误，是否适合工程特点和满足设计要求。

d. 新材料应用，必须通过试验和鉴定；代用材料必须通过计算和充分的论证，并要符合结构构造的要求。

e. 材料认证不合格时，不允许用于工程中；有些不合格的材料，如过期、受潮的水泥是否降级使用，也必须结合工程的特点予以论证，但决不允许用于重要的工程或部位。

⑥现场材料的管理要求。

a. 入库材料要分型号、品种，分区堆放，予以标志，分别编号。

b. 对易燃易爆的物资，要专门存放，有专人负责，并有严格的消防保护措施。

c. 对有防湿、防潮要求的材料，要有防湿、防潮措施，并要有标志。

d. 对有保质期的材料，要定期检查，防止过期，并做好标志。

e. 对易损坏的材料、设备，要保护好外包装，防止损坏。

(2)材料质量控制的内容

①材料的质量标准。材料的质量标准是用以衡量材料质量的尺度，也是验收、检验材料质

量的依据。不同的材料有不同的质量标准,如水泥的质量标准有细度、标准稠度用水量、凝结时间、强度、体积安定性等。掌握材料的质量标准,就便于可靠地控制材料和工程的质量,如:水泥颗粒越细,水化作用就越充分,强度就越高;初凝时间过短,不能满足施工有足够的操作时间,初凝时间过长,又影响施工进度;安定性不良,会引起水泥石开裂,造成质量事故;强度达不到等级要求,会直接危害结构的安全。

②材料质量的检验。

a. 材料质量的检验目的。材料质量检验的目的是通过一系列的检测手段,将所取得的材料数据与材料的质量标准相比较,借以判断材料质量的可靠性,能否使用于工程中。同时,还有利于掌握材料信息。

b. 材料质量的检验方法。材料质量检验方法有书面检验、外观检验、理化检验和无损检验 4 种。

• 书面检验,是对提供的材料质量保证资料、试验报告等进行审核,取得认可后方能使用。

• 外观检验,是对材料从品种、规格、标志、外形尺寸等进行直观检查,看其有无质量问题。

• 理化检验,是借助试验设备和仪器,对材料样品的化学成分、机械性能等进行科学的鉴定。

• 无损检验,是在不破坏材料样品的前提下,利用超声波、X 射线、表面探伤仪等进行检测。

c. 材料质量的检验程度。根据材料信息和保证资料的具体情况,质量检验程度分免检、抽检和全部检查 3 种。

• 免检,是免去质量检验过程。对有足够质量保证的一般材料,以及实践证明质量长期稳定且质量保证资料齐全的材料,可予免检。

• 抽检,是按随机抽样的方法对材料进行抽样检验。当对材料的性能不清楚,或对质量保证资料有怀疑,或对成批生产的构配件,均应按一定比例进行抽样检验。

• 全部检查,凡进口的材料、设备和重要工程部位的材料,以及贵重的材料,应进行全部检验,以确保材料和工程质量。

d. 材料质量的检验项目。材料质量的检验项目分为一般试验项目和其他试验项目。一般试验项目为通常进行的试验项目。其他试验项目为根据需要进行的试验项目。具体内容参阅材料检验项目的相关规定。如水泥一般要进行标准稠度、凝结时间、抗压和抗折强度检验;若是小窑水泥,往往由于安定性不良好,还应进行安定性检验。

【例 4-1】 材料检验施工实例。

上海市普陀区某大厦地下 1 层、地面以上 20 层,为现浇钢筋混凝土剪力墙结构,总建筑面积 21 280 m^2,混凝土设计强度等级为 C30。工程于 1994 年 2 月 1 日开工,同年 10 月 28 日为加快施工进度,改用普通硅酸盐水泥。11 月 14 日发现水泥安定性不合格,以后多次复验均不合格,12 月 14 日上海市技术监督局仲裁结论:该水泥为废品,禁止使用。因此,这段时间施工的第 11～14 层主体结构,使用了安定性不合格的水泥,造成重大事故。出现事故后,进一步对库存水泥做检验,发现水泥中游离氧化钙含量高达 6.85%,超过国家标准的规定。在第 11～14 层钻芯取混凝土试样,用蒸煮法加速试验,结果是混凝土劈拉强度下降达 25%以上,抗压强度下降也达 15%,且存在进一步下降的可能。上海市建委 1995 年 6 月 1 日决定:该楼第 11～14 层因使用安定性不合格水泥,应推倒重建,并于 1995 年 9 月 12 日至 11 月 15 日逐层爆破拆除。这起事故造成的直接经济损失为211.8万元。

e. 材料质量检验的取样。材料质量检验的取样必须有代表性，即所采取样品的质量应能代表该批材料的质量，具体方法和数量参见见证取样相关规定(各地存在一定的差异)。

(3)材料的选择和使用要求　材料的选择和使用不当，均会严重影响工程质量或造成质量事故。因此，必须针对工程特点，根据材料的性能、质量标准、适用范围和对施工的要求等方面进行综合考虑，慎重地选择和使用材料。如不同品种、强度等级的水泥，由于水化热不同，不能混合使用；硅酸盐水泥、普通水泥因水化热大，适宜于冬期施工，而不适宜于大体积混凝土工程。

(4)主要结构材料进场质量控制

①进场水泥的质量控制。水泥是一种有效期短、质量极容易变化的材料，同时又是工程结构最重要的胶结材料，水泥质量对建筑工程的安全具有十分重要的意义。水泥质量必须符合现行国家标准《通用硅酸盐水泥》(GB 175—2007)及《〈通用硅酸盐水泥〉国家标准第1号修改单》(GB 175—2007/XG1—2009)的要求。

对进场水泥的质量进行验收应该做好以下几点工作：

a. 检查进场水泥的生产厂是否具有产品生产许可证。

b. 检查进场水泥的出厂合格证或试验报告。

c. 对进场水泥的品种、标号、包装或散装仓号、出厂日期等进行检查，对袋装水泥的实际质量进行抽查。

d. 按照产品标准和施工规范要求，对进场水泥进行抽样复试。按同一生产厂家、同一强度等级、同一品种、同批号且连续进场的水泥，袋装水泥不超过200 t为一批，散装水泥不超过500 t为一批进行抽样复试，每批抽样不少于一次，取样应有代表性，可连续取样，也可以从20个以上不同部位抽取等量样品，总量不少于12 kg。

e. 当对水泥质量有怀疑，或水泥出厂日期超过3个月时，应进行复试，并按试验结果使用。

f. 水泥的抽样复试应符合见证取样送检的有关规定。

②进场钢筋的质量控制。凡结构设计施工图所配备的各种受力钢筋均应符合现行国家规范，包括：《钢筋混凝土用钢　第1部分：热轧光圆钢筋》(GB/T 1499.1—2017)、《钢筋混凝土用钢　第2部分：热轧带肋钢筋》(GB/T 1499.2—2018)、《低碳钢热轧圆盘条》(GB/T 701—2008)、《冷轧带肋钢筋》(GB/T 13788—2017)、《碳素结构钢》(GB/T 700—2006)。

进场钢筋验收的主要工作：

a. 检查进场钢筋生产厂是否具有产品生产许可证。

b. 检查进场钢筋的出厂合格证或试验报告。

c. 按炉罐号、批号及直径和级别等对钢筋的标志、外观等进行检查，进场钢筋的表面或每捆(盘)均应有标志，且应标明炉罐号或批号。

d. 按照产品标准和施工规范要求，按炉罐号、批号及钢筋直径和级别等分批抽取试样做力学性能试验。热轧光圆钢筋、热轧带肋钢筋、余热处理钢筋、低碳钢热轧圆盘条以同一批号、同一牌号、同一规格不大于60 t为一批。其中热轧带肋钢筋超过60 t的部分，每增加40 t(或不足40 t的余数)，增加一个拉伸试验试样和一个弯曲试验试样。

e. 当钢筋在运输、加工过程中，发现脆断、焊接性能不良或力学性能显著不正常等现象时，应根据国家标准对该批钢筋进行化学成分检验或其他专项检验。

f. 钢筋的抽样复试应符合见证取样送检的有关规定。

对冷拉钢筋的质量验收：

a. 应进行分批验收。每批由不大于 20 t 的同级别、同直径冷拉钢筋组成。

b. 钢筋表面不得有裂纹和局部缩颈，当用作预应力筋时，应逐根检查。

c. 从每批冷拉钢筋中抽取 2 根钢筋，每根取 2 个试样分别进行拉力和冷弯试验。当有一项试验结果不符合规定时，应当取加倍数量的试样重新试验。当仍有一个试样不合格时，则断定该批冷拉钢筋为不合格品。

对冷拔钢丝的质量验收：

a. 逐盘检查外观，钢丝表面不得有裂纹和机械损伤。

b. 甲级钢丝的力学性能应逐盘检验。从每盘钢丝上任一端截去不少于 500 mm 后取两个试样，分别做拉力和 180°反复弯曲试验，并按其抗拉强度确定该盘钢丝的组别。

c. 乙级钢丝的力学性能可分批抽样检验。以同一直径的钢丝 5 t 为一批，从中任取 3 盘，每盘各截取两个试样，分别做拉力和反复弯曲试验。如有一个试样不合格，应在未取过试样的钢丝盘中，另取双倍数量的试样，再做各项试验。如果仍有一个试样不合格，则应对该批钢丝逐盘检验，合格品方可使用。

各种钢筋或冷拔钢丝验收合格后，按批分别堆放整齐，避免锈蚀或油污，并且设置标示牌，标明品种、规格及数量等。

(四)方法的控制

方法的控制是指工程项目为达到合同条件的要求，在项目施工阶段内对所采取的技术方案、工艺流程、组织措施、检测手段、施工组织设计等的控制。

工程项目的施工方案正确与否，是直接影响工程项目的进度控制、质量控制、投资控制三大目标能否顺利实现的关键。如果施工方案考虑不周，就会拖延进度，影响质量，增加投资。为此，在制定和审核施工方案时，必须结合工程实际，从技术、组织、管理、工艺、操作、经济等方面进行全面分析、综合考虑，力求方案技术可行、经济合理、工艺先进、措施得力、操作方便，有利于提高质量、加快进度、降低成本。

施工方案的确定一般包括：确定施工流向、确定施工顺序、划分施工段、选择施工方法和施工机械、施工方案的技术经济分析。

(1)确定施工流向　确定施工流向是解决工程项目在平面上、空间上的施工顺序，应考虑以下几方面的因素：

①按生产工艺要求，需要先期投入生产或起主导作用的工程项目先施工。

②技术复杂、施工进度较慢、工期较长的工段和部位先施工。

③满足选用的施工方法、施工机械和施工技术的要求。

④符合工程质量与安全的要求。

⑤确定的施工流向不得与材料、构件的运输方向发生冲突。

(2)确定施工顺序　施工顺序是指在单位工程项目中，各分项分部工程之间进行施工的先后顺序，主要解决各工序在时间上的搭接关系，以充分利用空间、争取时间、缩短工期。单位工程项目施工应遵循先地下、后地上，先土建、后安装，先高空、后地面，先设备安装、后管道电气安装的顺序。

(3)划分施工段　施工段的划分，必须满足施工顺序、施工方法和流水施工条件的要求。为使施工段划分合理，应遵循以下几条原则：

①各施工段上的工程量应大致相等，相差幅度不超过15%，以确保施工连续、均衡地进行。

②划分施工段界限尽可能与工程项目的结构界限(变形缝、单元分界、施工缝位置)相一致，以确保施工质量和不违反操作顺序要求为前提。

③施工段应有足够的工作面，以利于提高劳动生产率。

④施工段的数量要满足连续流水施工组织的要求。

(4)选择施工方法和施工机械　施工方法和施工机械的选择是紧密联系的，施工机械的选择是施工方法选择的中心环节，不同的施工方法所用的施工机械不同。在选择施工方法和施工机械时，要充分研究工程项目的特征、各种施工机械的性能、供应的可能性和企业的技术水平、建设工期的要求和经济效益等，一般遵循以下要求：

①施工方法的技术先进性与经济合理性统一。

②施工机械的适用性与多用性兼顾。

③辅助机械与主导机械的生产能力协调一致。

④机械的种类和型号在一个工程项目上应尽可能少。

⑤尽量利用现有机械设备。

在确定施工方法和主导施工机械后，应考虑施工机械的综合使用和工作范围，并制定保证工程质量与施工安全的技术措施，这样有利于施工机械得到充分利用。

(5)施工方案的技术经济分析　对工程项目中的任何一个分项分部工程，应列出几个可行的施工方案，通过技术经济分析，在其中选出一个工期短、质优、省料、劳动力和机械安排合理、成本低的最优方案。施工方案的技术经济分析有定性分析和定量分析两种常用方法。

①定性分析是结合施工经验，对几个方案的优缺点进行分析和比较，从以下几个方面进行评价确定：

a. 施工操作上的难易程度和安全可靠性。

b. 能否为后续工作创造有利的施工条件。

c. 选择的施工机械设备是否可能取得。

d. 能否为现场文明施工创造有利条件。

e. 对周围其他工程施工影响的程度大小。

②定量分析是通过计算各方案的几个主要技术经济指标进行综合分析，从中选择技术经济指标最优的方案。定量分析的主要指标如下：

a. 工期指标：当要求工程尽快完成时，选择施工方案就要在确保工程质量、安全和成本较低的条件下，优先考虑缩短工期的方案。

b. 劳动消耗量指标：反映施工机械化程度和劳动生产率水平，在方案中劳动消耗量越小，说明机械化程度和劳动生产率越高。

c. 主要材料消耗量指标：反映各施工方案的主要材料节约情况。

d. 成本指标：反映施工方案成本高低。

e. 投资额指标：当拟订的施工方案需要增加新的投资时，选择投资额低的方案。

(五)环境的控制

项目施工阶段是工程实体形成的关键阶段,是施工企业在项目的施工现场将设计的蓝图建造成实物,因而施工阶段的环境因素对工程项目质量起着非常重要的影响。在工程项目质量的控制中应重视施工现场环境因素的影响,并加以有效合理的控制。

1. 环境因素的分类及对建筑工程质量的影响

(1)自然环境 自然环境包括工程地质、水文、气象等,这些因素复杂而又多变,对工程的施工质量有较大影响。例如,工程地质、水位等直接影响到建筑物的基础形式,影响到基坑施工质量;而气象环境,如高温、大风、严寒、雨天等都会对工程施工质量造成较大的影响。

(2)经济环境 一方面,工程建设需要各种经济要素的参与,包含资金(资金供给、资金成本)、价格、劳动力(适用性、质量、价格)、劳动生产率、政府的财政与税收政策等。这些经济要素的变化势必对工程建设产生影响,包括对质量的影响。另一方面,经济环境对质量也有影响,如工人的工资和材料价格直接影响工人的技术水平和材料质量。因此,经济环境也就直接影响建筑工程的施工质量。

(3)技术环境 工程技术环境包括的方面很多,人们所有的行动方式和知识的综合都属于技术范围。例如,在工程项目施工过程中,如果坚持采用新技术、新工艺、新材料,并能够进行创新,那么很有可能在提高施工质量的同时降低工程成本。

(4)工程管理环境 工程管理环境主要指的是所用的质量管理体系、质量管理制度等。质量管理体系是指确定质量方针、目标和职责,并通过质量体系中的质量策划、控制、保证和改进来使其实现的全部活动;质量管理制度是质量管理的条件之一,包括制度的建立健全、贯彻与执行。

(5)社会、文化环境 社会环境是指在一定社会中,人们的处世态度、要求、期望、智力与教育程度,信仰与风俗习惯等。工程施工中要了解当地的文化,尊重当地的风俗。

(6)劳动环境 劳动环境包括劳动组合、劳动工具、施工环境作业面积大小、工程邻边地下管线、建(构)筑物、防护设施、通风照明及通信条件等。劳动环境的好坏直接影响到操作工人正常水平及效率的发挥,从而也会影响到建筑工程的施工质量。

2. 对环境因素控制的措施

各环境因素对建筑施工质量都有不同程度的影响,因此在建筑工程的施工中,必须采取积极的措施对这些因素进行有效的控制。

(1)加强建筑施工管理环境的建设。认真贯彻执行 GB/T 19000 系列标准,建立完善的质量管理体系和质量控制自检体系,落实质量责任制。

(2)环境因素的控制必须与新技术、新材料、新工艺等紧密联系。对市场进行充分调研,了解目前该领域的新技术、新工艺、新材料,大胆采用那些先进合理的工艺、材料及方案,并能够进行创新,这对于工程质量的提高具有重要的促进作用。

(3)收集有关工程的自然环境信息。在整个建筑施工过程中,要不断搜集获取现场的水文、地质、气象等信息资料,对于未来施工期间可能会碰到的恶劣自然环境对施工作业质量的不良影响,事前应做好充分的预防措施。

(4)做好施工现场平面规划与管理。施工作业环境条件是否良好,直接影响到施工能否顺利进行。规范施工现场设备、材料、道路等的布置,实现文明施工;合理划分施工段,保证各工种的工作操作面,以此避免平面和空间上的相互干扰,确保工作效率与施工质量。

(5)协调好各方关系,创造良好的施工外部环境,尊重并支持业主、设计、监理、质监等部门的工程现场代表的工作,不断与他们进行工作上的沟通,保持良好的工作关系,对提高施工质量是有利的。另外,应重视与周围社会环境的协调,尽可能减轻施工对周围居民的影响,取得他们的理解和支持也是很重要的。

3. 季节性施工质量控制

(1)季节性施工准备工作控制

①冬期施工准备工作:

a. 合理安排冬期工程项目。冬期施工条件差,技术要求高,费用增加。为此,应考虑安排既能保证施工质量,又使费用增加较少的项目在冬期施工,如吊装、打桩、室内抹灰、装修(可先安装好门窗及玻璃)等工程。

b. 落实各种热源供应和管理。包括各种热源供应渠道、热源设备和冬期用的各种保温材料的储存和供应等工作。

c. 做好保温防冻工作。

d. 做好测温组织工作。测温要按规定的部位、时间要求进行,并要如实填写测温记录。

e. 做好停工部位的安排、防护和检查工作。

f. 加强安全教育,严防火灾发生。要有防火安全技术措施,经常检查落实确保各种热源设备完好,做好员工培训及冬期施工的技术操作和安全施工的教育,确保施工质量,避免安全事故发生。

②雨期施工准备工作:

a. 防洪排涝,做好现场排水工作。工程地点若在河流附近,上游有大面积山地丘陵,应有防洪排涝准备。施工现场雨期来临前,应做好排水沟渠的开挖,准备好抽水设备,防止场地积水和地沟、基槽、地下室等泡水,造成损失。

b. 做好雨期施工安排,尽量避免雨期窝工造成的损失。一般情况下在雨期到来之前,应多安排完成基础工程、地下工程、土方工程、室外及屋面工程等不宜在雨期施工的项目,多留些室内工作在雨期施工。

c. 做好道路维护,保证运输畅通。雨期前检查道路边坡排水,适当提高路面,防止路面凹陷,保证运输畅通。

d. 做好物资的储存。在雨期到来前,应多储存材料、物资,减少雨期运输量,以节约费用。要准备必要的防雨器材,库房四周要有排水沟渠,防止物品淋雨浸水而变质。

e. 做好机具设备防护。雨期施工,对现场的各种设施、机具要加强检查,特别是脚手架、垂直运输设施等,要采取防倒塌、防雷击、防漏电等一系列技术措施。

f. 加强施工管理,做好雨期施工的安全教育。要认真编制雨期施工技术措施,并认真组织贯彻实施。加强对员工的安全教育,防止各种事故发生。

(2)季节性施工措施

①季节性施工一般措施：

a. 施工人员应熟悉并认真执行冬期施工技术有关规定，掌握气象动态。

b. 混凝土冬期施工应以蓄热法为主，掺早强剂为辅。可用热水搅拌混凝土，短运输、快入模，混凝土浇筑完毕立即盖好，尽量使用高强度等级水泥。

c. 冬期施工混凝土搅拌时间比常温时增加50%，草帘子日揭夜盖，保持温度，直至强度达到设计标号的40%。

d. 砌体工程冬期施工，石灰膏要遮盖防冻，砖及块材不湿水，砌筑时也不浇水刮浆；砌筑砂浆中可加早强剂、缓冲剂或加热，砌体上应用草帘覆盖。

e. 大面积外抹灰冬期应停止施工，如必须进行时应尽量利用太阳光照热度。

f. 内抹灰冬期施工，应将外门窗玻璃装好，洞口堵隔，出入门口挂草帘，室内温度在5 ℃以上时才能施工；小面积粉刷可在室内人工加温，保温应保持至粉刷干燥九成以上。

g. 做好雨天施工准备。现场道路要坚实，有排水沟及流水去向，施工安排要立体交叉，要计划好雨期可转入室内的工作。

h. 地下室施工时要防止地面水淌进坑内，要设集水坑，并备用足够的排水设备。

i. 正在浇筑混凝土遇雨时，已浇好的要及时覆盖，允许留施工缝的，中途停歇要按施工缝要求处理，现场应备用必要的挡雨设施。

j. 夏季要做好防暑降温工作，混凝土夏季可掺缓凝剂，做好浇水养护工作。

②混凝土冬期施工方法。混凝土工程冬期施工方法是防止混凝土在硬化过程中早期受冻所采取的各种措施。一般根据自然气温条件、结构类型、工期要求确定混凝土工程的冬期施工方法。理论上认为只要混凝土的早期强度大于冻胀应力，混凝土就不会受损。据此，混凝土冬期施工方法主要有两大类：第一类为蓄热法、暖棚法、蒸汽加热法和电热法，这类冬期施工方法，实质是人为地创造一个正温环境，以保证新浇筑的混凝土强度能够正常、不间断地增长，甚至可以加速增长；第二类为冷混凝土法，这类冬期施工方法，实质是在拌制混凝土时，加入适量的外加剂，可以适当降低水的冰点，使混凝土中的水在负温下保持液相，从而保证了水化作用的正常进行，使得混凝土强度得以在负温环境中持续地增长，这类方法一般不再对混凝土加热。

在选择混凝土冬期施工方法时，应保证混凝土尽快达到冬期施工的临界强度，避免遭受冻害。一个理想的施工方案，应当在杜绝混凝土早期受冻的前提下，在最短的施工期限内，用最低的冬期施工费用，获得优良的施工质量。

③混凝土冬期施工措施。混凝土冬期施工一般要求在正温下浇筑、正温下养护，使混凝土强度在冰冻前达到受冻临界强度。在冬期施工时，对原材料和施工过程均有必要措施的要求，并应选择合理的施工方法来保证混凝土的施工质量。

a. 对材料的要求：

冬期施工中配制混凝土用的水泥，应优先选用活性高、水化热大的硅酸盐水泥和普通硅酸盐水泥。水泥的强度等级不应低于32.5 R级，最小水泥用量不宜少于300 kg/m^3，水灰比不应大于0.6。使用矿渣硅酸盐水泥时，宜采用蒸汽养护。使用其他品种水泥，应注意其中的掺和材料对混凝土抗冻、抗渗等性能的影响。冷混凝土法施工宜优先选用含引气成分的外加剂，含气量宜控制在2%～4%。掺用防冻剂的混凝土，严禁使用高铝水泥。

混凝土所用骨料必须清洁，不得含有冰、雪等冻结物及易冻裂的矿物质。冬期骨料所用储备场地应选择地势较高不积水的地方。

冬期施工对组成混凝土的材料加热应优先考虑加热水，因为水的热容量大，加热方便，但加热温度不得超过 80 ℃。当水、骨料达到规定温度仍不能满足热工计算要求时，可提高水温到 100 ℃，但水泥不得与 80 ℃以上的水直接接触。水的常用加热方法有 3 种：用锅烧水、用蒸汽加热水、用电极加热水。水泥不得直接加热，使用前宜运入暖棚存放。冬期施工拌混凝土的砂、石温度要符合热工计算需要温度。骨料加热的方法有：将骨料放在热源上面加温或铁板上面直接加热；或者通过蒸汽管、电热线加热等。但不得用火焰直接加热骨料，并应控制加热温度。加热的方法可因地制宜，但以蒸汽加热法为好。

钢筋冷拉可在负温下进行，但冷拉温度不宜低于－20 ℃。当采用控制应力方法时，冷拉控制应力较常温下提高 30 N/mm^2；采用冷拉率控制方法时，冷拉率与常温时相同。钢筋的焊接应在室内进行，如必须在室外焊接，其最低气温不应低于－20 ℃，且需要有防雪和防风措施。刚焊接的接头严禁立即碰到冰雪，避免造成冷脆现象。

冬期浇筑的混凝土，宜使用无氯盐类防冻剂。对抗冻性要求高的混凝土，宜使用引气剂或引气减水剂。

b. 混凝土的搅拌、运输和浇筑：

混凝土的搅拌。混凝土不宜露天搅拌，应尽量搭设暖棚，优先选用大容量的搅拌机，以减少混凝土的热损失。混凝土搅拌时间应根据各种材料的温度情况而定，考虑相互间的热平衡过程，可通过试拌确定延长时间，一般为常温搅拌时间的 1.25～1.5 倍。搅拌混凝土的最短时间应按规定采用。搅拌时为防止水泥出现“假凝”现象，应在水、砂、石搅拌一定时间后再加入水泥。搅拌混凝土时，骨料不得带有冰、雪及冻团。拌制掺用防冻剂的混凝土，当防冻剂为粉剂时，可按要求掺量直接撒在水泥上面和水泥同时投入；当防冻剂为液体时，应先配制成规定浓度溶液，再根据使用要求，用规定浓度溶液配成施工溶液。各溶液应分别置于有明显标志的容器内，不得混淆，每班使用的外加剂溶液应一次配成。

混凝土的运输。混凝土的运输过程是热损失的关键阶段，应采取必要的措施减少混凝土的热损失，同时应保证混凝土的和易性。常用的主要措施：减少运输时间和距离；使用大容积的运输工具并采取必要的保温措施，保证混凝土入模温度不低于 5 ℃。

混凝土的浇筑。混凝土在浇筑前，应清除模板和钢筋上的冰雪和污垢，尽量加快混凝土浇筑速度，防止热量散失过快。当采用加热养护时，混凝土养护前的温度不得低于 2 ℃。

冬期不得在强冻胀性地基土上浇筑混凝土。当在弱冻胀性地基土上浇筑混凝土时，地基土应进行保温，以免遭冻。对加热养护的现浇混凝土结构，混凝土的浇筑程序和施工的位置，应能防止在加热养护时产生较大的温度应力。当分层浇筑厚大的整体结构时，已浇筑层的混凝土温度，在被上层混凝土覆盖前，不得低于按蓄热法计算的温度，且不得低于 2 ℃。混凝土振捣应采用机械振捣。

四、地基与基础工程质量控制

地基与基础工程是建筑工程中重要的分部工程，任何一个建筑物或构筑物都由上部结构、基础和地基 3 个部分组成。基础承受建筑物的全部荷载，并将其传递给地基，与地基一起向下产生沉降；地基承受基础传来的全部荷载，并随土层深度向下扩散，被压缩而产生变形。

地基是指基础下面承受建筑物全部荷载的土层，其关键指标是地基每平方米能够承受的基础传递下来荷载的能力，称为地基承载力。地基分为天然地基和人工地基，天然地基是指不经人工处理能直接承受房屋荷载的地基。人工地基是指由于土层较软弱或较复杂，必须经过人工处理，使其提高承载力，才能承受房屋荷载的地基。

基础是指建筑物（构筑物）地面以下墙（柱）的放大部分。基础根据埋置深度分为浅基础（埋深 5 m 以内）和深基础；根据受力情况分为刚性基础和柔性基础；根据构造形式分为条形基础、独立基础、桩基础和整体式基础（筏形和箱形）。

任何建（构）筑物都必须有可靠的地基和基础。建（构）筑物的全部重量（包括各种荷载）最终将通过基础传给地基，所以，对某些地基的处理及加固就成为基础工程施工中的一项重要内容。

地基与基础工程的施工质量应满足国家标准《建筑地基基础工程施工质量验收标准》（GB 50202—2018）及地基与基础工程相关施工规范的要求。

五、钢筋混凝土工程质量控制

由于现代经济发展的需要，多层、高层建筑物迅速发展，世界各国的大中型城市都以高层、超高层建筑作为城市发展和经济实力的象征。而高层及超高层建筑物绝大部分采用钢筋混凝土结构，如由钢筋混凝土构件所形成的框架结构、框剪结构、剪力墙结构、框筒结构等，除有部分框架结构采用预制装配式和部分预制、部分现浇形式外，其余均采用现浇钢筋混凝土结构。

现浇钢筋混凝土工程应用较普遍，由于现场浇筑施工是将柱、梁、板、墙等构件按在现场设计位置浇筑成为整体结构，即现浇钢筋混凝土整体结构，这种结构的整体性和抗震性好、节点接头简单、用钢量较少，适合现代多层、高层建筑功能需求；但现浇施工模板耗用量大、混凝土浇筑现场运输量大、劳动强度高、属于湿作业、工期较长，因此需加快推广工具式模板、商品混凝土及混凝土输送泵的使用，提高机械化水平。

现浇钢筋混凝土工程施工时，要进行模板的支撑、钢筋的成型与绑扎安装，以及混凝土的浇筑与养护等工作，涉及多工种的配合。混凝土结构工程施工质量应满足《混凝土结构工程施工质量验收规范》（GB 50204—2015）及《混凝土结构工程施工规范》（GB 50666—2011）的要求。

六、砌筑工程质量控制

砌体工程是指由砖、石块或各种类型砌块通过黏结砂浆组砌而成的工程。砌体工程是建筑安装工程的重要分项工程。在砖混结构中，砌体是承重结构；在框架结构中，砌体是围护填充结构。墙体材料通过砌筑砂浆连成整体，实现对建筑物内部分隔和外部围护、挡风、防水、遮阳等作用。

混凝土结构工程施工质量应满足《砌体结构工程施工质量验收规范》（GB 50203—2011）及《砌体结构工程施工规范》（GB 50924—2014）的要求。

七、装饰工程质量控制

建筑装饰工程是指采用适当材料和合理的构造在不影响建筑物结构安全的前提下，对建筑物内外表面进行修饰，并对室内环境进行艺术加工和处理的工程。建筑装饰工程既能保护建筑物，又可延长使用寿命、美化建筑、优化环境，满足用户对功能和美观的需求。建筑装饰工程是建筑施工的重要部分，随着社会的发展、生活水平的提高，人们对于装饰装修工程的质量要求越来越高。

装饰装修工程施工质量应满足《建筑装饰装修工程质量验收标准》(GB 50210—2018)及《住宅装饰装修工程施工规范》(GB 50327—2001)的要求。

八、防水工程质量控制

建筑防水是指在建筑物的防水部位，如屋面、地下、水池面等通过建筑结构或防水层，防止自然界的水进入室内或防止室内渗漏室外的措施总称。建筑防水的主要作用是保障建筑物的使用功能，同时也可以起到延长建筑物使用寿命的效果。防水做法可分为构造防水和材料(防水层)防水，前者是建筑物中的混凝土结构及构件自防水，后者是防水材料制成的防水层防水。防水层防水中的防水层又有刚性防水层和柔性防水层之分，其中柔性防水层是指用各种防水卷材、防水涂料作为防水层。建筑防水工程按照不同的防水部位可分为屋面防水、地下防水、厨卫防水和墙面防水 4 个部分。防水工程施工质量应满足《地下防水工程质量验收规范》(GB 50208—2011)、《屋面工程质量验收规范》(GB 50207—2012)、《屋面工程技术规范》(GB 50345—2012)及《地下工程防水技术规范》(GB 50108—2008)的要求。

任务三　建设工程项目质量验收

【例 4-2】 工程项目质量验收实例。

某综合楼的一部分为两层砖混结构，跨度 12 m，总长 27.6 m，层高 4.8 m，承重的窗间墙厚 370 mm，宽 1.2 m，并设 120 mm×490 mm 的附壁墙柱，楼面大梁截面 250 mm×1 000 mm，大梁与外墙的圈梁现浇。该楼 1984 年 4 月开工，8 月主体基本完工，进行室内粉刷时发生整体倒塌。其主要原因是不按验收规范规定办事，施工质量低劣，具体表现如下：

(1)混凝土和砂浆配合比严重失调，砂的含泥量过大，砂浆实际强度达不到设计要求。

(2)没有严格按施工验收规范规定组织施工。基础轴线放线偏差，导致墙体底部悬空 30 mm。附壁墙柱尺寸放错，将 120 mm×490 mm 砌成 120 mm×370 mm，砌至窗台才发现，后将基础以上墙体拆除重砌，但未按规范规定的方法咬槎，形成施工铰。

(3)砖墙砌筑不合规范，用半块断砖替代整砖丁砌，原外墙厚度方向无咬砌，形成两张皮，降低了承载能力；山墙与纵向墙不同时砌筑，又缺少必要的拉结钢筋。

一、施工质量验收基本知识

施工质量管理离不开质量验收，质量验收是质量管理活动效果的验证。建筑产品的形成是一个复杂的动态过程，在施工过程中，受到各种波动因素的影响，工程质量不可避免地存在不同程度的波动，当其超过规范允许的偏差范围时，就会产生不合格品。所以，在施工过程中对建筑产品（检验批、分项工程、分部工程、单位工程）进行检验，把工程质量从“事后把关”转移到“事先预防”上来，把不合格品消灭在形成过程中，是企业实施质量方针的需要，也是确保国家利益和顾客利益的需要，还是企业减少经济损失、提高市场竞争力的需要，更是确保人民生命财产安全的需要。

1. 施工质量验收的依据

（1）工程施工承包合同　工程施工承包合同所规定的有关施工质量方面的条款，既是发包方所要求的施工质量目标，也是承包方对施工质量责任的明确承诺，理所当然成为施工质量验收的重要依据。

（2）工程施工图纸　由发包方确认并提供的工程施工图纸，以及按规定程序和手续实施变更的设计和施工变更图纸，是工程施工合同文件的组成部分，也是直接指导施工和进行施工质量验收的重要依据。

（3）工程施工质量验收统一标准　工程施工质量验收统一标准（简称“统一标准”）是国家标准，如由中华人民共和国住房和城乡建设部、国家质量监督检验检疫总局联合发布的《建筑工程施工质量验收统一标准》（GB 50300—2013），规范了全国建筑工程施工质量验收的基本规定、验收的划分、验收的标准以及验收的组织和程序。根据我国现行的工程建设管理体制，国务院各工业交通部门负责对全国专业建设工程质量进行监督管理，因此，其相应的专业建设工程施工质量验收标准，是各专业工程建设施工质量验收的依据。

（4）专业工程施工质量验收规范　专业工程施工质量验收规范（简称“验收规范”）是在工程施工质量验收统一标准的指导下，结合专业工程的特点和要求进行编制的，它是施工质量验收统一标准的进一步深化和具体化，作为专业工程施工质量验收的依据，验收规范和统一标准必须配合使用。

（5）建设法律法规、管理标准和技术标准　现行的建设法律法规、管理标准和相关的技术标准是制定施工质量验收统一标准和验收规范的依据，而且其中强调了相应的强制性条文，因此也是组织和指导施工质量验收、评判工程质量责任行为的重要依据。

2. 施工质量验收的层次

建筑工程项目往往体型较大，需要的材料种类和数量也较多，施工工序和工程项目多。为使验收工作具有科学性、经济性及可操作性，合理确定验收层次十分必要。根据《建筑工程施工质量验收统一标准》（GB 50300—2013）的规定：一般将工程项目按照独立使用功能划分为若干单位（子单位）工程；每一个单位工程按照专业、建筑部位划分为地基基础、主体等若干个分部（子分部）工程；每一个分部工程按照主要工种、材料、施工工艺、设备类别划分为若干个分项工程；每一个分项工程按照楼层、施工段、变形缝等划分为若干检验批。上述过程逆向就构成了工程施工质量验收层次，即检验批、分项工程、分部（子分部）工程、单位（子单位）工程 4 个验收层次。其中检验批是工程验收的最小单位，是分项工程乃至整个建筑工程质量验收的基础。另外，建筑工程采用的主要材料、半成品、成品、建筑构配件、器具和设备应进行现场验收；隐蔽工程要求在隐蔽前由施工单位通知相关单位进行隐蔽工程验收。

单位(子单位)工程质量验收即该项目的竣工验收，是项目建设程序的最后一个环节，是全面考核项目建设成果、检查设计与施工质量、确认项目能否投入使用的重要步骤。

3. 施工质量验收的基本规定

(1)施工质量验收规范体系　为加强建筑工程质量管理，保证工程质量，约束和规范建筑工程质量验收方法、程序和质量标准，我国现行的《建筑工程施工质量验收统一标准》(GB 50300—2013)和15个专业工程施工质量验收规范组成了完整的工程质量验收规范体系。

①《建筑工程施工质量验收统一标准》(GB 50300—2013)：

a. 提出了工程施工质量管理和质量控制的要求。

b. 提出了检验批质量检验的抽样方案要求。

c. 确定了建筑工程施工质量验收项目划分、判定的依据及验收程序的原则。

d. 规定了各专业验收规范编制的统一原则。

e. 对单位工程质量验收的内容、方法和程序等做出了具体规定。

②15个建筑工程专业施工质量验收规范：

a.《建筑地基基础工程施工质量验收标准》(GB 50202—2018)。

b.《砌体结构工程施工质量验收规范》(GB 50203—2011)。

c.《混凝土结构工程施工质量验收规范》(GB 50204—2015)。

d.《钢结构工程施工质量验收标准》(GB 50205—2020)。

e.《木结构工程施工质量验收规范》(GB 50206—2012)。

f.《屋面工程质量验收规范》(GB 50207—2012)。

g.《地下防水工程质量验收规范》(GB 50208—2011)。

h.《建筑地面工程施工质量验收规范》(GB 50209—2010)。

i.《建筑装饰装修工程质量验收标准》(GB 50210—2018)。

j.《建筑给水排水及采暖工程施工质量验收规范》(GB 50242—2002)。

k.《通风与空调工程施工质量验收规范》(GB 50243—2016)。

l.《建筑电气工程施工质量验收规范》(GB 50303—2015)。

m.《电梯工程施工质量验收规范》(GB 50310—2002)。

n.《智能建筑工程质量验收规范》(GB 50339—2013)。

o.《建筑节能工程施工质量验收标准》(GB 50411—2019)。

③现行建筑工程施工质量验收规范体系的特点：

a. 体现了“验评分离、完善手段、过程控制”的指导思想。

b. 同一对象只有一个标准，避免了交叉干扰，便于执行。

c. 自2001版规范开始，验收结论只设“合格”一个质量等级，取消了“优良”等级。

(2)建筑工程施工质量验收的基本规定

①对建筑工程施工质量验收的要求：

a. 工程质量验收均应在施工单位自行检查评定的基础上进行。

b. 参加工程施工质量验收的各方人员应该具备规定的资格。

c. 检验批的质量应按主控项目和一般项目验收。

d. 对涉及结构安全、节能、环境保护和主要使用功能的试块、试件及材料，应在进场时或施工中按规定进行见证检验。

e. 隐蔽工程应在隐蔽前由施工单位通知监理单位进行验收，并应形成验收文件，验收合格后方可继续施工。

f. 对涉及结构安全、节能、环境保护和使用功能的重要分部工程应在验收前按规定进行抽样检验。

g. 工程外观质量应由验收人员通过现场检查后共同确认。

②对专项验收要求的规定：专项验收按相应专业验收规范的要求进行。为适应建筑工程行业的发展，鼓励新技术的推广应用，保证建筑工程验收的顺利进行，当专业验收规范对工程中的验收项目未做出相应规定时，应由建设单位组织监理、设计、施工等相关单位制定专项验收要求。涉及结构安全、节能、环境保护等项目的专项验收要求应由建设单位组织专家论证。

③特殊情况下调整抽样复验、试验数量的规定：符合下列条件之一时，可按相关专业验收规范的规定适当调整抽样复验、试验数量，调整后的抽样复验、试验方案应由施工单位编制，并报监理单位审核确定。

a. 同一项目中由相同施工单位施工的多个单位工程，使用同一生产厂家的同品种、同规格、同批次的材料、构配件、设备等，如果按每一个单位工程分别进行复验，势必造成重复而浪费人力、物力，因此可适当调整抽样复检、试验的数量。

b. 同一施工单位在现场加工的成品、半成品、构配件用于同一项目中的多个单位工程中，对这样的情况可适当调整抽样复验、试验数量。但对施工安装后的工程质量应按分部工程的要求进行检测试验，不能减少抽样数量。

c. 在同一项目中，针对同一抽样对象的已有检验成果可以重复利用。如混凝土结构的隐蔽工程检验批和钢筋工程检验批，就有很多相同之处，可以重复利用检验成果，但须分别填写验收资料。

二、施工质量验收层次划分

建筑工程质量检查与验收工作是一项十分重要的工作，工程从合同签订后进行施工准备到竣工交付使用，要经过若干阶段、若干工序、多种专业工种的配合。如前所述，一般可按结构分解的原则将工程施工质量验收划分为单位（子单位）工程、分部（子分部）工程、分项工程、检验批 4 个层次。

1. 施工质量验收层次划分的作用

（1）有利于工程质量处于受控状态。由于划分了验收层次，有利于工程施工质量的过程控制和最终把关，确保工程质量符合有关标准，使工程质量处于受控状态。

（2）有利于工程质量管理有序、验收步骤分明。根据工程特点，将整个过程按结构分解的原则分解成各个相对独立的单元，这使得整个过程易于管理，便于验收。

（3）有利于提高工程质量验收的科学性、规范性和准确性。经过划分后的工程，在一个工程中，统一验收就更有条理。各工种及设备机组、各系统、各区段的划分相对统一。

（4）有利于为工程竣工验收提供真实有效的资料。由于划分了验收层次，施工质量得到了有效的控制，发现质量问题能容易分清责任并及时分析、解决，同时便于进行质量评定。

2. 施工质量验收层次划分的类型

(1)单位(子单位)工程的划分　对于房屋建筑工程，单位(子单位)工程的划分应按下列原则确定：

①具备独立施工条件并能形成独立使用功能的建筑物或构筑物为一个单位工程，如一所学校中的一栋教学楼、办公楼、传达室，某城市的广播电视塔等。

②对于规模较大的单位工程，可将其能形成独立使用功能的部分划分为一个子单位工程。子单位工程的划分一般可根据工程的建筑设计分区、使用功能的显著差异、结构缝的设置等实际情况来确定。施工前，应由建设、监理、施工单位商定划分方案，并据此收集整理施工技术资料和验收。如一个公共建筑有 20 层塔楼及一个 4 层裙房，该业主计划在裙房施工竣工后立即投入使用，就可以将裙房划分为一个子单位工程。

③室外工程可根据专业类别和工程规模划分单位工程或子单位工程、分部工程。室外工程的单位工程、子单位工程、分部工程可按表 4-2 划分。

表 4-2　室外工程的划分

单位工程	子单位工程	分部工程
室外设施	道路	路基、基层、面层、广场与停车场、人行道、人行地道、挡土墙、附属构筑物
	边坡	土石方、挡土墙、支护
附属建筑及室外环境	附属建筑	车棚、围墙、大门、挡土墙
	室外环境	建筑小品、亭台、水景、连廊、花坛、场坪绿化、景观桥

(2)分部(子分部)工程的划分　分部(子分部)工程是单位工程的组成部分。对于建筑工程，分部工程的划分参见《建筑工程施工质量验收统一标准》(GB 50300—2013)。划分应按下列原则确定：

①分部工程的划分可按专业性质、工程部位确定，如建筑工程划分为地基与基础、主体结构、建筑装饰装修、屋面工程、建筑给水排水及供暖、通风与空调、建筑电气、建筑智能化、建筑节能、电梯 10 个分部工程，但有的单位工程中，不一定全有这些分部工程。

②分部工程较大且较复杂时，为方便验收，可将其中相同部分的工程或能形成专业体系的工程划分为若干子分部工程，如可按材料种类、施工特点、施工程序、专业系统及类别将分部工程划分为若干子分部工程。

(3)分项工程的划分　分项工程是分部工程的组成部分，是工程质量验收的基本单元，是工程质量管理的基础。分项工程可由一个或若干个检验批组成。分项工程的划分参见《建筑工程施工质量验收统一标准》(GB 50300—2013)。

①建筑工程的分项工程一般应按主要工种来划分，也可按材料、施工工艺、设备类别划分。如建筑工程主体结构分部工程中，混凝土结构子分部工程按主要工种分为模板、钢筋、混凝土等分项工程；按施工工艺又分为预应力结构、现浇结构、装配式结构工程。

②可根据不同的工程特点，按系统或区段来划分各自的分项工程。如住宅楼的照明，可把每个单元的照明系统划分为一个分项工程。对于大型公共建筑的通风管道工程，一个楼层可

分为数段，每段即一个分项工程。

③在一个工程中，各工种、各系统、各区段的划分应相应统一。为了使质量处于有效的控制，发现质量问题能容易分清责任并及时分析、解决，同时便于进行质量评定，要求划分的范围不宜太大，即分项工程不能太大。

(4)检验批的划分 检验批是指按同一生产条件或按规定的方式汇总起来供检验用的、由一定数量样本组成的检验单位。它是工程验收的最小单位，也是分项工程乃至整个建筑工程质量验收的基础。检验批可根据施工、质量控制和专业验收的需要，按工程量、楼层、施工段、变形缝进行划分。施工前，应由施工单位制定分项工程和检验批的划分方案并提交项目监理机构审核。

检验批的划分原则如下：

①多层及高层建筑的分项工程可按楼层或施工段来划分检验批，单层建筑的分项工程可按变形缝等来划分检验批；地基基础的分项工程一般划分为一个检验批，有地下室的基础工程可按不同地下层划分检验批；屋面工程的分项工程可按不同楼层屋面划分为不同检验批；其他分部工程中的分项工程一般按楼层划分检验批；对于工程量较少的分项工程可划分为一个检验批；安装工程一般按一个设计系统或设备组别划分为一个检验批；室外工程一般划分为一个检验批；散水、台阶、明沟等含在地面检验批中。

②地基基础中的土方工程、基坑支护工程及混凝土结构工程中的模板工程，虽不构成建筑工程实体，但因其是建筑工程施工中不可缺少的重要环节和必要条件，其质量关系到建筑工程的质量和施工安全，将其列入施工验收的内容。

《建筑工程施工质量验收统一标准》(GB 50300—2013)明确规定：施工前，应由施工单位制定分项工程和检验批的划分方案，并由监理单位审核。对于本标准的附录B及相关专业验收规范未涵盖的分项工程和检验批，可由建设单位组织监理、施工等单位协商确定。

三、施工质量验收程序和组织

质量检验与验收是按照施工的顺序进行评定的，即先验收检验批、分项工程的质量，再验收分部工程的质量，最后验收单位工程的质量。质量验收的程序和组织是依法、依规保证工程质量的重要手段，必须严格遵守。

1. 检验批工程质量验收程序与组织

(1)验收前，施工单位应对施工完成的检验批进行自检，合格后由项目专业质量检查员填写××检验批质量验收记录(《建筑工程施工质量验收统一标准》附录E)及检验批报审、报验表。

(2)施工单位将上述记录及报验表报送项目监理机构申请验收。专业监理工程师对所报资料进行审查，并组织施工单位项目专业质量检查员、专业工长等到现场对主控项目和一般项目进行实体检查、验收。

(3)由于检验批的检查数量较多，当不能进行全数检查时，应当进行随机抽样检验。抽样检验应满足分布均匀、具有代表性的要求，抽样数量不应低于有关专业验收规范的规定。

(4)对验收合格的检验批，专业监理工程师应在上述检验批质量验收记录、检验批报审表的相应位置上签字确认，准许进行下道工序施工。对验收不合格的检验批，专业监理工程师应要求施工单位进行整改，并在自检合格后重新进行复验。

2. 隐蔽工程质量验收程序与组织

隐蔽工程是指在下道工序施工后将被覆盖或掩盖，不易进行质量检验的工程，如钢筋混凝土中的钢筋工程、地基与基础工程中的混凝土基础和桩基础等。隐蔽工程可能是一个检验批，也可能是一个分项工程或子分部工程，因此可以对应地按检验批或分项工程、子分部工程进行验收。

(1)隐蔽工程在下一道工序开工前必须进行验收并按照《隐蔽工程验收控制程序》办理。隐蔽工程自检合格后，施工单位以书面形式报送项目监理机构申请验收。

(2)专业监理工程师对施工单位递交的隐蔽工程质量验收记录、隐蔽工程报审和报验表进行审查。当隐蔽工程为检验批时，专业监理工程师可组织施工单位项目专业质量检查员、专业工长等到现场进行实体检查、验收，同时应保留照片、影像资料。而对基底、基槽、桩基础等隐蔽工程，还要有勘察单位、设计单位相关负责人员和相关检测单位负责人参加。

(3)对验收合格的隐蔽工程，专业监理工程师应在施工单位所填报的隐蔽工程质量验收记录、检验批报审表的相应位置签字确认，准许进行下道工序施工。对验收不合格的隐蔽工程，专业监理工程师应要求施工单位进行整改，并在自检合格后重新组织复验。

3. 分项工程质量验收程序与组织

(1)验收前，施工单位应先对施工完成的分项工程进行自检，合格后填写××分项工程质量验收记录(《建筑工程施工质量验收统一标准》附录 F)、分项工程报审表，并报送项目监理机构申请验收。

(2)由专业监理工程师组织施工单位项目专业技术负责人等进行分项工程质量验收。

(3)专业监理工程师应对施工单位填报的资料逐项进行审查，若对分项工程所含某些检验批验收结论有怀疑或异议，应进行相应的检查核实。

(4)对符合要求的分项工程，施工单位项目专业质量检查员和项目专业技术负责人在相应的质量检验记录、分项工程报审表中的相关栏目签字，然后由专业监理工程师签字通过验收。

4. 分部(子分部)工程质量验收程序与组织

(1)施工单位先对施工完成的分部(子分部)工程进行自检，合格后填写分部工程质量验收记录(《建筑工程施工质量验收统一标准》附录 G)、分部(子分部)工程报审表，并报送项目监理机构申请验收。

(2)总监理工程师组织相关人员进行验收。其中施工单位的项目负责人和项目技术负责人等均应参加各类分部(子分部)工程质量验收。考虑到地基与基础、主体结构工程要求严格，技术性强，关系到整个工程的安全，而建筑节能是基本国策，直接关系到国家资源策略、可持续发展等，规定勘察、设计单位项目负责人和施工单位技术质量部门负责人应参加地基与基础分部工程的质量验收，设计单位项目负责人和施工单位技术、质量部门负责人还应参加主体结构、节能分部工程的验收。

(3)施工单位汇报分部(子分部)工程完成情况，验收人员审查监理、勘察、设计、施工单位的工程验收资料并实地查验工程质量。验收过程中所发现的问题由施工单位进行答复。

(4)工程参加各方对本分部(子分部)工程的施工活动进行总结并分别阐明各自的验收结论。

(5)当验收意见一致时，在工程质量监督机构的监督下，验收人员应分别在相应的分部(子分部)工程质量验收记录表上签字。当参加验收的各方对工程质量的验收意见不一致时，应当协商提出解决办法，也可申请有关行政主管部门或工程质量监督机构办调办理。

(6)对验收不合格的分部(子分部)工程，应要求施工单位进行整改，自检合格后重新申请验收。

5. 单位(子单位)工程质量验收程序与组织

(1)工程预验收

①单位(子单位)工程完工后，施工单位首先要依据施工合同、质量标准、设计图纸等组织有关人员进行自检并对检查结果进行评定。符合要求的单位(子单位)工程可填写单位工程质量竣工验收记录(《建筑工程施工质量验收统一标准》附录 H)，以及质量竣工验收报审表、质量控制资料核查记录、安全和功能检验资料核查及观感质量检查记录等资料，并将单位工程竣工验收报审表及有关竣工资料报送项目监理机构申请工程预验收。

②项目监理机构收到预验收申请后，由总监理工程师组织各专业监理工程师审查施工单位提交的单位工程竣工验收报审表及其他有关竣工资料，并对工程质量进行竣工预验收。存在质量问题时，应由施工单位及时整改，整改合格后由总监理工程师签认单位工程竣工验收报审表及有关资料。

③单位工程竣工资料应提前报请城建档案馆验收并获得预验收许可。

(2)竣工验收

①施工单位向建设单位提交工程竣工验收报告和完整的工程资料，申请工程竣工验收。

②建设单位收到施工单位提交的工程竣工报告后，应由建设单位项目负责人组织监理、设计、施工、勘察等单位项目负责人进行单位(子单位)工程验收。

③在整个单位工程进行验收时，已验收的子单位工程的验收资料应作为单位工程验收的附件。

④单位工程中的分包工程完工后，分包单位应对所承包的工程项目进行自检并应按验收统一标准的程序进行验收。验收时，总包单位应派人参加，分包单位应将所分包工程的质量控制资料整理完整，并移交给总包单位。在竣工验收时，分包单位负责人员也应参加验收。

⑤当参建各方验收意见一致时，验收人员应分别在单位工程质量验收记录表上签字确认。当参建各方对工程质量验收意见不一致时，可请当地建设行政主管部门或工程质量监督机构(也可以是其委托的部门、单位或各方认可的咨询单位)协调处理。

⑥单位工程质量验收合格后，建设单位应在规定时间内将工程竣工验收报告和竣工资料报县级以上人民政府建设行政主管部门或其他有关部门备案。

四、施工质量验收标准

1. 检验批工程质量验收

(1)检验批质量验收的内容　为了使检验批的质量满足安全和功能的基本要求，保证建筑工程质量，各专业验收规范都从以下 3 个方面进行检验批验收。

①资料核查。质量控制资料反映了检验批从原材料到最终验收的各施工工序的操作依

据、检查情况以及保证质量所必需的管理制度等，其完整性的检查是对过程控制的确认，是检验批合格的前提。

②主控项目。主控项目是对检验批的基本质量起决定性影响的检验项目，是对安全、卫生、环境保护和公众利益起决定性作用的检验项目，是确定该检验批主要性能的项目，因此要求主控项目必须全部符合有关专业验收规范的规定。如混凝土、砂浆的强度等级是保证混凝土结构、砌体工程强度的重要性能，其指标必须全部达到设计要求。如果达不到规定的质量指标，降低要求就相当于降低该工程项目的性能指标，就会严重影响工程的安全性能；如果提高要求，则会增加工程造价。

主控项目包括的内容如下：

a. 重要材料、构件及配件、成品及半成品、设备性能及附件的材质、技术性能等。如水泥、钢材，预制楼板、墙板、门窗等构配件，风机等设备应检查出厂证明，其技术数据、项目应符合有关技术标准规定。

b. 结构的强度、刚度和稳定性等检验数据、工程性能的检测。如混凝土、砂浆的强度，钢结构的焊缝强度，管道的压力试验，风管的系统测定与调整，电气设备的绝缘、接地测试，电梯的安全保护、试运转结果等应检查测试记录，其数据及项目要符合设计要求和验收规范规定。

c. 一些重要的允许偏差项目，必须控制在允许偏差限值之内。对一些有龄期的检测项目，在其龄期未到，不能提供数据时，可先评价其他项目，并根据施工现场的质量保证和控制情况，暂时验收该项目，待检测数据出来后，再填入数据。如果数据达不到规定数值，以及对一些材料、构配件质量及工程性能的测试数据有疑问时，应进行复试、鉴定及实地检验。

③一般项目。一般项目是除主控项目以外的检验项目，应该达到其所要求的条文规定，只不过对不影响工程安全和使用功能的少数条文可以适当放宽一些。这些项目在验收时，绝大多数抽查的处(件)，其质量指标都必须达到要求，虽然允许存在一定数量的不合格点，但某些不合格点的指标与合格要求偏差较大或存在严重缺陷时，仍将影响使用功能或观感质量，对这些部位应进行维修处理。

一般项目包括的内容如下：

a. 允许有一定偏差的项目，而放在一般项目中，用数据规定的标准，可以有个别偏差范围，最多不超过20%的检查点可以超过允许偏差值，但也不能超过允许值的150%。

b. 对不能确定偏差值而又允许出现一定缺陷的项目，则以缺陷的数量来区分。如砖砌体预埋拉结筋，其留置间距偏差；混凝土钢筋露筋，露出一定长度等。

c. 一些无法定量的而采用定性的项目。如碎拼大理石地面颜色协调，应无明显裂缝和坑洼；油漆工程中，油漆应光亮和光滑；卫生器具给水配件安装项目，应接口严密，启闭部分应灵活；管道接口项目，应无外漏油麻等。这些要求只能在实际检查中来把握。

(2)检验批质量验收标准

①主控项目的质量经抽样检验均应合格。

②一般项目的质量抽样检验合格。当采用计数抽样时，合格点率应符合有关专业验收规范的规定，且不得存在严重缺陷。

③具有完整的施工操作依据、质量验收记录。

(3)检验批质量检验方法

①检验批的质量检验抽样方案。抽样方案可根据检验项目的特点从下列方案中选取：

a. 计量、计数或计量计数的抽样方案。

b. 一次、二次或多次抽样方案。

c. 对重要的检验项目，当有简易快速的检验方法时，选用全数检验方案。

d. 根据生产连续性和生产控制稳定性情况，采用调整型抽样方案。

e. 经实践证明有效的抽样方案。

②计数抽样的最小抽样数量。检验批的质量检验抽样样本应随机抽取，满足分布均匀、具有代表性的要求，抽样数量应符合有关专业验收规范的规定。明显不合格的个体不可以纳入检验批，但应进行处理，使其满足有关专业验收规范的规定，对处理的情况应予以记录并重新验收。当采用计数抽样时，最小抽样数量应符合要求。

③抽样检验风险控制。要求通过抽样检验的检验100%合格是不合理的，也是不可能的。故抽样检验必然存在两类风险：

a. 错判概率α：是指合格批被判为不合格的概率，即合格批被拒收的概率。

b. 漏判概率β：是指不合格批被判为合格的概率，即不合格批被误收的概率。

在抽样检验中，两类风险一般控制范围如下：

a. 主控项目：对应于合格质量水平的α和β均不宜超过5%。

b. 一般项目：对应于合格质量水平的α不宜超过5%，β不宜超过10%。

2. 隐蔽工程质量验收

(1)隐蔽工程质量验收制度　为进一步加强工程的质量管理，避免隐蔽工程可能造成的质量隐患，确保工程质量满足设计和规范要求，特制定《隐蔽工程验收制度》。

①验收人员：工程部分管人员、监理单位人员、施工单位施工员和质量检查员。

②验收时间：隐蔽工程应提前一天报验。

③验收内容：建筑各分部分项工程中所包含的隐蔽工程项目。

(2)常见隐蔽工程验收方法

①基坑、基槽验收。

a. 建筑物基坑或管道基槽按设计标高开挖后，工程项目部要求监理单位组织验槽工作。

b. 建设单位项目工程部工程师、监理工程师、施工单位、勘察单位、设计单位按约定时间到现场确认土质是否满足承载力的要求，如土质不满足设计要求，需要进行地基处理或更改基础设计的，可通过工程联系单或设计变更单等进行处理。

c. 基坑或基槽验收记录要经过上述五方会签，验收后应尽快隐蔽，避免被环境扰动。

②基础回填隐蔽验收。基础回填工作要按设计文件要求的土质或材料分层夯实，而且按规范的相关要求，质量检测单位进行取样，检查其密实度是否达到设计要求，确保回填土填筑质量，不产生过大沉降变形。

③钢筋隐蔽工程验收。

a. 检查钢筋级别、规格、数量、间距是否符合设计文件的要求，同一截面接头数量及搭接长度是否满足设计规范的要求。对焊接头的箍筋，首先检验焊接接头的焊接外观质量，然后按规范要求取样抽检，确保焊接接头质量满足要求。

b. 按设计文件要求验收钢筋保护层。

c. 对验收中存在不满足要求的，监理工程师应要求施工单位立即整改；存在严重质量问题的，监理工程师应发出监理工程师通知单，直到完全合格后方可在隐蔽工程记录表及混凝土浇灌令上签署同意意见。

④混凝土结构上预埋管、预埋铁件及水电管线的隐蔽工程验收。混凝土结构上通常有防水套管、预埋铁件、电气管线、给排水管线需隐蔽,在混凝土浇筑封模板前要对其进行隐蔽工程验收。

a. 验收其原材料是否有合格证,是否有见证取样检验,只有合格材料才允许使用。

b. 检查套管、铁件所用材料规格及加工是否符合设计要求。

c. 核对其放置的标高、轴线等具体位置是否准确无误;检查其固定方法是否可靠,能否确保混凝土浇筑过程中不变形、不移位。

d. 检查水电管线埋设位置是否合理,能否满足要求。

⑤混凝土结构及砌体结构工程在装饰前均要进行隐蔽工程验收。

a. 混凝土结构需要查验所有材料合格证及混凝土试验报告,要进行现场强度回弹试验或钻孔取样试验,要检验混凝土表面密实度及结构几何尺寸是否符合设计要求。

b. 砌体结构需要查验原材料合格证、砂浆配合比、砂浆试验报告等有关材料是否齐全,现场查验抗震构造拉结钢筋设置是否妥当,砌体砌筑方法及灰缝是否满足设计要求,砌体轴线、位置、厚度等是否符合设计文件的规定。

(3)隐蔽工程验收的相关责任　隐蔽工程在隐蔽后难以再进行质量检查,若因隐蔽工程验收不到位造成隐蔽工程质量缺陷或事故的,须重新揭开修补处理,这种返工造成的损失往往很大,部分质量缺陷甚至无法完全修复。因此,必须高度重视隐蔽工程验收活动。

施工单位在隐蔽工程隐蔽以前应先进行自检,自检合格后提前一天通知监理工程师(建设单位现场代表),说明隐蔽的内容、检查的时间和地点并提交自检记录。监理工程师接到通知后,应当在要求的时间内到达隐蔽现场,对隐蔽工程的条件进行检查,检查合格的签发隐蔽工程记录表,进入下道工序施工。

监理工程师接到通知后没有按期对隐蔽工程条件进行检查的,施工单位应当催告对方在合理期限内进行检查。监理工程师不在规定时间内进行检查验收的,施工单位可在自行进行隐蔽工程验收后进行隐蔽施工。

若施工单位未通知监理工程师检查而自行进行隐蔽,监理工程师有权要求施工单位对已隐蔽的工程进行揭开检查,所发生的费用包括检查费用、返工费用、材料费用等由施工单位承担。

3. 分项工程质量验收

分项工程质量验收是在检验批验收合格的基础上进行的。一般情况下,检验批和分项工程两者具有相同或相近的性质,只是批量的大小不同而已。因此,只需先将相关的检验批汇集成一个分项工程,再进行验收即可。

分项工程质量验收合格应符合下列规定:

(1)分项工程所含的检验批均应验收合格。

(2)分项工程所含的检验批质量检查记录应完整。

在分项工程质量验收时应着重注意以下几个方面:

(1)核对检验批的部位、区段是否全部覆盖分项工程的范围,有没有缺漏的部位。

(2)一些在检验批中无法检验的项目,在分项工程中直接验收,如砖砌体工程中的全高垂直度、砂浆强度的评定等。

(3)检验批验收记录的内容及签字人是否正确、齐全。

4. 分部(子分部)工程质量验收

分部(子分部)工程由若干分项工程组成。在一个分部工程中只有一个子分部工程时,子分部工程就是分部工程。当一个分部工程中有不止一个子分部工程时,可以先按各子分部工程进行质量验收,然后再对各子分部工程的质量控制资料进行核查。对地基基础、主体结构和设备安装等分部工程中有关安全和功能的检验和抽样检查结果进行核查;对分部工程的观感质量进行综合评价。最后对该分部工程的质量给出验收结论。

分部工程质量验收合格应符合下列规定:

(1)分部(子分部)工程所含分项工程的质量均应验收合格。

(2)质量控制资料应完整。

(3)有关安全、节能、环境保护和主要使用功能的抽样检验结果应符合相应规定。

(4)观感质量验收应符合要求。

由于各分项工程的性质不尽相同,作为分部工程质量验收,不能将其所包含的各分项工程简单地组合,尚需增加以下两类检查项目:

(1)涉及安全、节能、环境保护和主要使用功能的地基基础、主体结构和设备安装等分部工程,应进行有关见证取样检验或抽样检验。

(2)观感质量验收。这类检查往往难以定量,只能以观察、触摸或简单量测的方式进行,并由个人的主观印象判断,检查结果并不给出"合格"或"不合格"的结论,而是综合给出"好""一般"或"差"的质量评价。

观感质量由检查评价人员进行宏观评价。如果没有明显达不到要求的方面,就可以评为一般;如果某些部位质量较好,细节处理到位,就可评为好;如果有的部位达不到要求,或有明显的缺陷,但不影响安全或使用功能的,则可评为差。评为差的项目,能进行返修的应进行返修,不能修理的双方可协商解决。不能返修但不影响结构安全和使用功能的可通过验收,有影响安全或使用功能的项目,不能评价,应修理后再评价。

5. 单位(子单位)工程质量验收

单位(子单位)工程质量验收也称质量竣工验收,是工程建设的最后一个程序,是全面检验工程建设是否符合设计要求和施工质量的重要环节,也是检查承包合同执行情况、促进建设项目及时投产和交付使用、发挥投资效益的必要环节;同时,通过竣工验收,可以总结建设经验,全面考核建设成果,为今后的建设工作积累经验;此外,它也是建设投资效益转入生产和使用的标志,是工程项目管理的一项重要工作。

(1)单位(子单位)工程质量竣工验收的条件

①完成施工图设计文件和合同约定的内容,建筑物达到使用要求,环境条件具备安全和绿化要求。

②施工单位对质量进行了检查,确认竣工验收条件达到,向建设单位提交竣工报告。

③监理单位组织进行了工程竣工预验收,并对质量进行了检查和评估,提出了质量评估报告。

④勘察、设计单位对工程进行了质量检查,提出了符合设计要求的质量检查报告。

⑤有完整的竣工技术资料和施工、监理管理资料,经城建档案管理机构审核符合要求。

⑥工程所用材料、构件的安全和功能检测报告齐全并合格。

⑦公安消防、环境保护、城市建设档案、规划等部门专项验收已进行,并出具验收合格证明文件或准许使用文件。

⑧建设行政主管部门或质量监督机构责令整改的问题已经整改并符合技术标准要求。

⑨施工单位已签署工程质量保修书、建筑使用说明书、住宅使用说明书并齐全。

⑩有地下人防工程的应有经人防主管部门检查验收的合格文件。

(2)单位(子单位)工程质量竣工验收合格应符合的规定

①单位(子单位)工程所含分部(子分部)工程的质量均应验收合格。

②质量控制资料应完整。

③单位(子单位)工程所含分部(子分部)工程中有关安全、节能、环境保护和主要使用功能的检验资料应完整。

④主要使用功能的抽查结果应符合相关专业验收规范的规定。

⑤观感质量验收应符合要求。

(3)单位(子单位)工程质量竣工验收会议的程序

①建设、勘察、设计、承包、监理单位分别汇报工程合同履行情况和在工程建设各个环节执行法律法规及工程建设强制性标准的情况。

②审阅建设、勘察、设计、施工、监理单位的工程档案资料。

③实地查验工程质量。

④对工程勘察、设计、施工、设备安装质量和各管理环节等方面做出全面评价,形成经验收组成员签署的工程竣工验收意见。参与工程竣工验收的建设、勘察、设计、施工、监理等各方不能形成一致意见时,应当协商提出解决方法,待意见统一后重新组织工程竣工验收,必要时可提请建设行政主管部门或质量监督站进行调解。正式验收完成后,验收委员会应形成竣工验收鉴定证书,对验收做出结论,并确定交工日期及办理承发包双方工程价款的结算手续等。

⑤竣工验收鉴定证书的主要内容包括:验收的时间、验收工作概况、工程概况、项目建设情况、生产工艺及水平、生产设备及试生产情况、竣工决算情况、工程质量的总体评价、经济效果评价、遗留问题及处理意见、验收委员会对项目(工程)的验收结论。

任务四　工程质量事故处理

【例 4-3】 工程质量事故实例。

南京某单位办公大楼为S层现浇框架,当2层框架柱浇筑后,拆模时发现有6根柱存在空洞、烂根、露筋等严重缺陷,属于严重的质量事故。

经有关专家分析,质量事故的主要原因有以下两点:

(1)柱浇注时分层厚度太大。

(2)混凝土浇筑后漏振或振捣不实。

质量事故处理措施:

由于空洞、烂根、露筋现象十分严重,根据现场实际情况分析,混凝土内部质量也得不到保证,决定立即全部拆除,绑扎钢筋后,重新浇筑混凝土。

影响建筑产品质量的因素有很多，在施工过程中稍有不慎，就极易引起系统性因素的质量变异，从而产生质量问题，甚至发生严重的工程质量事故。因此，必须采取有效的措施，对常见的质量问题和事故事先加以预防，并对已经出现的质量事故及时进行分析和处理。

一、工程质量事故的特点与分类

(一)工程质量事故的特点

工程质量事故具有复杂性、严重性、可变性和多发性的特点。

(1)复杂性 建筑生产与一般工业生产相比具有以下特点：产品固定，生产流动；产品多样性，生产单件性；露天作业多，自然条件复杂多变；材料品种、规格多，材料性能各异；多工种、多专业交叉施工，相互干扰大；工艺要求不同、施工方法各异、技术标准不一等。因此，影响工程质量的因素很多，造成质量事故的原因错综复杂，即使是同一类质量事故，原因也可能截然不同。例如，就墙体开裂质量事故而言，其产生的原因就可能有好几种：设计计算有误，地基不均匀沉降；温度应力、地震力、冻张力的作用；施工质量低劣、偷工减料或材料不良等。这也增加了对质量事故进行分析，判断其性质、原因及发展，确定处理方案与措施等的难度和复杂性。

(2)严重性 工程项目出现质量事故，其影响较大：轻者影响工程顺利进行、拖延工期、增加工程费用，重者则会留下使之成为危险建筑的隐患，影响使用功能或不能使用，更严重的还会引起建筑物的失稳、倒塌，造成人民生命、财产的巨大损失。所以，对于建筑工程质量事故问题不能掉以轻心，必须高度重视，应加强对工程建筑质量的监督管理，防患于未然，力争将事故消灭在萌芽之中，以确保建筑物的安全。

(3)可变性 许多建筑工程质量事故出现后，其质量状态并非稳定于发现时的初始状态，而是有可能随时间、环境、施工情况等而不断地发展、变化。例如，地基基础或桥墩的超量沉降可能随上部荷载的不断增大而继续发展；混凝土结构出现的裂缝可能随环境温度的变化而变化，或随荷载的变化及持续时间的变化而变化等。因此，有些在初始阶段并不严重的质量问题，如不及时处理和纠正，就有可能发展成严重的质量事故，如开始时细微的裂缝可能发展为结构断裂或建筑物倒塌事故。所以在分析、处理工程质量事故时，一定要注意质量事故的可变性，应及时采取可靠的措施，防止事故进一步恶化，或加强观测与试验，取得可靠数据，预测未来发展的趋向。

(4)多发性 建筑工程质量事故多发性有两层意思：一是有些事故像“常见病”“多发病”一样经常发生，而成为质量通病，如混凝土、砂浆强度不足，预制构件裂缝等；二是有些同类事故一再发生，如悬挑结构断塌事故，近几年在全国十几个省市先后发生数十起。

(二)质量事故产生的原因

(1)违背建设程序 有些建设项目未经可行性研究、论证，不做调研就拍板定案，未做地质勘查就仓促设计、盲目开工，或无证设计、无图施工，施工中任意修改设计图纸，竣工验收前不做预验收或未经竣工验收就交付使用，致使工程项目从一开始就埋下质量隐患。

(2)工程地质方面的原因 有些建设项目未进行认真的地质勘查，所提供的地质资料有误，未能查清地下软弱土层、滑坡、墓穴、孔洞等地层构造等，这些均会导致设计人员采取错误的地基处理和基础设计方案，造成地基不均匀沉降、失稳等，使上部主体结构和墙体开裂、倾斜、破坏，甚至倒塌。

(3)设计计算方面的问题　某些建设单位未经公开招标，擅自请无相应资质的设计单位甚至私人进行设计，致使设计考虑不周，计算简图错误，计算荷载取值过小，结构构造不合理，变形缝设置不当，或悬挑结构未进行抗倾覆验算等，导致工程项目施工过程中质量问题接二连三地出现，使工程项目变成"烂尾楼""豆腐渣工程"。

(4)建筑材料和构配件不合格　有些工程项目由于施工企业质量意识淡薄，唯利是图，在采购工程所需建筑材料和构配件时，未通过公开招标方式选择有相应资质的正规厂家所生产的合格产品，而是采购质次价廉、以次充好甚至假冒伪劣产品。比如，物理力学性能不符合国家标准的劣质钢材，小窑小厂生产的廉价水泥，受潮、过期、结块和安定性不合格的处理水泥，砂石级配不合理且含泥量超标，外加剂和掺合料性能不良，掺量不符合要求等，均会严重影响混凝土拌合物的和易性、密实性、抗渗性和强度，最终导致混凝土结构构件出现裂缝、蜂窝麻面等质量问题，或预制构件断面尺寸不足、支承或锚固长度不够、板面开裂等质量缺陷。

(5)施工管理不到位　施工管理人员缺乏基本的结构常识，错误施工，不按图施工或未经设计单位同意擅自修改设计。施工组织管理紊乱、不熟悉图纸、盲目施工，施工方案考虑不周、施工顺序颠倒，图纸未经会审、仓促施工，技术交底不清、违章作业，疏于检查、验收等，均可能导致质量缺陷。

(6)违反法规行为　法律观念淡薄易产生违反法规的行为。例如，无证设计，无证施工，越级设计，越级施工，工程招、投标中的不公平竞争，超常的低价中标，非法分包，转包、挂靠，擅自修改设计等行为。

(三)工程质量问题与事故的界定

(1)质量不合格　根据我国GB/T 19000质量管理体系标准的规定，凡工程产品没有满足某个规定的要求，就称为质量不合格；而没有满足某个预期使用要求或合理的期望要求，称为质量缺陷。

(2)质量问题　凡是工程质量不合格，必须进行返修、加固或报废处理，由此造成直接经济损失低于规定数额的称为质量问题。

(3)质量事故　工程施工质量不符合标准的规定而引发或造成规定数额以上经济损失、工期延误，或造成设备人身安全，影响使用功能的即构成质量事故。

工程质量缺陷分为3种：一是致命缺陷，是指根据判断或经验，对使用、维护产品或与此有关的人员可能造成危害或不安全状况的缺陷，或可能损坏最终产品的基本功能的缺陷；二是严重缺陷，是指尚未达到致命缺陷的程度，但会显著地降低工程预期性能的缺陷；三是轻微缺陷，是指会显著降低工程产品预期性能的缺陷，或偏离标准但轻微影响产品的有效使用或操作的缺陷。前两种一般已构成质量事故，而最后一种一般可归为质量问题。

(4)重大事故的界定　凡是有下列情况之一者，为重大事故：

①建筑物、构筑物或其他主要结构倒塌。

②超过规范规定或设计要求的基础严重不均匀沉降、建筑物倾斜、结构开裂或主体结构强度严重不足，影响建(构)筑物的寿命，造成不可补救的永久性质量缺陷或事故。

③影响建筑设备及其相应系统的使用功能，造成永久性质量缺陷。

④直接经济损失在10万元以上的事故。

(5)质量事故的分类

①按事故责任分类：

a. 指导责任事故：指由于工程指导或领导失误而造成的质量事故。例如，工程负责人片面追求施工进度，放松或不按质量标准进行控制和检验，降低施工质量标准等。

b. 操作责任事故：指在施工过程中，由于操作者不按规程和标准实施操作而造成的质量事故。例如，浇筑混凝土时随意加水；混凝土拌合料产生了离析现象仍浇筑入模；压实土方含水量及压实遍数未按要求控制操作等。

②按事故原因分类：

a. 技术原因引发的质量事故：是指在工程项目实施中由于设计、施工在技术上的失误而造成的事故。例如，结构设计计算错误；地质情况估计错误；采用了不适宜的施工方法或施工工艺等。

b. 管理原因引发的质量事故：主要指管理上的不完善或失误引发的质量事故。例如，施工单位或监理方的质量体系不完善、检验制度不严密、质量控制不严格、质量管理措施落实不利、检测仪器设备管理不善而失准、进场材料检验不严等原因引起的质量事故。

c. 社会、经济原因引发的质量事故：主要指由于经济因素及社会上存在的弊端和不正之风，造成建设中的错误行为，而导致出现的质量事故。例如，某些施工企业盲目追求利润而置工程质量于不顾，在建筑市场上随意压价投标，中标后则依靠违法手段或修改方案追加工程款，或偷工减料，或层层转包等，这些因素常是导致重大工程质量事故的主要原因，应当给予充分的重视。

二、质量事故的处理依据和程序

(一)质量事故的处理依据

工程质量事故发生后，事故处理的基本要求是：查明原因，落实措施，妥善处理，消除隐患，界定责任，其中的核心及关键是查明原因。

工程质量事故发生的原因是多方面的，引发事故的原因不同，事故责任的界定与承担也不同，事故处理的措施也不同。总之，对于所发生的质量事故，无论是分析原因，界定责任，还是做出处理决定，都需要以切实可靠的客观依据为基础。进行工程质量事故处理的主要依据有以下4个方面。

(1)质量事故的实况资料　包括质量事故发生的时间、地点；质量事故状况的描述；质量事故发展变化的情况；有关质量事故的观测记录、事故现场状态的照片或录像；事故调查组研究所获得的第一手资料。

(2)有关合同及合同文件　包括工程承包合同、设计委托合同、设备与器材购销合同、监理合同及分包合同等。

(3)有关的技术文件和档案　主要是有关的设计文件(如施工图纸和技术说明)；与施工有关的技术文件、档案和资料(如施工方案、施工计划、施工记录、施工日志、有关建筑材料的质量证明资料、现场制备材料的质量证明资料)；质量事故发生后，对事故状况的观测记录、试验记录或试验报告等。

(4)相关建设法规　主要包括《中华人民共和国建筑法》及与工程质量和质量事故处理有关的勘察、设计、施工、监理等单位资质管理方面的法规,从业者资格管理方面的法规,建筑市场方面的法规,建筑施工方面的法规,关于标准化管理方面的法规。

(二)质量事故的处理程序

(1)事故调查　事故发生后,施工企业项目负责人应按规定的时间和程序,及时向企业报告事故的状况,积极对事故组织调查。事故调查应力求及时、客观、全面,便于为事故的分析与处理提供正确的依据。调查结果要整理撰写成事故调查报告,其主要内容包括:工程概况;事故情况;事故发生后所采取的临时防护措施;事故调查中的有关数据、资料;事故原因分析与初步判断;事故处理的建议方案与措施;事故涉及人员与主要责任者的情况等。

(2)事故的原因分析　事故的原因分析要建立在事故情况调查的基础上,避免情况不明就主观分析推断事故的原因,特别是对涉及勘察、设计、施工、材质、使用管理等方面的质量事故,往往事故的原因错综复杂,因此必须对调查所得到的数据、资料进行仔细的分析,去伪存真,找出造成事故的主要原因。

(3)制订事故处理的方案　事故的处理要建立在原因分析的基础上,并广泛地听取专家及有关方面的意见,经科学论证,决定是否对事故进行处理。在制订事故处理方案时,应做到安全可靠,技术可行,不留隐患,经济合理,具有可操作性,满足建筑功能和使用要求。

(4)事故处理　根据制订的质量事故处理方案,对质量事故进行仔细的处理,处理的内容主要包括:事故的技术处理,以解决施工质量不合格和缺陷问题;事故的责任处罚,根据事故的性质、损失大小、情节轻重,对事故的责任单位和责任人做出相应的行政处分,乃至追究刑事责任。

(5)事故处理的鉴定验收　质量事故的处理是否达到预期的目的,是否依然存在隐患,应当通过检查鉴定和验收做出确认。事故处理的质量检查鉴定,应严格按施工验收规范和相关质量标准的规定进行,必要时还应通过实际测量、试验和仪器检测等方法获取数据,以便准确地对事故处理的结果做出鉴定。事故处理后,必须尽快提交完整的事故处理报告,其内容包括:事故调查的原始资料、测试的数据;事故原因分析、论证;事故处理的依据;事故处理的方案及技术措施;实施质量处理中有关的数据、记录、资料;检查验收记录;事故处理的结论等。

(三)工程质量缺陷成因的分析

影响工程质量的因素众多,一个工程质量问题的发生既可能是因为设计计算和施工图纸中存在错误,也可能是因为施工中出现不合格或质量问题,还可能是使用不当,或者是设计、施工甚至使用、管理、社会体制等多种原因的复合作用。要分析究竟是哪种原因引起的工程质量缺陷,必须对质量问题的特征表现,以及其在施工和使用中所处的实际情况和条件进行具体分析。

(1)分析步骤

①进行细致的现场调查研究,充分了解与掌握引发质量问题的现象与特征;

②收集调查与质量问题有关的全部设计和施工资料,分析摸清工程在施工或使用过程中所处的环境及面临的各种条件和情况;

③找出可能产生质量问题的所有因素；

④分析、比较和判断，找出最可能造成质量问题的原因；

⑤进行必要的计算分析或模拟试验予以论证确认。

(2)分析方法

①确定质量问题的起始点，它是一系列独立原因集合起来形成的爆发点。因其反映出质量问题的直接原因，在分析过程中具有关键性作用。

②围绕起始点对现场各种现象和特征进行分析，区别分析导致同类质量问题的不同原因，逐步揭示质量问题萌生、发展和最终形成的过程。

③综合考虑原因复杂性，确定诱发质量问题的起源点(真正原因)。工程质量问题原因分析是对一堆模糊不清的事物和现象的客观属性和联系的反映，它的准确性和管理人员的能力、学识、经验和态度有极大关系，其结果不是简单的信息描述，而是逻辑推理的产物，其推理可用于工程质量的事前控制。

(四)质量事故技术处理方案的确定

制订工程质量事故技术处理方案，其目的是消除质量隐患，以达到建筑物的安全可靠和正常使用各项功能及寿命要求，并保证施工的正常进行。其一般处理原则是：正确确定事故性质，分清是表面性还是实质性，是结构性还是一般性；正确确定处理范围，包括直接发生部位和相邻影响作用范围。其处理基本要求是：满足设计要求和用户期望；安全可靠，不留隐患；技术上可行，经济上合理。

(1)确定质量事故技术处理方案的一般方法

①修补处理。这是最常用的一类处理方案。通常当工程的某个检验批、分项或分部工程质量虽未达到规定的规范、标准或设计要求，存在一定缺陷，但通过修补或更换器具、设备后还可达到要求的标准，又不影响使用功能和外观要求，在此情况下，可以进行修补处理。如对混凝土构件表面裂缝以及不影响使用的外观的表面蜂窝、麻面进行剔凿、抹灰等表面封闭处理；对梁、柱等构件的复位纠偏；因材料强度不足需要结构补强等。

②加固处理。对较严重的质量问题，因其可能影响结构的安全性和使用功能，必须按一定的技术方案进行加固补强处理。加固往往会造成一些永久性缺陷，如改变结构外形尺寸，影响一些次要的使用功能等。为了避免建筑物的整体或局部拆除，避免社会财富更大的损失，在不影响安全和主要使用功能的条件下，可按技术处理方案和协商文件对工程进行验收.但责任方应按法律法规承担相应的经济责任和接受处罚。

③返工处理。某些严重质量事故对结构的使用和安全构成重大影响，且又无法通过修补处理，在这种情况下，可对检验批、分项工程、分部工程甚至整个工程返工处理。例如：预应力构件的预应力严重偏差，影响结构安全；构件定位偏差过大，不能满足正常使用等。有的工程存在严重质量缺陷，若采用加固补强的处理，费用比原工程造价还高，则不如进行整体拆除，全面返工。

④限制使用。在工程质量缺陷按修补方法处理后仍无法保证达到规定的使用要求和安全要求，而又无法返工处理的情况下，不得已时可经原设计单位核算后，做出诸如结构卸荷或减荷以及限制使用的决定。

⑤不做处理。有些工程由于某些方面的质量不符合规定的要求和标准，已构成了质量缺

陷。但针对具体问题经过分析、论证、法定检测单位鉴定和设计单位验算，认定可不做专门处理。通常有下列几种情况：

a. 不影响结构的安全、生产工艺和使用要求。例如，有的建筑物在施工中发生错位事故，若进行彻底纠正，难度很大，还会造成重大的经济损失，经过分析论证后认为，只要不影响生产工艺和使用要求，可不做处理。

b. 较轻微的质量缺陷，这类质量缺陷通过后续工程是可以弥补的，可不做处理。例如，混凝土墙板面出现了轻微的蜂窝、麻面质量问题，该缺陷可通过后续工程抹灰、喷涂进行弥补，不需要对墙板缺陷进行专门的处理。

c. 经法定检测单位鉴定合格。例如，某检验批混凝土试块强度值不满足规范要求，在法定检测单位对混凝土实体采用非破损检验等方法测定其实际强度已达规范允许和设计要求值时，可不做处理。对经检测未达要求值，但相差不多，经分析论证，只要使用前经再次检测达到设计强度，也可不做处理，但应严格控制施工荷载。

d. 出现质量缺陷经检测鉴定达不到设计要求，但经设计单位核算仍能满足结构安全和使用功能的，可不做处理。例如，某一结构构件截面尺寸不足或材料强度不足，影响结构承载力，但经按实际检测所得截面尺寸和材料强度复核计算，尚能满足设计承载力，可不进行专门处理。这种处理办法的实质是挖掘了设计安全储备，实际使用时应特别谨慎。

⑥报废处理。通过分析或实践，采用上述处理方法后仍不能满足规定要求或标准的，必须予以报废处理。

(2)确定质量事故技术处理方案的辅助方法　某些较为复杂的工程质量事故，其技术处理方案不太容易做出决策。采取的处理方案要做到既经济合理又不留安全隐患，往往需要依靠下列辅助决策方法来进一步论证所做出的决策。

①试验验证。对某些留有严重质量缺陷的事故，可采取合同规定的常规试验以外的试验方法进一步进行验证，以便确定缺陷的严重程度。例如，混凝土构件的试件强度低于要求的标准不大(10%以下)时，可进行加载试验，以证明其是否满足使用要求。可根据对试验验证结果的分析、论证，再研究选择最佳的处理方案。

②定期观测。某些工程在发生质量缺陷时其状态可能尚未稳定，仍会继续发展。在这种情况下一般不宜过早做出处理决定。可以对其进行一段时间的观测，然后再根据情况做出决定。例如，建筑物的基础在施工期间发生沉降超过预计的或规定的标准；混凝土表面发生裂缝，并处于发展状态等。有些工程缺陷的影响在短期内可能不十分明显，需要较长时间的观测才能得出结论。

③专家论证。对某些工程质量事故，可能涉及的技术领域比较广泛，或问题很复杂，仅根据合同规定难以决策，这时可提请专家论证。而采用这种办法时，应事先做好充分准备，尽早为专家提供尽可能详尽的情况和资料，以便使专家能够进行较充分的、全面的和细致的分析、研究，提出切实的意见与建议。实践证明，采取这种方法，对于正确选择重大工程质量缺陷的处理方案十分有益。

④方案比较。这种方法比较常用。同类型和同一性质的事故可先设计多种处理方案，然后结合当地的资源情况、施工条件等逐项给出权重，做出对比，从而选择具有较好处理效果又便于施工的处理方案。例如，结构构件承载力达不到设计要求时，可采用改变结构构造来减少结构内力、结构卸荷或结构补强等不同处理方案，将各方案按经济、工期、效果等指标列项并分

配相应权重值，进行对比分析，辅助做出决策。

任务五 案例拓展

【案例1】

1. 背景

混凝土干缩裂缝特征：具有表面性，缝宽较细，多在0.05～0.2 mm，其走向纵横交错，没有规律性；较薄的梁、板类构件(或桁架杆件)，多沿短方向分布；整体性结构多发生在结构变截面处；平面裂缝多延伸到变截面部位或块体边缘；大体积混凝土在平面部位较为多见，但侧面也常出现；预制构件多产生在箍筋位置。

2. 问题

(1)干缩裂缝产生的原因是什么？

(2)可采取什么措施预防干缩裂缝？

(3)用什么方法处理干缩裂缝？

分析：

(1)干缩裂缝产生的原因：

①混凝土成型后，养护不良，受到风吹日晒，表面水分蒸发快，体积收缩大，而内部湿度变化很小，收缩也小，因而表面收缩变形受到内部混凝土的约束，出现拉应力，引起混凝土表面开裂；或者构件水分蒸发，产生的体积收缩受到地基或垫层的约束而出现干缩裂缝。

②混凝土构件长期露天堆放，表面湿度经常发生剧烈变化。

③采用含泥量多的粉砂配制混凝土。

④混凝土受过度振捣，表面形成水泥含量较多的砂浆层。

⑤后张法预应力构件露天生产后长期不张拉等。

(2)预防措施：

①混凝土水泥用量、水灰比和砂率不能过大；应严格控制砂石含泥量，避免使用过量粉砂，振捣要密实，并应对板面进行两次抹压，以提高混凝土抗拉强度，减少收缩量。

②加强混凝土早期养护，并适当延长养护时间。长期堆放的预制构件宜覆盖，避免曝晒，并应适当洒水，保持湿润。

③浇筑混凝土前，将基层和模板浇水湿透。

④混凝土浇筑后，应及早进行洒水养护；大面积混凝土宜浇完一段、养护一段。

(3)处理方法：此类裂缝对结构强度影响不大，但会使钢筋锈蚀，且有损美观，故一般可在其表面抹一层薄砂浆进行处理。对于预制构件，也可在裂缝表面涂环氧胶泥或粘贴环氧玻璃布进行封闭处理。

【案例2】

1. 背景

某建筑公司承建一栋框架结构的综合楼工程，由于该工程地质条件复杂，基础施工难度大，建设单位直接将基础工程发包给某基础公司。该工程建筑面积3.6万m^2。在施工过程中，对柱子质量进行检查，发现 10 根柱子质量存在问题。

事件一：其中 2 根柱子经有资质的检测单位检测鉴定，能够达到设计要求。

事件二：其中 2 根柱子经有资质的检测单位检测鉴定，达不到设计要求，于是请原设计单位核算，结果表明这两根柱子能够满足结构安全和使用功能。

事件三：其中 3 根柱子经有资质的检测单位检测鉴定，达不到设计要求，于是请原设计单位核算，结果表明不能够满足结构安全和使用功能，经协商进行加固补强，在柱子外再设置部分钢筋，然后浇筑混凝土，补强后能够满足安全使用要求。

事件四：还有 3 根柱子混凝土强度与设计要求相差甚远，加固补强仍不能满足安全使用要求。

该工程于 2014 年 4 月开工建设，2015 年 5 月竣工。竣工验收后，建设单位要求施工单位将资料直接移交给城建档案馆。

2. 问题

(1)对事件一至事件四中描述的柱子情况在验收中如何处理？请说明理由。

(2)在基础施工时发生质量事故，建筑公司和基础施工公司应分别承担什么责任？

(3)符合工程竣工质量验收合格的条件有哪些？

分析：

(1)验收处理：

①事件一描述的柱子情况在验收中不做处理。经法定检测单位鉴定合格，可不做处理。

②事件二描述的柱子情况在验收中不做处理。出现质量缺陷经检测鉴定达不到设计要求，但经设计单位核算仍能满足结构安全和使用功能的，可不做处理。

③事件三描述的柱子情况在验收中不做处理。经返修或加固处理的分项、分部工程，满足安全及使用功能要求时，可按技术处理方案和协商文件的要求予以验收。

④事件四描述的柱子情况在验收中进行返工处理。对结构的使用和安全构成重大影响，且又无法通过修补处理的情况下，可对检验批、分项工程、分部工程甚至整个工程返工处理。

(2)基础施工公司应当按照分包合同的约定对其分包基础工程的质量向总承包单位负责，总承包单位与分包单位对分包工程的质量承担连带责任。

(3)符合工程竣工质量验收合格的条件有：

①单位(子单位)工程所含分部(子分部)工程的质量均应验收合格。

②质量控制资料应完整。

③单位(子单位)工程所含分部工程中有关安全、节能、环境保护和主要使用功能的检验资料应完整。

④主要使用功能的抽查结果应符合相关专业验收规范的规定。

⑤观感质量验收应符合要求。

【案例 3】

1. 背景

某工程由某施工单位中标施工，某监理单位承担其监理任务。工程实施过程中发生以下事件：

事件一：由于工程工期紧，项目中标后承包方便进场开始基础工程施工，项目监理机构以施工单位没有进行图纸会审、未完成施工组织设计的编制为由，不准开工。

事件二：结构设计按最小配筋率配筋，设计中采用 HPB300 级直径 12 mm、间距 200 mm 的钢筋。施工单位考察当地建筑市场，当时该种钢筋紧缺，难以买到。于是，在征得监理单位和建设单位同意后，按等强度折算后用 HRB335 级直径 12 mm、间距 250 mm 的钢筋代换，保证整体强度不降低。

事件三：该工程设计中采用了隔震新技术。为此，项目监理机构组织了设计技术交底会。针对该项新技术，施工单位拟在施工中采用相应的新工艺。

2. 问题

(1)事件一中项目监理机构的做法是否妥当？施工组织设计文件如何审批？

(2)指出事件二中的不妥之处，并说明理由。

(3)指出事件三中项目监理机构组织技术交底会是否妥当。针对施工单位拟采用的新工艺，写出项目监理机构应采取的处理程序。

分析：

(1)妥当。项目监理机构应审查施工单位报审的施工组织设计，符合要求时，应由总监理工程师签认后报建设单位。项目监理机构应要求施工单位按已批准的施工组织设计组织施工。施工组织设计需要调整时，项目监理机构应按程序重新审查。

(2)“在征得监理单位和建设单位同意后，按等强度折算后用 HRB335 级直径 12 mm、间距 250 mm 的钢筋代换”不妥。对涉及工程设计文件修改的工程变更，应由建设单位转交原设计单位修改工程设计文件。

(3)不妥。专业监理工程师应审查施工单位报送的新材料、新工艺、新技术、新设备的质量认证材料和相关验收标准的适用性，必要时，应要求施工单位组织专题论证，审查合格后报总监理工程师签认。

【案例 4】

1. 背景

某单位工程为单层钢筋混凝土排架结构，共有 60 根柱子，32 m 空腹屋架。业主委托某监理单位对其施工阶段进行监理。在施工过程中，监理工程师发现刚拆模的钢筋混凝土柱子中有 10 根存在工程质量问题。其中 6 根柱子蜂窝、露筋较严重；4 根柱子蜂窝、麻面轻微，且截面尺寸小于设计要求。截面尺寸小于设计要求的 4 根柱子经设计单位验算，可以满足结构安全和使用功能要求，可不加固补强。在监理工程师组织的质量事故分析会议上，施工单位提出了如下几个处理方案：

方案一：6 根柱子加固补强，补强后不改变外形尺寸，不造成永久性缺陷；4 根柱子不加固补强。

方案二：10 根柱子全部砸掉重做。

方案三：6 根柱子砸掉重做；4 根柱子不加固补强。

工程竣工后，承包方组织了该单位工程的预验收，在组织正式验收前，业主已提前使用该工程。业主使用中发现屋面漏水，要求承包商修理。

2. 问题

(1)该工程项目的分项工程如何组织验收？

(2)该工程项目的主体结构分部工程如何组织验收?

(3)在工程未正式验收前,业主提前使用是否可认为该单位工程已验收?对出现的质量问题,承包商是否应承担保修责任?

分析:

(1)工程项目的分项工程组织与验收:

①验收前,施工单位应先对施工完成的分项工程进行自检,合格后填写分项工程质量验收记录(《建筑工程施工质量验收统一标准》附录F)、分项工程报审表,并报送项目监理机构申请验收。

②由专业监理工程师组织施工单位项目专业技术负责人等进行分项工程质量验收。

③专业监理工程师应对施工单位填报的资料逐项进行审查,若对分项工程所含某些检验批验收结论有怀疑或异议,应进行相应的检查核实。

④对符合要求的分项工程,施工单位项目专业质量检查员和项目专业技术负责人在相应的质量检验记录、分项工程报审表中相关栏目签字,然后由专业监理工程师签字通过验收。

(2)分部工程应由总监理工程师组织施工单位项目负责人和项目技术负责人等进行验收。勘察、设计单位项目负责人和施工单位技术、质量部门负责人应参加地基与基础分部工程的验收。设计单位项目负责人和施工单位技术、质量部门负责人应参加主体结构、节能分部工程的验收。

(3)应当认可单位工程已验收。承包商应当承担保修责任。

【案例5】

1. 背景

某承包商承接工程位于某市路南区,占地面积2.15万m^2,建筑层数地上23层,地下3层,基础类型为桩基筏式承台板,结构形式为现浇剪力墙结构体系,混凝土采用商品混凝土,强度等级有C25、C30、C35、C40级,钢筋采用HPB300、HRB335级。屋面防水采用SBS改性沥青防水卷材,外墙采用玻璃幕墙,内墙面和顶棚刮腻子喷大白,屋面保温采用憎水珍珠岩,外墙保温采用聚苯保温板。

根据要求,该工程委托本市一家监理公司进行施工监理。

2. 问题

(1)对该工程土方工程施工应控制哪些质量要点?

(2)对该工程钢筋隐蔽工程应如何进行验收?

(3)该工程混凝土浇筑过程中应如何控制施工质量?

分析:

(1)土方工程施工应控制下列质量要点:

①柱基、基坑、基槽和管沟基底的土质,必须符合设计要求,并严禁扰动。

②填方的基底处理,必须符合设计要求或施工规范规定。

③填方柱基、基坑、基槽、管沟回填的土料必须符合设计要求和施工规范要求。

④填方柱基、基坑、基槽、管沟的回填,必须按规定分层夯压密实。

⑤土方工程的允许偏差和质量检验标准要求。

(2)钢筋隐蔽工程的验收:

①检查钢筋级别、规格、数量、间距是否符合设计文件的要求，同一截面接头数量及搭接长度是否满足设计规范的要求。对焊接头的箍筋，先检验焊接接头的焊接外观质量，然后按规范要求取样抽检，确保焊接接头质量满足要求。

②按设计文件要求验收钢筋保护层。

(3)混凝土浇筑过程中的施工质量控制：

①分层浇捣时间间隔。为了保证混凝土的整体性，浇捣工作原则上要求一次完成；但由于振捣机具性能、配筋等，混凝土需要分层浇捣时，其浇筑层的厚度，应符合相应规定。浇捣的时间间隔：浇捣应连续进行，当必须间歇时，其间歇时间应尽量缩短，并应在前层混凝土初凝之前开始浇筑次层混凝土。前层混凝土凝结时间不得超过相关规定，否则应留施工缝。

②采用振动器振实混凝土时，每一振点的振捣时间，应将混凝土振实至呈现浮浆和不再沉落为止。

③在浇筑与柱和墙连成整体的梁与板时，应在柱和墙浇捣完毕后停歇 1～1.5 h，再继续浇筑，梁和板宜同时浇筑混凝土。

④大体积混凝土的浇筑应按施工方案合理分段、分层进行，浇筑应在室外气温较高时进行，但混凝土浇筑温度不宜超过 35 ℃。

【案例 6】

1. 背景

某市篷布沙发厂是一座改造的建筑，正在兴建家具展销厅，该展厅为一层，跨度 9 m，总长 53 m，由 16 榀钢屋架组成。在进行室内施工时，屋盖结构坍落，造成 1 人死亡、3 人重伤，直接经济损失 30 万元。经调查发现该工程钢屋架制作不符合规范要求，纵向未设剪刀撑，采用的部分材料材质不符合要求，建设单位在开工前未办理规划许可证、开工报告及质量监督手续。

2. 问题

(1)分析该工程质量事故发生的原因。

(2)依据事故的严重程度，工程质量事故可分为哪两类？该事故属于哪一类？为什么？

(3)该质量事故的处理应遵循的程序是什么？

分析：

(1)工程质量事故发生的原因：

①违背建设程序：在开工前未办理规划许可证、开工报告及质量监督手续。

②建筑材料不合格：采用的部分材料材质不符合要求。

③施工管理不到位：施工管理人员缺乏基本的结构常识，错误施工，不按图施工。工程钢屋架制作不符合规范要求，纵向未设剪刀撑。

(2)解答如下：

①依据事故的严重程度，工程质量事故可分为重大事故与一般事故。

②该事故属于重大事故。

③直接经济损失在 10 万元以上的事故。

(3)质量事故的处理应遵循的程序是：事故调查、事故的原因分析、制订事故处理的方案、事故处理、事故处理的鉴定验收。

项目四练习题

一、单项选择题

1. 按质量控制的主体划分，监理单位属于工程质量控制的(　　)，设计单位在设计阶段属于工程质量控制的(　　)。

A. 自控主体，监控主体　　B. 外控主体，自控主体

C. 外控主体，监控主体　　D. 监控主体，自控主体

2. 监理工程师要求承包单位在工程施工之前，根据施工过程质量控制的要求提交质量控制点明细表并实施质量控制，这是(　　)的原则要求。

A. 坚持质量第一　　B. 坚持质量标准

C. 坚持预防为主　　D. 坚持科学的职业道德规范

3. 工程质量控制就是为了保证工程质量满足(　　)和规范标准所采取的一系列措施、方法和手段。

A. 政府规定　　B. 工程合同　　C. 监理工程师要求　　D. 业主规定

4. 针对特定的工程项目为完成预定的质量控制目标，编制专门规定的质量措施、资源和活动顺序的文件是(　　)。

A. 质量标准　　B. 质量计划　　C. 质量目标　　D. 质量要求

5. 对总包单位选定的分包单位资质进行审查，监理工程师控制的重点是(　　)。

A. 拟分包合同额　　B. 分包协议草案

C. 分包单位资质与管理水平　　D. 分包单位的管理责任

6. 开工前，复核原始基准点、基准线和标高等测量控制参数应由(　　)完成。

A. 勘察单位　　B. 设计单位　　C. 监理单位　　D. 施工单位

7. 对施工现场的取样和送检，取样人员应在试样或其包装上做出标识并由(　　)签字。

A. 见证人员　　B. 取样人员

C. 见证人员和取样人员　　D. 负责该项目工程质量监督机构派出人员

8. 下列关于深基坑开挖技术要求说法错误的是(　　)。

A. 应有经过评审的基坑围护结构设计及施工方案

B. 降水应达到基坑设计标高以下 500 mm

C. 开挖时应对周边建筑物、地下管线进行检测

D. 基坑内只需检测围护结构位移

9. 下列适用于挤密松散的砂土、素填土和杂填土复合地基改良方法的是(　　)。

A. 水泥粉煤灰碎石桩　　B. 砂石桩

C. 振冲桩　　D. 灰土挤密桩

10. 下列不属于灰土地基质量检验主控项目的是(　　)。

A. 地基承载力　　B. 配合比　　C. 含水率　　D. 压实度

11. 灌注桩主筋净距必须大于混凝土粗骨料粒径(　　)倍以上，以确保桩体混凝土浇筑密实。

A. 2　　B. 3　　C. 4　　D. 5

12. 下列关于泥浆护壁灌注桩施工清孔的要求说法不正确的是(　　)。

A. 孔底 500 mm 以内泥浆相对密度不应小于 1.25

B. 孔底 500 mm 以内泥浆含砂率不大于 8%

C. 孔底 500 mm 以内泥浆黏度不大于 28 Pa·s

D. 端承桩孔底沉渣厚度应不大于 100 mm

13. 水下灌注混凝土,第一斗混凝土灌下后应使导管一次埋入混凝土面以下(　　)。

A. 0.5 m　　B. 0.6 m　　C. 0.7 m　　D. 0.8 m

14. 下列说法不符合电渣压力焊外观质量检查要求的是(　　)。

A. 焊包应均匀,不得有裂纹　　B. 钢筋轴线偏移不得超过 $0.1d$

C. 焊包四周凸出钢筋表面不小于 5 mm　　D. 接头处弯曲不得大于 40°

15. 下列有关梁绑扎钢筋骨架质量偏差中合乎质量标准要求的是(　　)。

A. −4 mm　　B. 6 mm　　C. −8 mm　　D. 10 mm

16. 跨度为 6 m、混凝土强度为 C30 的现浇阳台板,当混凝土强度至少达到(　　)时方可拆除底模。

A. 15 N/mm^2　　B. 21 N/mm^2　　C. 22.5 N/mm^2　　D. 30 N/mm^2

17. 砖砌体留直槎时应加设拉结筋,拉结筋沿墙高每(　　)设一层。

A. 300 mm　　B. 500 mm　　C. 700 mm　　D. 1 000 mm

18. 采用条粘法粘贴屋面卷材时,每幅卷材两边的粘贴宽度不应小于(　　)。

A. 20 mm　　B. 100 mm　　C. 150 mm　　D. 200 mm

19. 工程质量事故的分类,一般可分为(　　)。

A. 一般质量事故,严重质量事故,重大质量事故

B. 重大质量事故,一般质量事故

C. 特大质量事故,严重质量事故,一般质量

D. 一般质量事故,严重质量事故,重大质量事故,特大质量事故

20. 建筑工程质量事故按其后果分类,可分为(　　)事故。

A. 未遂或已遂　　B. 一般和重大　　C. 一级和二级　　D. 经常和突发

21. 工程质量事故调查完成后,应组织事故原因分析,事故原因分析由(　　)组织。

A. 上级主管部门　　B. 建设单位　　C. 监理单位　　D. 质量监督站

22. 某工程在施工过程中发现第 8 层楼面板的混凝土出现细微干缩裂缝。造成该质量缺陷的原因是(　　)。

A. 设计不合理　　B. 施工控制不良

C. 外部环境因素影响　　D. 材料质量不合格

23. 对质量缺陷的处理应由(　　)负责实施。

A. 责任主体　　B. 施工承包单位　　C. 监理单位　　D. 业主

二、多项选择题

1. 工程项目施工,企业要控制好(　　)几大指标。

A. 施工人员数量　　B. 施工质量　　C. 项目施工工期

D. 工程项目费用　　E. 施工安全及环境保护

2. 工程项目质量应包括工程建设各个阶段的质量及其相应的工作质量，即(　　)。

A. 工程项目决策质量　B. 工程项目勘察质量　C. 工程项目设计质量

D. 工程项目施工质量　E. 工程项目回访保修质量

3. 工作质量包括(　　)。

A. 社会工作质量　B. 生产过程工作质量　C. 决策工作质量

D. 经营工作质量　E. 检查工作质量

4. 影响工程项目质量的决定性环节和关键环节分别是(　　)。

A. 可行性研究阶段　B. 项目决策阶段　C. 项目设计阶段

D. 项目施工阶段　E. 项目验收阶段

5. 工程设计使已确定的质量目标和水平具体化，因此，设计必须要考虑(　　)，以保证项目的使用价值和功能。

A. 技术上是否可行　B. 工艺是否先进　C. 经济是否合理

D. 结构是否安全可靠　E. 设备是否配套

6. 全面质量管理基本工作方法 PDCA 的具体内容是(　　)。

A. 调查　B. 计划　C. 实施　D. 检查　E. 处理

7. 评价质量管理体系时应对每一个被评价的过程提出的基本问题是(　　)。

A. 过程是否已被识别并适当规定　B. 职责是否已被分配

C. 程序是否得到实施和保持　D. 过程的结构是否获奖

E. 在实现所要求的结果方面，过程是否有效

8. 以下(　　)属于持续改进质量管理体系的改进活动。

A. 分析和评价现状，以识别改进区域　B. 确定改进目标

C. 查找质量问题的原因，找出责任者　D. 寻找可能解决方法，以实现这些目标

E. 实施选定的解决方法

9. 质量管理体系运行过程中按各类体系文件要求监视、测量和分析过程的有效性和效率，做好文件规定的(　　)。

A. 质量记录　B. 持续收集　C. 质量评估

D. 分析过程的数据和信息　E. 质量检查

10. 工程项目施工质量控制就是对施工质量形成的全过程进行(　　)。

A. 监督　B. 检查　C. 检验　D. 验收　E. 鉴定

11. 下列属于施工现场进行质量检查的方法有(　　)。

A. 抽检检查　B. 目测法　C. 实测法

D. 试验检查　E. 观察法

12. 建筑材料质量控制内容在材料的使用范围和施工要求的基础上还有(　　)。

A. 材料的质量标准　B. 材料的性能　C. 材料的取样

D. 试验方法　E. 试验程序

13. 下列属于施工方案确定的内容的是(　　)。

A. 确定施工流向　B. 确定施工顺序　C. 划分施工段

D. 确定施工机械　E. 材料用量

14. 下列关于钢筋绑扎连接的要求说法正确的是(　　)。

A. HPB300 级钢筋在受拉区应设置弯钩

B. 搭接长度末端与钢筋弯曲处的距离不小于 $10d$(d 为钢筋直径)

C. HPB300 级钢筋在受压区不须设置弯钩

D. 搭接钢筋受拉时,其箍筋间距应大于 $5d$(d 为钢筋直径),且应不大于 100 mm

E. HRB400 级钢筋在受拉区不应设置弯钩

15. 下列关于钢筋代换应符合的要求的说法正确的是(　　)。

A. 不同种类钢筋的代换应按承载力相等原则进行

B. 由裂缝控制的构件,钢筋代换后应重新验收

C. 梁的纵向受力钢筋与弯曲钢筋在代换后应统一

D. 钢筋代换后应满足混凝土结构设计规范中的构造要求

E. 不同种类钢筋的代换应按面积相等原则进行

16. 下列关于施工缝的设置与处理的说法正确的是(　　)。

A. 大截面梁施工缝应留置在板底面以下 20～30 mm

B. 单向板留置在平行于板的长边的任何位置

C. 施工缝可留置成与模板成任意角度

D. 施工缝处已浇筑混凝土强度应大于 1.2 MPa 才能后续混凝土

E. 双向板留置在平行于板的长边的任何位置

17. 下列哪些位置不得留置脚手眼?(　　)

A. 120 mm 厚墙、清水墙、料石墙、独立柱和附墙柱

B. 过梁上与过梁成 45°的三角形范围及过梁跨度 1/2 高度范围内

C. 宽度小于 1 m 的窗间墙

D. 梁或梁垫下及其左右 500 mm 范围内　　　E. 承重墙体

三、简答题

1. 质量管理发展经过了哪几个阶段?
2. 什么叫作全面质量管理?
3. 工程项目质量特性主要表现在哪些方面?请举例说明。
4. 全面质量管理具有哪些基本观点?
5. 七项质量管理原则有哪些?
6. 土方工程施工前应进行哪些方面的检查工作?
7. 砖砌体的转角处和交接处如何进行砌筑?
8. 模板拆除工程质量检验标准和检查方法是什么?
9. 屋面卷材防水层施工过程应检查哪些项目?
10. 饰面砖粘贴工程验收主控项目有哪些?
11. 质量不合格、质量缺陷和质量事故的含义是什么?
12. 如何区分工程质量事故中的质量问题、一般事故和重大事故?
13. 进行工程质量事故处理主要应当依据哪些方面的文件或资料?
14. 简要说明工程质量事故处理的程序。
15. 常见的质量事故原因有哪几类?

项目五　建设工程职业健康安全与环境管理

项目目标

1. 理解职业健康安全体系及环境管理体系的概念及目标、原则；
2. 掌握施工安全生产管理的主要内容及方法、形式；
3. 能够对建设工程中不同种类事故采取不同处理方法；
4. 掌握文明施工和环境保护措施。

案例导入

某大学图书馆二期工程——演讲厅舞台屋盖工程发生坍塌事故，造成 7 人死亡，7 人受伤，直接经济损失 32 万元。事故联合调查组通过调查认定，该事故是一起因施工单位项目负责人、技术负责人、施工管理人员有章不循、有法不依、未履行法定职责，有关监理人员严重失职渎职、玩忽职守而导致的重大安全生产责任事故。涉及该事故的 9 名责任人和 3 家责任单位，已分别受到处罚。该事故造成 7 个家庭痛失亲人，在社会层面引起巨大反响。

该事故为人们再一次敲响了警钟，随着人类社会的进步以及科技、经济的发展，职业健康安全与环境的问题越来越受关注。为了保证劳动生产者在劳动过程中的健康安全和保护生态环境，防止和减少生产安全事故发生，促进能源节约和避免资源浪费，使社会的经济发展与人类的生存环境相协调，相关单位必须加强职业健康安全与环境管理。

任务一　建设工程职业健康安全与环境管理概述

一、职业健康安全与环境管理体系概述

1. 建设工程职业健康安全的相关概念

(1)职业健康安全与劳动保护　职业健康安全是国际上通用的词语，通常是指影响作业场所内的员工、临时工作人员、合同工作人员、合同方人员、访问者和其他人员健康安全的条件和因素。职业健康安全旨在预防员工的伤害和健康损害，提供安全和健康的工作场所。

劳动保护与职业健康安全在名称上不同，但其工作主旨及内容大致相同。劳动保护通常是指根据国家法律、法规，依靠技术进步和科学管理，保护劳动者在劳动生产过程中的安全和健康，包括保护劳动安全，保障劳动卫生、工作时间与休假制度等，还包括对女工、未成年工的特殊保护等方面所采取的组织措施和技术措施。

职业健康安全与劳动保护是同一种概念的两种不同命名。

(2)职业健康安全管理体系　职业健康安全管理体系是组织管理体系的一部分,便于组织指定、实施、实现其业务相关的职业健康安全方针,并对职业健康风险进行管理。

在我国,通常将职业健康安全管理称为安全生产管理。安全生产管理就是针对人们在安全生产过程中的安全问题,依据相关方针,整合有效的资源,通过人们的努力,进行有关策划、实施、运行、审查等活动,实现生产过程中人、材、机的和谐,达到安全生产的目标。实现安全生产管理过程的体系就是安全生产管理体系。

2. 建设工程环境管理体系的相关概念

(1)环境的概念　环境包括空气、水、土地、自然资源、植物、动物、人以及它(他)们之间的相互关系,是组织开展活动的外部存在。这个定义是以组织运行活动为主体,其外部存在主要是指人类认识到的、直接或间接影响人类生存的各种自然因素及它(他)们之间的相互关系。

(2)环境管理体系的概念　环境管理体系是组织管理体系的一部分,是为提升环境绩效,组织建立、实施、保持并持续改进环境管理的过程及其相互作用。

3. 职业健康安全管理体系标准的内容及特点

我国于2020年3月发布并实施了新的《职业健康安全管理体系　要求及使用指南》(GB/T 45001—2020)国家标准,其制定的目的是防止对工作人员造成与工作相关的伤害和健康损害,并提供健康安全的工作场所。

(1)职业健康安全管理体系标准的内容　管理体系标准中叙述了标准的适用范围及规范性引用条件,并对其中涉及的术语给予明确定义。其提出组织应根据标准的要求建立、实施、保持和持续改进职业健康安全管理体系,包括所需的过程及其相互作用,如图5-1所示。

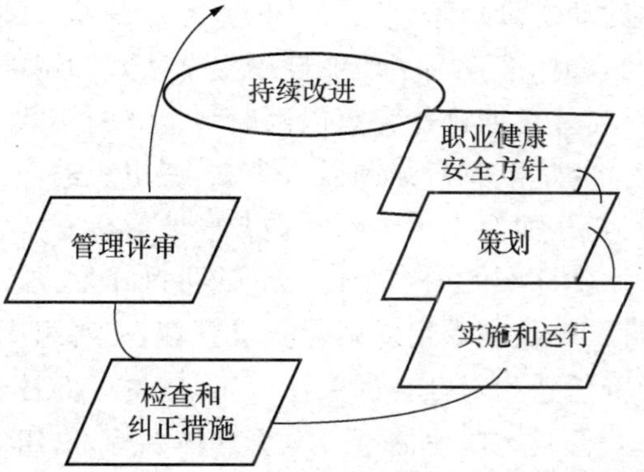

图5-1　职业健康安全管理体系模式

管理体系的结构系统采用PDCA循环管理模式,由"职业健康安全方针—策划—实施和运行—检查和纠正措施—管理评审"五大要素构成,其中职业健康安全方针体现了企业实现风险控制的总体职业健康安全目标。危险源识别、风险评价和风险控制措施策划,是企业通过职业健康安全管理体系的运行,实行事故控制的开端。

对于建设工程项目来说,其建设过程与其他工业产品不同,具有特殊性。而也正是由于它的特殊性,职业健康安全才显得尤为重要。我们大致可以将其归纳为3个方面的问题:

①人的不安全行为。不安全行为是指由人表现出来的,与人的心理特征相违背的,非正常的行为,如不佩戴防护用品、不按规章操作等。人出现一次不安全行为不一定会发生事故、造成伤害,但却会成为日后事故发生的隐患。由于每个人心理特征和心理状态不同,当面防止人的不安全行为极度复杂,必须从安全心理学、安全人机学和系统安全的知识中深入分析不安全行为的起因,"消灭"违章作业的根源,防止或减少人为失误,保证安全生产。同时,应从技术、教育和管理方面(尤其是法治方面)提出对策。

②物的不安全状态。人机系统中把生产过程中发挥一定作用的机械、物料、生产对象以及

其他生产要素统称为物。物都具有不同形式、不同性质的能量，也有出现能量意外释放、引发事故的可能性。从发生事故的角度而言，由于物的能量可能释放引起事故的状态，称为物的不安全状态。常见的物的不安全状态的表现形式如下：设备和装置结构不良，材料强度不够，部件损坏；存在危险有害物质；安全防护装置失灵；工艺过程不合理。

在生产过程中，物的不安全状态极易出现。所有物的不安全状态，几乎都与人的不安全行为或人的操作管理失误有关。在物的不安全状态背后，往往隐藏着人的不安全行为或人的失误。物的不安全状态既反映了物的自身特性，又反映了人的素质和人的决策水平。针对生产中物的不安全状态的形成与发展，在进行施工设计、工艺安排、施工组织与具体操作时，采取有效的控制措施，把物的不安全状态消除在生产活动进行之前或引发事故之前，是安全管理的重要任务之一。

③组织管理不力。组织管理不力主要体现在管理制度的缺失、管理措施的不当、管理体系的不健全等组织层面上。

单位应当根据相应的法律法规、条文规定及自己的实际情况，制定和完善相关安全管理体系，切实做好安全管理和监管职责，对人的不安全行为、物的不安全状态及组织管理不力等隐患进行管理和整改。

(2)职业健康安全管理体系标准的特点　职业健康安全管理体系标准适用于各行各业不同类型和规模的组织建立组织的职业健康安全管理体系，并作为其认证的依据。其建立和运行过程的特点体现在以下几个方面：

①标准的结构系统采用了 PDCA 动态循环、不断上升的螺旋式运行模式，体现了持续改进的动态管理思想。

②标准强调了职业健康安全法规和制度的贯彻执行，要求组织必须对遵守法律、法规做出承诺，并定期进行评审以判断其遵守的实效。

③标准重点强调以人为本，使组织的职业健康安全管理由被动强制行为转变为主动自愿行为，从而要求组织不断提升职业健康安全的管理水平。

④标准的内容全面、充实、可操作性强，为组织提供了一套科学、有效的职业健康安全管理手段，不仅要求组织强化安全管理，完善组织安全生产的自我约束机制，而且要求组织提升社会责任感和对社会的关注度，形成良好的社会形象。

⑤实施职业健康安全管理体系标准，组织必须对全体员工进行系统的安全培训，强化组织内全体成员的安全意识，增强其身心健康，提高其劳动效率，从而为组织创造更大的经济效益。

4. 环境管理体系标准的内容及特点

ISO 14000 体系标准是国际标准化组织(ISO)在总结了世界各国的环境管理标准化成果的基础上形成的，被我国等同转换为《环境管理体系》(GB/T 24000)。其主要包括《环境管理体系　要求及使用指南》(GB/T 24001—2016)及《环境管理体系　通用实施指南》(GB/T 24004—2017)。

(1)环境管理体系标准的结构　环境管理体系标准中叙述了标准的适用范围，并对其中涉及的术语给予明确定义。其规范了组织或企业的环境行为，降低了环境风险和法律风险，最大限度地节约能源和资源消耗，从而减少人类活动对环境造成的不利影响，维持和改善人类生存和发展的环境，有利于实现经济可持续发展和环境管理现代化的需要。

(2)环境管理体系标准的特点

①环境管理体系标准作为推荐性标准被各类组织普遍采用，适用于各行各业不同类型和规模的组织建立组织的环境管理体系，并作为其认证的依据。

②标准在市场经济驱动的前提下，促进各类组织提高环境管理水平、达到实现环境目标的目的。

③环境管理体系的结构系统，采用的是 PDCA 动态循环、不断上升的螺旋式管理运行模式，在“策划—支持和运行—绩效评价—改进”四大要素构成的动态循环过程基础上，结合环境管理特点，考虑组织所处环境、内外部问题、相关方需求及期望等因素，形成完整的持续改进动态管理体系。该模式为环境管理体系提供了一套系统化的方法，指导组织合理有效地推行其环境管理工作。

④标准着重强调与环境污染预防、环境保护等法律法规的符合性。

⑤标准注重体系的科学性、完整性和灵活性。

⑥标准具有与其他管理体系的兼容性。

由于建设工程项目的特殊性，其职业健康安全与环境管理也具有自己的特点，主要体现在：

①项目固定，施工流动性大，生产没有固定的、良好的操作环境和空间，施工作业条件差，不安全因素多，导致施工现场的职业健康安全与环境管理比较复杂。

②项目体形庞大，露天作业和高空作业多，致使工程施工要更加注重自然气候条件和高空作业对施工人员的职业健康安全及环境的影响。

③项目的单件性使施工作业形式多样化，工程施工受产品形式、结构类型、地理环境、地区经济条件等影响较大，从而使施工现场的职业健康安全与环境管理的实施不能生搬硬套，必须根据项目形式、结构类型、地理环境、地区经济不同而进行变动调整。

④项目生产周期长，消耗的人力、物力和财力大，必然使施工单位考虑降低工程成本的因素多，从而影响了职业健康安全与环境管理的费用支出，造成施工现场的健康安全问题和环境污染现象时有发生。

⑤项目的生产涉及的内部专业多、外界单位广、综合性强，使施工生产的自由性、预见性、可控性及协调性在一定程度上比一般产业困难。这就要求施工方做到各专业之间、单位之间互相配合，要注意施工过程中的材料交接、专业接口部分与职业健康安全与环境管理的协调性。

⑥项目的生产手工作业和湿作业多，机械化水平低，劳动条件差，工作强度大，从而对施工现场的职业健康安全影响较大，环境污染因素多。

⑦施工作业人员文化素质低，并处在动态调整的不稳定状态中，从而给施工现场的职业健康安全与环境管理带来很多的不利因素。

上述特点将导致施工过程中的事故的潜在不安全因素和人的不安全因素较多，使企业的经营管理，特别是施工现场的职业健康安全与环境管理比其他工业企业的管理更为复杂。

二、建设工程职业健康安全与环境管理的目的、要求及原则

1. 建设工程职业健康安全与环境管理的目的

(1)建设工程职业健康安全管理的目的　职业健康安全管理的目的是在生产活动中，通过职业健康安全生产的管理活动，控制影响生产的具体因素，减少或消除生产因素中人的不安全行为、物的不安全状态以及组织的管理不利，避免事故的发生，以保证生产活动中人员的健康和安全。对于建设工程，职业健康安全管理的目的是防止和减少生产安全事故、保护产品生产

者的健康与安全、保障人民群众的生命和财产免受损失，控制影响工作场所内员工、临时工作人员、合同方人员、访问者和其他有关部门人员健康和安全的条件和因素，考虑和避免因管理不当对员工健康和安全造成的危害。

(2)建设工程环境管理的目的　环境管理的目的是保护生态环境，使社会的经济发展与人类的生存环境相协调，使“环境支柱”的发展可持续化。对于建设工程，环境保护主要是指保护和改善施工现场的环境。企业应当遵照国家和地方的相关法律法规以及行业和企业自身的要求，采取措施控制施工现场的各种粉尘、废水、废气、固体废弃物以及噪声、振动对环境的污染和危害，并且要注意节约资源避免浪费。

2. 建设工程职业健康安全管理的要求及原则

根据《建设工程安全生产管理条例》和《职业健康安全管理体系　要求及使用指南》(GB/T 45001—2020)标准，建设工程对职业健康安全管理的基本要求如下：

(1)坚持安全第一、预防为主和防治结合的方针，建立职业健康安全管理体系并持续改进职业健康安全管理工作。

(2)施工企业在其经营生产的活动中必须对本企业的安全生产负全面责任。企业的法定代表人是安全生产的第一负责人，项目负责人是施工项目生产的主要负责人。施工企业应当具备安全生产的资质条件，取得安全生产许可证的施工企业应设立安全生产管理机构，配备合格的专职安全生产管理人员，并提供必要的资源。施工企业要建立健全职业健康安全体系以及有关的安全生产责任制和各项安全生产规章制度。施工企业对项目要编制切合实际的安全生产计划，制定职业健康安全保障措施，实施安全教育培训制度，不断提高员工的安全意识和安全生产素质。项目负责人和专职安全生产管理人员应持证上岗。

(3)在工程设计阶段，设计单位应按照有关建设工程法律法规的规定和强制性标准的要求，进行安全保护设施的设计。对涉及施工安全的重点部分和环节在设计文件中应进行注明，并对防范生产安全事故提出指导意见，防止设计考虑不周导致生产安全事故的发生。对于采用新结构、新材料、新工艺的建设工程和特殊结构的建设工程，设计文件中应提出保障施工作业人员安全和预防生产安全事故的措施和建议。

(4)在工程施工阶段，施工企业应根据风险预防要求和项目的特点，制订职业健康安全生产技术措施计划。在进行施工平面图设计和安排施工计划时，应充分考虑安全、防火、防爆和职业健康等因素。施工企业应制定安全生产应急救援预案，建立相关组织，完善应急准备措施。发生事故时，应按国家有关规定，向有关部门报告。处理事故时，应防止二次伤害。

(5)建设工程实行总承包的，由总承包单位对施工现场的安全生产负总责并自行完成工程主体结构的施工。分包单位应当接受总承包单位的安全生产管理，分包合同中应当明确各自的安全生产方面的权利、义务。分包单位不服从管理导致生产安全事故的，由分包单位承担主要责任，总承包单位对分包工程的安全生产承担连带责任。

(6)应明确和落实工程安全环保设施费用、安全文明施工和环境保护措施费等各项费用。

(7)施工企业应按有关规定必须为从事危险作业的人员在现场工作期间办理意外伤害保险。

(8)现场应将生产区与生活、办公区分离，配备紧急处理医疗设施，使现场的生活设施符合卫生防疫要求，采取防暑、降温、保温、消毒、防毒等措施。

(9)工程施工职业健康安全管理应遵循下列程序：①识别并评价危险源及风险；②确定职业健康安全目标；③编制并实施项目职业健康安全技术措施计划；④职业健康安全技术措施计

划实施结果验证；⑤持续改进相关措施和绩效。

结合发达国家经验及我国建筑行业的实际情况，职业健康安全管理应坚持“以人为本”的原则，做到管理与自律并重、强制与引导并重以及治标与治本并重。这应该成为安全立法、行政管理、企业管理乃至全行业的共识。

3. 建设工程环境管理的要求及原则

（1）建设工程环境管理的基本要求　根据《中华人民共和国环境保护法》《中华人民共和国环境影响评价法》和《建设项目环境保护管理条例》等法律法规的有关规定，建设工程对施工环境管理的基本要求如下：

①涉及依法划定的自然保护区、风景名胜区、生活饮用水水源保护区及其他需要特别保护的区域时，工程施工应符合国家有关法律法规及该区域内建设工程项目环境管理的规定。

②建设工程应当采用节能、节水等有利于环境与资源保护的建筑设计方案、建筑材料、建筑构配件及设备。建筑材料和装修材料必须符合国家标准。禁止生产、销售和使用有毒、有害物质超过国家标准的建筑材料和装修材料。

③建设工程项目中防治污染的设施，必须与主体工程同时设计、同时施工、同时投产使用。防治污染的设施必须经原审批环境影响报告书的环境保护行政主管部门验收合格，该建设工程项目方可投入生产或者使用。

④尽量减少建设工程施工所产生的噪声对周围生活环境的影响。

⑤拟采取的污染防治措施应确保污染物排放达到国家和地方规定的排放标准，满足污染物总量控制要求。涉及可能产生放射性污染的，应采取有效预防和控制放射性污染的措施。

⑥应采取生态保护措施，有效预防和控制生态破坏。

⑦禁止引进不符合我国环境保护规定要求的技术和设备。

⑧任何单位不得将产生严重污染的生产设备转移给没有污染防治能力的单位使用。

（2）环境管理体系标准的应用原则

①标准的实施强调自愿性原则，并不改变组织的法律责任。

②有效的环境管理需建立并实施结构化的管理体系。

③标准着眼于采用系统的管理措施。

④环境管理体系不必成为独立的管理系统，而应纳入组织整个管理本系中。

⑤实施环境管理体系标准的关键是坚持持续改进和环境污染预防。

⑥有效地实施环境管理体系标准，必须有组织最高管理者的承诺和责任以及全员的参与。

三、建设工程职业健康安全与环境管理体系的建立和运行

1. 管理体系的建立

编写职业健康安全与环境管理体系时，应遵循“标准要求的要写到、文件写到的要做到、做到的要有有效记录”的原则。

2. 管理体系的运行

该部分包括管理体系的运行及管理体系的维持两个方面。管理体系的运行是指按照已建立体系的要求实施，其实施的重点是围绕培训意识和能力，信息交流，文件管理，执行控制程

序，监测，不符合、纠正和预防措施，记录等活动推进体系的运行工作。管理体系的维持则包括内部审核、管理评审及合规性评价3个方面。

(1)内部审核　是施工企业对其自身的管理体系进行的审核，是管理体系自我保证和自我监督的一种机制。

(2)管理评审　是由施工企业的最高管理者对管理体系的系统评价。

(3)合规性评价　是对应遵守的法律法规以及其他要求进行的评价。合规性评价分公司级和项目组级两个层次进行。公司级评价每年进行一次，制订计划后由管理者代表企业组织相关部门和项目组，对公司进行合规性评价。项目组级评价则由项目经理组织开展合规性评价。合规性评价在施工阶段时长超过半年时不少于一次，且当项目工程结束时应针对整个项目工程进行系统的合规性评价。

任务二　建设工程施工安全生产管理

一、安全生产管理体制

建设工程规模大、周期长、参与单位多、技术复杂以及环境复杂多变等因素，导致建设工程安全生产的管理难度很大。建设工程应依据现行的法律法规，通过建立安全生产管理制度体系，规范建设工程参与各方的安全生产行为，在项目中进行风险评估或论证，并将信息技术与安全生产深度融合，从而提高建设工程安全生产管理水平，避免安全事故的发生。

1. 施工安全管理制度体系建立的重要性

依法建立施工安全管理制度体系，能使劳动者获得安全与健康，改善企业安全生产规章制度不健全、管理方法不适当、安全生产状况不佳的现状。同时，施工安全管理制度体系对企业环境的安全卫生状态做了具体的要求和限定，从根本上促使施工企业健全安全卫生管理机制，改善劳动者的安全卫生条件，提升管理水平，增强企业参与国内外市场竞争的能力，也是企业适应国内外市场经济一体化趋势的需要。

2. 施工安全生产管理制度体系建立的原则

(1)为贯彻“安全第一，预防为主”的方针，施工企业必须建立健全安全生产责任制和群防群治制度，确保工程施工劳动者的人身和财产安全。

(2)施工安全生产管理体系的建立，必须适用于工程施工全过程的安全管理和控制。

(3)施工安全生产管理体系必须符合《中华人民共和国建筑法》《中华人民共和国安全生产法》《建设工程安全生产管理条例》《安全生产许可证条例》《生产安全事故报告和调查处理条例》《特种设备安全监察条例》《职业健康安全管理体系　要求及使用指南》等法律、行政法规及规程的要求。

(4)项目经理部应根据本企业的安全生产管理制度体系，结合各项目的实际情况加以充实，确保工程项目的施工安全。

(5)企业应加强施工项目安全生产管理，指导、帮助项目经理部建立和实施安全生产管理制度体系。

3. 施工安全生产管理制度体系建立的内容

《中华人民共和国建筑法》《中华人民共和国安全生产法》《建设工程安全生产管理条例》《生产安全事故报告和调查处理条例》《特种设备安全监察条例》《安全生产许可证条例》等建设工程相关法律法规对政府主管部门、相关企业及相关人员的建设工程安全生产和管理行为进行了全面的规范，为建设工程施工安全生产管理制度体系的建立奠定了基础。现阶段涉及施工企业的主要安全生产管理制度包括：安全生产责任制度，安全生产许可证制度，政府安全生产监督检查制度，安全生产教育培训制度，安全措施计划制度，特种作业人员持证上岗制度，专项施工方案专家论证制度，严重危及施工安全的工艺、设备、材料淘汰制度，施工起重机械使用登记制度，安全检查制度，生产安全事故报告和调查处理制度，“三同时”制度，安全预评价制度以及工伤和意外伤害保险制度等。

二、危险源的识别和风险控制

1. 危险源概述

危险源是安全管理的主要对象，在实际生活和生产过程中的危险源是以多种多样的形式存在的。危险源可能造成伤亡事故、人身健康受损害、物体受破坏和环境污染等危害后果。依据其在事故发生发展中的作用，危险源分为两大类，即第一类危险源和第二类危险源，事故的发生是两类危险源共同作用的结果，详见表 5-1。

表 5-1　危险源的分类、定义及区别

危险源类别	定义	区别
第一类危险源	可能发生意外释放的能量（能源或能量载体）或危险物质	是事故发生的前提；是事故的主体，决定事故的严重程度
第二类危险源	造成约束、限制能量和危险物质措施失控的各种不安全因素	是第一类危险源导致事故的必要条件；其出现的难易，决定事故发生可能性的大小

2. 危险源的识别及评估

依据我国的国家标准《生产过程危险和有害因素分类与代码》（GB/T 13861—2009），危险源分为人、物、环境、管理 4 类因素。危险源识别的方法有询问交谈、现场观察、查阅有关记录、获取外部信息、工作任务分析、安全检查表、危险与操作性研究、事故树分析、故障树分析等。由于各个方法的不同特点和局限性，往往采用两种或两种以上的方法识别危险源。

根据对危险源的识别，评估危险源造成风险的可能性和损失大小，对风险进行分级。《职业健康安全管理体系　要求及使用指南》（GB/T 45001—2020）建议保持和保留职业健康安全风险评价方法和准则的文件化信息。通过损失程度及发生的可能性将风险等级评估结果分为Ⅰ、Ⅱ、Ⅲ、Ⅳ、Ⅴ5 个风险等级（表 5-2）。通过评估，可对不同等级的风险采取相应的风险控制措施。风险评价是一个持续不断的过程，应持续评审控制措施的充分性。当条件变化时，应对风险重新评估。

表 5-2　风险等级评估表

可能性	损失程度		
	轻度损失（轻微伤害）	中度损失（伤害）	重大损失（严重伤害）
很大	Ⅲ	Ⅳ	Ⅴ
中等	Ⅱ	Ⅲ	Ⅳ
极小	Ⅰ	Ⅱ	Ⅲ

注：Ⅰ—可忽略风险；Ⅱ—可容许风险；Ⅲ—中度风险；Ⅳ—重大风险；Ⅴ—不容许风险。

3. 风险的控制

风险评价后，应分别列出所有识别的危险源和重大危险源清单，对已经评价出的不容许风险和重大风险（重大危险源）进行优先排序，由工程技术主管部门的相关人员进行风险控制策划，制订风险控制措施计划或管理方案。对于一般危险则可以通过日常管理程序来实施控制。不同风险水平的风险控制措施计划见表 5-3。在实际应用中，应该根据风险评价所得出的不同风险源和风险量大小（风险水平）选择不同的控制策略。风险控制措施计划在实施前宜进行评审。

表 5-3　基于不同风险水平的风险控制措施计划表

风险	措施
可忽略风险	不采取措施且不必保留文件记录
可容许风险	不需要另外的控制措施，应考虑投资效果更佳的解决方案或不增加额外成本的改进措施，需要监视来确保控制措施得以维持
中度风险	应努力降低风险，但应仔细测定并限定预防成本，并在规定的时间期限内实施降低风险的措施。在中度风险与严重伤害后果相关的场合，必须进一步评价，以更准确地确定伤害的可能性，确定是否需要改进控制措施
重大风险	直至风险降低后才能开始工作。为降低风险有时必须配给大量的资源。当风险涉及正在进行中的工作时，就应采取应急措施
不容许风险	只有当风险已经降低时，才能开始或继续工作。如果无限的资源投入也不能降低风险，就必须禁止工作

总的来说，对于第一类危险源，可以采取消除危险源、限制能量和隔离危险物质、个体防护、应急救援等方法进行控制。建设工程可能遇到不可预测的各种自然灾害引发的风险，只能采取预测、预防、应急计划和应急救援等措施，以尽量消除或减少人员伤亡和财产损失。对于第二类危险源，可以通过提高各类设施的可靠性以消除或减少故障、增加安全系数、设置安全监控系统、改善作业环境等进行控制。最重要的是加强员工的安全意识培训和教育，克服不良的操作习惯，严格按章办事，并在生产过程中保持良好的生理和心理状态。

三、安全隐患的处理

1. 施工安全隐患的处理

（1）施工安全隐患的概念　施工安全隐患，是指在建筑施工过程中，给生产施工人员的生命安全带来威胁的不利因素，一般包括人的不安全行为、物的不安全状态以及管理不当等。在工程建设过程中，安全隐患是难以避免的，但要尽可能预防和消除安全隐患的发生。

(2)施工安全隐患的处理原则　对于施工安全隐患，首先需要项目参与各方加强安全意识，做好事前控制，建立健全各项安全生产管理制度，落实安全生产责任制，注重安全生产教育培训，保证安全生产条件所需资金的投入，将安全隐患消除在萌芽之中。其次是根据工程的特点确保各项安全施工措施的落实，加强对工程安全生产的检查监督，及时发现安全隐患。最后是对发现的安全隐患及时进行处理，查找原因，防止事故隐患的进一步扩大。

施工安全隐患的处理，需遵循以下原则：

①冗余安全度处理原则。为确保安全，在处理安全隐患时应考虑设置多道防线，即使有一两道防线无效，还有冗余的防线可以控制事故隐患。例如：道路上有一个坑，既要设防护栏及警示牌，又要设照明及夜间警示红灯。

②单项隐患综合处理原则。人、机、料、法、环五者中任一环节产生安全隐患，都要从五者安全匹配的角度考虑，调整匹配的方法，提高匹配的可靠性。单项隐患问题的整改需综合(多角度)处理。人的隐患，既要治人，也要治机具及生产环境等各环节。例如：某工地发生触电事故，要进行人的安全用电操作教育，同时现场也要设置漏电开关，对配电箱、用电电路进行防护改造，还要严禁非专业电工乱接乱拉电线。

③直接隐患与间接隐患并治原则。对人机环境系统进行安全治理，同时还需治理安全管理措施。

④预防与减灾并重处理原则。治理安全事故隐患时，需尽可能减少肇发事故的可能性，如果不能控制事故的发生，也要设法将事故等级降低。但是不论预防措施如何完善，都不能保证事故绝对不会发生，因此还必须对事故减灾做充分准备，研究应急技术操作规范。

⑤重点处理原则。按对隐患的分析评价结果实行危险点分级治理，也可以用安全检查表打分对隐患危险程度分级。

⑥动态处理原则。动态治理就是对生产过程进行动态随机安全化治理，生产过程中发现问题及时治理，既可以及时消除隐患，又可以避免小的隐患发展成大的隐患。

在建设工程中，安全隐患可以来自各参与方，包括建设单位、设计单位、监理单位、施工单位自身、供货商、工程监管部门等。各方对于事故安全隐患处理的义务和责任，以及相关的处理程序在《建设工程安全生产管理条例》已有明确的界定。

2. 施工安全隐患的防范

(1)施工安全隐患防范的主要内容　施工安全隐患防范主要包括基坑支护和降水工程，土方开挖工程，人工挖扩孔桩工程，地下暗挖、顶管及水下作业工程，模板工程和支撑体系，起重吊装和安装拆卸工程，脚手架工程，拆除及爆破工程，现浇混凝土工程，钢结构、网架和索膜结构安装工程，预应力工程，建筑幕墙安装工程，以及采用新技术、新工艺、新材料、新设备和尚无相关技术标准的危险性较大的分部分项工程等方面的防范。防范的主要内容包括掌握各工程的安全技术规范，归纳总结安全隐患的主要表现形式，及时发现可能造成安全事故的迹象，抓住安全控制的要点，制定相应的安全控制措施等。

(2)施工安全隐患防范的一般方法　安全隐患主要包括人、物、管理 3 个方面。人的不安全因素，主要是指个人在心理、生理和能力等方面的不安全因素，以及人在施工现场的不安全行为。物的不安全状态，主要是指设备设施、现场场地环境等方面的缺陷。管理上的不安全因素，主要是指对物、人、工作的管理不当。根据安全隐患的内容而采用的安全隐患防范的一般方法包括：

①对施工人员进行安全意识的培训。

②对施工机具进行有序监管，投入必要的资源进行保养维护。

③建立施工现场的安全监督检查机制。

任务三　建设工程生产安全事故分类和事故处理

事故是指人们在进行有目的的活动过程中，发生了违背人们意愿的不幸事件，使其有目的的行动暂时或永久地停止。事故通常是意外的，且通常是由事件引起的，事故常出乎人们意料，带来人们不能接受的结果。突发的事故可能造成人员的伤害、疾病、死亡，物品的损毁，财产损失或其他损失。本节涉及了施工生产安全事故应急预案、分类、安全事故报告和调查处理原则以及事故处理的法律责任等。

一、生产安全事故应急预案的内容

1. 施工生产安全事故应急预案的概念

施工生产安全事故应急预案是指事先制订的关于生产安全事故发生时进行紧急救援的组织、程序、措施、责任及协调等方面的方案和计划，是对特定的潜在事件和紧急情况发生时所采取措施的计划安排，是应急响应的行动指南。

编制应急预案的目的：一是避免紧急情况发生时出现混乱，二是能够按照合理的响应流程采取适当的救援措施，三是预防和减少可能引发的职业健康安全和环境影响。

2. 施工生产安全事故应急预案体系的构成

施工生产安全事故应急预案应形成体系，针对各级各类可能发生的事故和所有危险源制订专项应急预案和现场应急处置方案，并明确事前、事中、事后各个环节中相关部门和人员的职责。对于生产规模小、危险因素少的施工单位，综合应急预案和专项应急预案可以合并编写。

(1)综合应急预案　综合应急预案是从总体上阐述事故的应急方针、政策，应急组织结构及相关应急职责，应急行动措施和保障等的基本要求和程序，是应对各类事故的综合性文件。

(2)专项应急预案　专项应急预案是针对具体的事故类别(如基坑开挖、脚手架拆除等事故)、危险源和应急保障而制订的计划或方案，是综合应急预案的组成部分，应按照综合应急预案的程序和要求组织制订，并作为综合应急预案的附件。专项应急预案应制定明确的救援程序和具体的应急救援措施。

(3)现场处置方案　现场处置方案是针对具体的装置、场所或设施、岗位所制定的应急处置措施。现场处置方案应具体、简单、针对性强。现场处置方案应根据风险评估及危险性控制措施逐一编制，使事故相关人员熟练掌握，并通过应急演练，做到迅速反应、正确处置。

3. 施工生产安全事故应急预案的管理

施工生产安全事故应急预案的管理包括应急预案的评审、备案、实施及监督管理。

(1)评审　地方各级安全生产监督管理部门组织有关专家对本部门应急预案进行评审,必要时可以召开听证会,评审人员包括涉及的政府部门工作人员和有关安全生产及应急管理方面的专家,与生产经营单位有利害关系的应回避。

(2)备案　地方各级应急预案两级备案(同级人民政府和上一级安全生产监督管理部门),其他负有安全生产监督管理职责的部门的应急预案抄送同级。

(3)实施　综合应急预案和专项应急预案每年至少演练一次,现场处置方案每半年至少演练一次。生产经营单位应当及时向有关部门或者单位报告应急预案的修订情况,并按照有关应急预案报备程序重新备案。

(4)监督管理　各级人民政府应急管理部门应当将生产经营单位应急预案工作纳入年度监督检查计划,明确检查的重点内容和标准,并严格按照计划开展执法检查。地方各级人民政府应急管理部门应当每年对应急预案的监督管理工作情况进行总结,并报上一级人民政府应急管理部门。

对于在应急预案管理工作中做出显著成绩的单位和人员,各级人民政府应急管理部门、生产经营单位可以给予表彰和奖励。

4. 施工生产安全事故应急预案编制原则

(1)重点突出、针对性强。编制应急预案应结合本单位安全方面的实际情况,分析可能导致事故的原因,有针对性地制定。

(2)统一指挥、责任明确。预案实施的负责人以及施工单位各有关部门和人员如何分工、配合、协调,应在应急预案中加以明确。

(3)程序简明、步骤明确。应急预案程序要简明,步骤要明确,具有高度可操作性,保证发生事故时能及时启动、有序实施。

5. 施工生产安全事故应急预案编制的主要内容

(1)制定应急预案的目的、依据和适用范围。

(2)组织机构及其职责。明确应急预案救援组织机构、参加部门、负责人和其他人员及其职责、作用和联系方式。

(3)危害辨识与风险评价。确定可能发生的事故类型、地点、影响范围及可能影响的人数。

(4)通告程序和报警系统。包括确定报警系统及程序、报警方式、通信联络方式,向公众报警的标准、方式、信号等。

(5)应急设备与设施。明确可用于应急救援的设施和维护保养制度,明确有关部门可利用的应急设备和危险监测设备。

(6)求援程序。明确应急反应人员向外求援的方式,包括与消防机构、医院、急救中心的联系方式。

(7)保护措施程序。明确保护事故现场的方式方法,明确可授权发布疏散作业人员及施工现场周边居民指令的机构及负责人,明确疏散人员的接收中心或避难场所。

(8)事故后的恢复程序。明确决定终止应急、恢复正常秩序的负责人,宣布应急取消和恢复正常状态的程序。

(9)保障措施。包括通信与信息保障、应急队伍保障、物资装备保障等。

(10)培训与演练。包括定期培训、演练计划及定期检查制度，对应急人员进行培训，并确保合格者上岗。

(11)应急预案的维护。更新和修订应急预案的方法，根据演练、检测结果完善应急预案。

二、职业健康安全事故的分类和处理

1. 职业健康安全事故的分类

(1)按照安全事故伤害程度分类

①轻伤事故：每个受伤人员休息 1 个工作日以上(含 1 个工作日)，105 个工作日以下。

②重伤事故：每个受伤人损失 105 个工作日以上(含 105 个工作日)的失能伤害的事故。

③死亡事故：又分为重大伤亡事故及特大伤亡事故。其中，重大伤亡事故指一次事故中死亡 1～2 人的事故；特大伤亡事故指一次事故中死亡 3 人及以上的事故。

(2)按照安全事故类别分类　《企业职工伤亡事故分类》(GB 6441—1986)将事故类别划分为 20 类。具体包括：物体打击、车辆伤害、机械伤害、起重伤害、触电、淹溺、灼烫、火灾、高处坠落、坍塌、冒顶片帮、透水、放炮、瓦斯爆炸、火药爆炸、锅炉爆炸、容器爆炸、其他爆炸、中毒和窒息、其他伤害。

(3)按照安全事故受伤性质分类　受伤性质是指人体受伤的类型，实质上是从医学的角度给予创伤的具体名称，常见的有电伤、挫伤、割伤、擦伤、刺伤、撕脱伤、扭伤、倒塌压埋伤、冲击伤等。

(4)按照生产安全事故造成的人员伤亡或者直接经济损失分类　根据生产安全事故(以下简称事故)造成的人员伤亡或者直接经济损失，事故一般分为以下等级：

①特别重大事故：造成 30 人以上死亡，或者 100 人以上重伤，或者 1 亿元以上直接经济损失的事故；

②重大事故：造成 10 人以上 30 人以下死亡，或者 50 人以上 100 人以下重伤，或者 5 000 万元以上 1 亿元以下直接经济损失的事故；

③较大事故：造成 3 人以上 10 人以下死亡，或者 10 人以上 50 人以下重伤，或者 1 000 万元以上 5 000 万元以下直接经济损失的事故；

④一般事故：造成 3 人以下死亡，或者 10 人以下重伤，或者 100 万元以上 1 000 万元以下直接经济损失的事故。

该等级划分所称的“以上”包括本数，所称的“以下”不包括本数。

2. 施工生产安全事故的处理

(1)生产安全事故报告和调查处理的原则　根据国家法律法规的要求，在进行生产安全事故报告和调查处理时，要坚持实事求是、尊重科学的原则。既要及时、准确地查明事故原因，明确事故责任，使责任人受到追究，又要总结经验教训，落实整改和防范措施，防止类似事故再次发生。因此，施工项目一旦发生安全事故，必须实施“四不放过”的原则：事故原因没有查清不放过；责任人员没有受到处理不放过；整改措施没有落实不放过；有关人员没有受到教育不放过。

(2)事故报告的要求　根据《生产安全事故报告和调查处理条例》等相关规定的要求，事故报告应当及时、准确、完整，任何单位和个人对事故不得迟报、漏报、谎报或者瞒报。

①施工单位事故报告要求。生产安全事故发生后，受伤者或最先发现事故的人员应立即用最快的传递手段，将发生事故的时间、地点、伤亡人数、事故原因等情况，向施工单位负责人报告。施工单位负责人接到报告后，应当在 1 h 内向事故发生地县级以上人民政府建设主管部门和有关部门报告。实行施工总承包的建设工程，由总承包单位负责上报事故。情况紧急时，事故现场有关人员可以直接向事故发生地县级以上人民政府建设主管部门和有关部门报告。

②建设主管部门事故报告要求。当建设主管部门接到事故报告后，应当依照下列规定上报事故情况，并通知安全生产监督管理部门、公安机关、劳动保障行政主管部门、工会和人民检察院：a. 较大事故、重大事故及特别重大事故逐级上报至国务院建设主管部门；b. 一般事故逐级上报至省、自治区、直辖市人民政府建设主管部门；c. 建设主管部门依照规定上报事故情况时，应当同时报告本级人民政府，国务院建设主管部门接到重大事故和特别重大事故的报告后，应当立即报告国务院；d. 必要时，建设主管部门可以越级上报事故情况。

建设主管部门按照上述规定逐级上报事故情况时，每级上报的时间不得超过 2 h。

(3)事故报告的内容

①事故发生的时间、地点和工程项目、有关单位名称。

②事故的简要经过。

③事故已经造成或者可能造成的伤亡人数(包括下落不明的人数)和初步估计的直接经济损失。

④事故的初步原因。

⑤事故发生后采取的措施及事故控制情况。

⑥事故报告单位或报告人员。

⑦其他应当报告的情况。

事故报告后出现新情况，以及事故发生之日起 30 d 内伤亡人数发生变化的，应当及时补报。

(4)事故调查　根据《生产安全事故报告和调查处理条例》等相关规定的要求，事故调查处理应当坚持实事求是、尊重科学的原则，及时、准确地查清事故经过、事故原因和事故损失，查明事故性质，认定事故责任，总结事故教训，提出整改措施，并对事故责任者依法追究责任。

①施工单位项目经理应指定技术、安全、质量等部门的人员，会同企业工会、安全管理部门组成调查组，开展调查。

②建设主管部门应当按照有关人民政府的授权或委托组织事故调查组，对事故进行调查，并履行下列职责：a. 核实事故项目基本情况，包括项目履行法定建设程序情况、参与项目建设活动各方主体履行职责的情况；b. 查明事故发生的经过、原因、人员伤亡及直接经济损失，并依据国家有关法律法规和技术标准分析事故的直接原因和间接原因；c. 认定事故的性质，明确事故责任单位和责任人员在事故中的责任；d. 依照国家有关法律法规对事故的责任单位和责任人员提出处理建议；e. 总结事故教训，提出防范和整改措施；f. 提交事故调查报告。

③事故调查报告的内容应包括：a. 事故发生单位概况；b. 事故发生经过和事故救援情况；c. 事故造成的人员伤亡和直接经济损失；d. 事故发生的原因和事故的性质；e. 事故责任的认定和对事故责任者的处理建议；f. 事故防范和整改措施。

事故调查报告应当附具有关证据材料，事故调查组成人员应当在事故调查报告上签名。

三、建设工程安全事故处理

1. 施工单位的事故处理

事故处理是落实“四不放过”原则的核心环节，施工单位在事故处理过程中，需注意以下环节：

(1)事故现场处理需注意：严格保护事故现场，做好标识，排除险情，采取有效措施抢救伤员和财产，防止事故蔓延扩大。

(2)事故登记时需注意：施工现场要建立安全事故登记表，作为安全事故档案，对发生事故人员的姓名、性别、年龄、工种等级、负伤时间、伤害程度、负伤部门及情况、简要经过及原因记录归档。

(3)事故分析记录时需注意：施工现场要有安全事故分析记录，对发生轻伤、重伤、死亡、重大设备事故及未遂事故必须按“四不放过”的原则组织分析，查出主要原因，分清责任，提出防范措施，应吸取的教训要记录清楚。

同时，要坚持安全事故月报制度，若当月无事故也要报空表。

2. 建设主管部门的事故处理

建设主管部门在事故处理过程中需依据相关法律法规：

(1)建设主管部门在事故处理过程中应当依据有关人民政府对事故的批复和有关法律法规的规定，对事故相关责任者实施行政处罚。处罚权限不属本级建设主管部门的，应当在收到事故调查报告批复后 15 个工作日内，将事故调查报告(附具有关证据材料)、结案批复、本级建设主管部门对有关责任者的处理建议等转送有权限的建设主管部门。

(2)建设主管部门应当依照有关法律法规的规定，对降低安全生产条件导致事故发生的施工单位给予暂扣或吊销安全生产许可证的处罚，对对事故负有责任的相关单位给予罚款、停业整顿、降低资质等级或吊销资质证书的处罚。

(3)建设主管部门应当依照有关法律法规的规定，对对事故发生负有责任的注册执业资格人员给予罚款、停止执业或吊销其注册执业资格证书的处罚。

四、建设工程事故处理的法律责任

1. 事故报告和调查处理的违法行为

事故报告和调查处理中的违法行为，包括事故发生单位及其有关人员的违法行为，还包括政府、有关部门及有关人员的违法行为，其种类主要有以下几种：

(1)不立即组织事故抢救；

(2)在事故调查处理期间擅离职守；

(3)迟报或者漏报事故；

(4)谎报或者瞒报事故；

(5)伪造或者故意破坏事故现场；

(6)转移、隐匿资金、财产，或者销毁有关证据、资料；

(7)拒绝接受调查或者拒绝提供有关情况和资料；

(8)在事故调查中作伪证或者指使他人作伪证；

(9)事故发生后逃匿；

(10)阻碍、干涉事故调查工作；

(11)对事故调查工作不负责任，致使事故调查工作有重大疏漏；

(12)包庇、袒护负有事故责任的人员或者借机打击报复；

(13)故意拖延或者拒绝落实经批复的对事故责任人的处理意见。

2. 建设工程事故处理的法律责任

根据《生产安全事故报告和调查处理条例》规定，对事故报告和调查处理中的违法行为，任何单位和个人有权向安全生产监督管理部门、监察机关或者其他有关部门举报，接到举报的部门应当依法及时处理：

(1)事故发生单位主要负责人有上述(1)～(3)条违法行为之一的，处上一年年收入40%～80%的罚款。属于国家工作人员的，依法给予处分。构成犯罪的，依法追究刑事责任。

(2)事故发生单位及其有关人员有上述(4)～(9)条违法行为之一的，对事故发生单位处100万元以上500万元以下的罚款。对主要负责人、直接负责的主管人员和其他直接责任人员处上一年年收入60%～100%的罚款。属于国家工作人员的，依法给予处分。构成违反治安管理行为的，由公安机关依法给予治安管理处罚。构成犯罪的，依法追究刑事责任。

(3)有关地方人民政府、安全生产监督管理部门和负有安全生产监督管理职责的有关部门有上述(1)、(3)、(4)、(8)、(10)条违法行为之一的，对直接负责的主管人员和其他直接责任人员依法给予处分。构成犯罪的，依法追究刑事责任。

(4)参与事故调查的人员在事故调查中有上述(11)、(12)条违法行为之一的，依法给予处分。构成犯罪的，依法追究刑事责任。

(5)有关地方人民政府或者有关部门故意拖延或者拒绝落实经批复的对事故责任人的处理意见的，由监察机关对有关责任人员依法给予处分。

任务四　建设工程施工现场文明施工和环境保护

施工现场的管理和文明施工是安全生产的重要组成部分。安全生产是树立以人为本的管理理念、保护社会弱势群体的重要体现，文明施工是现代化施工的一个重要标志。

一、建设工程施工现场文明施工

文明施工是指保持施工现场良好的作业环境、卫生环境和工作秩序。文明施工主要包括：规范施工现场的场容，保持作业环境的整洁卫生；科学组织施工，使生产有序进行；减少施工对周围居民和环境的影响；遵守施工现场文明施工的规定和要求，保证职工的安全和身体健康等。

1. 施工现场文明施工的要求

(1)有整套的施工组织设计或施工方案，施工总平面布置紧凑、施工场地规划合理，符合环保、市容、卫生的要求。

(2)有健全的施工组织管理机构和指挥系统，岗位分工明确，工序交叉合理，交接责任明确。

(3)有严格的成品保护措施和制度，大小临时设施和各种材料、构件、半成品按平面布置堆放整齐。

(4)施工场地平整，道路畅通，排水设施得当，水电线路整齐，机具设备状况良好，使用合理。施工作业符合消防和安全要求。

(5)搞好环境卫生管理，包括施工区、生活区环境卫生和食堂卫生管理。

(6)文明施工应贯穿施工结束后的清场。

2. 施工现场文明施工的措施

(1)文明施工的组织措施

①建立文明施工的管理组织。应确立以项目经理为现场文明施工的第一责任人，以各专业工程师、施工质量、安全、材料、保卫、后勤等现场项目经理部人员为成员的施工现场文明管理组织，共同负责本工程现场文明施工工作。

②健全文明施工的管理制度。包括建立各级文明施工岗位责任制，将文明施工工作考核列入经济责任制，建立定期的检查制度，实行自检、互检、交接检制度，建立奖惩制度，开展文明施工立功竞赛，加强文明施工教育培训等。

(2)文明施工的管理措施

①现场大门及围挡设置。施工现场需设置钢制大门，牢固美观。大门高度不宜低于 4 m，大门上应有企业标识。围挡封闭是创建文明工地的重要组成部分。施工现场四周必须设置连续、密闭的砖砌围墙，与外界隔绝进行封闭施工，围墙高度按不同地段的要求进行砌筑，市区主要路段和其他涉及市容景观路段的工地设置围挡的高度不低于 2.5 m，其他工地的围挡高度不低于 1.8 m，围挡材料要求坚固、稳定、统一、整洁、美观。

结构外墙脚手架设置安全网，防止杂物、灰尘外散，也防止人与物的坠落。安全网使用不得超出其合理使用期限，重复使用的应进行检验，检验不合格的不得使用。

②现场工程标志牌设计。按照文明工地标准，建设工地现场大门必须严格按照相关文件规定的尺寸和规格制作各类工程标志牌。“五牌一图”，即工程概况牌、管理人员名单及监督电话牌、消防保卫(防火责任)牌、安全生产牌、文明施工牌和施工现场平面图。工程标志牌需标明工程项目名称、建设单位、设计单位、施工单位、监理单位、工程概况及开工、竣

工日期。

③临设布置。建设工地现场生产临设及施工便道总体布置时，必须同时考虑工程基地范围内的永久道路，避免冲突，影响管线的施工。

临时建筑物、构筑物，包括办公用房、宿舍、食堂、卫生间及化粪池、水池皆用砖砌。临时建筑物、构筑物要求稳固、安全、整洁，满足消防要求。集体宿舍与作业区隔离，人均床铺面积不小于2 m^2，适当分隔，防潮，通风，采光性能良好。按规定架设用电线路，严禁任意拉线接电，严禁使用电炉和明火烧煮食物。对于重要材料设备，搭设相应适用存储保护的场所或临时设施。

④成品、半成品、原材料堆放。仓库做到账物相符。进出仓库有手续，凭单收发，堆放整齐。保持仓库整洁，专人负责管理。严格按施工组织设计中的平面布置图划定的位置堆放成品、半成品和原材料，所有材料应堆放整齐，并标明名称、规格等。

⑤现场场地和道路。建设工地现场主要场地应硬化，以免出现扬尘、雨后泥泞的情况。场内道路要平整、坚实、畅通，并设置相应的安全防护设施和安全标志。现场主要运输道路尽量采用循环方式设置或有车辆调头的位置，保证路面通畅。有条件时现场道路可以采用混凝土路面，无条件时也可以采用其他硬化路面。施工现场内有完善的排水措施，不允许有积水存在。

⑥现场卫生管理。施工现场需要明确各区域的卫生责任人。食堂必须有卫生许可证，并应符合卫生标准，生、熟食操作应分开，熟食操作时应有防蝇间或防蝇罩。禁止使用非食用塑料制品作熟食容器，炊事员和茶水工需持有效的健康证明和上岗证。此外，施工现场应设置卫生间，并有水源供冲洗，同时设简易化粪池或集粪池，加盖并定期喷药，每日有专人负责清洁。施工现场还应设置足够的垃圾池和垃圾桶，定期搞好环境卫生、清理垃圾，施药除“四害”。建筑垃圾必须集中堆放并及时清运。施工现场按标准制作有顶盖茶棚，茶桶必须上锁，茶水和消毒水有专人定时更换，并保证供水。夏季施工需备有防暑降温措施，同时配备保健药箱，购置必要的急救、保健药品。

⑦文明施工教育。管理者要做好文明施工教育：第一，应为建设者营造一个良好的施工、生活环境，保障施工人员的身心健康；第二，需开展文明施工守法教育，教育施工人员应遵守和维护国家的法律法规，防止和杜绝盗窃、斗殴及黄、赌、毒等非法活动的发生；第三，要求现场施工人员均佩戴胸卡，按工种统一编号管理；第四，进行多种形式的文明施工教育，如例会、报栏、录像及辅导、参观学习；第五，强调全员管理的概念，提高现场人员的文明施工意识。

二、建设工程施工现场环境保护

1. 环境保护的目的

环境保护旨在保护和改善环境质量，从而保护人民的身心健康，防止人体在环境污染影响下产生遗传突变和退化。同时，环境保护还包括合理开发和利用自然资源，减少或消除有害物质进入环境。

2. 环境保护的原则

(1)经济建设与环境保护协调发展的原则。

(2)预防为主、防治结合、综合治理的原则。

(3)依靠群众保护环境的原则。

(4)环境经济责任原则,即污染者付费的原则。

3. 环境保护的影响因素

通常,建设工程施工现场的环境因素对环境的影响见表5-4。

表5-4　建设工程施工现场的环境因素对环境的影响

序号	环境因素	产生的地点、工序和部位	环境影响
1	噪声	施工机械、运输设备、电动工具	影响人体健康、居民休息
2	粉尘的排放	施工场地平整作业、土堆、沙堆、石灰、现场路面、进出车辆车轮带泥沙、水泥搬运、混凝土搅拌、木工房锯末、喷砂、除锈、衬里	污染大气、影响居民身体健康
3	运输的遗撒	现场渣土、商品混凝土、生活垃圾、原材料运输当中	污染路面和人员健康
4	化学危险品、油品泄漏或挥发	实验室、油漆库、油库、化学材料库及其作业面	污染土地和人员健康
5	有毒有害废弃物排放	施工现场、办公区、生活区废弃物	污染土地、水体、大气
6	生产、生活污水的排放	现场搅拌站、厕所、现场洗车处、生活服务设施、食堂等	污染水体
7	生产用水、用电的消耗	现场、办公室、生活区	资源浪费
8	办公用纸的消耗	办公室、现场	资源浪费
9	光污染	现场焊接、切割作业、夜间照明	影响居民生活、休息和邻近人员健康
10	离子辐射	放射源储存、运输、使用中	严重危害居民、邻近人员健康
11	混凝土防冻剂的排放	混凝土使用中	影响健康

4. 环境保护的要求

建设工程施工现场对于环境保护的要求,主要体现在以下几个方面:

(1)工程的施工组织设计中应有防治扬尘、噪声、固体废物和废水等环境污染的有效措施,并在施工作业中认真组织实施。

(2)施工现场应建立环境保护管理体系,层层落实,责任到人,并保证有效运行。

(3)对施工现场防治扬尘、噪声、水污染及环境保护管理工作进行检查。

(4)定期对职工进行环保法规知识的培训考核。

5. 施工现象环境保护措施

根据《建设工程施工现场环境与卫生标准》(JGJ 146—2013)的规定,施工单位应当采取下列防止环境污染的技术措施:

(1)施工现场的主要道路要进行硬化处理。裸露的场地和堆放的土方应采取覆盖、固化或绿化等措施。

(2)施工现场土方作业应采取防止扬尘措施,主要道路应定期清扫、洒水。

(3)拆除建筑物或者构筑物时,应采用隔离、洒水等降噪、降尘措施,并及时清理废弃物。

(4)土方和建筑垃圾的运输必须采用封闭式运输车辆或采取覆盖措施。施工现场出口处应设置车辆冲洗设施,并应对驶出的车辆进行清洗。

(5)建筑物内垃圾应采用容器或搭设专用封闭式垃圾道的方式清运,严禁凌空抛掷。

(6)施工现场严禁焚烧各类废弃物。

(7)在规定区域内的施工现场应使用预拌制混凝土及预拌砂浆。采用现场搅拌混凝土或砂浆的场所应采取封闭、降尘、降噪措施。水泥和其他易飞扬的细颗粒建筑材料应密闭存放或采取覆盖等措施。

(8)当环境空气质量指数达到中度及以上的污染时,施工现场应增加洒水频次,加强覆盖措施,减少易造成大气污染的施工作业。

(9)施工现场应设置排水管及沉淀池,施工污水应经沉淀处理达到排放标准后,方可排入市政污水管网。

(10)废弃的降水井应及时回填,并应封闭井口,防止污染地下水。

(11)施工现场宜选用低噪声、低振动的设备,强噪声设备宜设置在远离居民区的一侧,并应采用隔声、吸声材料搭设的防护棚或屏障。

施工单位应当遵守国家有关环境保护的法律规定,对施工造成的环境影响采取针对性措施,有效控制施工现场的各种粉尘、废气、废水、固体废弃物以及噪声、振动对环境的污染和危害。

三、建设工程环境事故处理

1. 施工现场大气污染处理

(1)施工现场外围围挡不得低于1.8 m,以避免或减少污染物向外扩散。

(2)施工现场垃圾杂物要及时清理。清理多、高层建筑物的施工垃圾时,采用定制带盖铁桶吊运或利用永久性垃圾道,严禁凌空随意抛撒。

(3)施工现场堆土,应合理选定位置,并洒水覆膜封闭或者表面临时固化或植草,防止扬尘污染。

(4)施工现场道路应硬化。采用焦渣、级配砂石、混凝土等作为道路面层,有条件的可利用永久性道路,并指定专人定时洒水和清扫养护,防止道路扬尘。

(5)易飞扬材料入库密闭存放或覆盖存放,如水泥、白灰、珍珠岩粉等易飞扬的细颗粒散体材料,应入库存放。若室外临时露天存放时,必须下垫上盖,严密遮盖防止扬尘。

(6)运输水泥、白灰、珍珠岩粉等易飞扬的细颗粒粉状材料时,要采取遮盖措施,防止车辆沿途遗撒、扬尘。卸货时,应采取措施,以减少扬尘。

(7)施工现场易扬尘处使用密目式安全网封闭,使一网两用,并定人定时清洗粉尘,防止施工过程扬尘或二次污染。

(8)在大门口铺设一定距离的石子(定期过筛洗选)路自动清理车轮,或做一段混凝土路面和水沟用水冲洗车轮车身,或人工清扫车轮车身。装车时不应装得过满,行车时不应猛拐,不急刹车。卸货后清扫干净车厢,注意关好车厢门。场区内外定人定时清扫,做到车辆不外带泥沙、不撒污染物、不扬尘,消除或减轻对周围环境的污染。

(9)禁止施工现场焚烧会产生有毒、有害烟尘和恶臭气体的物资,如焚烧沥青、包装箱袋和建筑垃圾等。

(10)尾气排放超标的车辆,应安装净化消声器,防止噪声和冒黑烟。

(11)施工现场炉灶(如茶炉、锅炉等)采用消烟除尘型,烟尘排放控制在允许范围内。

(12)拆除旧有建筑物时,应适当洒水,并且在旧有建筑物周围采用密目式安全网和草帘搭设屏障,防止扬尘。

(13)在施工现场建立集中搅拌站,由先进设备控制混凝土原材料的取料、称料、进料、混合料搅拌、混凝土出料等全过程,在进料仓上方安装除尘器,可使粉尘降低98%以上。

(14)在城区、郊区城镇和居民稠密区、风景旅游区、疗养区及国家规定的文物保护区内施工的工程,严禁使用敞口锅熬制沥青。凡进行沥青防水作业,要使用密闭和带有烟尘处理装置的加热设备。

2. 施工现场水污染处理

(1)施工现场搅拌站的污水、水磨石的污水等须经排水沟排放和沉淀池沉淀后再排入城市污水管道或河流,污水未经处理不得直接排入城市污水管道或河流。

(2)禁止将有毒有害废弃物作土方回填,避免污染水源。

(3)施工现场存放油料、化学溶剂等应设有专门的库房,必须对库房地面和高250 mm墙面进行防渗处理,如采用防渗混凝土或刷防渗漏涂料等。油料使用时,要采取措施,防止油料跑、冒、滴、漏而污染水体。

(4)对于现场气焊用的乙炔发生罐产生的污水严禁随地倾倒,要求用专用容器集中存放,并倒入沉淀池处理,以免污染环境。

(5)施工现场100人以上的临时食堂,污水排放时可设置简易有效的隔油池,定期掏油、清理杂物,防止污染水体。

(6)施工现场临时厕所的化粪池应采取防渗漏措施,防止污染水体。

(7)施工现场化学药品、外加剂等要妥善入库保存,防止污染水体。

3. 施工现场噪声污染处理

施工现场的噪声,主要分为以下几种类型:

(1)机械性噪声,如柴油打桩机、推土机、挖土机、搅拌机、风钻、风铲、混凝土振动器、木材加工机械等发出的噪声。

(2)空气动力性噪声,如通风机、鼓风机、空气锤打桩机、电锤打桩机、空气压缩机、铆枪等发出的噪声。

(3)电磁性噪声,如发电机、变压器等发出的噪声。

(4)爆炸性噪声,如放炮作业过程中发出的噪声。

针对不同类型的施工现场噪声污染,主要处理措施如下:

(1)合理布局施工场地,优化作业方案和运输方案,尽量降低施工现场附近敏感点的噪声强度,避免噪声扰民。

(2)在人口密集区进行较强噪声施工时,须严格控制作业时间,一般避开晚10时到次日早6时的作业。如果对环境的污染不能控制在规定范围内,又必须昼夜连续施工时,要尽量采取措施降低噪声。

(3)夜间运输材料的车辆进入施工现场时,严禁鸣笛和乱轰油门,装卸材料要做到轻拿轻放。

(4)进入施工现场不得高声喊叫和乱吹哨,不得无故甩打模板、钢筋铁件和工具设备等,严禁使用高音喇叭、机械设备空转和不应当的碰撞其他物件(如混凝土振捣器碰撞钢筋或模板等),减少噪声扰民。

(5)加强各种机械设备的维修保养,缩短维修保养周期,尽可能降低机械设备噪声的排放。

(6)施工现场超噪声值的声源,采取如下措施降低噪声或转移声源:

①尽量选用低噪声设备和工艺来代替高噪声设备和工艺(如用电动空压机代替柴油空压机,用静压桩施工方法代替锤击桩施工方法等),降低噪声。

②在声源处安装消声器消声,即在鼓风机、内燃机、压缩机及各类排气装置等进出风管的适当位置设置消声器(如阻性消声器、抗性消声器、阻抗复合消声器、微穿孔板消声器等),降低噪声。

③加工成品、半成品的作业(如预制混凝土构件、制作门窗等),尽量放在工厂车间进行,以转移声源来消除噪声。

(7)在施工现场噪声的传播途径上,采取吸声、隔声等声学处理的方法来降低噪声。

(8)建筑施工过程中场界环境噪声不得超过《建筑施工场界环境噪声排放标准》(GB 12523—2011)规定的排放限值(表 5-5)。夜间噪声最大声级超过限值的幅度不得高于 15 dB(A)。

表 5-5 建筑施工场界环境噪声限值表

dB(A)

昼间	夜间
70	55

4. 施工现场固体废物污染处理

施工现场产生的固体废物主要有 3 种:拆建废物、化学废物以及生活固体废物。

拆建废物主要包括渣土、砖瓦、碎石、混凝土碎块、废木材、废钢铁、废弃装饰材料、废水泥、废石灰、碎玻璃等。

化学废物则主要包括废油漆材料、废油类(汽油、机油、柴油等)、废沥青、废塑料、废玻璃纤维等。

生活固体废物主要包括炊厨废物、丢弃食品、废纸、废电池、生活用具、灰渣、粪便等。

对于固体废物处理是指采用物理、化学、生物处理等方法,将废物在自然循环中加以迅速、有效、无害地分解处理。根据环境科学理论,可将固体废物的处理方法概括为无害化、安定化和减量化 3 种。

(1)无害化　也称安全化,是将废物内的生物性或化学性的有害物质,进行无害化或安全化处理。例如,利用焚化处理的化学法,将微生物杀灭,促使有毒物质氧化或分解。

(2)安定化　是指为了防止废物中的有机物质腐化分解,产生臭味或衍生成有害微生物,将此类有机物质通过有效的方法进行处理,使之不再继续分解或变化。例如,以厌氧性的方法处理生活废物,使其实时产生甲烷气,使处理后的残余物完全腐化安定,不再发酵腐化分解。

(3)减量化　大多废物疏松膨胀、体积庞大,不但增加运输费用,而且占用堆填处置场地大。减量化废物处理是将固体废物压缩或液体废物浓缩,或将废物无害焚化处理,烧成灰烬,使其体积缩小至原来的1/10以下,以便运输堆填。

对于施工现场,固体废物的处理措施主要包括:

(1)施工现场设立专门的固体废物临时贮存场所,用砖砌成池。废物应分类存放,对有可能造成二次污染的废物必须单独贮存,设置安全防范措施且有醒目标识。对储存物应及时收集并处理,可回收的废物做到回收再利用。

(2)固体废物的运输应采取分类、密封、覆盖等措施,避免泄漏、遗漏,并送到政府批准的单位或场所进行处理。

(3)施工现场应使用环保型的建筑材料、工器具、临时设施、灭火器和各种物质的包装箱袋等,减少固体废物污染。

(4)提高工程施工质量,减少或杜绝工程返工,避免产生固体废物污染。

(5)施工中及时回收使用落地灰和其他施工材料,做到工完料尽,减少固体废物污染。

5. 施工现场光污染处理

(1)对施工现场照明器具的种类、灯光亮度加以控制,不对着居民区照射,并利用隔离屏障(如使用灯罩、搭设排架密挂草帘或篷布等)。

(2)电气焊应尽量远离居民区或在工作面设蔽光屏障。

任务五　案例拓展

【案例1】

1. 背景

2000年10月25日,某建筑公司承建的某市电视台演播中心群楼工地发生一起施工安全事故。大演播厅舞台在浇筑顶部混凝土施工中,因模板支撑系统失稳导致屋盖坍塌。事故造成在现场施工的民工和电视台工作人员6人死亡,35人受伤,其中重伤11人,直接经济损失70余万元。

事故发生后,该建筑公司项目经理部向有关部门紧急报告事故情况。闻讯赶到的有关领导指挥公安民警、武警战士和现场工人实施了紧急抢险工作,将伤者立即送往医院进行救治。

2. 问题

(1)本案中的施工安全事故应定为哪种等级的事故?

(2)事故发生后,施工单位应采取哪些措施?

分析:

(1)应定为较大事故。《生产安全事故报告和调查处理条例》(简称《条例》)第三条规定:较大事故,是指造成3人以上10人以下死亡,或者10人以上50人以下重伤,或者1 000万元以上5 000万元以下直接经济损失的事故。

(2)事故发生后,根据《条例》第九条、第十四条、第十六条的规定,施工单位应采取下列措施。一是报告事故。事故发生后,事故现场有关人员应当立即向本单位负责人报告。单位负责人接到报告后,应当于一小时内向事故发生地县级以上人民政府安全生产监督管理部门和负有安全生产监督管理职责的有关部门报告。情况紧急时,事故现场有关人员可以直接向事故发生地县级以上人民政府安全生产监督管理部门和负有安全生产监督管理职责的有关部门报告。二是启动事故应急预案，组织抢救。事故发生单位负责人接到事故报告后，应当立即启动事故相应应急预案，或者采取有效措施组织抢救，防止事故扩大，减少人员伤亡和财产损失。三是事故现场保护。有关单位和人员应当妥善保护事故现场以及相关证据，任何单位和个人不得破坏事故现场，毁灭相关证据。因抢救人员、防止事故扩大以及疏通交通等需要移动事故现场物件的，应当做出标志，绘制现场简图并做出书面记录，妥善保存现场重要痕迹物证。

【案例 2】

1. 背景

某商业工程，地下 2 层，地上 4 层，建筑面积为 24 000 m^2，紧邻已建好投入使用的小区，且为该小区的商业配套工程。合同规定，由于施工引起的扰民或民扰问题由施工单位处理。因此，施工单位对文明施工和环境保护做了大量的工作，从前期现场规划到施工期间的沟通落实，均明确了责任，整个施工期间效果良好，并在约定的工期内完成了合同任务。

2. 问题

(1)施工单位对现场的文明施工管理应从哪些方面做起？

(2)施工现场文明施工管理中，出入口规划的基本要求有哪些？

(3)现场条件局限时，办公区和生活区是否可以兼顾？

分析：

(1)施工单位应从以下几个方面做起：

①围挡、大门、各种标牌应标准化。

②现场材料应按平面布置图的要求地点堆放并码放整齐。

③现场安全防护设施应标准化、规范化。

④生活区域整洁化。

⑤职工生活秩序化，行为文明化。

⑥现场做到工完场清不扬尘，不遗撒，垃圾不乱弃。

⑦施工不扰民，营造良好的施工环境。

(2)施工出入口应参照下列要求规划：

①设置大门和保安值班室。

②大门或门头设置企业名称和企业标识。

③地面设施硬化，车辆出入设置排水措施，有清洗装置，现场人员出入口处设置闸机。

④设置“五牌一图”。

⑤条件许可时，可以适当绿化布置。

(3)不可兼顾，任何时候都应划分清楚，采取隔离措施。

【案例 3】

1. 背景

某活动中心工程地下 1 层，地上 3 层，建筑面积 12 300 m^2，为框架结构。工程于 2011 年 3 月 20 日开工，计划于 2011 年 12 月 25 日竣工，在施工过程中发生了以下事件：

事件一：因选址地基不好，基础下面设计有 25 根直径为 800 mm、长 10 m 的工程桩，施工单位采用了泥浆护壁的工艺成孔。

事件二：由于工期较紧，土方开挖需要夜间进行，业主要求施工单位办理相关手续，避免扰民和民扰的问题。

2. 问题

(1)施工单位进行排污应办理哪些手续？现场排污如何操作？

(2)对于固体废物应如何进行处置？

(3)土方夜间施工时，针对扰民问题，项目部应做哪些工作？

分析：

(1)施工现场排污需要在县级以上人民政府市政管理部门签署污水排放许可协议，申领临时排水许可证。

现场排污应分类操作：①雨水排入市政雨水管网；②泥浆用专用车辆拉出场外；③污水经过沉淀后再利用或排入市政污水管网。

(2)对于固体废物，按以下要求处置：

①首先应到县级以上地方政府环卫部门申报登记，现场分类存放。

②就建筑垃圾和生活垃圾与所在地垃圾消纳中心签署环保协议，及时清理处置。

③有毒有害废弃物应运送到专门指定的消纳中心。

(3)针对土方夜间施工扰民问题，项目部应做如下工作：

①办理夜间施工许可证，并告示周边社区居民。

②及时和当地建设主管部门、辖区内派出所、居委会、环保部门取得联系，进行沟通，取得相关部门的理解和支持。

③采用相应的措施，尽量降低施工噪声。

④当夜间施工噪声超过规定限制时，依据环保部门测定的结果，根据影响程度的大小，对居民进行适当补偿。

⑤遇强噪声施工时，尽量白天进行，并避开正常休息时间。

【案例4】

1. 背景

某办公楼工程地下2层，地上15层，建筑面积30 000 m^2，施工单位进场后，按照批准的总平面布置图进行了现场规划。其中库房分成普通库房和特殊库房，分建在不同的位置，主要出入口及楼层各主要部位均悬挂了明显的警示牌。在施工过程中发生了以下事件：

事件一：上级单位在安全文明工地检查时发现，警示牌悬挂比较随意，有的比较隐蔽，有的没有针对性。随后对项目提出了整改意见，要求严格按标准进行设置。

事件二：检查发现，在特殊库房的醒目位置悬挂了指示性的标志，在钢筋切割机旁悬挂了禁止性标志，在配电室旁悬挂了指令性标志。

2. 问题

(1)事件一中现场警示牌的设置原则是什么？

(2)简要说明现场使用警示牌的基本要求。

(3)指出事件二中警示牌悬挂的不妥之处，并分别写出正确的悬挂方式。

分析：

(1)事件一中现场安全警示牌的设置原则是：

标准——指图形尺寸、色彩、材质应符合标准。

安全——指设置后标牌本身没有潜在危险，处于安全状态。

醒目——指设置的位置能第一时间进入视线。

便利——指标牌的设置位置和角度便于人们观察。

协调——指标牌之间尺寸、高度和环境的协调。

合理——指用安全标牌反映出必要的安全信息，避免漏设和滥设。

(2)现场使用安全警示牌的基本要求是：

①设置在现场存在安全风险的重要部位和关键岗位。

②设置在人们最容易观察到的地方。

③设置在明亮、光线充足的环境中。

④应固定牢靠，尽量和人的视线高度一致。

⑤不得设置在移动的物体上，同时避免遮挡。

⑥警示牌在一起布置时，应从左到右、自上而下，按照警告、禁止、指令、指示的顺序排列，且标牌之间留有0.2倍的标牌尺寸距离。

⑦有触电危险的场所，标牌应选用绝缘材料。

⑧露天场所宜选用反光材料的警示牌。

⑨对有防火要求的场所，应选用不燃材料制成的警示牌。

⑩应派专人对警示牌的位置等进行日常管理，并及时更换、移位。

(3)事件二中警示牌悬挂的不妥之处和正确悬挂方法如下：

不妥之处一，特殊库房位置悬挂指示性标志。正确做法应悬挂禁止性标志。

不妥之处二，钢筋切割机旁悬挂禁止性标志。正确做法应悬挂警告性标志。

不妥之处三，在配电室旁悬挂指令性标志。正确做法应悬挂警告和禁止性标志。

项目五练习题

一、单项选择题

1. 施工安全管理控制必须坚持的方针(　　)。

A. 控制成本，确保安全　　B. 安全第一，预防为主

C. 质量与安全并重　　D. 以人为本，预防为主

2. 下列关于施工现场布置的说法中，正确的是(　　)。

A. 施工区域和办公区域可以混用　　B. 施工现场地面应进行硬化处理

C. 可根据施工需要临时拉线接电　　D. 施工现场道路必须采月混凝土路面

3. 按照相关规定，工程项目的死亡率应(　　)。

A. 为0　　B. 控制在1%以内

C. 控制在5%以内　　D. 控制在6%以内

4. 下列属于第二类危险源控制方法的是(　　)。

A. 设置安全监控系统　　B. 个体防护

C. 应急救援　　D. 消除危险源

5. 生产安全事故发生时,(　　)是应急响应的行动指南。

A. 施工组织设计文件　　B. 生产安全事故应急预案

C. 工程项目管理规范　　D. 现场处理方案

6. 地方各级人民政府应急管理部门应当每年对应急预案的监督管理工作进行总结,并报(　　)。

A. 本级人民政府　　B. 上级人民政府

C. 上级人民政府应急管理部门　　D. 国务院安全生产监督管理部门

7. 阐述事故应急方针、政策及应急组织结构属于(　　)的内容。

A. 综合应急预案　　B. 单位工程应急预案

C. 专项应急预案　　D. 现场处置方案

8. 安全生产事故专项应急预案是(　　)。

A. 应对各类事故的综合性文件

B. 针对具体的事故类别、危险源和应急保障制订的计划或方案

C. 针对具体装置、场所或设施、岗位所制定的应急处置措施

D. 专门应对重大事故制订的现场处置方案

9. 安全事故按伤害程度可分为(　　)。

A. 轻伤、重伤、严重伤亡　　B. 轻伤、一般伤亡、重大伤亡

C. 轻伤、重伤、死亡、重大伤亡　　D. 轻伤、重伤、死亡

10. 重伤造成的失能伤害指损失等于和超过(　　)个工作日的失能伤害。

A. 85　　B. 95　　C. 105　　D. 115

11. 按照生产安全事故造成的人员伤亡或直接经济损失分类,生产安全事故可分为(　　)。

A. 重大事故、较大事故、一般事故、轻微事故

B. 特别重大事故、重大事故、较大事故、一般事故

C. 轻伤事故、微伤事故、死亡事故

D. 轻伤事故、重伤事故、死亡事故、重大伤亡事故

12. 某工程施工中发生安全事故,造成 3 人死亡,8 人受伤,直接经济损失 350 万元。按照生产安全事故造成的人员伤亡或直接经济损失分类,该工程事故属于(　　)。

A. 较大事故　　B. 重大事故　　C. 特别重大事故　　D. 一般事故

13. 按相关规定,施工单位负责人接到生产安全事故报告后,应当及时向事故发生地县级以上人民政府建设主管部门和有关部门报告,要求报告时限为(　　)。

A. 1 h 内　　B. 2 h 内　　C. 3 h 内　　D. 4 h 内

14. 施工现场文明施工的第一责任人是(　　)。

A. 企业经理　　B. 项目经理　　C. 专业工程师　　D. 文明施工管理员

15. 文明施工是指施工现场要保持良好的作业环境、卫生环境和(　　)。

A. 工作秩序　　B. 生活秩序　　C. 工作效率　　D. 管理措施

16. 工地四周设置的封闭围挡高度至少不得低于(　　)m。

A. 1.8　　B. 2.0　　C. 2.2　　D. 2.5

17. 按照文明施工管理措施的要求，下列关于施工现场临设布置的表述中，正确的是( )。

A. 集体宿舍与作业区隔离　　B. 人均床铺面积不小于 3 m^2

C. 尽量减少用明火烧煮食物　　D. 临时建筑物、构筑物坚固、耐用、美观

18. 按照文明管理措施的要求，下列关于现场卫生管理的表述中，正确的是( )。

A. 食堂必须有卫生许可证　　B. 卫生间必须有自来水冲洗

C. 建筑垃圾要定期清运　　D. 熟食容器要用无毒塑料制品

19. 下列关于施工现场环境保护目的的表述中，错误的是( )。

A. 保护和改善环境质量　　B. 减少或消除有害物质进入环境

C. 维护生物资源的生产能力　　D. 实现污染者付费

20. 对施工过程中产生的泥浆水只能( )。

A. 直接排入河流　　B. 直接排入城市下水道

C. 排入周边空地或土地　　D. 经过沉淀处理达到排放标准后排入下水道

二、多项选择题

1. 职业健康安全管理体系的作用是( )。

A. 有助于推动职业健康安全法规和制度的贯彻执行

B. 能促进企业职业健康安全管理水平的提高

C. 能提高企业的全面管理水平　　D. 可以使企业保质、保量完成施工任务

E. 可以促进我国职业健康安全管理标准与国际接轨，有助于消除贸易壁垒

2. 根据《企业职工伤亡事故分类》(GB 6441—1986)，事故类别包括( )。

A. 物体打击、车辆伤害、机械伤害、起重伤害、触电、淹溺

B. 灼烫、火灾、高处坠落、坍塌、冒顶片帮、透水、放炮

C. 电伤、挫伤、割伤、擦伤、刺伤、撕脱伤、扭伤等

D. 瓦斯爆炸、火药爆炸、锅炉爆炸、容器爆炸、其他爆炸

E. 中毒和窒息、其他伤害

3. 安全事故按受伤性质可分为( )。

A. 轻伤、重伤、死亡　　B. 电伤、挫伤、割伤、擦伤

C. 刺伤、撕脱伤、扭伤　　D. 物体打击、火灾、机械伤害

E. 倒塌压埋伤、冲击伤

4. 在施工职业健康安全管理体系与环境管理体系的运行过程中，运行实施的重点活动有( )。

A. 监测　　B. 审核　　C. 记录　　D. 评审　　E. 评价

5. 职业健康安全管理文件之一的作业文件一般包括( )。

A. 操作规程　　B. 管理规定　　C. 监测活动准则

D. 管理手册　　E. 程序文件引用的表格

6. 根据《生产安全事故报告和调查处理条例》，对事故发生单位主要负责人处上一年年收入 40%～80%罚款的违法行为有( )。

A. 不立即组织事故抢救　　B. 伪造或者故意破坏事故现场

C. 在事故调查处理期间擅离职守　　D. 谎报或者瞒报事故

E. 迟报或者漏报事故

7. 下列关于安全生产责任的说法中，正确的有（　　）。

A. 实行总承包的由总承包单位负责，分包单位向总承包单位负责

B. 实行总承包的由分包单位负责，总承包单位承担连带责任

C. 分包单位要服从总承包单位对施工现场的安全管理

D. 分包单位要在其分包范围内建立施工现场安全生产管理制度，并组织实施

E. 实行总承包的由分包单位负责，总承包单位不承担责任

8. 下列关于政府安全生产监督检查制度的说法中，正确的有（　　）。

A. 建设行政主管部门可将施工现场安全监督检查委托给建设工程安全监督机构具体实施

B. 县级人民政府安全生产监督部门对检查中发现的某工程存在安全重大隐患，可以责令暂时停止施工

C. 市交通部门只需承担市交通安全监督管理，而不应承担市交通专业建设工程安全生产的监督管理

D. 国务院负责安全生产监督管理的部门依照《中华人民共和国安全生产法》对全国建设工程安全生产工作实施综合监督管理

E. 县级以上水利部门不仅需要承担水利运营安全监督管理，而且需要承担水利专业建设工程安全生产的监督管理

9. 下列关于危险源的说法中，正确的有（　　）。

A. 根据在事故发生发展中的作用，可以把危险源分为第一类危险源和第二类危险源

B. 第一类危险源的危险性主要表现为导致事故而造成后果的严重程度方面

C. 第二类危险源主要体现在设备故障或缺陷、人为失误和管理缺陷等方面

D. 第二类危险源是事故的主体，决定事故的严重程度

E. 第一类危险源是事故发生的前提，第二类危险源是第一类危险源导致事故的必要条件

10. 编制施工生产安全事故应急预案的目的主要包括（　　）。

A. 预防安全事故的发生

B. 确保在紧急情况下按合理的响应流程采取适当的救援措施

C. 预防和减少可能由事故引发的职业健康安全和环境影响

D. 明确应急救援组织、人员职责

E. 确定报警系统、方式、联络方法和信息发布标准、方式

11. 施工生产安全事故应急预案体系包括（　　）。

A. 综合应急预案　　B. 应急处理方案　　C. 专项应急预案

D. 现场处置方案　　E. 现场调查方案

12. 根据《生产安全事故报告和调查处理条例》，事故调查报告的内容包括（　　）。

A. 事故发生单位概况　　B. 事故发生原因　　C. 人员伤亡与经济损失情况

D. 事故防范与整改措施　E. 对事故责任人的处罚结果

13. 根据《生产安全事故报告和调查处理条例》的规定，下列情况中属于特别重大事故的是（　　）。

A. 造成 20 人以上死亡　B. 造成 30 人以上死亡　C. 造成 100 人以上重伤

D. 造成直接经济损失 5 000 万元以上　　　　E. 造成直接经济损失 1 亿元以上

14. 施工项目一旦发生安全事故，必须实施“四不放过”的原则，包括(　　)。

A. 事故原因没有查清不放过　　B. 事故损失未挽回不放过

C. 责任人员没有受到处理不放过　　D. 职工群众没有受到教育不放过

E. 防范措施没有落实不放过

15. 根据《生产安全事故罚款处罚规定(试行)》，对事故发生单位处 2 000 万元罚款的情形包括(　　)。

A. 造成 40 人以上 50 人以下死亡，或者 120 人以上 150 人以下重伤，或者 1.2 亿元以上 1.5 亿元以下直接经济损失的

B. 造成 50 人以上死亡，或者 150 人以上重伤，或者 1.5 亿元以上直接经济损失的

C. 对发生特别重大事故负有责任且谎报的

D. 对发生特别重大事故负有责任且瞒报的

E. 明知存在事故隐患，仍然进行生产经营活动的

16. 文明施工对施工现场的道路的基本要求包括(　　)。

A. 所有场地应当硬化　　B. 施工现场道路附有完善的排水措施

C. 所有道路两侧必须绿化　　D. 场内道路应该平整、坚实、通畅

E. 场内主要场地应设置相应的安全防护设施和安全标志

17. 施工现场文明施工要求工地按照相关文件规定的尺寸和规格制作的“五牌一图”包括(　　)等。

A. 工程概况牌　　B. 组织结构图　　C 消防保卫(防火责任)牌

D. 环境保护牌　　E. 安全生产牌

18. 下列选项中，属于施工现场文明施工管理措施的有(　　)

A. 主要场地硬化　　B. 现场围挡设计　　C. 垃圾集中堆放并及时清运

D. 临时设施布置与管理　　E. 建立文明施工管理组织和责任制

三、简答题

1. 职业健康安全管理体系的维持包含哪 3 个方面？请具体描述。

2. 请描述第一类危险源与第二类危险源的定义及特点。

3. 什么是施工生产安全事故应急预案？编制应急预案的目的是什么？

4. 施工生产安全事故按照造成的人员伤亡或者直接经济损失如何分类？

5.“五牌一图”指的是什么？具体有哪些？

项目六　建设工程施工合同管理

项目目标

1. 熟悉建设工程招标的概念、分类、原则、作用和意义，熟悉建设工程招投标管理机构职责等；

2. 了解施工合同履行的概念和合同各方义务，熟悉施工合同履行的各项原则和注意事项；

3. 了解施工合同分析概述和施工合同总体分析与详细分析的定义，熟悉合同总体分析的内容和详细程度与哪些因素有关，施工合同总体分析的内容；

4. 掌握施工合同详细分析的具体实施步骤，会进行施工合同的审查；

5. 掌握工程施工索赔的起因、程序与索赔值的计算，熟悉施工索赔的管理，了解索赔的分类和索赔证据。

案例导入

某年4月A单位拟建办公楼一栋，工程地址位于已建成的×小区附近。A单位就勘察任务与B单位签订了工程合同。合同规定勘察费15万元，定金为合同价的20%。该工程经过勘察、设计等阶段于10月20日开始施工，施工承包商为D建筑公司。

该工程签订勘察合同几天后，委托方A单位通过其他渠道获得×小区业主C单位提供的×小区的勘察报告。A单位认为可以借用该勘察报告，即通知B单位不再履行合同。

问题：

(1)委托方A单位应预付勘察定金金额是多少？

(2)上述事件中，哪些单位的做法是错误的？为什么？

(3)A单位是否有权要求返还定金？为什么？

任务一　建设工程招投标概述

一、建设工程招标投标制度

招标投标是一种有序的市场竞争交易方式，也是规范选择交易主体、订立交易合同的法律程序。经过30多年的发展，我国招标投标法律体系初步形成，招标投标市场不断扩大。

建设工程实行招标投标制度，是使工程项目建设任务的委托纳入建设工程招标投标制度市场机制，通过竞争择优选定项目的工程承包单位、勘察设计单位、施工单位、监理单位、设备制造供应单位等，达到保证工程质量、缩短建设周期、控制工程造价、提高投资效益的目的，由发包人与承包人之间通过招标投标签订承包合同的经营制度。

《中华人民共和国招标投标法》(以下简称《招标投标法》)明确规定，在我国境内进行下列工程建设项目，包括项目的勘察、设计、施工、监理以及与工程建设有关的重要设备、材料等的采购，必须进行招标：大型基础设施、公用事业等关系社会公共利益、公众安全的项目；全部或者部分使用国有资金投资或者国家融资的项目；使用国际组织或者外国政府贷款、援助资金的项目。

在我国推行招标投标制度具有重要的意义，具体体现在以下几个方面：

(1)推行招标投标制度有利于规范建筑市场主体的行为，促进合格市场主体的形成。在建设工程市场中，市场的主体包括业主、承包商和各种类型的工程咨询服务机构。推行招标投标制度，为规范建筑市场主体的行为，促进其尽快成为合格的市场主体创造了条件。

(2)通过推行招标投标制度，有利于价格真实反映市场供求情况，真正显示企业的实际消耗和工作效率，使实力强、素质高、经营好的承包商的产品更具有竞争力，从而实现资源的优化配置。

(3)推行招标投标制度，有利于促使承包商不断提高企业的管理水平。激烈的市场竞争，迫使承包商努力降低成本、提高质量、缩短工期，这就要求承包商苦练内功，进一步提高市场竞争力。

(4)推行招标投标制度有利于促进市场经济体制的进一步完善。推行招标投标制度，涉及计划、价格、物资供应、劳动工资等各个方面，客观上要求有与其相匹配的体制。对不适应招标投标的内容必须进行配套改革，从而有利于加快市场体制发展的步伐。

(5)推行招标投标制度有利于促进我国建筑业与国际接轨。国际建筑市场的竞争日趋激烈，建筑业正逐渐与国际接轨。建筑企业将面临国内、国外两个市场的挑战与竞争。由于招标投标是国际通用做法，通过推行招标投标制度可使建筑企业逐渐掌握国际通用做法，寻找差距，不断提高自身素质与竞争能力，为进入国际市场奠定基础。

二、建设工程招标投标的分类及特点

1. 建设工程招标投标的分类

建设工程招标投标按照不同的标准可以进行不同的分类。

(1)按工程建设程序可分为：建设项目可行性研究招标投标、工程勘察设计招标投标、工程施工招标投标、材料设备采购招标投标；

(2)按行业和专业可分为：工程勘察设计招标投标、土建工程施工招标投标、装饰工程施工招标投标、设备安装工程招标投标、工程监理招标投标、工程咨询招标投标、货物采购招标投标；

(3)按建设项目的组成可分为：建设项目招标投标、单项工程招标投标、单位工程招标投标、分部分项工程招标投标；

(4)按工程发包承包的范围可分为：工程总承包招标投标、工程分包招标投标、工程专项承包招标投标；

(5)按工程是否有涉外因素可分为：国内工程招标投标、国际工程招标投标。

2. 建设工程招标投标的特点

建设工程招标投标的目的是在工程建设中引入竞争机制，择优选定勘察、设计、设备安装、施工、装饰装修、材料设备供应、监理和工程总承包单位，以保证缩短工期、提高工程质量和节约建设资金。

工程招标投标的特点有以下几点：

(1)通过竞争机制，实行交易公开；

(2)鼓励竞争、防止垄断、优胜劣汰，实现投资效益；

(3)通过科学合理和规范化的监管机制与运作程序，可有效地杜绝不正之风，保证交易的公正和公平。

三、建设工程招标投标基本原则

《招标投标法》第五条规定：招标投标活动应当遵循公开、公平、公正和诚实信用的原则。

1. 公开原则

公开原则要求建设工程招标投标具有较高的透明度，具体有以下几层意思：

(1)建设工程招标投标的信息应及时向社会发布。通过建立和完善建设工程项目报建登记制度，及时向社会发布建设工程招标投标信息，让有资格的投标者都能享受到同等的信息。

(2)建设工程招标投标的条件公开。什么情况下可以组织招标，什么机构有资格组织招标，什么样的单位有资格参加投标等，必须向社会公开，便于社会监督。

(3)建设工程招标投标的程序应予以公开。在建设工程招标投标的全过程中，招标程序、投标程序以及招标投标管理机构的主要监管程序，必须公开。

(4)建设工程招标投标的结果公开。哪些单位参加了投标，最后哪个单位中了标，应当予以公开。

2. 公平原则

公平原则就是指在建设工程招标投标活动中，所有当事人和中介机构均享有均等的机会，具有同等的权利，并履行相应的义务，任何一方都不受歧视。公平原则具体体现在以下几个方面：

(1)凡符合法定条件的工程建设项目，均可进入市场，通过招标投标进行交易，无论是发包方，还是承包方，进入市场的条件都应是一样的。

(2)在建设工程招标投标活动中，所有合格的投标人进入市场的条件和竞争机会都是一样的。招标人不得对投标人区别对待，厚此薄彼。建设工程招标投标涉及的各方主体，都负有与其享有的权利相适应的义务。

(3)当事人和中介机构对建设工程招标投标中自己有过错的损害根据过错的大小承担责任，对各方均无过错的损害则根据实际情况分担责任。

3. 公正原则

公正原则就是指在建设工程招标投标活动中，按照同一标准实事求是地对待所有当事人和中介机构，不偏袒任何一方。例如，招标人按照统一的招标文件示范文本公正地表述招标条件和要求；按照事先经建设工程招标投标管理机构审查认定的评标定标办法进行评定；对投标文件进行公正的评价；择优确定中标人等。

4. 诚实信用原则

诚实信用原则也称诚信原则，是指在建设工程招标投标活动中，当事人和有关中介机构应当以诚相待、讲求信义、实事求是，做到言行一致、遵守诺言、履行成约，不得见利忘义、投机取巧、弄虚作假，损害国家、集体和其他人的合法权益。

诚信原则要求当事人和中介机构在进行招标投标活动时，必须具备诚实无欺、善意守信的内心状态，不得滥用权力损害他人，要在自己获得利益的同时充分尊重社会公德和国家的、社会的、他人的利益，自觉维护市场经济的正常秩序。

四、建设工程招标投标管理机构

建设工程招标投标管理机构，是指经政府或政府编制主管部门批准设立的隶属于同级建设行政主管部门的省、市、县建设工程招标投标办公室。招标人和投标人在建设工程招标投标活动中，负有接受招标投标管理机构的管理、监督和履行依法约定的各项义务。

为了维护建筑市场的统一性、竞争有序性和开放性，国家明确指定一个统一归口的建设行政主管部门，即中华人民共和国住房和城乡建设部（简称“住房和城乡建设部”），它是全国最高招标投标管理机构。在住房和城乡建设部的统一监管下，实行省、市、县三级建设行政主管部门对所辖行政区的建设工程招标投标分级管理。也就是说，省、市、县三级建设行政主管部门依照各自的权限，对本行政区域内的建设工程招标投标分别实行分级属地管理。实行这种建设行政主管部门系统内的分级管理，是实行建设工程项目投资管理体制的要求，也是进一步提高招标工程效率和质量的重要措施，有利于更好地实现建设行政主管部门对本行政区域建设工程招标投标工作的统一管理。

任务二　建设工程施工合同履行

一、施工合同履行的概念

1. 合同履行

合同的履行，指的是合同规定义务的执行。任何合同规定义务的执行，都是合同的履行行为；凡是不执行合同规定义务的行为，都是合同的不履行。因此，合同的履行表现为当事人执行合同义务的行为。当合同义务执行完毕时，合同也就履行完毕。

当事人完成合同义务的整个行为过程，不仅包括当事人的依约交付行为，而且还包括当事人为完成最终交付行为所实施的一系列准备行为。尽管在通常情况下，准备行为并非合同义务，但绝不能因此得出准备行为不是合同履行行为的结论。

2. 建设工程施工合同的履行

建设工程施工合同纠纷以施工行为地为合同履行地。施工合同履行包括发包人和承包人双方的行为。

(1)发包人的工作

①许可或批准。发包人应遵守法律,并办理法律规定由其办理的许可、批准或备案,包括但不限于建设用地规划许可证、建设工程规划许可证、建设工程施工许可证,以及施工所需临时用水、临时用电、中断道路交通、临时占用土地等的许可和批准。发包人应协助承包人办理法律规定的有关施工证件和批件。

因发包人原因未能及时办理完毕前述许可、批准或备案的,发包人应承担由此增加的费用和(或)延误的工期,并支付承包人合理的利润。

②发包人代表。发包人更换发包人代表的,应提前 7 d 书面通知承包人。发包人代表不能按照合同约定履行其职责及义务,并导致合同无法继续正常履行的,承包人可以要求发包人撤换发包人代表。

③提供施工现场。除专用合同条款另有约定外,发包人应最迟于开工日期 7 d 前向承包人移交施工现场。

④提供施工条件。除专用合同条款另有约定外,发包人应负责提供施工所需要的条件,包括以下几项:a. 将施工用水、电力、通信线路等施工所必需的条件接至施工现场内;b. 保证向承包人提供正常施工所需要的进入施工现场的交通条件;c. 协调处理施工现场周围地下管线和邻近建筑物、构筑物、古树名木的保护工作,并承担相关费用;d. 按照专用合同条款约定应提供的其他设施和条件。

⑤提供基础资料。发包人应当在移交施工现场前向承包人提供施工现场及工程施工所必需的毗邻区域内供水、排水、供电、供气、供热、通信、广播电视等地下管线资料,气象和水文观测资料,地质勘察资料,相邻建筑物、构筑物和地下工程等有关的基础资料,并对所提供资料的真实性、准确性和完整性负责。

因发包人原因未能按合同约定及时向承包人提供施工现场、施工条件、基础资料的,发包人应承担由此增加的费用和(或)延误的工期。

⑥资金来源证明及支付担保。除专用合同条款另有约定外,发包人应在收到承包人要求提供资金来源证明的书面通知后 28 d 内,向承包人提供能够按照合同约定支付合同价款的相应资金来源证明。除专用合同条款另有约定外,发包人要求承包人提供履约担保的,发包人应当向承包人提供支付担保。支付担保可以采用银行保函或担保公司担保等形式,具体由合同当事人在专用合同条款中约定。

⑦支付合同价款。发包人应按合同约定向承包人及时支付合同价款。

⑧组织竣工验收。发包人应按合同约定及时组织竣工验收。

⑨现场统一管理协议。发包人应与承包人、由发包人直接发包的专业工程的承包人签订施工现场统一管理协议,明确各方的权利和义务。施工现场统一管理协议作为专用合同条款的附件。

(2)承包人的一般义务

承包人在履行合同过程中应遵守法律和工程建设标准规范,并应履行以下义务:

①办理法律规定应由承包人办理的许可和批准,并将办理结果书面报送发包人留存。

②按法律规定和合同约定完成工程,并在保修期内承担保修义务。

③按法律规定和合同约定采取施工安全和环境保护措施,办理工伤保险,确保工程及人

员、材料、设备和设施的安全。

④按合同约定的工作内容和施工进度要求，编制施工组织设计和施工措施计划，并对所有施工作业和施工方法的完备性和安全可靠性负责。

⑤在进行合同约定的各项工作时，不得侵害发包人与他人使用公用道路、水源、市政管网等公共设施的权利，避免对邻近的公共设施产生干扰。承包人占用或使用他人的施工场地，影响他人作业或生活的，应承担相应责任。

⑥约定负责施工场地及其周边环境与生态的保护工作。

⑦约定采取施工安全措施，确保工程及其人员、材料、设备和设施的安全，防止因工程施工造成的人身伤害和财产损失。

⑧将发包人按合同约定支付的各项价款专用于合同工程，且应及时支付其雇用人员工资，并及时向分包人支付合同价款。

⑨按照法律规定和合同约定编制竣工资料，完成竣工资料立卷及归档，并按专用合同条款约定的竣工资料的套数、内容、时间等要求移交发包人。

⑩应履行的其他义务。承包人应做的其他工作，双方在专用条款内约定：

a. 施工准备阶段对开工的管理。除专用合同条款另有约定外，承包人应按照施工组织设计约定的期限，向监理人提交工程开工报审表，经监理人报发包人批准后执行。开工报审表应详细说明按施工进度计划正常施工所需的施工道路、临时设施、材料、工程设备、施工设备、施工人员等落实情况以及工程的进度安排。

b. 建设工程施工过程中的检查和返工。承包人应认真按照标准、规范和设计要求以及工程师依据合同发出的指令施工，随时接受工程师及其委派人员的检查检验，并为检查检验提供便利条件。工程质量达不到约定标准的部分，工程师一经发现，可要求承包人拆除和重新施工，承包人应按工程师及其委派人员的要求拆除和重新施工，承担由自身原因导致拆除和重新施工的费用，工期不予顺延。

经过工程师检查检验合格后，又发现因承包人原因出现的质量问题，仍由承包人承担责任，赔偿发包人的直接损失，工期不予顺延。

工程师的检查检验原则上不应影响施工正常进行。如果实际影响了施工的正常进行，其后果责任由检验结果的质量是否合格来区分。检查检验不合格时，影响正常施工的费用由承包人承担。除此之外，影响正常施工的追加合同价款由发包人承担，相应顺延工期。

因工程师指令失误和其他非承包人原因发生的追加合同价款，由发包人承担。

c. 建设工程施工过程中的重新检验。无论工程师是否参加了验收，当其对某部分的工程质量有怀疑，均可要求承包人对已经隐蔽的工程进行重新检验。承包人接到通知后，应按要求进行剥离或开孔，并在检验后重新覆盖或修复。重新检验表明质量合格，发包人承担由此发生的全部追加合同价款，赔偿承包人损失，并相应顺延工期；检验不合格，承包人承担发生的全部费用，工期不予顺延。

二、施工合同履行的原则

施工合同履行的原则，是指法律规定的所有种类合同的当事人在履行合同的整个过程中所必须遵循的一般准则。根据中国合同立法及司法实践，合同的履行除应遵守平等、公平、诚实信用等民法基本原则外，还应遵循以下合同履行的特有原则，即适当履行原则、协作履行原则、经济合理原则、情势变更原则和合同约定不明时的履行原则。以下就这些合同履行的特有原则加以介绍。

1. 适当履行原则

适当履行原则是指当事人应依合同约定的标的、质量、数量，由适当主体在适当的期限、地点，以适当的方式全面完成合同义务的原则。这一原则有以下要求。第一，履行主体适当。即当事人必须亲自履行合同义务或接受履行，不得擅自转让合同义务或合同权利让其他人代为履行或接受履行。第二，履行标的物及其数量和质量适当。即当事人必须按合同约定的标的物履行义务，而且还应依合同约定的数量和质量来给付标的物。第三，履行期限适当。即当事人必须依照合同约定的时间来履行合同，债务人不得迟延履行，债权人不得迟延受领；如果合同未约定履行时间，则双方当事人可随时提出或要求履行，但必须给对方必要的准备时间。第四，履行地点适当。即当事人必须严格依照合同约定的地点来履行合同。第五，履行方式适当。履行方式包括标的物的履行方式以及价款或酬金的履行方式，当事人必须严格依照合同约定的方式履行合同。

2. 协作履行原则

协作履行原则是指在合同履行过程中，双方当事人应互助合作共同完成合同义务的原则。合同是双方民事法律行为，不仅仅是债务人一方的事情，债务人实施给付，需要债权人积极配合受领给付，才能达到合同目的。由于在合同履行的过程中，债务人比债权人更多地受诚实信用、适当履行等原则的约束，合同协作履行往往是对债权人的要求。协作履行原则也是诚实信用原则在合同履行方面的具体体现。协作履行原则具有以下几个方面的要求：第一，债务人履行合同债务时，债权人应适当受领给付；第二，债务人履行合同债务时，债权人应创造必要条件、提供方便；第三，债务人因故不能履行或不能完全履行合同义务时，债权人应积极采取措施防止损失扩大，否则，应就扩大的损失自负其责。

3. 经济合理原则

经济合理原则是指在合同履行过程中，应讲求经济效益，以最少的成本取得最佳的合同效益。在市场经济社会中，交易主体都是理性地追求自身利益最大化的主体，因此，如何以最少的履约成本完成交易，一直都是合同当事人所追求的目标。由此，交易主体在合同履行的过程中遵守经济合理原则是必然的要求。

4. 情势变更原则

合同有效成立以后，若非双方当事人的原因而出现构成合同基础的情势发生重大变更，致使继续履行合同会显失公平，当事人可以请求变更或解除合同。在合同有效成立之后、履行之前，如果出现某种不可归责于当事人原因的客观变化会直接影响合同履行结果时，若仍然要求当事人按原来合同的约定履行合同，往往会给一方当事人造成显失公平的结果，这时，法律允许当事人变更或解除合同而免除违约责任的承担。这种处理合同履行过程中情势发生变化的法律规定，就是情势变更原则。

情势变更原则实质上是诚实信用原则在合同履行中的具体运用，其目的在于消除合同因情势变更所产生的不公平后果。这一原则源于国外，并已成为国外当代合同法中的一个极富特色的法律原则，为各国普遍采用。我国法律虽然没有规定情势变更原则，但在司法实践中，这一原则已为司法裁判所采用。因此，情势变更原则既是合同变更或解除的一个法定原因，又是解决合同履行中情势发生变化的一项具体规则。

5. 合同约定不明时的履行原则

(1)合同的订立应明确、具体、全面，但由于主客观原因，有些合同欠缺某些必要条款。如果合同中未做约定或约定不明确的，当事人要进行协议补充，使其具体、明确、完备。不能达成补充的，按照《中华人民共和国民法典》中合同法有关的条款或者交易习惯确定，而不必再由当事人自行决定。

(2)质量条款不明确的履行规则。有关合同法规定质量要求不明确的，按照国家标准、行业标准履行；没有国家标准、行业标准的，按照通常标准或者符合合同目的的特定标准履行。我国的质量标准分为国家标准、行业标准、地方标准和企业标准。国家标准是国务院标准化行政主管部门对需要在全国范围内统一的技术要求所制定的标准。行业标准是行政主管部门对没有国家标准的某些行业统一制定的标准。通常标准指在同类产品的交易中，产品应当达到的公认或者普遍接受的中等水平的质量要求。

(3)价款或者报酬条款不明确的履行规则。价款或者报酬不明确的，按照订立合同时履行地的市场价格；依法应当执行政府定价或者政府指导价的，按照规定履行。市场价格是指市场中同类交易的平均价格。在市场价格已成为国家价格主体的情况下，价款或者报酬条款不明确时，其履行规则应当以市场价格为依据。政府定价或者政府指导价的产品主要指与国民经济发展和人民生活关系重大的极少数商品价格、资源稀缺的少数商品价格、自然垄断经营的商品价格，主要公用事业、公益性服务价格。

(4)履行地点不明确的履行规则。履行地点不明确的，给付货币的，在接受货币一方所在地履行；交付不动产的，在不动产所在地履行；其他标的，在履行义务一方所在地履行。

(5)履行期限不明确的履行规则。履行期限不明确的，债务人可以随时履行义务，债权人应当接受债务人履行。债权人也可以随时请求债务人履行债务，但应当给予对方以必要的准备时间。

(6)履行方式不明确时的履行规则。履行方式不明确的，按照有利于实现合同目的的方式履行，即按照合同的性质和当事人订立合同的期望来确定。

(7)履行费用负担不明确的履行规则。履行费用负担不明确的，由履行义务的一方负担。

(8)合同履行过程中价格变动时的履行规则。执行政府定价或者政府指导价的，在合同约定的交付期限内政府价格调整时，按照交付时的价格计价。逾期交付标的物的，遇价格上涨时按照原价格执行；价格下降时，按照新价格执行。逾期提取标的物或者逾期付款的，遇价格上涨时，按照新价格执行；价格下降时，按照原价格执行。履行的规则是惩罚违约方，谁违约，谁就要承担不利的后果。

三、建设工程施工合同分析

1. 施工合同分析的概念

施工合同分析是将合同目标和合同条款规定落实到合同施工的具体问题和具体事件上，用以指导具体工作，使合同能顺利地履行，最终实现合同目标。施工合同分析是解决“如何做”

的问题，是从执行的角度解释合同。它是将合同目标和合同规定落实到合同实施的具体问题和具体事件，用以指导具体工作，使合同能符合日常工程管理的需要，使工程按合同施工。

2. 施工合同分析的必要性

承包商在合同实施过程中的基本任务是使自己圆满地完成合同责任。整个合同责任的完成是靠在一段段时间内，完成一项项工程和一个个工程活动实现的，所以，合同目标和责任必须贯彻落实在合同实施的具体问题上以及各工程小组和各分包商的具体工程活动中。承包商的各职能人员和各工程小组都必须熟练地掌握合同，用合同指导工程实施和工作，以合同作为行为准则。但在实际工作中，承包商的各职能人员和各工程小组不能都手执一份合同，遇到具体问题都由个人查阅合同，因为合同本身有如下不足之处：

(1)合同条文往往不直观明了，一些法律语言不容易理解。只有在合同实施前进行合同分析，将合同规定用最简单易懂的语言和形式表达出来，使人一目了然，才能方便日常管理工作，使承包商、项目经理、各职能人员和各工程小组不必经常为合同文本和合同式的语言所累。工程参加各方的管理人员对合同条文的解释必须有统一性和同一性。在业主与承包商之间，合同解释权归工程师。而在承包商的施工组织中，合同解释权必须归合同管理人员。如果在合同实施前不对合同做分析和统一的解释，而让个人在执行中阅读合同文本，极容易造成解释不统一，导致工程实施中的混乱。特别是对于一些重大工程，或合同关系和合同文本比较复杂的工程，这个工作极为重要。

(2)在一个工程中，合同是一个复杂的体系，几份、十几份甚至几十份合同之间有十分复杂的关系。即使对一份工程承包合同，它的内容没有条理性，有时某一个问题可能在许多条款，甚至在许多合同文件中规定，在实际工作中使用极不方便。例如，对一分项工程，工程量和单价包含在工程量清单中，质量要求包含在工程图纸和规范中，工期按进度计划，而合同双方的责任、价格结算等又包含在合同文本的不同条款中，这容易导致执行中的混乱。

(3)合同事件和工程活动的具体要求(如工期、质量、费用等)，合同各方的责任关系，事件和活动之间的逻辑关系极为复杂。要使工程按计划有条理地进行，必须在工程开始前将它们落实下来，并从工期、质量、成本、相互关系等各方面予以定义。

(4)许多工程小组、项目管理职能人员所涉及的活动和问题都不是全部合同文件，而仅为合同的部分内容。他们没有必要在工程实施中“死抱”着合同文件。通常比较好的办法是由合同管理专家先做全面分析，再向各职能人员和工程小组进行合同交底。

(5)在合同中依然存在问题和风险，包括合同审查时已经发现的风险和还可能隐藏着的尚未发现的风险。合同中还必然存在用词含糊，规定不具体、不全面，甚至矛盾的条款。在合同实施前有必要做进一步的全面分析，对风险进行确认和界定，具体落实对策措施。风险控制在合同控制中占有十分重要的地位。如果不能透彻地分析出风险，就不可能对风险有充分的准备，则在实施中很难进行有效的控制。

(6)合同分析实质上又是合同执行的计划，在分析过程中应具体落实合同执行战略。

(7)在合同实施过程中，合同双方会有许多争执。合同争执常常起因于合同双方对合同条款理解的不一致。要解决这些争执，首先必须做合同分析，按合同条文的表达，分析它的意思，以判定争执的性质。要解决争执，双方必须就合同条文的理解达成一致。在索赔中，索赔要求必须符合合同规定，通过合同分析可以提供索赔理由和根据。

3. 施工合同分析的基本要求

(1)准确性和客观性。准确性,即合同分析的结果应准确、全面地反映合同内容。如果分析出现误差,它必然反映在执行中,导致合同实施的更大失误。客观性,即分析不能自以为是和想当然。

(2)简易性。合同分析的结果必须是使不同层次的管理人员、工作人员能接受的表达方式。

(3)合同双方的一致性。合同分析的结果应能为对方所接受,虽然它确实是承包商单方面对合同的详细解释。

(4)全面性。合同分析应是全面的对全部合同文件的解释,不能断章取义。

任务三 建设工程施工合同实施控制

一、建设工程施工合同的进度管理

1. 施工准备阶段的进度控制

施工准备阶段的许多工作都对施工的开始和进度有直接的影响,包括双方约定合同工期、承包人提交进度计划、工程师对进度计划予以确认或者提出修改意见、其他准备工作、延期开工的处理等。

(1)双方约定合同工期。施工合同工期是指施工的工程从开工起到完成建设施工合同专用合同条款双方约定的全部内容,工程达到竣工验收标准所经历的时间。合同工期是施工合同的重要内容之一,故《建设工程施工合同(示范文本)》(GF—2017—0201)要求双方在协议书中做出明确约定。约定的内容包括开工日期、竣工日期和合同工期总日历天数。合同当事人应当在开工日期前做好一切开工的准备工作,承包人则应按约定的开工日期开工。

目前我国确定合同工期的依据是建设工程工期定额,它是由国务院有关部门按照不同工程类型分别编制的。所谓建设工程工期定额,是指在平均的建设管理水平和施工装备水平及正常的建设条件(自然的、经济的)下,一个建设项目从设计文件规定的工程正式破土动工,到全部工程建完,验收合格交付使用全过程所需的额定时间。

(2)承包人提交进度计划。承包人应当在专用合同条款约定的日期,将施工组织设计和工程进度计划提交工程师。

群体工程中采取分阶段进行施工的工程,承包人则应按照发包人提供图纸及有关资料的时间,分阶段编制进度计划,分别向工程师提交。

(3)工程师对进度计划予以确认或者提出修改意见。工程师接到承包人提交的进度计划后,应当予以确认或者提出修改意见,时间限制则由双方在专用条款中约定。如果工程师逾期不确认,也不提出书面意见,则视为已经同意。工程师对进度计划予以确认或者提出修改意见,并不免除承包人因施工组织设计和工程进度计划本身的缺陷所应承担的责任。工程师对进度计划予以确认的主要目的是为工程师对进度进行控制提供依据。

(4)其他准备工作。在开工前,合同双方还应当做好其他各项准备工作,如发包人应当按照专用合同条款的规定使施工现场具备施工条件、开通施工现场与公共道路的调配工作,承包人应当做好施工人员和设备的调配工作。对于工程师而言,特别需要做好水准点与坐标控制点的交验,按时提供标准、规范。为了能够按时向承包人提供设计图纸,工程师可能还需要做好设计单位的协调工作,按照专用条款的约定组织图纸会审和设计交底。

(5)延期开工的处理:

①承包人要求延期开工。如果承包人要求延期开工,则工程师有权批准是否同意延期开工。承包人应当按协议书约定的开工日期开始施工。承包人不能按时开工,应在不迟于协议书约定的开工日期前 7 d,以书面形式向工程师提出延期开工的理由和要求。工程师在接到延期开工申请后的 48 h 内以书面形式答复承包人。工程师在接到延期开工申请后的 48 h 内不答复,视为同意承包人的要求,工期相应顺延。

如果工程师不同意延期要求,工期不予顺延。如果承包人未在规定时间内提出延期开工要求,如在协议书约定的开工日期前 5 d 才提出,工期也不予顺延。

②因发包人问题延期开工。因发包人问题不能按照协议书约定的开工日期开工,工程师以书面形式通知承包人后,可推迟开工日期。承包人对延期开工的通知没有否决权,但发包人应当赔偿承包人因此造成的损失,相应顺延工期。

2. 施工阶段的进度控制

工程开工后,合同履行即进入施工阶段,直至工程竣工,双方应控制施工任务在协议书规定的合同工期内完成。

(1)监督进度计划的执行阶段。进度控制的任务是开工后承包人必须按照工程师确认的进度计划组织施工,接受工程师对进度的检查、监督。这是工程师进行进度控制的一项日常性工作,检查、监督的依据是已经确认的进度计划。一般情况下,工程师每月检查一次承包人的进度计划执行情况,由承包人提交一份上月进度计划实际执行情况和本月的施工计划。同时,工程师还应进行必要的现场实地检查。

工程实际进度与进度计划不符时,承包人应当按照工程师的要求提出改进措施,经工程师确认后执行。如果采用改进措施后,经过一段时间,工程实际进展赶上了进度计划,则仍可按原进度计划执行。如果采用改进措施一段时间后,工程实际进展仍明显与进度计划不符,则工程师可以要求承包人修改原进度计划,并经工程师确认。但是,这种确认并不是工程师对工程延期的批准,而仅仅是要求承包人在合理的状态下施工。因此,如果按修改后的进度计划不能按期完工,承包人仍应承担相应的违约责任。

工程师应当随时了解施工进度计划执行过程中所存在的问题,并帮助承包人予以解决,特别是承包人无力解决的内外关系协调问题。

(2)暂停施工。在施工过程中,有些情况会导致暂停施工。暂停施工当然会影响工程进度,作为工程师,应当尽量避免暂停施工。暂停施工的原因是多方面的,但归纳起来有以下 3 个方面:

①工程师要求的暂停施工。工程师在主观上是不希望暂停施工的,但有时继续施工会造成更大的损失。工程师认为确有必要时,应当以书面形式要求承包人暂停施工,无论暂停施工的责任在发包人还是在承包人。工程师应当在提出暂停施工要求后 48 h 内提出书面处理意见。承包人应当按照工程师的要求停止施工,并妥善保护已完工程。承包人实施

工程师做出的处理意见后，可提出书面复工要求，工程师应当在 48 h 内给予答复。工程师未能在规定时间内提出处理意见，或收到承包人复工要求后 48 h 内未予答复，承包人可以自行复工。

如果停工责任在发包人，由发包人承担所发生的追加合同价款，相应顺延工期；如果停工责任在承包人，由承包人承担发生的费用，工期不予顺延。如果工程师不及时做出答复，导致承包人无法复工，由发包人承担违约责任。

②由于发包人违约，承包人主动暂停施工。当发包人出现某些违约情况时，承包人可以暂停施工。这是承包人保护自己权益的有效措施。如发包人不按合同规定及时向承包人支付工程预付款、发包人不按合同规定及时向承包人支付工程进度款且双方未达成延期付款协议，承包人均可暂停施工。这时，发包人应当承担相应的违约责任。出现这种情况时，工程师应当尽量督促发包人履行合同，以尽量减少双方的损失。

③意外情况导致的暂停施工。在施工过程中出现一些意外情况，如果需要暂停施工，则承包人应暂停施工。在这些情况下，工期是否给予顺延，应视风险责任的承担确定。如发现有价值的文物、发生不可抗力事件等，风险责任应当由发包人承担，故应给予承包人工期顺延。

(3)工程设计变更。在施工过程中如果发生设计变更，将对施工进度产生很大的影响。如果必须对设计进行变更，必须严格按照国家的规定和合同约定的程序进行。

①变更的程序。施工中发包人如果需要对原工程设计进行变更，应不迟于变更前 14 d 以书面形式向承包人发出变更通知。变更超过原设计标准或者批准的建设规模时，必须经原规划管理部门和其他有关部门审查批准，并由原设计单位提供变更的相应图纸和说明。承包人应当严格按照图纸施工，不得对原工程设计进行变更。

②构成设计变更的事项：

a. 更改有关部分的标高、基线、位置和尺寸；

b. 增减合同中约定的工程量；

c. 改变有关工程的施工时间和顺序；

d. 其他有关工程变更需要的附加工作。

由于发包人对原设计进行变更，以及经工程师同意的、承包人要求进行的设计变更，导致合同价款的增减及造成的承包人损失，由发包人承担，延误的工期相应顺延。

(4)工期延误。承包人应当按照合同约定完成工程施工，如果由于其自身的原因造成工期延误，应当承担违约责任。但是，在有些情况下工期延误后，竣工日期可以相应顺延。

①工期可以顺延的工期延误。以下原因造成工期延误，经工程师确认，工期相应顺延：

a. 发包人不能按专用合同条款的约定提供开工条件；

b. 发包人不能按约定日期支付工程预付款、进度款，致使施工不能正常进行；

c. 工程师未按合同约定提供所需指令、批准、图纸等，致使施工不能正常进行；

d. 设计变更和工程量增加；

e. 一周内由非承包人原因停水、停电、停气造成停工累计超过 8 h；

f. 不可抗力；

j. 专用合同条款中约定或工程师同意工期顺延的其他情况。

在这些情况下工期可以顺延的根本原因，在于这些情况属于发包人违约或者是应当由发包人承担的风险。

②工期顺延的确认程序。承包人在工期可以顺延的情况发生后14 d内，就将延误的内容和因此发生的追加合同价款向工程师提出书面报告。工程师在收到报告后14 d内予以确认，逾期不予确认，也不提出修改意见，视为同意工期顺延。当然，工程师确认的工期顺延期限应当是事件造成的合理延误，由工程师根据发生事件的具体情况和工期定额、合同等的规定确认。经工程师确认的顺延工期应纳入合同工期，作为合同工期的一部分。如果承包人不同意工程师的确认结果，则按合同规定的争议解决方式处理。

3. 竣工验收阶段的进度控制

竣工验收是发包人对工程的全面检验，是保修期外的最后阶段。在竣工验收阶段，项目经理进度控制的任务是督促完成工程扫尾工作，协调竣工验收中的各方关系，参加竣工验收。

(1)竣工验收的程序。工程应当按期竣工，工程按期竣工有两种情况：一是承包人按照协议书约定的日期竣工；二是按照工程师同意顺延的工期竣工。工程如果不能按期竣工，承包人应当承担违约责任。

①承包人提交竣工验收报告。当工程按合同要求全部完成后，工程具备了竣工验收条件，承包人按国家工程竣工验收的有关规定并按专用合同条款要求的日期和份数，向发包人提供完整的竣工资料和竣工验收报告，并向发包人提交竣工图。

②发包人组织验收。发包人在收到竣工验收报告后28 d内组织有关部门验收，并在验收后14 d内给予认可或者提出修改意见。竣工日期为承包人送交竣工验收报告日期。需修改后才能达到验收要求的，竣工日期为承包人修改后提请发包人验收日期。

③发包人不按时组织验收的后果。如果发包人收到承包人送交的竣工验收报告后28 d内不组织验收，或者在验收后14 d内不提出修改意见，则视为竣工验收报告已经被认可。如果发包人收到承包人送交的竣工验收报告后28 d内不组织验收，从第29天起承担工程保管及一切意外责任。

(2)发包人要求提前竣工。在施工中，发包人如果要求提前竣工，应当与承包人进行协商，协商一致后应签订提前竣工协议，发包人应为赶工提供方便条件。提前竣工协议应包括以下几个方面的内容：①提前的时间；②承包人采取的赶工措施；③发包人为赶工提供的条件；④赶工措施的经济支出和承担；⑤提前竣工的收益分享。

二、建设工程施工合同的质量管理

1. 建设工程质量控制的要求

工程质量标准必须符合现行国家有关工程施工质量验收规范和标准的要求，有关工程质量的特殊标准或要求由合同当事人在专用合同条款中约定。

因发包人问题造成工程质量未达到合同约定标准的，由发包人承担由此增加的费用和(或)延误的工期，并支付承包人合理的利润。

因承包人问题造成工程质量未达到合同约定标准的，发包人有权要求承包人返工，直至工程质量达到合同约定的标准为止，并由承包人承担由此增加的费用和(或)延误的工期。

2. 承包人的质量管理

承包人按照施工组织设计约定向发包人和监理人提交工程质量保证体系及措施文件，建立完善的质量检查制度，并提交相应的工程质量文件。对于发包人和监理人违反法律规定和合同约定的错误指示，承包人有权拒绝实施。

承包人应对施工人员进行质量教育和技术培训，定期考核施工人员的劳动技能，严格执行施工规范和操作规程。

承包人应按照法律规定和发包人的要求，对材料、工程设备以及工程的所有部位及其施工工艺进行全过程的质量检查和检验，并做详细记录，编制工程质量报表，报送监理人审查。另外，承包人还应按照法律规定和发包人的要求，进行施工现场取样试验、工程复核测量和设备性能检测，提供试验样品、提交试验报告和测量成果以及其他工作。

3. 监理人的质量检查和检验

监理人按照法律规定和发包人授权对工程的所有部位及其施工工艺、材料和工程设备进行检查和检验。承包人应为监理人的检查和检验提供方便，包括监理人到施工现场，或制造、加工地点，或合同约定的其他地方进行查看和查阅施工原始记录。监理人为此进行的检查和检验，不免除或减轻承包人按照合同约定应当承担的责任。

监理人的检查和检验不应影响施工正常进行。监理人的检查和检验影响施工正常进行的，且经检查和检验不合格的，影响正常施工的费用由承包人承担，工期不予顺延；经检查和检验合格的，由此增加的费用和（或）延误的工期由发包人承担。

4. 隐蔽工程检查

（1）承包人自检　承包人应当对工程隐蔽项目部位进行自检，并经自检确认是否具备覆盖条件。

（2）检查程序　除专用合同条款另有约定外，工程隐蔽部位经承包人自检确认具备覆盖条件的，承包人应在共同检查前 48 h 书面通知监理人检查，通知中应载明隐蔽检查的内容、时间和地点，并应附有自检记录和必要的检查资料。

监理人应按时到场，并对隐蔽工程及其施工工艺、材料和工程设备进行检查。经监理人检查确认质量符合隐蔽要求，并在验收记录上签字后，承包人才能进行覆盖。经监理人检查质量不合格的，承包人应在监理人指示的时间内完成修复，并由监理人重新检查，由此增加的费用和（或）延误的工期由承包人承担。

除专用合同条款另有约定外，监理人不能按时进行检查的，应在检查前 24 h 向承包人提交书面延期要求，但延期不能超过 48 h，由此导致工期延误的，工期应予以顺延。

监理人未按时进行检查，也未提出延期要求的，视为隐蔽工程检查合格，承包人可自行完成覆盖工作，并做相应记录报送监理人，监理人应签字确认。监理人事后对检查记录有疑问的，可按重新检查的约定重新检查。

（3）重新检查　承包人覆盖工程隐蔽部位后，发包人或监理人对质量有疑问的，可要求承包人对已覆盖的部位进行钻孔探测或揭开重新检查，承包人应遵照执行，并在检查后重新覆盖恢复原状。经检查证明工程质量符合合同要求的，由发包人承担由此增加的费用和（或）延误的工期，并支付承包人合理的利润；经检查证明工程质量不符合合同要求的，由此增加的费用和（或）延误的工期由承包人承担。

（4）承包人自覆盖　承包人未通知监理人到场检查，私自将工程隐蔽部位覆盖的，监理人有权指示承包人钻孔探测或揭开检查，无论工程隐蔽部位质量是否合格，由此增加的费用和

(或)延误的工期均由承包人承担。

5. 不合格工程的处理

(1)因承包人问题造成工程不合格的,发包人有权随时要求承包人采取补救措施,直至达到合同要求的质量标准,因此增加的费用和(或)延误的工期由承包人承担。无法补救的,按照拒绝接收全部或部分工程约定执行。

(2)因发包人问题造成工程不合格的,增加的费用和(或)延误的工期由发包人承担,并支付承包人合理的利润。

6. 分部分项工程验收

除专用合同条款另有约定外,分部分项工程经承包人自检合格并具备验收条件的,承包人应提前 48 h 通知监理人进行验收。监理人不能按时进行验收的,应在验收前 24 h 向承包人提交书面延期要求,但延期不能超过 48 h。监理人未按时进行验收,也未提出延期要求的,承包人有权自行验收,监理人应认可验收结果。分部分项工程未经验收的,不得进入下一道工序施工。

7. 缺陷责任与保修

(1)工程保修的原则。在工程移交发包人后,因承包人问题产生的质量缺陷,承包人应承担质量缺陷责任和保修义务。缺陷责任期届满,承包人仍应按合同约定的工程各部位保修年限承担保修义务。

(2)缺陷责任期自实际竣工日期起计算,合同当事人应在专用合同条款约定缺陷责任期的具体期限,但该期限最长不超过 24 个月。

单位工程先于全部工程进行验收,经验收合格并交付使用的,该单位工程缺陷责任期自单位工程验收合格之日起算。发包人导致工程无法按合同约定期限进行竣工验收的,缺陷责任期自承包人提交竣工验收申请报告之日起开始计算;发包人未经竣工验收擅自使用工程的,缺陷责任期自工程转移占有之日起开始计算。

(3)工程竣工验收合格后,承包人导致的缺陷或损坏致使工程、单位工程或某项主要设备不能按原定目的使用的,发包人有权要求承包人延长缺陷责任期,并应在原缺陷责任期届满前发出延长通知,但缺陷责任期最长不能超过 24 个月。

(4)任何一项缺陷或损坏修复后,如果经检查证明其影响了工程或工程设备的使用性能,承包人应重新进行合同约定的试验和试运行,试验和试运行的全部费用应由责任方承担。

(5)除专用合同条款另有约定外,承包人应于缺陷责任期届满后 7 d 内向发包人发出缺陷责任期届满通知,发包人应在收到缺陷责任期满通知后 14 d 内核实承包人是否履行缺陷修复义务,承包人未能履行缺陷修复义务的,发包人有权扣除相应金额的维修费用。发包人应在收到缺陷责任期届满通知后 14 d 内,向承包人颁发缺陷责任期终止证书。

(6)保修责任。工程保修期从工程竣工验收合格之日起算,具体分部分项工程的保修期由合同当事人在专用合同条款中约定,但不得低于法定最低保修年限。其中部分工程的最低质量保修期如下:

①基础设施工程、房屋建筑的地基基础工程和主体结构工程,为设计文件规定的该工程合理使用年限。

②屋面防水工程,有防水要求的卫生间、房间和外墙面的防渗漏为 5 年。

③供热与供冷系统，为 2 个采暖期、供冷期。

④电气管线、给水排水管道、设备安装和装修工程为 2 年。

⑤其他项目的保修期限由发包方和承包方约定。在工程保修期内，承包人应当根据有关法律规定以及合同约定承担保修责任。发包人未经竣工验收擅自使用工程的，保修期自转移占有之日起算。

三、建设工程施工合同的造价管理

1. 施工合同价款及调整

(1)施工合同价款的划分　建设工程施工合同根据合同计价方式的不同，一般可以划分为总价合同、单价合同和成本加酬金合同 3 种类型。根据价款是否可以调整，总价合同可分为固定总价合同和可调总价合同两种不同形式。单价合同也可以分为固定单价合同和可调单价合同。

①总价合同。总价合同是指合同当事人约定以施工图、已标价工程量清单或预算书及有关条件进行合同价格计算、调整和确认的建设工程施工合同，在约定的范围内合同总价不做调整。合同当事人应在专用合同条款中约定总价包含的风险范围和风险费用的计算方法，并约定风险范围以外的合同价格的调整方法。

②单价合同。单价合同是指合同当事人约定以工程量清单及其综合单价进行合同价格计算、调整和确认的建设工程施工合同，在约定的范围内合同单价不做调整。合同当事人应在专用合同条款中约定综合单价包含的风险范围和风险费用的计算方法，并约定风险范围以外的合同价格的调整方法。

③成本加酬金合同。成本加酬金合同是由发包人向承包人支付二程项目的实际成本，并按事先约定的某一种方式支付酬金的合同类型。合同价款包括成本和酬金两部分。合同双方应在专用合同条款内约定成本构成和酬金的计算方法。

具体工程项目选择何种合同计价形式，主要依据设计图纸深度、工期长短、工期规模和复杂程度进行确定。

(2)可调价格合同中合同价款的调整　可调价格合同中价款调整的范围有以下几种：

①法律、行政法规和国家有关政策变化影响合同价款；

②工程造价管理部门公布的价格调整；

③一周内由非承包人原因导致停水、停电、停气造成停工累计超过 8 h；

④双方约定的其他因素。

(3)可调价格合同中价款调整的程序　承包人应当在价款可以调整的情况发生后 14 d 内，将调整原因、金额以书面方式通知工程师，工程师确认后作为追加合同价款，与工程款同期支付。工程师收到承包人通知之后 14 d 内不予确认，也不提出修改意见，视为该项调整已经同意。

2. 工程预付款支付

(1)预付款的额度　包工包料工程的预付款支付比例不得低于签约合同价(扣除暂列金额)的 10%，不宜高于签约合同价(扣除暂列金额)的 30%。对重大工程项目，按年度工程计划逐年预付。

(2)预付款的支付时间　双方应当在专用条款内约定发包人向承包人预付工程款的时间和数额，开工后按约定的时间和比例逐次扣回，预付时间应不迟于约定的开工日期前 7 d。发包人不按约定预付，承包人在约定预付时间 7 d 后向发包人发出要求预付的通知。发包人收到通知后仍不能按要求预付，承包人可在发出通知后 7 d 停止施工。发包人应从约定应付之日起向承包人支付应付款的贷款利息，并承担违约责任。

3. 预付款的抵扣

(1)采用等比率或等额扣款的方式抵扣。

(2)从未完施工工程还需的主要材料及构件的价值相当于工程预付款数额时起扣。起扣点的计算公式：$T=P-M/N$(起扣点＝合同总额－工程预付款/主要材料及构件所占比重)。

4. 工程款(进度款)支付

(1)工程量的确认　对承包人已完成工程量的核实确认，是发包人支付工程款的前提，其具体的确认程序如下：

①承包人向工程师提交已完工程量的报告。承包人应按专用合同条款约定的时间，向工程师提交已完工程量的报告。该报告应当由完成工程量报审表和作为其附件的完成工程量统计报表组成。承包人应当写明项目名称、申报工程量及简要说明。

②工程师的计量。工程师接到报告后 7 d 内按设计图纸核实已完工程量，并在计量前 24 h 通知承包人，承包人为计量提供便利条件并派人参加。如果承包人不参加计量，发包人自行进行，计量结果有效，并作为工程价款支付的依据。

如果工程师收到承包人报告后 7 d 内未进行计量，从第 8 天起，承包人报告中开列的工程量即视为已被确认，并作为工程价款支付的依据。如果工程师不按约定时间通知承包人，致使承包人未能参加计量，计量结果无效。

工程师对承包人超出设计图纸范围和(或)因自身问题造成返工的工程量，不予计量。

(2)工程款(进度款)结算方式

①按月结算。按月结算是实行旬末或月中预支、月末结算、竣工后清算的办法。跨年度施工的工程，在年终进行工程盘点，办理年度结算。

②竣工后一次结算。建设项目或单项工程全部建筑安装工程建设期在 12 个月以内，或者建设工程施工合同价值在 100 万元以下，可以实行工程价款每月月中预支，竣工后一次结算。

③分段结算。分段结算要求当年开工、当年不能竣工的单项工程或单位工程按照工程控制进度，划分不同阶段进行结算。分段划分标准，由各部门和省、自治区、直辖市、计划单列市规定，分段结算可以按月预支工程款。

实行竣工后一次结算和分段结算的工程，当年结算的工程应与年度完成工程量一致，年终不另清算。

④其他结算方式。结算双方可以约定采用并经开户建设银行同意的其他结算方式。

(3)工程款(进度款)支付的程序和责任　在双方计量确认后 14 d 内，发包人向承包人支付工程款(进度款)。同期结算的还包括同期用于工程上的发包人供应材料设备的价款，以及按约定时间发包人应按比例扣回的预付款。已发生的按可调价合同约定调整的合同价款、设计变更调整的合同价款及追加的合同价款，与工程款（进度款）同期调整支付。

发包人超过约定的支付时间不支付工程款（进度款），承包人可向发包人书面提出付款要求，如果发包人在收到承包人通知后仍未能按要求支付，可与承包人协商签订延期付款协议，经承包人同意后可以延期支付。协议中需要注明延期支付时间和从结果确认计量后第15天起计算应付款的贷款利息。如果发包人不按合同约定支付工程款（进度款），同时双方又未达成延期付款协议，导致施工无法进行，承包人可停止施工，相应的违约责任由发包人承担。

（4）变更价款的确定

①变更价款的确定程序：

a. 承包人在工程变更确定后14 d内，提出变更工程价款的报告，经工程师确认后，调整合同价款；

b. 承包人在双方确定变更后14 d内不向工程师提出变更工程价款报告时，视为该项变更不涉及合同价款的变更；

c. 工程师在收到变更工程价款报告之日起14 d内予以确认，工程师无正当理由不确认时，自报告送达之日起14 d后，视为变更工程价款报告已被确认；

d. 如果工程师不同意承包人提出的变更价款，按照合同约定的争议解决方法处理。

②变更价款的确定方法。变更合同价款按照下列方法进行：

a. 合同中已有适用于变更工程的价格，按合同已有的价格计算、变更合同价款；

b. 合同中只有类似于变更工程的价格，可以参照此价格确定变更合同价款；

c. 合同中没有适用或类似于变更工程的价格，由承包人提出适当的变更价格，经工程师确认后执行。

（5）竣工结算　在工程竣工验收报告经发包人认可后28 d内，承包人向发包人提交竣工结算报告及完整的竣工结算资料，双方按照协议书约定的合同价款及专用条款约定的合同价款调整内容，进行工程竣工结算。发包人在其后的28 d内进行核实、确认后，通知经办银行向承包人结算。承包人收到竣工结算价款后14 d内将竣工工程交付发包人。如果发包人在28 d之内无正当理由不支付竣工结算价款，从第29天起按承包人同期向银行贷款利率支付拖欠工程款利息并承担违约责任。如果发包人在收到竣工结算报告及结算资料后56 d内仍不支付，承包人可以与发包人协议将该工程折价，也可以由承包人申请人民法院将该工程依法拍卖，承包人就该工程折价或者拍卖的价款优先受偿。

（6）质量保修金

①质量保修金的支付。保修金由承包人向发包人支付，也可由发包人从应付承包方工程款内预留，预留金的比例及金额由双方约定，但不应超过施工合同价款的3%。

②质量保修金的结算与返还。质量工程的质量保修期满后，发包人应当及时结算和返还（如有剩余）质量保修金。发包人应当在质量保修期满后14 d内，将剩余保修金和按约定利率计算的利息返还承包人。

任务四　建设工程施工索赔

一、建设工程施工索赔概述

1. 索赔的概念

索赔是指在合同履行过程中，由于一方不履行或不完全履行合同义务而使另一方遭受损失时，向对方提出补偿要求的行为。工程实施过程中，承包人可以向发包人提出索赔，发包人也可以向承包人提出索赔，一般把承包人提起的索赔称施工索赔，而把发包人提起的索赔称为反索赔（也称业主索赔）。

2. 索赔的特征

从索赔的基本含义，可以看出索赔具有以下基本特征：

(1)索赔是双向的，但实践中发包人向承包人索赔发生的频率相对较低，而且在索赔处理中，发包人始终处于主动和有利地位，他可通过直接从应付工程款中扣除，或没收履约保函、扣留保证金，甚至留置承包商的材料设备作为抵押等手段来轻易实现自己的索赔要求。本章的索赔问题主要是指承包人向发包人的索赔。

(2)只有实际发生了经济损失或权利损害，一方才能向对方索赔。经济损失是指因对方因素造成合同外的额外支出，如人工费、材料费、机械费、管理费等额外开支；权利损害是指虽然没有经济上的损失，但造成了一方权利上的损害，如由于恶劣气候条件对工程进度的不利影响，承包人有权要求工期延长等。

(3)索赔是一种未经对方确认的单方行为，它与我们通常所说的签证不同。在施工过程中，签证是承发包双方就额外费用补偿或工期延长等达成一致的书面确认、证明材料或补充协议，它可直接作为工程款结算或最终增减工程造价的依据。而索赔是单方行为，对对方尚未形成约束力，这种索赔要求能否得到最终实现，必须要通过确认。

索赔是一种正当的权利或要求，是合情、合理、合法的行为，它是在正确履行合同的基础上争取合理的补偿，不是无中生有、无理争利，不具有惩罚性质。

索赔与违约是两个不同的概念，主要区别如下：

(1)索赔事件的发生，不一定在合同文件中有约定；而工程合同的违约责任一般是合同中所约定的。

(2)索赔事件的发生，可以由一定行为造成，也可以由不可抗力事件引起；而追究违约责任，必须要有合同不能履行或不能完全履行的违约事实的存在，发生不可抗力可以免除或部分免除当事人的违约责任。

(3)一定要有造成损失的后果才能提出索赔，索赔具有补偿性；而合同的违约不一定要造成损害后果。

(4)索赔的损失与被索赔人的行为不一定存在法律上的因果关系，如物价上涨造成承包人损失的，承包人可以向发包人索赔等；而违约行为与违约事实之间存在因果关系。

3. 施工索赔的分类

(1)按索赔的合同依据分类

①合同中明示的索赔。合同中明示的索赔是指承包人所提出的索赔要求在该工程项目的合同文件中有文字依据,承包人可据此提出索赔要求,并取得经济补偿。这些在合同文件中有文字规定的合同条款,称为明示条款。

②合同中默示的索赔。合同中默示的索赔,即承包人的该项索赔要求,虽然在工程项目的合同条款中没有专门的文字叙述,但可根据该合同的某些条款的含义,推论出承包人有获得索赔的权利。这种索赔要求,有权得到相应的补偿。这种有隐含含义的条款,在合同管理工作中被称为"默示条款"或"隐含条款"。

默示条款是一个广泛的合同概念,它包含合同明示条款中没有写入但符合双方签订合同时设想的愿望和当时环境条件的一切条款。这些默示条款,或者从明示条款所表述的设想愿望中引申出来,或者从合同双方在法律上的合同关系中引申出来,经合同双方协商一致,或法律和法规所指明,都成为合同文件的有效条款,要求合同双方遵照执行。

(2)按索赔目的分类

①工期索赔。由于非承包人的责任使施工进程延误,要求批准顺延合同工期的索赔,称为工期索赔。工期索赔形式上是对权利的要求,以避免在原定合同竣工日不能完工时被发包人追究拖期违约责任。一旦获得批准,合同工期顺延后,承包人不仅免除了承担拖期违约赔偿费的严重风险,而且可能因提前工期得到奖励,最终仍反映在经济效益上。

②费用索赔。费用索赔的目的是要求经济补偿。当施工的客观条件改变导致承包人增加开支,承包人可要求对超出计划成本的附加开支给予补偿,以挽回不应由他承担的经济损失。费用索赔是整个工程合同索赔的重点和最终目标,工期索赔在很大程度上也是为了费用索赔。

(3)按索赔的处理方式分类

①单项索赔。单项索赔是指当事人针对某一干扰事件的发生而及时地进行索赔,也就是一件索赔事件发生就处理一件。单项索赔原因单一,责任清楚,证据好整理,容易处理,并且涉及金额一般较小,发包人较易接受。

②总索赔(一揽子索赔)。总索赔是指在工程竣工前,承包人将施工过程中已经提出但尚未解决的索赔问题汇总,向发包人提出。总索赔中索赔事件多,牵涉的因素多,佐证资料要求多,责任不好界定,补充额度计算较困难,而且补偿金额大,索赔谈判和处理比较难,成功率低,所以一般情况下不宜用此种方法。

通常在以下几种情况下采用总索赔:

a. 有些单项索赔的原因和影响都很复杂,不能立即解决,或双方对合同解释有争议,但双方都要忙于合同实施,可协商将单项索赔留到工程后期解决。

b. 业主拖延答复单项索赔,使工程过程中的单项索赔得不到及时解决,最终不得已提出一揽子索赔。在国际工程中,许多业主就以拖的办法对待承包人的索赔要求,常常使索赔和索赔谈判旷日持久,使许多单项索赔要求集中起来。

c. 在一些复杂的工程中,当干扰事件多,几个干扰事件一起发生,或有一定的连贯性、互相影响大、难以逐个分清,则可以综合在一起提出索赔。

d. 工期索赔一般都在工程后期一起解决。

4. 索赔的起因

施工合同是在招投标过程中、工程施工前签订的。合同确定的工期和合同价款是依据与合同签订时的合同条件、施工条件、施工方案的状态而确定的。在施工过程中，干扰事件的发生可能使在签订合同状态下所确定的合同价款不再合适，打破了原有的平衡状态，因此合同双方必须根据新的状态调整原合同工期和价款，形成新的平衡。

(1)工程范围变更索赔　工程范围变更索赔是指发包人和工程师指令承包人完成某项工作，承包人认为该工作已超出原合同的承包范围，或超出其投标时估计的施工条件，因而要求补偿其额外开支。工程范围变更索赔是施工过程中最常见的情况，也是承包人进行施工索赔最多的机会。

(2)施工条件变化索赔　施工条件变化的含义是，在施工过程中，承包人遇到了一个有经验的承包人不可能预见到的不利的自然条件或人为障碍，导致承包人为履行合同要花费计划外的额外开支。按照工程承包惯例，这些额外的开支应得到发包人的补偿。

(3)工程拖期索赔　工程拖期索赔是指承包人为了完成合同规定的工程，花费了较原计划更长的时间和更大的开支，而工程拖期的责任不在承包人时提出的索赔。工程拖期索赔的前提是由于发包人或工程师的责任或客观影响，而不是承包人的责任，是属于可原谅的拖期。

(4)加速施工索赔　当工程项目的施工遇到可原谅的拖期时，采用什么措施则属于发包人的决策。一般有两种选择：延长承包人工期，容许整个工程项目竣工日期相应拖后；或者要求承包人采取加速施工的措施，使工程按计划工期建成投产。当发包人决定采取加速施工时，应向承包人发出加速施工指令，对承包人拟采取的加速施工措施进行审核批准，并明确加速施工费用的支付问题。承包人为加速施工增加的成本，将提出书面索赔文件，这就是加速施工索赔。

(5)其他施工索赔　如发生不可抗力事件，设计错误，发包人或工程师错误的指令或提供错误的资料、数据等引起的索赔。

二、施工索赔的原则

(1)索赔必须以合同为依据。遇到索赔事件时，工程师必须以完全独立的身份，站在客观公正的立场上，审查索赔要求的正当性，以合同为依据来公平处理合同双方的利益纠纷。

(2)必须注意资料的累积。积累一切可能涉及索赔论证的资料，做到处理索赔时以事实和数据为依据。

(3)及时、合理地处理索赔。索赔发生后，须依据合同的准则及时对索赔进行处理，尽量将单项索赔在执行过程中陆续加以解决。

(4)加强索赔的前瞻性。在工程实施过程中，应对可能引起的索赔进行预测，及时采取补救措施，避免过多索赔事件的发生。

三、索赔程序和时限

1. 承包人的索赔

(1)承包人索赔的提出　根据合同约定，承包人认为有权得到追加付款和(或)延长工期的，应按以下程序向发包人提出索赔：

①承包人应在知道或应当知道索赔事件发生后 28 d 内，向监理人递交索赔意向通知书，并说明发生索赔事件的事由。承包人未在前述 28 d 内发出索赔意向通知书的，丧失要求追加付款和(或)延长工期的权利。

②承包人应在发出索赔意向通知书后 28 d 内，向监理人正式递交索赔通知书。索赔通知书应详细说明索赔理由以及要求追加的付款金额和(或)延长的工期，并附必要的记录和证据材料。

③索赔事件具有连续影响的，承包人应按合理的时间间隔继续递交延续索赔通知，说明连续影响的实际情况和记录，列出累计的追加付款金额和(或)工期延长天数。

④在索赔事件影响结束后的 28 d 内，承包人应向监理人递交最终索赔通知书，说明最终要求索赔的追加付款金额和延长的工期，并附必要的记录和证明材料。

有些索赔事件影响延续时间较长，承包人应按合理时间间隔提交延续索赔通知和延续记录，以便发包人和监理人及时了解情况，有所准备，妥善处理。当索赔事件涉及金额较大时，除索赔事件影响结束后提交最终索赔申请报告外，承包人在索赔事件延续期间应定期提交终身索赔申请报告，有利于分阶段解决索赔。

(2)承包人索赔处理程序

①监理人收到承包人提交的索赔通知书后，应及时审查索赔通知书的内容、查验承包人的记录和证明材料，必要时监理人还可要求承包人提交全部原始记录副本。同时，监理人建立索赔项目档案，收集有关证据。监理人根据承包人提出证据情况向承包人提出质疑，要求承包人限期答复。

②监理人处理索赔事件，应分清合同双方各自的责任，根据承包人提供的索赔资料，认真研究、分析双方记录和证明材料，提出初步处理意见，与发包人、承包人商定或确定追加的付款和(或)延长的工期，并在收到上述索赔通知书或有关索赔的进一步证明材料后的一定期限内，将索赔处理结果答复承包人。

③承包人接受索赔处理结果的，发包人应在做出索赔处理结果答复后的双方合同约定期限内完成赔付；承包人不接受索赔处理结果的，按双方解决争议的约定办理。

(3)承包人提出索赔的时限　承包人按合同约定接受了竣工付款证书后，应被认为已无权再提出在合同工程接收证书颁发前所发生的任何索赔。

承包人按合同约定提交的最终结清申请单中，只限于提出工程接收证书颁发后发生的索赔。提出索赔的期限自接受最终结清证书时终止，施工合同约定的索赔期限并不影响通过法律诉讼程序提出争议和索赔权利。

2. 发包人的索赔

发生索赔事件后，监理人应及时书面通知承包人，详细说明发包人有权得到的索赔金额和(或)延长缺陷责任期的细节和依据。根据合同的对等原则，发包人提出索赔的期限和要求应与合同中约定的承包人索赔的程序、时限相同。发包人提出延长缺陷责任期的通知应在缺陷责任期届满前发出。

监理人按照发包人与承包人商定或确定的发包人应从承包人处得到赔付的金额和(或)缺陷责任期的延长期来处理索赔。承包人应付给发包人的金额可从拟支付给承包人的合同价款中扣除，或由承包人以其他方式支付给发包人。

四、施工索赔计算

1. 索赔值计算原则

(1)实际损失原则　索赔都是以补偿实际损失为原则，承包人不能通过索赔事件来获得额外的收益。在实施过程中，出现干扰事件时，承包人的实际损失包括直接和间接损失两个方面：直接损失主要表现为承包人财产的减少，通常为工程的直接成本增加或者实际费用的超支；间接损失，即可能获得的利益减少，如在发包人拖欠工程款的情况下，承包人失去这笔款项的存款利息收入等。

当然所有这些损失都必须有具体而可信的证明，这些证据通常有：各种费用支出的账单，工资表，现场用工、用料、用机的证明，财务报表，工程成本核算资料，甚至包括承包人同期企业经营和成本核算资料等。

(2)合同原则　发承包合同是双方对自己行为的承诺，在合同履行过程中，双方都必须遵循合同的约定。上述的赔偿实际损失原则，并不能理解为赔偿承包人的全部实际费用超支和成本的增加。根据合同约定以及合同文件，由于干扰事件的干扰而使承包人的成本增加和费用超支能够获得补偿，而承包人投标时所应包含的风险导致的费用增加或成本增加是不能够获得补偿的。在实际工程中，许多承包人往往会以自己的实际生产值、实际施工效率、工资水平和费用开支来计算索赔款额，这种做法是对以实际损失为原则的误解。在索赔款额的计算时，必须考虑以下几个因素的影响：

①由于管理不善、组织失误等承包人自身责任而造成的损失，承包人应自己承担。

②合同中约定的由承包人自己承担的风险，承包人必须自己承担。任何一份合同，发承包双方对于工程的各种风险是分担的，应各自承担。

③合同是索赔的依据，也就是说索赔款额计算必须根据合同文件来确定，如果合同约定了索赔款额的计算方法、计算公式等，都必须执行。

(3)合理性原则　该原则包括两个方面：一是指索赔值的计算应符合工程惯例，能够为发包人、工程师、调解人、仲裁人认可；二是指符合规定的会计核算原则。索赔款额的计算是在计划成本和成本核算的基础上，通过计划成本与实际成本对比进行的。实际成本的核算必须与计划成本的核算一致，而且符合通用的会计核算原则。

2. 工期索赔的计算

(1)工期索赔的分析　工期索赔的分析流程包括工期延误原因分析、网络计划分析、业主责任分析和索赔结果分析等步骤。

①工期延误原因分析。分析引起工期延误是哪一方的原因，如果某一干扰事件是由于承包人自身原因造成的，或是承包人应承担的风险，则不能索赔，反之则可索赔。

②网络计划分析。运用网络计划方法分析延误事件是否发生在关键线路上，以决定延误是否可索赔。在施工索赔中，一般考虑关键线路上的延误，或者一条非关键线路因延误而变成关键线路。

③业主责任分析。结合网络计划分析结果，进行业主责任分析。若发生在关键线路上的延误是由于业主原因造成的，则这种延误不仅可索赔工期，而且可索赔因延误而发生的费用。

若由于业主原因造成的延误发生在非关键线路上，且非关键线路未转变为关键线路，则可能索赔费用。

④索赔结果分析。在承包人索赔已经成立的情况下，根据业主是否对工期有特殊要求，分析工期索赔的可能结果。如果由于某种特殊原因，工程竣工日期客观上不能改变，对索赔工期的延误，业主也可不给予工期延长。这时，业主的行为已实质上构成隐含指令加速施工。因而，业主应当支付承包人采取加速施工措施而额外增加的费用，即加速费用补偿。此处费用补偿是指因业主原因引起的延误时间因素造成承包人负担了额外的费用而得到的合理补偿。

(2)工期索赔计算方法

①网络分析法。承包人提出工期索赔，必须确定干扰事件对工期的影响值，即工期索赔值。工期索赔分析的一般思路如下：假设工程一直按原网络计划确定的施工顺序和时间施工，当一个或一些业主原因导致的或应由业主承担风险的干扰事件发生后，网络中的某个或某些活动受到干扰而延长施工持续时间，将这些活动受干扰后的新的持续时间代入网络中，重新进行网络分析和计算，即得到一个新工期。新工期与原工期之差即干扰事件对总工期的影响，也就是承包人的工期索赔值。

②比例分析法。按工程量进行比例计算。当计算出某一分部分项工程的工期延长后，还要把局部工期转变为整体工期，这可以用局部工程的工作量占整个工程工作量的比例来折算。

3. 费用索赔的计算

(1)索赔费用的构成　按照我国现行规定，建筑工程合同价一般包括直接费、间接费、利润和税金。我国索赔费用的主要组成部分，同建设工程合同价的组成部分相似。从原则上讲，承包人有索赔权利的工程成本增加，都是可索赔的费用。但是，对于不同原因引起的索赔，承包人可索赔的具体费用是不一样的，应根据具体情况具体分析。

施工索赔中，索赔费用主要包括以下内容：

①人工费。人工费主要包括生产工人的工资、津贴、加班费、奖金等。索赔费用中的人工费主要是指完成合同之外的额外工作所花费的人工费用，由于非承包人责任的工效降低所增加的人工费用，超过法定工作时间的加班费用，法定的人工费增长以及非承包人责任造成的工程延误导致的人员窝工费，相应增加的人身保险和各种社会保险支出等。

②材料费。材料费在直接费中占有很大比重，是费用索赔的一项重要内容。在工程施工中，材料费索赔一般包括索赔事项导致的材料的实际用量大大超过计划用量、客观原因导致的材料价格大幅度上涨、非承包人责任工程拖延导致的材料价格和材料超期存储的费用等。

③机械设备使用费。可索赔的机械设备使用费主要包括完成额外工作增加的机械设备使用费，非承包人责任致使工效降低而增加的机械设备闲置、折旧和修理费分摊、租赁费用，由于业主或工程师的原因造成的机械设备停工的窝工费，由于非承包人原因增加的设备保险费、运费及进口关税等。

④管理费。管理费应按现场管理费和企业管理费分别计算索赔费用。现场管理费包括因承包人完成额外工程、索赔事项工作以及工期拖延而造成的管理人员工资、办公费、交通费等费用的增加费用。企业管理费主要是指在工程延误期间为整个企业的经营运作提供支持和服务所增加的管理费用，一般包括企业管理人员费用、企业经营活动费用、差旅交通费、办公费、通信费、固定资产折旧、修理费、职工教育培训费用、保险费、税金等。

⑤利润。一般来说，由于工程承包范围的变化、技术文件的缺陷、发包人未能及时提供现

场等引起的索赔，承包人可以列入利润。但对于工程暂停的索赔，由于项目利润未受到影响，一般工程师不会同意在工程暂停时的费用索赔中加入利润损失。

⑥利息。只要因业主违约（如业主拖延或拒绝支付各种工程款、预付款或拖延退还扣留的保证金）或其他合法索赔事项直接引起了额外贷款，承包人有权向业主就相关的利息支出提出索赔。

索赔的利息通常包括拖期付款利息、索赔款的利息、错误扣款的利息等。

（2）费用索赔计算方法　对于索赔事件的费用计算，一般是先计算与索赔事件有关的直接费，如人工费、材料费、机械费、分包费等，然后计算应分摊在此事件上的管理费、利润等间接费。每一项费用的具体计算方法应与工程项目计价方法相似。从总体思路上讲，费用索赔主要有以下几种计算方法：

①总费用法。总费用法的基本思路是将固定总价合同转化为成本加酬金合同，或索赔值按成本加酬金的方法来计算。它是以承包人的额外增加成本为基础，再加上管理费、利息甚至利润的计算方法。

②修正的总费用法。修正的总费用法是对总费用法的改进，即在总费用计算的原则上，去掉一些不合理的因素，使其更合理。按修正后的总费用计算索赔金额的公式为：

索赔金额＝某项工作调整后的实际总费用－该项工作的报价费用（含变更款）

修正的总费用法与总费用法相比，有了实质性的改进，已相当准确地反映出实际增加的费用。

③分项法。分项法是在明确责任的前提下，对每个引起损失的干扰事件和各费用项目单独分析计算索赔值，并提供相应的工程记录、收据、发票等证据资料，最终求和。这样可以在较短的时间内给以分析、核实，确定索赔费用，顺利解决索赔事宜。该方法虽比总费用法复杂、困难，但比较合理、清晰，能反映实际情况，且可为索赔文件的分析、评价及其最终索赔谈判和解决提供方便，是承包人广泛采用的方法。

五、承包商施工索赔管理

1. 承包商索赔管理的任务

（1）预测、分析索赔事件发生的可能性。承包商从投标之日起就应对合同进行分析，预测索赔事件发生的可能性，根据索赔事件的原因及早采取对策，并避免因自己的过失而不能获取索赔。

（2）认真分析合同，以便使用保护自己正当权利的条款。承包商必须熟悉合同，以便在发生索赔事件后，能及时找到保护自己的合同条款，避免因合同不熟悉而失去索赔机会或索赔失败。

（3）寻找索赔机会。承包商的合同管理人员应每天把实施合同的情况与合同约定进行对照，查找工程师或业主的疏漏形成的干扰事件及其给承包商带来的损失，发现索赔机会。

（4）做好索赔工作：

①由合同管理人员及时处理日常的单项索赔；

②对于业主坚持的一揽子索赔，合同管理人员必须积累日常的工程资料，准备好索赔的证据；

③承包商的工程技术、施工管理、物资供应和财务等部门之间应建立密切的联系制度，定期共同研究索赔和额外费用补偿问题；

④对于分包商，除了要求他们提交相应保函、保单外，还应在分包合同中写明主承包合同对分包商的约束力，写明违约责任等各种责任条款。

2. 确定正确的索赔策略

承包商的索赔切忌孤立地处理索赔问题，应从整个企业的经营出发，确定正确的索赔策略，用来指导具体的索赔工作。

(1)确定索赔目标。确定索赔目标是指承包商确定索赔的基本要求和方法，具体如下：

①对要达到的目标进行分解，按难易程度排队，确定最低、最高目标。

②分析实现目标的风险，要抓住索赔机会。

③按期完成合同约定的工程内容，保证工程质量，按期交付工程，全面履行合同义务，以防业主的反索赔。

(2)根据企业的经营状况确定承包商的索赔策略。承包商应根据以下经营方面的因素，决定索赔的要求和解决的办法：

①承包商有无可能与业主进行新的合作。

②承包商是否在当地继续扩展业务，承包商与业主之间的关系对在当地开展业务的影响。

③对被索赔方进行分析，确定每次索赔的对策：

a. 分析被索赔方的兴趣和利益所在；

b. 对于理由充分的重要索赔要争取尽早解决，尽可能避免采用一揽子索赔方式；

c. 为了取得索赔成功，承包商可在不过多损害自己利益的情况下，根据对方的利益做出适当让步。

(3)相关关系分析。承包商应主动与监理工程师、设计单位、业主的上级主管部门等对业主有影响力的单位和个人建立良好的合作关系，必要时可以请他们进行调解，争取索赔的成功。

3. 承包商的具体索赔策略

(1)建立和健全合同管理机构，由专人负责索赔工作。

①企业设立强有力的、稳健的合同管理部门，每项工程设立专职的合同管理人员。

②采用高素质的索赔人员。索赔工作涉及面广，要求索赔人员通晓法律法规、合同、商务、施工技术等知识和具有工程承包的实际经验。

(2)签订好合同。合同是索赔和反索赔的第一依据，按照合同规定提出的索赔容易获得成功。合同当事人签订合同时的各种承诺，在履行合同中必须信守。

①承包商在投标报价时就应考虑索赔问题。例如，在单价分析中列入生产效率、工程成本与投入资源的效率的关系等，作为生产效率降低等索赔的合同依据。

②应对明显的把重大风险转移给承包商的条款提出修改的要求，并将达成的修改协议以“谈判纪要”的书面形式，作为合同文件的组成部分。

③对于开脱业主责任的合同内容，要通过谈判予以纠正。如果在谈判时不予纠正，将来就很难进行索赔。开脱业主责任的合同内容主要有：a. 合同中没有索赔条款；b. 工程款支付或拖期付款无时限、无利息；c. 没有调价条款；d. 业主认为某部分工程不满意，就有权决定扣减工程款；e. 业主对不可预见的工程施工条件不承担责任等。

(3)及早发现索赔机会，把握好提出索赔的时机。

①指派专人收集和整理由各职能部门提供的有关合同履行的信息资料。

②做好施工记录，将其作为效率降低论证的证据，包括每天使用的设备台时、材料、人工数量、完成的工程量和施工中遇到的问题等。

③在索赔时效期限内择时提出索赔。提出索赔过早，对方有充足的时间寻找理由反驳；提出过迟，容易导致超过有效期而遭到拒绝。

(4)及时办理口头变更指令的确认手续。工程师的指令常常是口头的，很难作为索赔的证据，但承包人又必须执行，最好的对策是承包人的有关人员及时记录工程师的口头变更指令，提请工程师当场签字确认。

(5)索赔计算方法和款额要适当。索赔的基本原则是权利人向责任人追回已经发生但不应自己承担的损失，施工索赔时采用附加成本法，只计算索赔事件引起的合同外的附加支出和额外损失，容易为业主所接受。另外，索赔计价项目要具体合理，索赔计价不能过高。

(6)力争采用单项索赔方式解决索赔问题。单项索赔解决问题及时，事件和责任容易分析清楚，索赔事件如能得到及时解决，可以减少或避免对后续工程的影响。

(7)索赔处理中要防止发生对立局面。承发包双方关系融洽，友好合作，有利于合同的顺利履行，合情合理的索赔一般都很容易得到解决。反之，一旦产生对立情绪，将使一些本来可以解决的问题也悬而不决，索赔难以获得成功。

(8)同工程师建立融洽信任的工作关系。施工合同履行过程中，承包人应积极配合工程师的监理工作，与之建立起融洽信任的工作关系，尽力争取工程师对索赔做出公正裁决，避免通过仲裁或诉讼解决。

任务五　案例拓展

【案例 1】

1. 背景

甲建筑公司与乙房产公司在丙市签订了一份位于丁市的建设工程施工合同，约定施工单位垫资 20%，但没有约定垫资利息。后施工单位向人民法院提起诉讼，请求建设单位支付垫资利息。

2. 问题

(1)若在合同履行时出现部分工程价款约定不明，应按照哪个地区的市场价格履行？为什么？

(2)对施工单位的请求，正确的做法是什么？为什么？

分析：

(1)履行地点不明确的，给付货币的，在接受货币一方所在地履行；交付不动产的，在不动产所在地履行；其他标的，在履行义务一方所在地履行。由于建设工程履行地位于丁市，则应按丁市的市场价格履行。

(2)由于未约定利息，施工单位要求支付垫资利息，不予支持。

【案例 2】

1. 背景

某工程基础施工中，出现了不利的地质障碍，业主指令承包人进行处理，土方工程量由原来的 2 760 m^3 增至 3 280 m^3，原定工期为 45 d。

2. 问题

承包商可以提出工期索赔吗？若索赔，则索赔的工期应为多少天？

分析：

由于出现了不利的地质障碍，业主指令承包人进行处理，承包人可提出工期索赔，其索赔值为：

$$工期索赔值=原工期\times(额外或新增工程量/原工程量)$$
$$=45\times(3\,280-2\,760)/2\,760=8.48\approx8.5(d)$$

若施工中出现了很多大小不等的工期索赔事由，较难准确地单独计算且又麻烦时，可经双方协商，采用造价比较法确定工期补偿天数。

【案例 3】

1. 背景

某建设单位有一宾馆大楼的装饰装修工程，经公开招标确定由某建筑装饰装修工程公司施工，并签订了施工承包合同。合同价为 1 500 万元，工期为 100 d。合同规定，石材由甲方提供，其他由承包方采购。施工方编制的施工方案和进度计划已获监理工程师批准。当工程进行到第 22 天时，甲方挑选确定的石材送达现场，进场验收时发现该批石材大部分不符合质量要求，监理工程师通知承包方该批石材不得使用。承包方将不合格石材退回，因此延期 5 d。该事件发生在关键线路上。工程在第 68 天时，该地遭遇罕见暴风雨袭击，施工无法进行，延误工期 3 d。施工进行到第 90 天时，施工方因人员调配，延误工期 2 d。工程在 110 d 后竣工。最后工程的实际进度超过了合同约定。

2. 问题

(1)什么是进度管理？

(2)该施工进行到第 22 天时，实际进度和计划进度不符，将怎样处理？

分析：

(1)进度管理是施工合同管理的重要组成部分，是指合同当事人应当在合同规定的工期内完成施工任务，发包人应当按时做好准备工作，承包人应当按照施工进度计划组织施工。

(2)施工进行到第 22 天时，实际进度和计划进度不符，是因为甲方提供的石材质量不符合要求而造成的，所以，装饰公司可以在事件发生后 28 d 内向监理工程师提出工期顺延申请。因此，项目经理应当落实进度控制部门的人员、具体的控制任务和管理职能分工，并且编制合理的施工进度计划并控制其执行，即在工程进展全过程中，进行计划进度与实际进度的比较，对出现的偏差及时采取措施。

【案例 4】

1. 背景

某建筑公司负责修建某学校学生宿舍楼一幢，双方签订建设工程施工合同。由于宿舍楼设有地下室，属隐蔽工程，在建设工程施工合同中，双方约定了对隐蔽工程(地下层)的验收检查条款。其规定：地下室的验收检查工作由双方共同负责，检查费用由校方负担。地下室竣工后，建筑公司通知校方检查验收，校方则答复：因校内事务繁多，由建筑公司自己检查，出具检查记录即可。其后数日，校方又聘请专业人员对地下室质量进行检查，发现未达到合同所规定的标准，于是要求建筑公司负担此次检查费用，并返工地下室工程。建筑公司则认为，合同约定的检查费用由校方负担，本方不应负担此项费用，但对返工重修地下室的要求予以认可。校方多次要求公司付款未果，诉至法院。

2. 问题

(1)隐蔽工程的检查程序是什么？

(2)本案中的隐蔽工程事后检查费应该由谁负责？为什么？

分析：

(1)隐蔽工程首先是施工单位自检，自检合格后，再共同检查。在共同检查前，施工单位要在48小时前书面通知校方。

(2)本案中的隐蔽工程事后检查费由谁负责要根据检查后的质量是否合格而定，可能是校方，也可能是施工方。根据《中华人民共和国民法典》中的合同部分的有关规定，承包方在隐蔽工程竣工后，应通知发包方检查，发包方未及时检查，承包方可以停工。在本案例中，对于校方不履行检查义务的行为，建筑公司有权停工待查，停工造成的损失应当由校方承担。但建筑公司未这样做，反而自行检查，并出具检查记录交给校方后，继续进行施工。对此，双方均有过失。至于校方的事后检查费用，则应视检查结果而定。如果检查结果是地下室质量未达到标准，因这一后果是承包方所致，检查费用应由承包方承担；如果检查质量符合标准，重复检查的结果是校方未履行义务所致，则检查费用应由校方承担。

项目六练习题

一、单项选择题

1. 公证机关进行公证的依据是当事人的申请，这主要体现(　　)原则。

A. 平等　　B. 自愿　　C. 公平　　D. 诚实信用

2. 当合同履行过程中发现，对给付货币的地点，合同中没有明确约定，事后双方又未能达成补充协议，根据《中华人民共和国民法典》中的合同部分的有关规定，应在(　　)履行。

A. 支付货币一方所在地　　B. 接受货币一方所在地

C. 货币存放地　　D. 货币使用地

3. 某建设工程施工合同，在施工任务完成后，由于发包人拖欠工程款而发生纠纷，但双方一直没有签订书面合同，此时应当(　　)。

A. 认定合同有效　　B. 认定合同无效　　C. 认定合同成立　　D. 认定合同不成立

4. 某设备制造工程合同中按市场价格对合同价格做出了约定，在履行合同时，发现某部分工程价款约定不明，则应(　　)。

A. 按照履行合同时工程所在地的市场价格结算

B. 按照履行合同时国家造价管理部门发布的价格支付

C. 按照订立合同时发包人所在地的市场价格支付

D. 按照订立合同时工程所在地的市场价格结算

5. 某公司与他人订立合同后，分为A、B两企业。在公司未告知他人的情况下，他人有权(　　)。

A. 解除合同　　B. 撤销合同

C. 将标的物提存　　D. 要求A、B两企业对合同承担连带责任

6. 对于发包人供应的材料设备，在到货前 24 h，发包人应以书面形式通知承包人，若发包人不按规定通知承包人验收，发生的损坏费用应由(　　)负责。

A. 承包人　　B. 发包人　　C. 设备保管员　　D. 设备运输者

7. 设计合同规定，办理各设计阶段设计文件的审批工作应由(　　)负责。

A. 发包人　　B. 承包人　　C. 监理人　　D. 承包人的委托人

8. 初步设计经主管部门批准后，在原定任务书范围内的必要修改，其修改设计费用应由(　　)承担。

A. 主管部门　　B. 业主　　C. 承包单位　　D. 设计单位

9. 按照施工合同范本通用条款的规定，(　　)原因造成的工期延误，经监理工程师确认后工期不予顺延。

A. 不可抗力　　B. 设计变更和工程量增加

C. 发包人不能按专用条款的约定提供开工条件

D. 一周内非承包人原因停水、停电、停气造成停工累计超过 6 h

10. 建设工程一切险的除外责任是(　　)。

A. 地面下陷下沉　　B. 雷电、暴雨

C. 非外力引起的机械或电气装置的本身损失

D. 被保险人无法控制并造成物质损失的突发性事件

11. 施工合同示范文本规定，根据发包人的委托，在其设计资质允许的范围内，完成施工图设计或与工程配套的设计，经工程师确认后使用，发生的费用由(　　)承担。

A. 承包人　　B. 发包人　　C. 设计人　　D. 监理人

12. 合同生效后，设计人要求终止和解除合同，设计人应(　　)。

A. 返还定金并赔偿误工费　　B. 双倍返还定金

C. 返还定金和违约金　　D. 返还定金并交纳罚款

13. 投标人在投标过程中出现(　　)时，招标人可以没收投标保证金。

A. 投标文件的密封不符合招标文件的要求

B. 投标文件中附有招标人不能接受的条件

C. 购买招标文件后不递交投标文件

D. 拒绝签字确认评标委员会对投标书中错误的修正

14. A 公司通过资产重组被另一较大的 B 公司兼并后，法定代表人易人。由于经营方针改变，B 公司不愿履行 A 公司法定代表人签订的供货合同的义务，此时合同应(　　)。

A. 继续有效　　B. 因 A 公司已不存在而无效

C. 需要经过 B 公司法定代表人补充签字后才有效

D. 需与 B 公司协商变更部分合同条款的内容后才能继续有效

15. 下列委托合同中，以服务作为标的物的是(　　)。

A. 委托监理合同　　B. 勘察设计合同　　C. 施工承包合同　　D. 加工承揽合同

二、多项选择题

1. 关于合同成立时间的说法，正确的是(　　)。

A. 要式合同自双方当事人签字时成立　　B. 不要式合同在承诺生效时成立

C. 要式合同在承诺生效时成立　　D. 以信件订立的合同在签订确认书时成立

E. 以数据电文订立的合同在承诺生效时成立

2. 合同履行中当事人承担违约的责任形式有(　　)。

A. 支付违约金　　B. 赔偿损失　　C. 采取补救措施

D. 追缴财产　　E. 继续履行

3. 建设工程施工合同履行过程中,发包人应完成的工作内容不包括(　　)。

A. 办理土地征用、拆迁补偿、平整施工场地

B. 提供和维护非夜间施工使用的照明

C. 开通施工场地与城乡公共道路的通道

D. 保证施工场地清洁,符合环境卫生管理有关规定

E. 确定水准点与坐标控制点,并进行现场交验

4. 下列关于施工合同履行过程中,有关隐蔽工程验收和重新检验的提法和做法正确的有(　　)。

A. 工程师不能按时参加验收,须在开始验收前向承包人提出书面延期要求

B. 工程师未能按时提出延期要求,不参加验收,承包人可自行组织验收

C. 工程师未能参加验收应视为该部分工程合格

D. 发包人可不承认工程师未能按时参加承包人单独进行的试车记录

E. 由于工程师没有参与验收,则不能提出对已经隐蔽的工程重新检验的要求

5. 依据施工合同示范文本规定,施工中涉及的应由承包人承担的费用不包括(　　)。

A. 施工中发现文物的保护费用

B. 承包人在毒害性环境下施工的安全保护措施费

C. 承包人施工中出现安全事故的相应费用

D. 施工现场内第三方人员的生命财产保险费

E. 超出设计图纸范围工程量中的材料费

6. 由于发包人未给勘察人提供必要的工作生活条件而造成停、窝工或来回进出场费,发包人应承担的责任包括(　　)。

A. 付给勘察人停、窝工费,金额按预算的平均工日产值计算

B. 工期按实际延误的工日顺延

C. 补偿勘察人来回的进出场费和调遣费

D. 付给勘察机构适当的利润　　E. 继续提供必要的生活条件

7. 当承包人提出索赔后,工程师要对其提供的证据进行审查,属于有效的证据包括(　　)。

A. 工程师书面指令　　B. 施工会议纪要　　C. 招标文件中的投标须知

D. 招标阶段发包人对承包人质疑的书面解答　E. 检查和试验记录

三、简答题

1. 简述承包人的合同解除权。

2. 简述建设工程转包合同与分包合同的区别。

3. 建设工程施工合同变更合同价款的确定方法有哪几种?

4. 建设工程合同管理按其内容分为哪两个阶段?

5. 简述施工索赔的原因。

项目七　建设工程项目信息管理

项目目标

1. 掌握项目信息管理的概念和信息的属性；
2. 掌握信息的分类，学会施工项目信息管理的要求；
3. 了解项目信息管理的内容和要求；
4. 能够进行项目管理信息的分类；
5. 熟练操作项目信息管理软件。

案例导入

一个建设工程项目从策划决策到建设实施过程中都会产生大量的信息，为了提高项目的管理水平和提高效益，做好项目信息的管理具有重要的意义。工程项目信息管理具有信息收集自动化、信息存储电子化、信息交换网络化、信息管理科学化的特征。我们必须具备哪些项目信息管理的基本知识？如何实施工程项目信息的管理？在信息管理和沟通时应当具备哪些要求？

通过本项目内容的学习我们可以具备工程项目信息管理方面的知识。

任务一　项目信息管理的基本知识

一、项目信息管理概述

1. 信息的定义

根据《质量管理体系　基础和术语》(GB/T 19000—2016)的定义，信息是有意义的数据。信息是一个抽象的概念，它是现实世界中事物的状态、运动方式和相互关系的表现形式，是自然界、人类社会和人类思维活动中普遍存在的一切物质和事物的属性。目前对信息的定义还没有统一的说法，可以这样认为，信息是对数据处理而产生的、按一定的规则组织在一起的数据的集合，其具有超出原数据本身价值以外的附加价值。数据处理是指从大量的、杂乱无章的甚至是难以理解的数据中，提炼、抽取人们所需要的有价值、有意义的数据(信息)，借以作为决策的依据。因此，所有的信息都是数据，数据只有经过提炼、抽象等加工处理之后，具有使用价值时才能成为信息。数据是反映客观的记录符号，信息则是潜在于数据中的意义。

另一种关于信息的说法是，信息是按照用户的需要、经过加工处理的、对客观世界产生影响的数据。如对企业所有职工的情况进行汇总统计，就可以得到企业职工的文化素质、年龄结构等情况。又如，对混凝土抗压强度数据进行统计处理，就可得到有关混凝土浇筑质量的信息，这些信息可为项目管理人员进行施工质量控制提供依据。

2. 信息的属性

(1)信息的结构化程度　这里是指信息的组织是否有严格的规定，如一张报表的结构化程度就比一篇文章的结构化程度高。如果报表上所有栏目内的字数及范围都有明确的规定，那么其结构化程度就更高。使用计算机自动处理信息，则要求信息的结构化程度要高，否则处理很困难，或者无法取得完整的信息，甚至无法进行处理。

(2)信息的准确程度　这里是指对某一事物根据需要和可能合理安排信息的准确要求，以提高信息处理的效率，减少资源占用。例如，对混凝土的强度要求，有些报表需要填写实际平均强度值、离差值，有些报表要求填写平均强度、离差值的实际值和设计值，有些报表仅要求填写“合格”或“不合格”字样就能满足要求，所以，不同类型的决策信息，要求有不同的准确程度。

(3)信息的时间性　时间性，就是将信息从时间上进行分类，一般可分成历史信息、当前信息和未来信息3类。在信息管理中，对历史信息和当前信息的处理是不同的。对历史信息，可根据信息本身的重要程度来确定存储时间长短，一般是成批处理；对当前信息，一般是要求马上处理，而不能等成批后再进行处理。另外，根据历史信息和当前信息可以预测未来信息。

(4)信息的来源　根据信息的来源不同，信息可分为系统内部信息和系统外部信息。对于系统外部信息，其格式和内容都不是本组织系统所能左右的，因此必须做适当加工后才能进入系统处理。系统内部信息是由本组织系统内部获得的信息，可对其收集、整理、格式、内容等提出要求，例如，一般要求用表格的形式提供有关信息，并对表格的内容和栏目做出规定。在条件许可时，可要求使用计算机可移动磁盘或利用计算机网络(如使用电子邮件)提供有关项目信息。

(5)信息量　信息量是指信息的种类和每种信息在一定时间阶段发生的数量。信息量的大小对确定信息管理人员的配备及计算机信息管理系统的软件和硬件有直接影响，是信息管理系统的重要指标。

(6)信息的使用频率　指单位时间内使用信息的平均次数。应该准确分析信息使用频率的高低，对使用频率不同的数据，采取不同的组织和处理方法。例如，在工程项目管理中，对有关施工进度计划方面的信息，一般来说使用频率很高，因此通常存储在计算机中，以便随时查询和根据实际情况及时进行调整；而对于项目相关人员资格证明方面的信息，相对而言使用频率要低，因此可在计算机内建立目录文件，并注明存放地点，再将资格证明的有关文件存档即可。

(7)信息的重要程度　有两方面的含义：一方面是指对校验功能的要求；另一方面是指对保密程度的要求。按不同的要求，应对信息采取不同的校验方法和保密手段。

3. 信息的使用条件

只有信息符合下列条件时才能使用：①它是正确的信息(适合该目的)；②在正确的时间；③以正确的格式；④以适当的价格。

二、项目信息管理的内涵

(1)信息管理指的是信息传输的合理的组织和控制。施工方在投标过程中、承包合同洽谈过程中、施工准备工作中、施工过程中、验收过程中，以及在保修期工作中形成大量的各种信息。这些信息在施工方内部各部门间流转，其中许多信息还必须提供给政府建设主管部门、业主方、设计方、相关的施工合作方和供货方等，还有许多有价值的信息应有序地保存，可供其他项目施工借鉴。

上述过程包含了信息传输的过程，由谁（哪个工作岗位或工作部门等）、在何时、向谁（哪个项目主管和参与单位的工作岗位或工作部门等）、以什么方式、提供什么信息等属于信息传输的组织和控制，这就是信息管理的内涵。信息管理不能简单理解为仅对产生的信息进行归档和一般的信息领域的行政事务管理。为充分发挥信息资源的作用和提高信息管理的水平，施工单位和其项目管理部门都应设置专门的工作部门（或专门的人员）负责信息管理。

（2）建设工程项目的信息管理是通过对各个系统、各项工作和各种数据的管理，使项目的信息能方便和有效地获取、存储（存档是存储的一项工作）、处理和交流。

上述"各个系统"可视为与项目的决策、实施和运行有关的各系统，它可分为建设工程项目决策阶段管理子系统、实施阶段管理子系统和运行阶段管理子系统。其中实施阶段管理子系统又可分为业主方管理子系统、设计方管理子系统、施工方管理子系统和供货方管理子系统等。

上述"各项工作"可视为与项目的决策、实施和运行有关的各项工作，如施工方管理子系统中的工作，包括安全管理、成本管理、进度管理、质量管理、合同管理、信息管理、施工现场管理等。

上述"数据"并不仅指数字，在信息管理中，数据作为一个专门术语，包括数字、文字、图像和声音。在施工方项目信息管理中，各种报表、成本分析的有关数字、质量分析的有关数字、各种来往的文件、设计图纸、施工摄影和摄像资料及录音资料等都属于信息管理中的数据的范畴。

（3）建设工程项目的信息管理旨在通过有效的项目信息传输的组织和控制为项目建设提供增值服务。

据有关国际文献的资料统计：建设工程项目实施过程中存在的诸多问题，其中2/3与信息交流（信息沟通）的问题有关；建设工程项目10%～33%的费用增加与信息交流存在的问题有关；在大型建设工程项目中，信息交流的问题导致工程变更和工程实施的错误约占工程总成本的3%～5%。由此可见信息交流对项目实施影响之大。

以上信息交流（信息沟通）的问题指的是一方没有及时将正确的信息，或没有将另一方所需要的信息（如所需的信息的内容、针对性的信息和完整的信息），或没有将正确的信息传递给另一方。例如，设计变更没有及时通知施工方，而导致返工；业主方没有将施工进度严重拖延的信息及时告知大型设备供货方，而设备供货方仍按原计划将设备运到施工现场，致使大型设备在现场无法存放和妥善保管；施工已产生了重大质量问题的隐患，而没有及时向有关技术负责人汇报等。以上列举的问题都会不同程度地影响项目目标的实现。

三、项目信息管理的要求

施工项目信息管理是施工项目信息的收集、整理、处理、存储、传递和应用的总称。施工项目信息管理的目的是为预测未来和正确决策提供科学依据，其主要作用是通过动态、及时的信息处理和有组织的信息流通，使项目经理和各级管理人员能全面、及时、准确地获得所需的信息，以便采取正确的决策和行动。

为了能够全面、及时、准确、适当地向施工项目管理人员提供有关信息，施工项目信息管理应满足以下几方面的基本要求。

1. 严格保证信息的时效性，做到适时提供信息

一项信息如果不严格注意时间，那么信息的价值就会随之消失。因此，能适时提供信息，往往对指导工程开展十分有利，甚至可以取得很大的经济效益。项目信息管理应随工程的进展，及时收集、整理、处理、传递、存储、输出有关信息。要严格保证信息的时效性，应注意解决以下问题：

(1)当信息分散于不同地区时，如何能够迅速而有效地进行收集和传递工作；

(2)当各项信息的口径不一、参差不齐时，如何处理；

(3)采取何种方法、何种手段能在很短的时间内将各项信息加工整理成符合目的和要求的信息；

(4)使用计算机进行自动化处理信息的可能性和处理方式。

2. 根据管理需要提供针对性强、适用性高的信息

信息管理的重要任务之一就是如何根据需要，提供针对性强、十分适用的信息。如果仅能提供成叠的细部资料，其中又只能反映一些普通的、并不重要的变化，会使决策者花费许多时间去阅览这些作用不大的烦琐细况，从而使得信息管理起不到应有的作用。为避免此类情况的发生，信息管理中应采取如下措施：

(1)可通过运用数理统计等方法，对搜集的大量庞杂的数据进行分析，找出影响重大的方面和因素，并力求给予定性和定量的描述；

(2)将过去和现在、内部和外部、计划与实施等加以对比分析，从而可明确看出当前的情况和发展的趋势；

(3)要有适当的预测和决策支持信息，使之更好地为管理决策服务，以取得应有的效益。

3. 所提供的信息有必要的精度，以满足使用要求为限

要使信息具有必要的精度，需要对原始数据进行认真的审查和必要的校核，避免分类和计算的错误。即使是加工整理后的资料，也需要做细致的复核，这样才能使信息有效可靠。但信息的精度应以满足使用要求为限，并不一定是越精确越好，因为不必要的精度需耗用更多的精力、费用和时间，容易造成浪费。

4. 综合考虑信息成本及信息收益，实现信息效益最大化

各项资料的收集和处理所需要的费用直接与信息收集的多少、难易等因素有关，如果要求越细、越完整，则费用将越高。例如，如果每天都将项目上的进度信息收集完整，则势必会耗费大量的人力、时间和费用，这将使信息成本(包括收集、获得及使用信息的成本)显著提高，而信息收益(指使用信息带来的收益或减少的损失)增加不大。因此，在进行工程项目信息管理时，必须综合考虑信息成本及信息所产生的收益，寻求最佳的切入点。

项目信息管理的对象既包括需要存档的各类工程资料，也包括工程实际进展状况等动态信息。工程资料的管理应符合有关规规范、标准的规定，并宜采用计算机辅助进行且形成电子工程档案。项目动态信息应使用有关计算机软件实现及时、快速处理，以满足项目动态管理的需要。

项目信息管理应纳入组织信息管理的总体框架中，并能满足组织信息管理的要求和为组织知识管理提供支持。项目信息管理中宜采用电子数据管理技术和计算机网络技术，以实现项目和组织间的快速信息交换，使项目能够充分共享组织信息资源。

任务二　项目信息管理的基本环节

一、项目信息的收集

1. 收集并整理相关公共信息

(1)法律、法规和部门规章信息　无论采用哪种管理方式，都应在施工项目信息管理系统中建立法律、法规和部门规章制度。

(2)市场信息　具体包括：材料价格表，材料供应商表，机械设备供应商表，机械设备价格表，新材料、新技术、新工艺、新管理方法信息表等。

(3)自然条件信息　应建立自然条件表，表中应包括地区、场地土类别、年平均气温、年最高气温、年最低气温、雨季时间、年最大风力、地下水位高度、交通运输条件、环保要求等内容。

2. 收集并整理工程总体信息

以房屋建设工程为例，工程总体信息包括：工程名称、工程编号、建筑面积、总造价；建设单位、设计单位、施工单位、监理单位和参与建设的其他各单位等基本项目信息；基础工程、主体工程、设备安装工程、装饰装修工程、建筑造型等特点；工程实体信息、场地与环境信息、施工合同信息等。

3. 收集并整理相关施工信息

(1)施工记录信息　施工日志、质量检查记录、材料设备进场记录、用工记录表等。

(2)施工技术资料信息　主要原材料、成品等出厂质量证明和试(检)验报告，施工试验记录等。

4. 收集并整理相关项目管理信息

项目管理信息包括项目管理规划(大纲)信息、项目管理实施规划信息、项目进度控制信息、项目质量控制信息、项目安全控制信息、项目成本控制信息、项目现场管理信息、项目合同管理信息、项目材料管理信息、构配件管理信息、工器具管理信息、项目人力资源管理信息、项目机械设备管理信息、项目资金管理信息、项目技术管理信息、项目组织协调信息、项目竣工验收信息、项目考核评价信息等。

(1)项目进度控制信息　具体包括施工进度计划表、资源计划表、资源表、完成工作分析表等。

(2)项目成本控制信息　项目成本信息要通过责任目标成本表、实际成本表、降低成本计划和成本分析等来管理和控制成本的相关信息。

(3)项目安全控制信息　具体包括安全交底、安全设施验收、安全教育、安全措施、安全处罚、安全事故、安全检查、复查整改记录等。

(4)项目竣工验收信息　具体包括施工项目质量合格证书、单位工程交工质量核定。

二、项目信息的处理

当今时代，信息处理已逐步向电子化和数字化的方向发展，但建筑业和基本建设领域的信息化已明显落后于许多其他行业，建设工程项目信息处理基本上还沿用传统的方法和模式。所以应采取措施，使信息处理由传统的方式向基于网络的信息处理平台方向发展，以充分发挥信息资源的价值，以及信息对项目目标控制的作用。

(1)信息处理平台的硬件和软件

①数据处理设备(包括计算机、打印机、扫描仪、绘图仪等)；

②数据通信网络(包括形成网络的有关硬件设备和相应的软件)；

③软件系统(包括操作系统和服务于信息处理的应用软件)等。

(2)数据通信网络的类型

①局域网(LAN)，即由与各网点连接的网线构成网络，各网点对应于装备有实际网络接口的用户工作站；

②城域网(MAN)，即在大城市范围内两个或多个网络的互联；

③广域网(WAN)，即在数据通信中，用来连接分散在广大地域内的大量终端和计算机的一种多态网络。

互联网是目前最大的全球性的网络，它连接了覆盖100多个国家的各种网络，如商业性的网络(.com或.co)、大学网络(.ac或.edu)、研究网络(.org或.net)等，并通过网络连接数以千万台的计算机，以实现连接互联网的计算机之间的数据通信。互联网由若干个学会、委员会和集团负责维护和运行管理，建设工程项目的业主方和项目与各方往往分散在不同的地点，或不同的城市，或不同的国家，因此其信息处理应考虑充分利用远程数据通信的方式，如：

①通过电子邮件收集信息和发布信息；

②通过基于互联网的项目专用网站实现业主方内部、业主方和项目参与各方以及项目参与各方之间的信息交流、协同工作和文档管理；

③通过基于互联网的项目信息门户的为众多项目服务的公用信息平台实现业主方内部、业主方和项目参与各方，以及项目参与各方之间的信息交流、协同工作和文档管理；

④召开网络会议；

⑤基于互联网的远程教育与培训等。

基于互联网的项目信息门户属于电子商务两大分支中的电子协同工作。项目信息门户在国际学术界有明确的内涵：即在对项目实施全过程中项目参与各方产生的信息和知识进行集中式管理的基础上，为项目的参与各方在互联网平台上提供一个获取个性化项目信息的单一入口，从而为项目的参与各方提供一个高效的信息交流和协同工作的环境。它的核心功能是在互动式的文档管理的基础上，通过互联网促进项目参与各方之间的信息交流和协同工作，从而达到为项目建设增值的目的。

基于互联网的项目专用网站是基于互联网的项目信息门户的一种方式，是为某一个项目的信息处理专门建立的网站。但是基于互联网的项目信息门户也可以服务于多个项目，即成为为众多项目服务的公用信息平台。

总之，建设工程项目的信息处理方式已起了根本性的变化。

任务三　施工项目信息管理

一、项目信息过程管理

项目信息过程管理一般包括信息的收集、加工、传输、存储、检索、输出和反馈等内容。

1. 收集

收集就是收集原始数据。这是很重要的基础工作，信息处理的质量好坏，在很大程度上取决于原始数据是否具有全面性和可靠性。

2. 加工

加工是信息处理的基本内容。原始数据收集后，需要将其进行加工，以使其成为有用的信息。根据不同管理层次对信息的不同需求，信息的加工从浅到深一般分为 3 个层次：

(1)初级加工，如筛选、校核和整理等；

(2)综合分析，即将基础数据综合成决策信息，供有关管理人员决策使用；

(3)借助于数学模型统计分析和推断，即根据具体信息或数据内容，借助于已有的数学模型(如网络计划技术模型、线性规划模型、存储模型等)进行统计计算和预测，为工程项目管理工作提供辅助决策。

3. 传输

传输是指信息借助于一定的载体(如纸张、光盘、U 盘、计算机网络等)在参与工程项目管理工作的各部门、各单位之间进行传播。传输能够形成各种信息流，而畅通的信息流会不断地将有关信息传送到工程项目管理人员的手中，成为他们开展工作的依据。

信息传输应做到使项目相关人员及时得到各自所需的信息，可采用的传输方法或技术包括例会、在线交流、E-mail、备忘录、会议纪要、正式报告等形式。

具体采取哪种传输方法或技术应考虑下列因素：

(1)信息需求的紧迫性；

(2)技术的可获得性；

(3)项目参与者的经验与能力；

(4)项目周期、项目环境等。

4. 存储

存储是指对处理后的信息的存储。处理后的信息，有的并非立即就使用，有的虽然立即就使用，但日后也需使用或做参考，因此就需要将它们存储起来，建立档案，妥善保管。

5. 检索

检索是指对某个或某些要用的信息进行查找的方法和手段。工程项目管理工作中存储有大量的信息，为了查找方便，就需要建立一套科学、迅速的检索方法，以便相关人员能全面、及时、准确地获得所需信息。

6. 输出

输出就是将处理好的信息按各管理层次的不同要求编制打印成各种报表和文件，或以电子邮件、web 网页等形式发布。

7. 反馈

反馈，即施工项目管理人员使用信息后提出意见、建议等，有助于检查信息管理计划的落实情况、实施效果以及信息的有效性、信息成本等，以便及时采取处置措施、从而不断提高信息管理工作水平。

施工项目信息过程管理中，应加大计算机应用的比重，做到快捷、准确、适用、经济。对于较大规模的项目，在条件具备的情况下，还可以建立项目管理信息系统，实现信息过程管理电子化、自动化。

二、施工项目信息的分类

由于工程项目管理中的信息面广且量大，为了便于对信息的管理和应用，有必要将种类繁多的大量信息进行分类。

1. 按工程项目管理的工作任务划分

(1)成本(投资)控制信息　如项目的成本计划、施工任务单、限额领料单、施工定额、对外分包经济合同、成本统计报表、原材料价格、机械设备台班费、人工费、运杂费等。

(2)质量控制信息　如国家或地方政府部门颁布的有关质量的政策、法令、法规和标准等，还包括质量目标的分解图表、质量控制的工作流程和工作制度、质量管理体系的组成、质量抽样检查的数据、各种材料设备的合格证、质量证明书、检测报告等。

(3)进度控制信息　如项目进度计划、进度控制的工作流程和工作制度、进度目标的分解图表、材料和设备的到货计划，以及各分项分部工程的进度计划、进度记录等。

(4)合同管理信息　如合同文件、补充协议、变更记录、工程签证单、往来函件、会议纪要、各单位书面指令及通知、验收报告等。

(5)安全管理信息　如项目安全施工方案、安全检查和会议记录、安全整改措施和结果、安全规范和政府文件等。

2. 按工程项目管理的工作流程划分

(1)计划信息　如要完成的各项指标、上级组织的有关计划、项目管理实施规划等。

(2)执行信息　如计划交底、指示、命令等。

(3)检查信息　如工程的实际进度、成本、质量、安全等的实施状况。

(4)处置信息　如各项调整措施、意见、改进的办法和方案等。

3. 按信息的来源划分

(1)工程项目的内部信息　内部信息取自工程项目本身，如工程概况，项目的成本目标、质量目标和进度目标，施工方案、进度，施工完成的各项技术经济指标，资料管理制度，项目经理部的组织等。

(2)工程项目的外部信息　来自工程项目外部其他单位及外部环境的信息称为外部信息，如国家有关的政策及法规、国内及国际市场上原材料及设备价格、物价指数、类似工程的进度计划等。

4. 按信息的稳定程度划分

(1)固定信息　固定信息是指在一定的时间内相对稳定的信息，分为标准信息(如各种定额和标准)、计划信息、查询信息(如各项施工现场管理工作制度)3 种。

(2)动态信息　动态信息是指在不断变化着的信息。如质量、成本及进度的统计信息，反映在某一时刻项目的实际进展及计划完成情况的信息等。再如，原材料消耗量、机械台班数、人工工日数等，也都属于动态信息。

5. 按其他标准划分

(1)按项目管理的工作对象，即项目的构成，如子项目 1、子项目 2、子项目 3 等，对信息进行分类。

(2)按项目实施的工作过程，即按设计前准备、设计、招投标、施工、动用前准备等对信息进行分类。

(3)按信息的内容属性，即按组织类、管理类、经济类、技术类、法规类等对信息进行分类。

按照一定的标准将工程项目管理中的信息予以分类，有助于根据工程项目管理工作的不同要求提供适当的信息，从而保障工程项目管理工作的顺利进行。

三、施工项目信息的表现形式

施工项目信息的表现形式主要包括书面形式、技术形式和电子形式，详见表 7-1。

表 7-1　施工项目信息的表现形式及示例

表现形式	示例
书面形式	设计图纸、说明书、任务书、施工组织设计、合同文本、概预算书、会计和统计等各类报表、工作条例、规章、制度等； 会议纪要、谈判记录、技术交底记录、工作研讨记录等； 个别谈话记录，如监理工程师口头提出、电话提出的工程变更要求，在事后应及时追补的工程变更文件记录，电话记录等
技术形式	由电报、录像、录音、磁盘、光盘、图片、照片等记载储存的信息
电子形式	电子邮件、web 网页

四、施工项目信息管理

1. 施工项目信息管理的具体要求

(1)项目经理部应建立项目信息管理系统，对项目实施全方位、全过程信息化管理。

(2)项目经理部中，可以在各部门中设信息管理员或兼职信息管理人员，也可以单设信息管理人员或信息管理部门。信息管理人员都须经有资质的单位培训后，才能承担项目信息管理工作。

(3)项目经理部应负责收集、整理、管理本项目范围内的信息。实行总分包的项目，项目分包人应负责分包范围的信息收集、整理，承包人负责汇总、整理发包人的全部信息。

(4)项目经理部应及时收集信息，并将信息准确、完整、及时地传递给使用单位和人员。

(5)项目信息收集应随工程的进展进行，保证真实、准确、具有时效性，经有关负责人审核签字，及时存入计算机中，纳入项目管理信息系统内。

2. 施工项目信息管理系统的基本要求

(1)进行项目信息管理体系的设计时，应同时考虑项目组织和项目启动的需要，包括信息的准备、收集、标识、分类、分发、编目、更新、归档和检索等。信息应包括事件发生时的条件，以便使用前核查其有效性和相关性。所有影响项目执行的协议，包括非正式协议，都应正式形成文件。

(2)项目信息管理系统应目录完整、层次清晰、结构严密、表格自动生成。

(3)项目信息管理系统应方便项目信息输入、整理与存储，并利于用户随时提取信息。

(4)项目信息管理系统应能及时调整数据、表格与文档，能灵活补充、修改与删除数据。

(5)项目信息管理系统内所含信息种类与数量应能满足项目管理的全部需要。

(6)项目信息管理系统应能使设计信息、施工准备阶段的管理信息、施工过程项目管理各专业的信息、项目结算信息、项目统计信息等有良好的接口。

(7)项目信息管理系统应能连接项目经理部内部各职能部门之间以及项目经理部与各职能部门、作业层、企业各职能部门、企业法定代表人、发包人和分包人、监理机构等，使项目管理层与企业管理层及作业层信息收集渠道畅通、信息资源共享。

任务四　项目信息管理软件

微机版的项目管理应用软件种类很多，各有不同的功能和操作特点，项目部可根据项目管理的要求进行选择。目前流行的有：广联达、红圈、泛普、建文、新中大等软件。

一、企业对于项目管理软件系统的需求

(1)信息传递　实现沟通信息管理，基于业务的审批传递结果把项目现场及公司集团总部职能部门统一到一个平台协同工作，同时实现工作结果主要资料的整理和查阅，减少物理浪费和时间浪费，提高工作效率和效果。

(2)成本控制与造价管理　关联项目核算体系，制定项目成本控制目标，在项目执行过程中，实现对合同签订、合同执行、材料使用结算等情况的跟踪管理。不仅根据各项信息汇集汇总形成项目总体结算信息，同时便于随时进行成本控制，随时了解项目整体的成本状况及利润情况，以及对各类成本构成进行造价分析，为管理决策提供依据。

(3)合同签订与支付管理　根据合同制定与执行情况，一方面实现合同单位、合同金额、合同变更、合同付款等关键信息的记录，另一方面实现项目资金计划对合同签订、合同执行的控制，并能多层次进行合同管理。按不同需求生成合同报表，供不同管理者随时了解合同基本信

息,通过生成的合同台账、分类汇总表、合同款统计分析、合同变更统计等从多个角度全面掌握合同执行状况。

(4)材料与设备管理　针对各类供货进行管理,建立材料设备信息库、供应商信息库,进行供应商材料设备比价。通过掌握的大量供应商的材料设备信息,了解企业供货能力、价格水平;通过多层次认价管理,按不同需求汇总显示,实现从不同角度对项目材料设备使用、认价进行统计分析。

(5)项目进度管理　对项目主要进展结果进行管理,通过甘特图、网络图、工作日历、逻辑图等图形工具从不同侧面展现项目计划与实际进度,及时反映项目进展情况,与计划进行对比发现偏差,为项目跟踪、评估、付款、决策提供基础。

其功能和特点是:

①按照项目管理的主要内容,实现四控制(进度、质量、成本、安全),三管理(合同、现场、信息),一提供(为组织协调提供数据依据)。

②提供了多种自动建立施工工序的方法。

③根据工程量、工作面和资源计划安排及实施情况自动计算各工序的工期、资源消耗、成本状况,换算日历时间,找出关键路径。

④可同时生成横道图、单代号网络图、双代号网络图和施工日志。

⑤具有多级子网功能,可处理各种复杂工程,有利于工程项目的微观和宏观控制。

⑥具有自动布图,能处理各种搭接网络关系、中断和强制时限。

⑦自动生成各类资源需求曲线等图表,具有所见即所得的打印输出功能。

⑧系统提供了多种优化、流水作业方案及里程碑功能,实现进度控制。

⑨通过前锋线功能动态跟踪与调整实际进度,及时发现偏差并采取调整措施。

⑩利用三算对比、国际上通行的赢得值原理进行成本的跟踪与动态调整。

⑪对于大型、复杂及进度、计划等都难以控制的工程项目,可采用国际上流行的“工作包”管理控制模式。

⑫可对任意复杂的工程项目进行结构分解,在工程项目分解的同时,对工程项目的进度、质量、成本、安全目标等进行分解,并形成结构树,使得管理控制清晰,责任目标明确。

⑬利用严格的材料检验、监测制度,工艺规范库,技术交底、预检、隐蔽工程验收、质量预控专家知识库进行质量保证;统计分析“质量验评”结果,进行质量控制。

⑭利用安全技术标准和安全知识库进行安全设计和控制。

⑮可编制月度、旬作业计划和技术交底,收集各种现场资料等进行现场管理。

⑯利用合同范本库签订合同和实施合同管理。

二、建筑工程概预算计算机辅助管理系统

建筑工程概预算计算机辅助管理系统软件可以充分利用 PKPM 软件系统的建筑和结构设计数据。例如,直接利用全楼模型统计工程量,读取建筑模型中各层墙体、门窗、阳台、楼梯、挑檐、散水楼道、台阶等数据;根据建筑模型、构件的布置和相应的扣减规则,自动统计出相关的工程量;完成土石方、平整场地、地面、屋面、门窗、装修、脚手架等的工程量;读取施工图设计结果,如通过读取每个构件的钢筋文件,归纳合并后完成钢筋统计。

该软件可将用户手头现成的由其他设计单位较流行的软件产生的数据，或电子图形文件(如 DWG 文件)方式存储的建筑平面图，通过转换形成建筑模型，进行工程量统计。

该软件可提供简单、适合概预算人员的建模(图纸录入)手段，使用户方便地完成建筑模型的输入、修改和补充。

该软件结合设计智能进行钢筋统计。该软件根据钢筋的基本信息及其关键的设计参数，如根数、直径等就可按照构件的尺寸推算各构件的钢筋；程序可直接读取钢筋库文件统计出全楼的钢筋；软件可在找不到梁柱钢筋设计结果时，根据设计图纸资料，以结构模型为对象自动生成构件模板轮廓图，快速输入梁、柱钢筋的主要参数，引入设计智能和人工选筋的智能做钢筋设计，补充形成钢筋详细信息；如果有楼层面恒、活荷载数据，再加上楼板布置、厚度、混凝土强度等级等建筑模型方面的数据，引入楼板配筋智能，就可算出该层楼板的钢筋。

程序设计了自动套取定额的方法，对于每个地区的定额系统均设置自动套取定额表、常用定额表、扣减规则表，实现了工程量统计与定额子目自动衔接，可自动套取定额，依据不同地区的计算规则完成工程量计算，实现一模多算；对于楼地面工程、装修工程等在三维建筑模型基础上需要补充大量的做法和装饰信息，程序内置不同地区的工程做法库，做法库表内记录了每一种做法与该地区定额子目的一一对应关系，用户可修改、维护做法库，程序自动套取定额子目并采用了成批统计和定义标准做法间的方法实现一次输入完成多个项目的工程量统计。

程序自动套取定额及生成预算书报表。对已完工程量统计结果可与定额库自动衔接，直接套取定额。用户也可以通过交互方式补充和修改工程量。工程量子目是由程序统计、读取的，定额子目可以是直接录入，从定额列表中选取或直接拖放，从模板导入，从标准做法集中导入，从其他工程导入等。

程序还具有对定额子目调整、换算、组合的功能，资源分类和价格修改功能，开放的取费表生成功能，报表打印功能，使用户方便地对定额资源进行增加、删除、换算等操作；各种子目可根据需要任意组合，计算全工程量数据、某一自然层工程量统计、部分楼层子目工程量统计等；对资源费用进行分类、计算统计；建立并随时修改各期材料价格信息库；制作适合当地当时情况的各种取费表，并能自动进行计算和检验；制作和打印出各类报表，包括工程预算表、资源汇总表、工料分析表、取费表等。

三、BIM 信息管理技术

在建设项目运营使用阶段，涉及大量的建筑设备运行维护管理。传统的设备管理方式是由各参与方分别记录设备相关信息，管理者需要分别查询各方信息、二维图纸、文件等大量资料来开展具体的维修保养工作，耗费大量时间且难以有效管理。

现今，通过引入 BIM(building information modeling，建筑信息模型)技术，基于 BIM 提供的信息共享及可视化操作展示平台，利用集成设备信息的 BIM 模型对设备信息进行快速查询与统计，研究如何对设备维护状态、合同状态、成本超支状态等设备管理常用的状态信息进行可视化表达。同时，应用 access 数据库技术，基于 BIM 模型导出数据，加入设备的详细合同信息、成本信息、设备管理部门信息、员工信息，建立了建筑设备运行维护数据库，对设备更完善、更详细的信息进行储存和管理，实现了对建筑设备的基本信息管理、设备运维信息管理、合同管理、成本管理、供应商管理、部门信息管理、员工信息管理等功能，即实现了运行维护阶段建筑设备信息的综合管理。

BIM提供的数据共享平台,使设备管理各参与方的信息共享,提供了方便快捷的信息获取方式,实现了设备信息的快速查询、数据统计,为管理者节约了大量的时间,提高了设备管理效率,实现及时、简便、高效的设备运行维护管理。建立的建筑设备运行维护数据库,设备信息更加丰富、管理功能更加完善,能够对设备数据进行完整储存和综合管理,提高了建筑设备的管理水平。BIM模型与access数据库之间的信息交互和设备信息的持续更新,实现了对整个运行维护阶段建筑设备的可持续管理,可应用于各种建筑工程项目,尤其适用于大型、复杂、建筑设备数量较多的建筑工程。这有利于设备管理工作者对设备形态、设备空间位置、设备基本信息的了解,降低了工作人员对于设备识图等专业知识的要求,降低了设备管理的难度,使设备管理更加直观、明了;简化了烦琐的设备管理步骤,帮助管理者迅速找出需重点管理的设备以及设备管理的关键点,辅助其决策,实现了对建筑设备的可视化管理。

任务五 案例拓展

【案例1】

1. 背景

某建筑集团有限公司是某省内大型建筑施工企业。近几年,公司开始从战略成本的角度分析企业成本以及利润的关系,包括:

(1)品牌知名度提升及差异化策略:唯有低价中标才能获得项目,利润下降是不言而喻的。

(2)培养全方面成本意识:推进经济责任承包和项目利润承包模式,加强项目经理成本管理意识;减少工程损耗,实现97%的利用率目标;提高企业质量成本、安全成本意识;减少企业运营管理成本;以典型项目促进新项目的产生。

(3)知识和人才积累策略:注重各项目及过程的知识积累,推进公司品牌项目部建设,实现成功项目的复制,人才的升级。

随着我国市场经济的快速发展,经济形势开始出现转型。与此同时,经济全球化的发展也越来越明显。企业如何顺应市场的需求,应对国内外竞争压力并存的局面,更好地持续快速发展等,需要谨慎考虑并迅速反应。在这个阶段,企业想要更快更好的发展,就需要与国际接轨,利用国际市场的资源为自身的发展创造有利条件。

2. 问题

企业管理的信息化是实现企业资源调配的重要手段,能够帮助企业更好更快的发展。那么该建筑集团的信息化系统该如何建设呢?

分析:

(1)应用架构与集成 “十三五”规划期间,国家提出中央企业应通过信息化持续建设,满足“业务上,用信息化提高效率;经营上,向信息化要效益”的总体要求,不断提升信息化在企业中的应用价值,并最终实现“一强三有”(即强壮的信息化基础平台和支撑有效、保障有力、管控有道)的建设目标。

企业信息化建设的主要成果是通过与某软件股份有限公司的合作,建立企业信息化应用平台，其基本构架思路是应用平台全面整合办公自动化、综合项目管理、档案管理、人力资源管理、集团化财务管理等多个子系统，并实现多系统协同和充分的数据集成。

(2)综合项目管理应用

①项目信息收集。项目信息收集是任何项目开始的第一步，公司要求所有项目信息必须登录系统，避免分公司项目的冲突，并通过信息评审流程确定是否进行投标以及确定投标工作的各种资源。

②招投标管理。对确定参与投标的项目信息，应用专业预算软件编制电子标书，上传系统进行投标评审，并参加投标。对于投标过程，公司原本的会签工作完全由信息化替代，信息异地上报，投标过程、会签过程责任清晰、状态明确。

③主合同管理。对于中标项目，进入主合同管理业务，目前已经能够将所有签约工程合同信息及时录入系统，并提供合同台账信息以便查阅。合同管理的关键是合同变更信息、合同付账信息、合同风险预警提示的监控。

④项目策划。为规范项目前期的策划工作，管理信息化针对项目经理应用，架构独立的项目策划界面，对合同交底、项目策划的各项内容进行了明确。

⑤成本管理。成本管理是企业的管理重点，企业根据自主定额对承建项目的成本进行成本预算管理，项目经理部据此编制项目总成本计划。在项目经理部签订项目承包合同后又制订项目实施成本计划，继而进行成本控制与成本核算。成本预算按照不同项目制定项目预算文件，对分项工程的材料、设备、人工费用进行计划。实际成本业务可以随时调用成本预算数据、成本计划数据，并可以取得成本分析模块的数据作为审批的依据，对于超出原预算的成本，系统提供费用超支提示、强制无法审核等控制方法。成本分析的设计采用赢得值法作为主要依据。作为成本预算和成本控制的最终结果，采用赢得值法(三值法)对项目的费用进行管理，即以货币量来测量工程的进度和实施状态，并对项目的可能完工时间和费用进行预测，分析当前的费用开支情况和项目进度执行情况。

⑥进度控制。公司通过进度管理软件对所有在施项目进行施工进度计划编制，并进行关键路径分析。公司管理人员可以站在企业全局的高度进行进度的监管。系统能导入项目目标进度文件，并进行实际进度的对比和展示，项目部上传的实际进度图片，使企业管理层能清晰地了解项目实际施工进展情况，实现低成本状态下的现场形象进度了解的目的。

⑦物资与设备管理。基于统一的物资编码，从物资要料到实施采购，实现全过程流程管理，并在项目现场进行进货、出货登记，同步进行财务核算。对自有施工设备进行管理，包括固定资产、设备经营和设备使用。项目部对内部租赁设备和外单位租赁设备两种不同的设备进行不同的管理。

⑧质量与安全管理。在建立质量与安全知识库的基础上，通过明确项目质量、安全目标，加强过程检查，及时发现现场质量与安全隐患，落实整改。在信息平台上进行实景图片展示，使工程操作质量情况一目了然。

⑨竣工与档案管理。根据项目实际完工状态，分别进行竣工资料和档案分类管理，根据需要可以实现竣工资料的自动归集，并转为工程档案。

⑩风险管理。公司对项目管理过程中的各类管理风险设置管理风险阈值，一旦超过阈值，对相关责任人进行提醒，一般需要有3个过程：风险的识别，用于对项目管理中的各类风险进行定义，如定义合同支付提前20 d预警等风险的识别；风险责任落实，不是所有人都需要或有

权利关注项目风险,风险管理责任人是对发生风险的相关关注人员的定义;在信息化系统中进行的各类管理业务,在对比设置的风险识别基准线后,对发生的风险进行预警,相关责任人收到预警信息,并且通过追踪获取风险源信息进行管理。

项目七练习题

一、单项选择题

1. 下列建设项目信息中,属于管理类信息的是(　　)。

A. 工作量控制信息　　B. 设计技术信息　　C. 安全管理信息　　D. 质量控制信息

2. 项目的结构编码应依据(　　),对项目结构的每一层的每一组成部分进行编码。

A. 项目结构图　　B. 系统结构图　　C. 项目组织结构图　　D. 组织矩阵图

3. 项目管理组织结构编码的依据是(　　)。

A. 项目组织矩阵图　　B. 项目组织结构图　　C. 项目职能分工表　　D. 项目任务分工表

4. 项目的信息管理旨在(　　)。

A. 通过有效的项目信息传输的组织和控制为项目建设提供增值服务

B. 使项目信息能方便和有效地获取　　C. 存储信息　　D. 交流信息

5. 下列属于按信息的内容属性分类的是(　　)。

A. 投资控制　　B. 管理类信息　　C. 招投标　　D. 设计准备

6. 数据通信网络主要有3种类型,其中不包括(　　)。

A. 局域网　　B. 城域网　　C. 互联网　　D. 广域网

7. 信息指的是用3种方式传输的知识、新闻或可靠的或不可靠的情报,其中不包括(　　)。

A. 书面的形式　　B. 口头的形式　　C. 传真的形式　　D. 电子的方式

8. 项目的进度项编码应考虑3个不同的进度工作项的需要,建立统一编码,服务于项目的进度目标的动态控制,其中3个不同不包括下列(　　)。

A. 不同层次　　B. 不同深度　　C. 不同等级　　D. 不同用途

9. 成本控制的功能不包括(　　)。

A. 投标估算的数据计算和分析

B. 计划施工成本,计算实际成本,计划成本与实际成本的比较分析

C. 根据工程的进展进行成本控制

D. 根据工程的进展进行施工成本预测等功能

10. 项目管理信息系统的功能不包括(　　)。

A. 投资控制和成本控制　　B. 进度控制

C. 合同管理和质量控制　　D. 信息自动化控制

二、多项选择题

1. 项目信息按信息的内容属性可分为(　　)。

A. 组织类信息　　B. 管理类信息

C. 经济类信息　　D. 技术类信息和法规类信息

2. 信息的使用条件：(　　)。

A. 正确的信息　B. 正确的时间　C. 以正确的格式　D. 以适当的价格

3. 管理类信息包括(　　)。

A. 进度　B. 合同　C. 风险　D. 安全

4. 数据通信网络主要有如下3种类型(　　)。

A. 局域网　B. 城域网　C. 广域网　D. 公司网

5. 施工项目信息的表现形式：(　　)。

A. 书面形式　B. 技术形式　C. 电子形式　D. 口头形式

三、简答题

1. 什么是项目信息管理？
2. 项目信息管理的分类有哪些？
3. 对工程项目信息管理的要求是什么？
4. 简述项目信息的收集过程。
5. 施工项目信息的分类表现形式是什么？

参考文献

[1]夏云．工程项目管理与案例分析[M]．武汉:武汉大学出版社,2019.

[2]王永利,陈立春,王京．建筑工程成本管理[M].2版．北京:北京理工大学出版社,2014.

[3]王辉,白蕾．建筑施工项目管理[M].2版．北京:机械工业出版社.2016

[4]兰凤林．工程项目管理实务[M].3版．大连:大连理工大学出版社,2018.

[5]罗中,张涛．建设工程项目管理[M]．哈尔滨:哈尔滨工业大学出版社,2013.

[6]蔡雪峰．建筑工程施工组织管理[M].2版．北京:高等教育出版社,2011.

[7]陈燕黎,郭自灿,黄湘红．建筑工程项目管理[M]．哈尔滨:哈尔滨工业大学出版社,2016.

[8]全国二级建造师执业资格考试用书编写委员会．建设工程施工管理[M]．北京:中国建筑工业出版社,2020.

[9]建筑工程质量管理条例(2019年修订版). http://www.gov.cn/gongbao/content/2019/content_5468867.htm.

[10]中国建筑科学研究院．建筑工程施工质量验收统一标准:GB 50300—2013[S]．北京:中国建筑工业出版社,2014.

[11]中华人民共和国住房和城乡建设部．建设工程项目管理规范:GB/T 50326—2017[S]．北京:中国建筑工业出版社,2017.

[12]全国质量管理和质量保证标准化技术委员会．质量管理体系　基础和术语:GB/T19000—2016[S]．北京:中国标准出版社,2017.

[13]郑伟,许博．建筑工程质量与安全管理[M].2版．北京:北京大学出版社,2016.

[14]中国标准化研究院．职业健康安全管理体系　要求及使用指南:GB/T 45001—2020[S]．北京:中国标准出版社,2020.

[15]全国环境管理标准化技术委员会．环境管理体系　要求及使用指南:GB/T 24001—2016[S]．北京:中国标准出版社,2016.

[16]全国环境管理标准化技术委员会．环境管理体系　通用实施指南:GB/T 24004—2017[S]．北京:中国标准出版社,2018.

[17]刘宇,赵继伟,高磊．建设工程招投标与合同管理[M]．北京:北京理工大学出版社,2018.

[18]余春宜．建设工程招投标与合同管理[M]．重庆:重庆大学出版社,2016.

[19]陈丽娟,邹钱秀,刘琳．建设工程招投标与合同管理[M]．成都:电子科技大学出版社,2016.

[20]黄聪普,白秀华．建设工程招投标与合同管理[M]．重庆:重庆大学出版社,2017.

[21]钟汉华．工程项目管理[M]．北京:中国水利水电出版社,2012.

[22]王鳌杰,朱兆平．建筑工程项目管理[M]．西安:西北工业大学出版社,2018.

[23]刘先春．建筑工程项目管理[M]．武汉:华中科技大学出版社,2018.